LES BELGES

DANS

L'AFRIQUE CENTRALE

PROPRIÉTÉ DE L'ÉDITEUR

LÉOPOLD II
ROI DES BELGES.

LES
BELGES
DANS
L'AFRIQUE CENTRALE

VOYAGES, AVENTURES ET DÉCOUVERTES
D'APRÈS LES DOCUMENTS ET JOURNAUX DES EXPLORATEURS

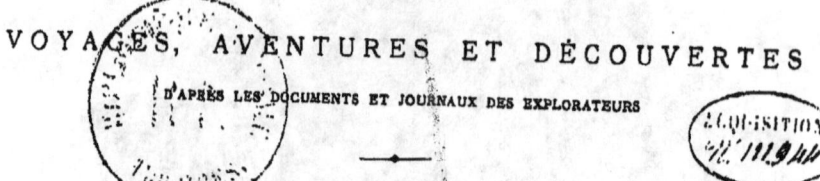

DE ZANZIBAR AU LAC TANGANIKA

PAR
Adolphe BURDO

ILLUSTRÉ DE 209 GRAVURES, DE 3 CARTES ET DE 6 PLANCHES EN COULEURS

BRUXELLES
P. MAES, ÉDITEUR-LIBRAIRE
1886

— TOUS DROITS RÉSERVÉS —

CHAPITRE PREMIER

Le 12 septembre 1876. — Léopold II, roi des Belges. — Le Congrès de géographie. — Fondation de l'Association internationale africaine. — Aperçu des récents voyages de Cameron et de Stanley. — La première expédition belge. — Mort de Crespel et de Maes. — Cambier. — La journée de Mvoméro. — Ouyoui. — L'Ounyanyembé.

QUAND un jour les historiens relateront les travaux et les découvertes dont l'Afrique centrale a été le théâtre depuis un quart de siècle, ils s'arrêteront étonnés devant l'année 1876 ; ils l'appelleront la grande année africaine, la genèse de la civilisation noire, car elle aura marqué d'un pas de géant la marche de l'humanité à travers le pays des nègres.

Jusqu'à ce moment-là, que d'épopées héroïques pourtant ! que d'intrépides voyageurs et de sublimes martyrs ! que de généreux efforts ! que de savantes découvertes ! Burton, Speke et Grant, Cameron, Nachtigall, Baker, Schweinfurth, Rohlfs, Stanley, et avant eux le grand Livingstone, Barth, Vogel, René Caillié, Baikie, Clapperton, Landner, Mungo-Park et tant d'autres dont la Renommée a inscrit les noms au Livre d'or de ses gloires les plus pures et les plus illustres !

Oui, derrière ces noms retentissants, il y a tout un passé prodigieux : ces hommes ont transporté en Afrique l'arbre de la civilisation ; ils ont fait mieux, ils ont excité en Europe une noble émulation ; c'est à eux que nous devons ces aspirations, cette ardeur, cet élan, qui nous entraînent vers les grands voyages. Ils ont été nos aînés dans la carrière du dévouement, dans la lutte contre l'inconnu.

Honneur à eux !

Mais à côté de la noblesse des sentiments et de la grandeur du courage, il est une condition essentielle au succès final : c'est l'union dans l'action, l'unité dans le but.

Grouper ces efforts isolés, réunir en un faisceau tant d'éléments divers, diriger vers un même point tous ces coups de pioche, c'était là une idée à la fois grandiose et téméraire : pour la rêver, il fallait un homme de bien ; pour y travailler, il fallait un homme puissant ; pour la réaliser, il fallait un homme persévérant ; le ciel voulut que l'on trouvât un Roi.

Oui, arrivés à la grande année africaine 1876, devant le berceau de l'œuvre humanitaire qui prit naissance dans un palais, en face de son exécution hardie et de son succès éclatant, les historiens salueront avec admiration le chef auguste qui sut appeler à lui tant de dévouements et qui sut en faire naître ; et, en tête de la glorieuse phalange des voyageurs qui auront planté au cœur de l'Afrique l'étendard de la civilisation, ils inscriront le nom de Celui qui les a guidés, encouragés, de Celui dont la persévérance ne s'est jamais démentie même aux heures les plus poignantes ; ils inscriront le nom de Léopold II, roi des Belges : au-dessus de sa couronne royale, la Renommée lui a désormais mis au front l'immortel diadème que l'humanité réserve aux hommes de bien.

C'était le 12 septembre 1876. Dans Bruxelles, autour du palais du Roi, règne une animation extraordinaire : par les grandes portes ouvertes à doubles battants, les voitures de la Cour amènent au pied de l'escalier d'honneur les illustrations de tous les pays. Sans doute, quelque fête se prépare ? Il s'agit d'une réception de Souverains, d'un banquet, d'une noce royale peut-être ?...

Non, ces hommes qui entrent là, comblés de prévenances, de respects, et

LE CONGRÈS DE GÉOGRAPHIE AU PALAIS DE BRUXELLES.

dont la modestie rehausse encore l'éclat de la réception qui leur est faite, ces hommes sont des savants, des géographes, des voyageurs qui viennent travailler avec le Roi.

Léopold II les a conviés à l'examen d'une grande œuvre humanitaire : c'est à cette fête qu'ils accourent ; et de suite ils se trouvent à l'aise dans ce palais, car ce n'est pas seulement un Roi qui les reçoit, c'est un collaborateur, un savant, un chercheur, c'est surtout, comme eux, un homme qui comprend les grandes choses, qui s'y attache et qui les aime.

« Mon vœu, leur dit-il, est de servir comme vous me l'indiquerez la
« grande cause pour laquelle vous avez déjà tant fait. Je me mets à votre
« disposition dans ce but, et je vous souhaite cordialement la bienvenue. »

Le Congrès de géographie était ouvert.

Ils étaient tous là : Cameron, qui le premier traversa l'Afrique de l'est à l'ouest ; Nachtigall, qui fouilla la Tripolitaine, le lac Tsad, le Wadaï, le Darfour et le Kordofan ; Grant, qui fit avec Speke la première exploration aux Grands Lacs ; Rohlfs, qui sillonna le Maroc, l'Algérie, la Tunisie, et qui, d'un bond, coupa le centre africain de Tripoli à Lagos ; Schweinfurth, que les nègres appellent *le mangeur de feuilles* à cause de sa passion pour la botanique, et qui voyagea en Nubie, puis dans le bassin du haut Nil jusqu'au royaume des Mombouttous ; de Compiègne, qui remonta l'Ougowé ; Henri Duveyrier, le savant, qui étudia sur le vif les Touaregs.

S'il en manque, c'est que les Baker, les Stanley, les Gordon et d'autres sont en ce moment au champ d'honneur, en Afrique ; mais on peut dire que leur âme tout entière est présente, car c'est de toutes ces illustrations, fécondées par le souffle généreux du Roi, qu'est née ce jour-là la grande œuvre, l'Association internationale africaine.

Et parmi ses glorieux parrains, citons encore : sir Bartle Frere, l'amiral baron de la Roncière le Noury, de Quatrefages, sir Harry Verney, sir Rotherford Alcock, l'amiral sir Léopold Heath, sir Fowell Buxton, Émile de Laveleye, sir Henri Rawlinson, Semenow, baron Hoffman, Émile Banning.

Tous, ils ont beaucoup promis pour elle ; disons tout de suite qu'elle a tenu davantage.

C'est au baron Greindl, aujourd'hui ministre belge à Lisbonne, que revient l'honneur d'avoir été le premier secrétaire général de l'œuvre ; il en posa les bases administratives et en dirigea le fonctionnement avec un tact parfait.

Diplomate éclairé, homme du monde, affable, énergique, très intelligent, l joignait à ces qualités une rare modestie qui le poussait à s'effacer devant les explorateurs pour leur laisser tout entière la gloire de leurs travaux ; s'inspirant de leurs découvertes, sachant écouter leurs conseils, à tous il rendit justice et honneur sans parti pris, avec la plus complète équité.

Aussi fut-il universellement aimé ; et sa place restera marquée à côté des fondateurs et des bienfaiteurs de l'Association internationale africaine.

Le but du Congrès était d'ouvrir à la civilisation la seule partie de notre globe où elle n'eût point encore pénétré, de percer les ténèbres qui enveloppent des populations entières : croisade bien digne de notre siècle de lumière et de progrès.

Son programme consistait à établir en Afrique des stations hospitalières, des postes scientifiques.

Son champ d'action suivait approximativement l'itinéraire de Cameron : il allait de Zanzibar à l'océan Atlantique, en passant par le lac Tanganika.

Or, quel était à cette époque, sur le théâtre futur de ces explorations, l'état des découvertes et des travaux européens en Afrique ?

Cameron, à qui revient l'honneur d'avoir le premier traversé le noir continent de l'est à l'ouest, Cameron était revenu depuis six mois de ce long et périlleux voyage qui lui avait coûté trois ans et quatre mois de fatigues et de dangers.

Parti de Zanzibar avec Dillon et Murphy, il conserva ses compagnons jusqu'à l'Ounyanyembé seulement ; là, à Kasékérah, Dillon se brûla la cervelle dans un accès de fièvre chaude ; Murphy, malade, retourna en Europe.

C'est à ce moment-là que Cameron rencontra à Kouihara la petite troupe des fidèles serviteurs de Livingstone, Chouma en tête, qui transportaient à la côte le corps du célèbre voyageur. Ils l'avaient embaumé, et afin de le soustraire aux regards des indigènes qui auraient pu s'opposer au transport de leur précieux fardeau, ils l'avaient renfermé dans un tronc d'arbre creux. C'est ainsi que les restes de l'illustre explorateur revinrent en Europe, où l'Angleterre les inhuma à côté du tombeau de ses Rois.

Livingstone mort, le but principal du voyage de Cameron envoyé à sa recherche n'existait plus ; mais l'intrépide lieutenant ne fut pas de cet avis, et, au lieu de revenir sur ses pas, il poussa de l'avant avec l'intention bien arrêtée de traverser l'Afrique de part en part.

Il y parvint. Toutefois cette exploration ne répondit pas entièrement à son attente : des circonstances malheureuses l'empêchèrent de suivre exactement la route qu'il s'était tracée. Au lieu de s'avancer vers le nord, en quittant Nyangwé, il obliqua au sud-ouest ; sans quoi il eût, avant Stanley, découvert le merveilleux fleuve Congo, dont il ne visita que le bassin méridional. Il voyagea de conserve avec une caravane portugaise, et déboucha à Benguéla, après avoir enduré des fatigues inouïes et affronté les plus grands périls.

On doit à Cameron la découverte de l'issue occidentale du Tanganïka, le Loukouga qui va vers Nyangwé; il dressa exactement le contour du Grand Lac, et traversa le Zambèze. Son voyage restera, à tous égards, un des plus importants et des plus célèbres.

Cependant, à l'heure où Cameron revenait en Europe, un autre météore, parti également de Zanzibar, s'en allait, flamboyant, à travers l'Afrique. C'était Stanley, Stanley qui se souvenait de certains indices recueillis lors de son premier voyage à la recherche de Livingstone, Stanley qui pressentait cette route splendide, le Congo, dont la découverte allait mettre le comble à sa gloire.

Il part, traverse l'Oussagara, l'Ougogo, l'Ounyanyembé, arrive à Oudjidji où il fait le périple du lac Tanganïka, et pousse sur Nyangwé. Puis à travers les difficultés les plus grandes, surmontant des obstacles sans nombre, méprisant le danger et la mort, il entreprend cette chose incomparable : la descente du Congo.

Lorsque l'on pense qu'à certains moments, pour contourner les cataractes, il a dû transporter ses bateaux à travers les forêts et par monts et par vaux; lorsque l'on se rend compte de la difficulté d'un pareil travail accompli le plus souvent sous une grêle de flèches, entravé par le mauvais vouloir et l'hostilité des indigènes, on est forcé de s'incliner devant cette œuvre surhumaine.

Tel était le bilan des explorations les plus récentes à l'heure où l'Association internationale africaine lançait ses premiers voyageurs sur la route de Zanzibar au lac Tanganïka.

Le capitaine Crespel, le lieutenant Cambier et le docteur Maes prirent la tête de la phalange d'explorateurs belges qui, plus tard, compta tant de dévouements. Ils sollicitèrent cette mission comme une haute faveur, et y consacrèrent leurs jours avec cette noble abnégation qui préside toujours à l'accomplissement des grandes actions; ayant conscience des difficultés, des dangers dont ils étaient menacés, ils n'en étaient que plus ardents à voler les premiers au-devant de ces périls et de ces difficultés.

Dans cette première expédition comme dans celles qui suivirent, l'armée belge a toujours tenu à honneur d'être dignement et largement représentée; disons tout de suite qu'elle fut la pépinière d'où sortirent nos plus grands explorateurs et nos plus généreux martyrs.

Gloire à elle !

L'histoire enregistrera comme une page des plus élogieuse pour la carrière des armes cette évolution qui fait de nos officiers non seulement des hommes érudits, des savants, mais des voyageurs éminents, des chercheurs, et surtout des pionniers de la grande œuvre africaine.

Comme pour réparer ce qu'à d'autres âges la force a pu commettre d'injuste et de cruel, l'armée belge est entrée vaillamment dans la lice africaine pour conquérir à la civilisation, à la lumière, à l'humanité un

LE CAPITAINE CRESPEL.

monde nouveau qu'enserrent d'épaisses ténèbres. Nobles combats, où le soldat ne doit la victoire qu'à la persuasion, à l'exemple, à la grandeur de ses idées; et où, dans sa défaite, le vaincu ne trouve que le relèvement, le salut, le bien-être et la régénération de sa race !

Oui, c'est à l'armée belge, à cette sérieuse école où l'officier puise l'instruction solide et les saines idées, c'est à elle qu'il appartenait de fournir le puissant contingent d'hommes de cœur dont on avait besoin. Peu sages sont ceux qui prétendent qu'un pays neutre devrait se passer de soldats ; l'armée est indispensable, ne fût-ce que pour rester le conservatoire des grandes aspirations, des dévouements désintéressés.

Quand notre siècle, miné par la rapidité, par la soif du gain, par la spéculation, le lucre et l'intérêt, aura vu les esprits se déprimer, et se gangrener les consciences; quand autour de nous l'adresse, la vénalité, la perfidie, se dresseront insolemment en puissances triomphantes ; quand on cherchera en vain les dix justes de l'Écriture pour sauver une époque où

LE DOCTEUR MAES.

l'on n'aura plus le temps de s'instruire ni la possibilité de rester honnête, alors, comme dans une citadelle inaccessible aux bassesses, aux transactions, aux compromis, on retrouvera parmi les officiers de l'armée le trésor soigneusement gardé et intact de l'honneur national; étrangers à toute préoccupation vénale, ils traverseront, sans y souiller leurs épaulettes, les époques les plus byzantines ; ils resteront un heureux anachronisme au milieu des passions dissolvantes ; et, fidèles, ils transmettront à des âges meilleurs la tradition du désintéressement absolu, des fortes études, des dévouements virils dont ils nous donnent aujourd'hui un témoignage si éclatant en fournissant à nos phalanges africaines ses explorateurs les plus illustres.

Qui de nous n'a été remué au fond de l'âme par les discours enthousiastes dont les officiers de l'École de guerre notamment saluèrent le départ de leurs collègues Crespel et Cambier? Quelle vitalité, quelle noblesse dans les aspirations, quelle sincérité dans les éloges et dans les souhaits de réussite! Nos braves voyageurs en reparlèrent bien souvent, et ce ressouvenir resta pour eux comme un lien fraternel, comme un pli du drapeau, comme l'âme entière de la patrie.

A leur expédition fut adjoint M. Marno, major de l'armée autrichienne, déjà célèbre par ses voyages au Nil et par ses découvertes dans le haut Sennaar.

Les explorateurs se dirigèrent sur Zanzibar qui est le point désigné pour l'organisation des caravanes pénétrant en Afrique par la côte orientale. C'est là qu'ils firent le rude apprentissage des choses africaines.

Dès les premiers pas, on s'y heurte à l'indolence, à la paresse, voire à la fourberie des gens de la côte, des Vouangouanas. Devant soi, se dresse un travail énorme, une tâche importante dont dépendent et l'avenir et le succès de l'entreprise : c'est l'engagement des porteurs, des soldats; le choix des marchandises, étoffes, perles, fusils, poudre; les renseignements à prendre sur les routes; les idiomes nègres à étudier : en un mot, une foule de préparatifs que l'on doit faire seul, dans un pays où tout est inconnu, même le langage de ceux qui vous servent.

Depuis, l'on a rencontré le concours bienveillant de M. Greffulhe, et plus tard du consul belge; aujourd'hui, M. Cambier lui-même, agent de l'Association à Zanzibar, épargne aux nouveaux arrivants ce dur labeur du début. Mais, à cette époque, rien de cela n'était encore organisé : le voyageur devait se débrouiller lui-même, n'ayant pour le seconder que les nègres et les Arabes, les uns trop souvent cupides, les autres toujours indolents et apathiques.

A ce métier, l'on est bien vite irrité : on crie, on peste, on croit stimuler ses hommes en mettant soi-même la main à la besogne; vains espoirs! Le travail suit son cours, doucement, avec les lenteurs et les retards d'usage, réglé comme une routine bureaucratique.

Combien de voyageurs souffrirent cruellement de cet état de choses! Sous un climat brûlant, souvent aux prises avec les fièvres, agité, nerveux, agacé, plus d'un y laissa sa santé, et plus d'un aussi y perdit la vie.

VUE DE ZANZIBAR.

Ce fut, hélas! le cas pour Crespel et pour Maes, qui succombèrent avant d'avoir posé le pied sur le noir continent : tous deux trouvèrent leur tombeau dans l'île verdoyante de Zanzibar, où Maes fut frappé d'une insolation, et Crespel emporté par les fièvres, à dix jours d'intervalle.

Le capitaine Louis Crespel est né à Tournay le 4 décembre 1838; il fit ses études à l'Athénée de cette ville, puis fut admis à l'École militaire d'où il sortit le 4 février 1859 avec le grade de sous-lieutenant.

Arnold Maes est né à Hasselt le 24 mars 1854; il comptait parmi les meilleurs élèves de l'Université de Louvain, fut reçu docteur en sciences naturelles, et nommé membre de la Société royale de botanique de Belgique.

Tous deux faisaient partie de la Société belge de géographie.

Au banquet d'adieu qui fut offert aux explorateurs quelques jours avant leur départ, Crespel prononçait ces mâles paroles :

« Bien certainement, l'un des résultats du voyage que nous allons
« entreprendre sera de contribuer au progrès de la géographie, et, sous
« ce rapport déjà, il nous intéresse tous. Mais ce n'est pas là notre seul
« but. Notre mission est toute de civilisation, et l'on peut dire qu'elle
« intéresse l'humanité entière... Nous connaissons les difficultés et les
« dangers de notre tâche; si la volonté suffit, nous sommes assurés du
« succès. La force peut nous trahir; si nous succombons, d'autres conti-
« nueront l'œuvre entreprise. Mais nous ne succomberons qu'en fai-
« sant notre devoir, et notre chère patrie n'aura pas à rougir de ses
« enfants. »

Cet appel a été compris.

Aux héros tombés ont succédé d'autres soldats. La cause était noble et belle, capable d'inspirer les plus grands sacrifices, et le sang généreux des martyrs a fécondé le sol de la patrie : il y a fait germer de nouveaux dévouements.

Honneur à la mémoire de Crespel et de Maes! honneur à ces deux noms belges qui resteront gravés en tête de la liste glorieuse de nos explorateurs africains!

A la nouvelle de ce malheur, Cambier, qui se trouvait avec Marno en exploration préparatoire sur la route de Mpwapwa, regagna immédiatement Zanzibar.

C'est en février 1878 que sonna cette heure douloureuse. L'émotion fut profonde dans notre pays: c'était un coup terrible, presque un désastre. Autant avait été grand l'enthousiasme, autant fut profonde la stupeur. Pour sauver pareille situation il fallait un homme d'une rare énergie :

on trouva un héros. Cambier devint le chef de la première expédition : à son nom sont étroitement liées les plus grandes phases de l'œuvre africaine de Zanzibar à Karéma.

Il était alors lieutenant d'infanterie, adjoint à l'état-major. Né à Ath en 1844, d'un caractère persévérant et énergique, officier distingué, travailleur opiniâtre, il possédait la simplicité et le calme qui caractérisent les hommes d'élite. La mort de Crespel et de Maes l'affligea profondé-

LE CAPITAINE CAMBIER

ment; mais sa vaillance resta debout ; d'une main ferme, il saisit résolument le commandement de cette expédition si tristement commencée, si compromise déjà.

Et cependant, quel travail lui était réservé!

Car, s'il est dur en tout temps d'organiser et de conduire une expédition en Afrique, bien autrement pénible est la tâche qui consiste à reprendre les rênes d'une entreprise marquée dès son début du sceau fatal de l'insuccès. Ce qu'il lui fallut de patience, d'énergie, de rude labeur dans cette œuvre ingrate, ceux-là seuls le comprendront qui ont passé par semblables épreuves. Sa persévérance lui garantissait le succès.

Il triompha.

Pendant qu'il organisait sa caravane à Bagamoyo, deux compagnons lui furent adjoints pour combler le vide laissé par la mort de Crespel et de Maes et par la retraite de M. Marno qui retournait en Europe. Le choix de l'Association tomba sur le lieutenant Wautier et le docteur Dutrieux. Ainsi composée, l'expédition, forte de quatre cent sept hommes, se mit en marche le 28 juin 1878.

C'était une superbe caravane, bien outillée, amplement pourvue de tout, qui s'en allait transporter là-bas, à la région des Grands Lacs les premiers éléments de ce qui devait être un jour Karéma.

Elle suivit la route qui va de Bagamoyo à Mpwapwa, en passant par la Makata. Sur la rive gauche de la rivière de ce nom s'élève la florissante ville de Simbamouenni, gouvernée par la puissante sultane Kisabengo. Cette cité, véritable forteresse rectangulaire, est entourée de hautes murailles en pierre, défendues aux quatre angles par des tours fort bien construites. L'enceinte, à double rang de meurtrières, renferme un espace de huit cents mètres carrés, au centre duquel se dresse le palais de la sultane.

Ces constructions rappellent en tous points celles que l'on voit à Zanzibar; et il est évident que le père de la souveraine actuelle, après avoir fait la conquête de ce pays, eut recours à des artisans de la côte pour bâtir et orner sa capitale qu'il décora du nom pompeux de Simbamouenni, qui signifie *Cité du lion*.

Ce conquérant, Kisabengo, était sans nul doute quelque Portugais noir, célèbre chasseur d'hommes, du reste, dont le nom portait la terreur au loin. Il enleva aux Vouakamis un immense terrain dans la belle vallée qui court de l'Oukouéré à l'Oussagara, et y fonda une puissance qu'il légua à sa fille, la sultane actuelle. Celle-ci se distingue absolument des négresses de la contrée : douée d'une physionomie étrange, d'un caractère fier, hautain, cupide et cruel, elle a cependant des goûts de luxe qu'accroît encore la facilité qu'elle trouve à les satisfaire grâce au voisinage de Zanzibar. Aussi Simbamouenni est-elle fournie d'une foule d'objets européens et indiens : on y voit des portes, des fenêtres, des chaises, des tables, des meubles et ustensiles de toutes sortes; la sultane même élève des chiens et des perroquets venus de la côte, et qu'elle affectionne beaucoup; elle possède d'ailleurs de grandes richesses qu'elle sait habilement exploiter.

C'est, en somme, une étrange figure, une sorte d'anachronisme au milieu de ce pays barbare; seulement, au lieu de mener son peuple sur le sentier de la civilisation, la sultane Kisabengo semble plutôt portée à lui emprunter sa sauvagerie; elle ne le fait pas monter vers elle, elle descend jusqu'à lui et perd insensiblement à ce contact le dernier vestige d'une origine plus haute.

PORTEUR MNYAMOUÉSI.

Cependant la première expédition belge a continué sa marche; mais dès ses premiers pas elle se heurte, hélas! aux difficultés toujours nouvelles, sans cesse renaissantes, engendrées par le mauvais vouloir, la perfidie, l'indiscipline et la défection des noirs qui composent la caravane.

Qui ne se souvient de la fameuse journée de Mvoméro où trois cent vingt-cinq porteurs désertèrent en un seul jour? La presse étrangère appela cette journée « *le désastre belge* »; les conjectures, les racontars allèrent leur train; même en Belgique, sans égard pour l'infortune et le courage de nos voyageurs, chacun émettait son opinion souvent absurde, toujours sévère; chacun formulait son avis, énonçait sa théorie, jugeait et condamnait, alors que là-bas, aux prises avec ces inextricables difficultés, Cambier, aidé de ses compagnons, réorganisait l'expédition, poursuivait les fuyards, enrôlait de nouveaux hommes et donnait à tous le spectacle admirable d'un courage que rien n'abat.

Cette fois encore il triompha.

La caravane fut bientôt reconstituée. Alors Cambier prit les devants avec quatre-vingts hommes seulement, et marcha résolument vers le pays de Mirambo, tandis que derrière lui venait le gros des bagages sous la conduite de Wautier et Dutrieux.

Aux ennuis et aux déboires de la traversée de l'Ougogo vint s'ajouter pour Cambier une cruelle épreuve: il fut affligé d'une entorse, au point de ne pouvoir marcher. C'est à dos d'âne qu'il fit ces étapes pénibles durant lesquelles il ne quittait sa monture que pour s'étendre sur une couchette de campagne; il ne parvenait même pas à goûter un peu de repos sous sa tente, où la température dépassait souvent 38 degrés centigrades et où les sauvages s'introduisaient sans aucune gêne, tantôt mendiant un lambeau d'étoffe, tantôt par pure curiosité, pour voir l'homme blanc.

Ce fut un douloureux calvaire, car, à cette époque de l'année, sauf quel-

LA SULTANE
de Simbamouenni.

NÉGRESSES DANSANT DEVANT LA TENTE DE CAMBIER.

LES BELGES. I.

ques maigres baobabs privés de feuillage, le sol de l'Ougogo ne présente que des arbustes épineux; point d'ombre, nulle verdure pour reposer la vue : les troupeaux affamés des Vouagogos en sont réduits à brouter les racines desséchées des champs de millet.

Du 6 au 8 septembre, Cambier traversa les steppes arides du Mgounda-Mkali, marchant du matin au soir, souvent même une partie de la nuit, afin d'atteindre l'endroit désiré où l'on trouvera un peu d'eau.

Rien de monotone et de triste comme cette contrée, théâtre de la guerre de cinq ans (1871-1875) que Mirambo entreprit contre les Arabes et qui a laissé d'ineffaçables traces. On n'y rencontre plus aucun vestige d'habitation ou de culture; l'arbre n'y a point d'ombrage, l'herbe est brûlée, la végétation comme morte; le roc, qui parfois se montre à nu, n'est recouvert que d'une faible couche végétale; rarement on voit un arbre dont le diamètre dépasse trente centimètres : arrivé à cette dimension, il meurt et tombe.

C'est l'image de la désolation.

Hittoura marque la fin de cette traversée; quatre étapes encore, et le voyageur arrive à Ouyoui, première ville de l'empire de Mirambo.

A peine Cambier y est-il arrivé que de toutes parts s'organisent de bruyantes manifestations pour saluer le passage de l'étranger : ce ne sont que cris, danses échevelées, visites continuelles des femmes de l'endroit, à qui il s'agit de distribuer force présents, car c'est toujours par un échange de cadeaux que se traduisent les politesses et les salamalecs des nègres.

Un repos de quelques jours étant nécessaire, Cambier en profita pour enrôler quelques hommes en remplacement de ceux qui venaient de déserter. En effet, à part une querelle qui s'était élevée dans l'Ougogo entre Zanzibarites et porteurs, et que Cambier avait réussi à apaiser quand les arcs étaient déjà tendus et les canons de fusil abaissés, peu de difficultés avaient surgi pendant la route; mais en approchant de leur pays, les Vounyamouésis se montrèrent de plus en plus indisciplinés, et, en arrivant à Ouyoui, quarante d'entre eux désertèrent.

Leurs remplaçants, hélas! ne valurent guère mieux : au bout de trois jours de marche, et alors que cinq lieues séparaient encore la caravane de toute habitation, les nouveaux venus refusèrent de poursuivre l'étape si leur solde n'était pas augmentée sur l'heure. Or, le prix avait été réglé, consenti et payé d'avance à Ouyoui. C'était une abominable conduite; mais, devant le risque de se voir abandonné au milieu du désert, il fallut bien s'exécuter.

Heureusement, le même jour, la caravane atteignait le premier gros village de l'Ounyamouési, pays de Mirambo. Cambier dépêcha immédiatement deux de ses hommes vers la capitale, pour prévenir le célèbre chef de l'arrivée d'un Européen dans ses États.

Le lendemain, les émissaires revinrent accompagnés de deux guerriers; ceux-ci, s'adressant à Cambier :

« Le mwami, notre maître, dirent-ils, souhaite la bienvenue à l'homme blanc. Il nous charge de te dire que, devant se mettre en campagne, il a retardé son départ pour t'attendre. Tu seras accueilli en ami dans sa capitale, où tu trouveras une case préparée pour te recevoir. »

La caravane suivit les envoyés, et le lendemain, 30 septembre, drapeau déployé et le clairon sonnant la marche, elle entrait brillamment dans Thierra-Magazy, capitale de cet empire si tristement renommé.

Le sultan se porta au-devant de Cambier, à une centaine de pas de son tembé :

« Jambo, mousoungou. (Salut, homme blanc!)
— Jambo, mwami. (Salut, sultan!) »

Ils échangèrent une poignée de main, et le chef nègre conduisit son hôte jusqu'à la hutte qui lui était réservée.

Ils s'entretinrent quelques instants, puis Mirambo se retira. Auparavant, ayant appris que l'homme blanc n'était pas amateur de bruit, il avait prohibé les coups de fusil, les danses, les chants d'usage, ce dont Cambier lui fut extrêmement reconnaissant.

CHAPITRE II

Mirambo. — La TERRE DE SANG. — Le Rouga-Rouga. — Le défi royal. — Prise de Zimbiso. — La diplomatie européenne chez Mirambo. — L'échange de sang. — Combats et victoires. — Un effort suprême. — Fatalité !

MIRAMBO ! ce nom éclate comme une sonnerie de clairon. Il fait frémir l'Arabe sous la véranda de son tembé, et frissonner d'orgueil le pauvre nègre dans sa hutte. Mirambo ! pour tous ceux qui ont suivi les événements dont l'Afrique centrale est le théâtre depuis plusieurs années, ce nom évoque toute une série de hauts faits, de hauts crimes, où le courage, l'intelligence, l'adresse, se le disputent avec la perfidie et la plus sinistre cruauté.

S'il est vrai que le premier conquérant fut un heureux voleur, Mirambo a le droit de se réclamer de haute et antique lignée : il a suivi la pente fatale où glissent les ambitions démesurées, et, de chef de caravane devenu voleur, il se fit bandit; de là à être empereur nègre il n'y avait qu'un pas; il le franchit : de pillages en assassinats, il escalada successivement les divers échelons de la richesse, du pouvoir et de la grandeur.

Son père était un petit sultan de l'Ougouwa. Qui dit « sultan » en Afrique centrale ne dit pas, comme en Europe, un puissant monarque; ce mot signifie généralement qu'un indigène qui, ayant acheté quelques esclaves, ordinairement avec l'ivoire qu'il s'est procuré en chassant lui-même, choisit un endroit qui lui plaît et s'y établit. Rien dans son habitation, sa tenue ou sa nourriture ne le distingue de ses sujets. Ceux-ci ne sont astreints envers leur maître qu'à quelques jours de travail chaque année, et même, en récompense, il est d'usage de leur faire une distribution de pombé, sorte de bière du pays produite par la fermentation de la farine de moutama ou de millet.

Tel est le rang d'un petit sultan en Afrique, caste d'où est sorti le farouche empereur de l'Ounyamouési.

Mais à cette époque, ainsi que cela se pratique généralement, la haute position du père n'exempta pas le fils de l'obligation de travailler : Mirambo fut mis à la besogne de bonne heure, et débuta dans les rang des pagazis que les Arabes envoient à la côte pour y conduire leur ivoire et en rapporter les marchandises européennes nécessaires au trafic. Bientôt cependant, grâce à son intelligence et aux excellentes relations qu'ils entretenaient avec son père, les Arabes lui donnèrent le commandement de ces expéditions : il devint conducteur de caravane.

Or, un beau jour, revenant de Zanzibar à la tête d'un riche convoi destiné à ses patrons, Mirambo, pris du vertige de devenir maître à son tour, trouva ingénieux de s'approprier ces richesses dont on lui avait confié la garde. Suivi des porteurs qu'il entraîna à sa suite, il se fit chef de bande dans la forêt.

Pendant un certain temps, il se contenta de détrousser les passants et vécut de rapines; puis, le nombre de ses compagnons s'étant accru de tous les déserteurs auxquels il faisait appel, il tomba sur les villages voisins, saccageant, pillant tout ce qui s'offrait à ses appétits démesurés. Toutefois, doué d'une intelligence très développée, il sut organiser ses vols et ses déprédations de telle façon que bientôt ses méfaits prirent l'aspect de véritables conquêtes : des peuplades entières se courbèrent sous sa domination, lui payèrent tribut et lui fournirent des guerriers pour soumettre celles qui résistaient encore. C'est ainsi qu'après s'être emparé de toute une contrée située aux confins du Mgounda-Mkali, théâtre de ses premiers succès, il étendit bientôt sa puissance sur l'Ounyamouési dont il se fit proclamer roi.

Ce fut une de ces fortunes rapides, brillantes, comme la flambée d'une traînée de poudre; mais elle s'affermit, se consolida, et bientôt le pouvoir du jeune chef fut reconnu par tous les souverains des alentours.

Sans respect pour la mémoire du vainqueur d'Austerlitz, un voyageur illustre a qualifié Mirambo de *Bonaparte africain* ; certes, le roi nègre ne mérite point cet excès d'honneur. S'il est une figure historique à laquelle on pourrait plus justement le comparer, c'est celle d'Attila. Tel on vit le farouche roi des Huns se précipiter comme un ouragan sur l'Europe civilisée, détruisant, broyant tout sous les larges pieds de ses hordes barbares, tel on voit Mirambo, à la tête de ses Rougas-Rougas, se lancer à la poursuite des caravanes, détruire les établissements des Arabes, ses premiers bienfaiteurs, et bientôt s'attaquer aux Européens eux-mêmes qu'il fait assassiner avec la plus lâche cruauté. Car, comme Attila qui répétait que l'herbe ne pouvait plus croître où son cheval avait passé, les légions de Mirambo, alors qu'elles sont sur le sentier de la guerre, ne laissent derrière elles que cadavres, ruines et monceaux de cendres. Hélas! pour endiguer ce flot barbare, où sont les *champs catalauniques?*

Cet empire date de 1870. C'est à cette époque que Mirambo jeta les fondements de sa capitale, Thierra-Magazy. Elle a une sinistre histoire, cette ville dont en langue kinyamouési le nom signifie *terre de sang*. On rapporte que pour s'attirer les faveurs d'en haut, le cruel souverain fit égorger douze femmes et douze hommes dont les corps furent enterrés sous les principales demeures, tandis que de leur sang on arrosa le sol de la cité nouvelle. Par là, Mirambo entendait mettre ses États sous la protection du génie sanguinaire qui jusqu'alors avait si heureusement présidé à ses funestes exploits.

Étrange organisation, du reste, que celle de cet empire! Il semble réellement qu'un être supérieur à la race nègre en ait jeté les fondements, inspiré à la fois par la grandeur militaire et par la barbarie la plus sauvage.

En temps de paix, nul vestige d'armée, pas d'apparat; chacun cultive, chasse, ou s'occupe comme il l'entend, et tant bien que mal gagne sa subsistance sans faire tort au voisin; que si, toutefois, les récoltes rendent mal, si une calamité quelconque entrave les efforts du travail et compromet les nécessités de la vie, à ses sujets qui se plaignent de ne rien avoir à manger Mirambo répond avec colère :

« Eh quoi ! mes partisans sont-ils donc devenus des femmes ? Et depuis quand celui qui sait tenir une arme ose-t-il se plaindre ? Vous manquez de vivres ? Mais le *porry* (le bois) n'est-il pas là ? Et chaque jour n'y passe-t-il pas des caravanes ? Vous y trouverez la vie si vous êtes des hommes. Allez ! »

Bondissant sous le sarcasme de son chef, le Rouga-Rouga a reparu : le fusil en arrêt, tapi au coin du fourré, il guette les pagazis à l'heure où,

ROUGA-ROUGA.

fatigués et brisés par une longue marche, ils vont débandés, se traînant péniblement le long du sentier. L'attaque sera isolée, elle portera sur plusieurs points à la fois, et l'ennemi s'emparera des charges de ceux qui tomberont vaincus ou qui, pour se sauver plus facilement, auront jeté leurs fardeaux au premier coup de feu.

Cet exploit achevé, le Rouga-Rouga rentrera dans son foyer, et il remettra à son suzerain une part de la curée en signe d'hommage et comme tribut exigé.

Mais quand vient le moment de la guerre pour la défense du pays, pour la conquête ou pour la vengeance, alors ce n'est plus d'une bande isolée qu'il s'agit : c'est tout un peuple qui se lève.

A peine le son prolongé de la trompe a-t-il donné l'alarme, que partout aux alentours retentit le signal des combats : on dirait d'une traînée de feu dans un champ de blé mûr. Chacun est averti, et chacun court aux armes ; on jette là pioches et cognées pour saisir des fusils ; sur les têtes se dressent les coiffures guerrières, diadèmes de plumes et d'oripeaux. C'en est fait : le peuple pasteur, le peuple agriculteur s'est transformé en une légion de Rougas-Rougas.

Car Mirambo, législateur et guerrier, a décrété le service obligatoire dans ses États ; pour s'en libérer, il faut ou avoir fait une action d'éclat, ou avoir rendu au pays un service éminent. En ce cas, Mirambo permet au vaillant soldat de prendre femme, il l'exempte de tout service, lui accorde des esclaves et lui donne des terres à cultiver.

Son armée n'est donc composée que de célibataires, jeunes gens ardents et fanatiques, qui courent avec fureur aux dangers, à la mort, pour conquérir par leur vaillance le droit de se marier, d'être riches et de vivre libres.

Aussi, à l'instar des Zoulous, ces soldats sont-ils justement redoutés.

On doit le reconnaître, Mirambo est bien supérieur à tous ceux

CARAVANE ATTAQUÉE PAR LES ROUGAS-ROUGAS.

qui l'entourent, et de par son intelligence, et de par la rapidité de ses décisions. Mais qui déchiffrera jamais les pensées et les rêves, les hallucinations bizarres et terribles qui hantent l'esprit de cet empereur nègre affolé de grandeurs, ivre de carnage, affamé des biens de la civilisation et assoiffé de cruautés, tout à la fois grand seigneur et bandit ? Quelles contradictions déchirantes se heurtent dans cette robuste tête! quelles anomalies incroyables font battre ce cœur de bronze! mais aussi quelle froide cruauté parfois dans ses vengeances!

L'infortuné Mayolé, que j'ai rencontré à Taborah, m'a narré une aventure effroyable qui prouve toute la perfidie de ce roi sanguinaire.

Ce Mayolé lui ressemble à s'y méprendre, peut-être est-il un peu plus grand, un peu mieux fait que Mirambo, mais au physique c'est son sosie accompli. Il habitait Thierra-Magazy et jouissait de la haute faveur du monarque. Or, il advint qu'un jour Mirambo le défia à la course. Mayolé accepta. Les deux champions partirent, et le sultan fut battu.

Pendant que le vainqueur, enivré de son succès, est acclamé et fêté par ses amis, Mirambo furieux, revenant vers la ville, rencontre la femme de son heureux rival, s'en approche et la tue brutalement. Puis il rentre dans son tembé, mande quelques-uns de ses soldats et les charge d'aller sur l'heure assassiner Mayolé.

Mais celui-ci, averti, réussit à s'enfuir; il gagne Taborah et se réfugie chez les Arabes, qui lui font un chaleureux accueil.

Depuis ce temps, Mirambo n'a pas d'ennemi plus acharné que lui : en toute circonstance Mayolé est debout, secondant les Arabes, adversaires jurés de son ancien chef, et donnant en personne à la tête des détachements qui partent de l'Ounyanyembé pour combattre le farouche souverain de l'Ounyamouési.

La plus importante de ces campagnes fut celle de 1872, alors que les Arabes de Taborah, ligués contre Mirambo, envahirent son territoire et prirent d'assaut le village de Zimbiso. Stanley s'était joint à cette expédition guerrière, comptant, à la faveur de ces incidents, pouvoir traverser les États de Mirambo et se rendre de là au lac Tanganika.

Mais le redoutable chef nègre mérita une fois de plus sa renommée d'invincible : il fit mine de battre en retraite, et, tandis que les Arabes, confiants dans leurs premiers succès, poursuivaient leur marche triomphante vers Thierra-Magazy, les cohortes de Mirambo, cachées des deux côtés de la route, les enserrèrent insensiblement dans un cercle de fer.

Au signal donné, elles se ruèrent sur l'armée envahissante, lui coupèrent la retraite, et en firent un horrible carnage. Ce ne fut que grâce à un sauve-qui-peut général que la caravane de Stanley parvint à échapper aux Rougas-Rougas, non sans avoir toutefois laissé entre leurs mains, d'après ce qu'affirme Mirambo, le drapeau du mousoungou, le drapeau américain qui flottait en tête de l'expédition.

Les Rougas-Rougas montrèrent une grande valeur et déployèrent une habileté remarquable; rien d'étrange, du reste, comme leurs ruses de

PRISE D'ASSAUT DU VILLAGE DE ZIMBISO PAR LES ARABES.

guerre, rien d'imposant comme de les voir courir au combat. Si rapide est leur allure, que pendant les douze heures du jour ils franchissent aisément leurs vingt lieues. Jamais ils ne marchent la nuit, mais, une fois en mouvement, ils ne quittent plus le pas gymnastique. Ils n'emportent avec eux ni vivres, ni provisions, ni bagages; pour armes, presque tous ont des fusils; les munitions et les poudres sont transportées dans des tonnelets appendus à de longues perches portées par deux hommes, et l'allure de ces porteurs n'est ni moins vive ni moins prompte.

Dans quelle erreur se complaisent ceux qui croient que ces peuplades sauvages n'ont pour armes que des lances, des flèches, des javelots ! Grâce au commerce de la côte, grâce aux imprudences des traitants, à leur amour du lucre, grâce à l'impéritie de ceux dont la mission serait de surveiller à Zanzibar le commerce des armes à tir rapide, d'immenses quantités d'excellents fusils sont continuellement dirigées vers l'intérieur du continent africain. C'est là un objet instamment demandé par les nègres, et ce sont surtout les peuples bandits qui le recherchent. Dans le pays de Mirambo et chez les Rougas-Rougas du Nioungou il n'est pas un guerrier qui ne soit nanti d'une arme à feu qu'il manie avec adresse.

En dépit de ses déprédations, Mirambo est très bien vu, voire même choyé à Zanzibar où il n'oserait pas se rendre en personne, mais où ses envoyés sont traités en ambassadeurs. Saïd-Bargash qui au fond du cœur le déteste, n'est pas autorisé à lui témoigner sa haine, encore moins à entreprendre la moindre répression contre lui : la diplomatie anglaise est là qui veille, sa tactique est de protéger l'élément nègre au détriment de la puissance arabe. Mirambo, parfaitement au courant de cette situation, l'exploite habilement à son profit : il adresse des présents au consul anglais qui, en retour, lui envoie des fusils. A Taborah, en mai 1880, il n'était bruit que de certains canons offerts par le docteur Kirk au sultan de l'Ounyamouési. Celui-ci n'a peut-être pas su comment s'en servir ; mais il en tire grande vanité, et ces marques de sympathie d'une puissance européenne envers ce détrousseur de caravanes n'a pas laissé que d'augmenter encore le lugubre prestige qui s'attache à sa sinistre personne.

Mirambo est aujourd'hui un homme de quarante-sept ans environ, de taille élevée, peu corpulent ; il a une physionomie intelligente, cause peu et ne laisse rien voir de ses impressions. Toujours remuant et guerrier, il entreprend la guerre sous les prétextes les plus futiles, l'envisageant comme un moyen des plus aisés d'accroître ses richesses et sa puissance.

Les qualités belliqueuses de ses hommes trouvent en temps de paix un centre d'activité dans la chasse aux éléphants, à laquelle ils excellent du reste ; généralement ils en apportent le produit à Mirambo qui leur distribue en échange quelques marchandises européennes, mais s'approprie naturellement la part du lion. Il est vrai que c'est lui qui leur fournit la poudre et les fusils dont ils ont besoin : ils sont en quelque sorte des chasseurs à sa solde.

Lorsque sa provision d'ivoire acquiert une certaine importance, Mirambo l'expédie à la côte par de grandes caravanes sous la conduite d'un ou plusieurs de ses nyamparas; elles lui ramènent, en retour, des produits européens de toute nature. Ce trafic est d'autant plus rémunérateur que le payement de ses pagazis ne lui coûte guère : il emploie à ce transport des esclaves dont on se débarrassera en les vendant à Zanzibar, s'ils proviennent de quelque tribu remuante et tracassière.

Mirambo est riche, puissant; il est craint et admiré de ses sujets, redouté de ses voisins; son empire de l'Ounyamouési est solidement assis : au nord, il tient le lac Tanganika et la route vers l'Ouganda, le puissant royaume de M'tésa; à l'ouest, il a pour allié le Nioungou, seigneur et maître du Mgounda-Mkali; au sud, il lui manquait quelqu'un; mais aujourd'hui il a Simba, et nous retrouverons plus loin ces deux noirs potentats fraternisant sur le chemin du crime.

Dès le premier jour de son arrivée à Thierra-Magazy, Cambier fut appelé auprès de Mirambo.

La hutte royale où on l'introduisit ne diffère guère des autres : c'est un cylindre d'argile d'environ quatre mètres de rayon sur six de hauteur, recouvert d'un toit de paille en forme de cône qui se prolonge jusqu'à un mètre du sol environ; pour tout ameublement deux nattes, et une chaise pour l'Européen.

La conversation eut lieu en langue arabe. Le sultan s'informa du but de ce voyage, écouta attentivement les réponses, et parut attacher une grande importance à la nationalité de l'homme blanc : à plusieurs reprise il insista pour savoir si Cambier était un Anglais. Aux yeux de Mirambo il n'y a que trois nations d'hommes blancs : les Anglais, qui ont eu le talent de demeurer toujours en faveur auprès de lui; les Américains (Stanley), à qui il reproche amèrement de s'être unis aux Arabes, ses ennemis jurés, pour l'attaquer à Zimbiso; « mais je les ai tous vaincus, » ajoute-t-il avec orgueil; enfin les Français, c'est-à-dire, pour lui, tous ceux qui ne sont ni Anglais, ni Américains.

En somme, il tient ces derniers en suspicion : d'abord, à cause de M. Broyon, un Suisse, avec qui il eut des démêlés à propos d'une vente d'ivoire à la côte; puis il n'est pas difficile de s'apercevoir que la diplomatie anglaise s'efforce, par tous les moyens possibles, de conserver exclusivement pour elle les bonnes grâces de ce remuant potentat dont le royaume tient la clef septentrionale du lac Tanganika.

Mirambo resta quelques instants songeur, puis s'adressant à Cambier :

« Tu désires des pagazis, dis-tu ?

— Oui, mwami. J'ai laissé derrière moi une grande partie de ri-

L'ÉCHANGE DU SANG.

chesses par suite de la désertion de mes hommes. Je désirerais faire transporter ici le restant de ces charges.

— C'est bien, tu auras des porteurs. Mais auparavant je veux conclure avec toi un pacte d'alliance.

— Volontiers.

— Je veux que tu deviennes mon frère par le sang. »

Cambier ne s'attendait pas à cette proposition qui ne lui sourit que médiocrement. Mais en somme le salut de son expédition, le succès de sa mission, étaient à ce prix; il n'hésita plus.

« Je serai ton frère de sang, fit-il.

— La cérémonie aura donc lieu demain, avant que je parte pour la guerre. »

Là-dessus, l'entrevue prit fin, non sans que Cambier eût laissé à son hôte divers présents auxquels celui-ci répondit par un envoi de vivres et de fruits.

Le lendemain, de bonne heure, la trompe guerrière annonce dans Thierra-Magazy le grand événement du jour. Déjà tous les habitants sont sur pied et se portent en foule vers la demeure royale, sorte de citadelle située au centre de la ville; tout autour de cette enceinte se groupent une centaine de huttes habitées par les nyamparas, qui sont les notables de l'endroit.

C'est dans une des habitations particulières de Mirambo que la cérémonie doit avoir lieu. Cambier y est introduit au milieu des acclamations de la foule, et le chef nègre, entouré de ses guerriers, le reçoit avec les marques de la plus grande bienveillance.

Après les yambos d'usage, les deux futurs alliés prennent place en face l'un de l'autre.

Sur un signe du roi, un des guerriers s'approche de Cambier qui offre sa poitrine nue, et, de la pointe de son couteau, il y fait une légère incision; pendant ce temps, un des askaris de Zanzibar pratique sur Mirambo la même opération.

Le sang coule. Les assistants font retentir l'air de frénétiques hourras.

Les quelques gouttelettes sont alors recueillies sur deux feuilles fraîches, pétries avec un peu de beurre, et l'homme blanc et le chef nègre, se rapprochant l'un de l'autre, se les déchirent mutuellement au-dessus de la tête.

Le pacte de sang est conclu.

Désormais ils sont frères; et malheur à celui des deux qui commettrait envers l'autre quelque acte d'hostilité ! la mort frapperait à l'instant le parjure.

Dans Thierra-Magazy la joie éclate sur tous les noirs visages, et les chants, les danses, les coups de feu célèbrent bruyamment la solennité qui vient d'unir le mwami et le mousoungou.

Mais Cambier ne perdait pas de vue son objectif : dans la journée, il rappela à Mirambo sa promesse de lui fournir des porteurs.

Le sultan manda sur-le-champ le kirangozi de la caravane.

« Tu vas, lui dit-il, battre les villages voisins, et, au nom de Mirambo, tu y recruteras tous les pagazis dont ton maître a besoin. Va ! »

Puis s'adressant à Cambier ·

« Demeure ici, dans ma ville, jusqu'à mon retour, tu n'y manqueras de rien. Quant à moi, je vais aller châtier les Wasekoumas au sud du Victoria-Nyanza ; mon absence ne sera pas de longue durée. »

Le jour suivant, en effet, les cris de guerre succèdent aux chants joyeux de la veille ; la trompe sonne avec rage et l'alarme se répand au loin. De nombreuses escouades de soldats quittent la ville sous la conduite des nyamparas, et Mirambo lui-même, entouré d'une vingtaine de ses plus fidèles partisans, se met en route aux acclamations de tout un peuple en délire.

Sur sa route, tous les sultans de l'Ounyamouési doivent lui fournir un contingent d'hommes ; de telle sorte que bientôt l'armée devient formidable ; les sentiers roulent des flots de lances : on dirait d'un fleuve impétueux que mille rivulets enflent à chaque pas.

La campagne dura trente jours. Les Wasekoumas opposèrent à Mirambo une résistance opiniâtre qui coûta des flots de sang. Mais finalement ils furent vaincus, leurs villages incendiés, leurs guerriers massacrés.

Le 1ᵉʳ novembre, l'armée triomphante rentra dans Thierra-Magazy, ramenant avec elle un millier de têtes de bétail et une centaine de femmes et d'enfants. Un grand nombre d'esclaves volontaires accompagnaient aussi les vainqueurs : ce sont les Vouatousis, tribu nomade dont l'unique occupation consiste à garder les bestiaux. Voyant Mirambo s'éloigner avec les troupeaux de leurs anciens maîtres, ils préférèrent se soumettre à son joug afin de demeurer auprès des bœufs et des chèvres confiés à leurs soins.

Pendant toute cette épopée, Cambier s'était morfondu dans une attente stérile : il commençait à faire le dur apprentissage des relations avec les chefs nègres et de la créance qu'il faut accorder à leurs promesses.

Le kirangozi chargé de recruter des porteurs revint à Thierra-Magazy au bout d'une vingtaine de jours, mais seul, sans pagazis, alléguant qu'il avait entendu dire, chemin faisant, que les compagnons de l'homme blanc étaient à proximité et que l'expédition n'avait plus besoin de bras.

C'était un audacieux mensonge.

La vérité fut connue plus tard : le drôle, qui se trouvait possesseur d'une femme en quittant Thierra-Magazy, avait trouvé bon de la vendre sur sa route; avec le prix qu'il en reçut il fit bombance, et s'amusa sans plus s'occuper de la mission qui lui était confiée. Il ne reparut qu'après avoir gaspillé tout son avoir.

Lors du retour de Mirambo, Cambier n'était donc pas très avancé; sur ses instances, le chef nègre mit enfin à sa disposition un de ses nyamparas pour recruter des hommes; mais quand celui-ci revint le 28 novembre, il ramenait au plus une trentaine de porteurs.

Cambier n'y tenait plus. Il savait ses compagnons là-bas, attendant un secours, exposés aux dangers peut-être, et son énergie, ses généreux efforts se brisaient contre l'apathie et le mauvais vouloir. Évidemment Mirambo s'ingéniait à le retenir dans sa ville afin de tirer de lui le plus de présents possible : c'était à chaque instant quelque ruse nouvelle, quelque visite intéressée, et tout ce qui frappait la vue du noir monarque excitait sa convoitise, il le lui fallait.

Enfin, le 20 décembre arriva une lettre de Wautier. Elle était datée du 1er; à cette époque il se trouvait avec Dutrieux à la frontière occidentale de l'Ougogo, et il annonçait l'arrivée de la caravane à Ouyoui pour le 16 du même mois.

« Debout mes amis, cria Cambier, nous partons ! »

Car sur l'heure il voulait se porter à la rencontre de ses compagnons.

Mais Mirambo l'arrêta :

« Tu es mon frère de sang, je dois veiller sur tes jours; il n'est pas prudent de se mettre ainsi en marche, je veux absolument te donner une escorte. »

Ce fut un nouveau retard de deux jours.

Enfin, le 22 décembre, le cœur plein d'espérance, Cambier prit congé de son hôte et se dirigea vers Ouyoui.

Hélas! un mauvais sort semblait s'attacher à l'expédition : à peine eut-il parcouru une dizaine de lieues qu'il fut contraint de s'arrêter, vaincu par une fièvre intense. Bientôt le mal s'aggrava au point qu'il ne pouvait plus se mouvoir.

Alors, l'âme brisée, vaincu par un fatal destin, Cambier rebroussa chemin et regagna péniblement Thierra-Magazy.

Dans ses accès de fièvre, il croyait entendre son ami, son compagnon d'armes, Wautier qui l'appelait. Hélas! à cette même heure, au lieu d'être à Ouyoui où Cambier le croyait rendu, l'infortuné Wautier dormait de l'éternel repos sous un baobab décharné du Mgounda-Mkali.

CHAPITRE III

Wautier et Dutrieux. — Chez les Vouatatouros. — Tristes étapes. — Mort de Wautier. — La tombe d'un héros. — Le docteur Dutrieux. — La lettre de deuil. — Cambier à Taborah. — Les Vounyamouésis porteurs. — En marche vers Karéma. — La caravane est arrêtée. — Le renfort. — Arrivée chez Simba. — Simba et Matum ıla. — Tanganika ! — Vous aurez la tête tranchée ! — L'humble village.

U'ÉTAIT-IL donc survenu ?

Pour le savoir, il nous faut abandonner un instant Cambier et nous reporter deux mois en arrière, à l'époque où, prenant les devants avec quatre-vingts hommes, il laissa le gros des bagages sous la conduite de Wautier et de Dutrieux.

Ceux-ci, à la tête d'une caravane lourdement chargée qui comptait près de quatre-cents hommes, quittèrent Mpwapwa vers la mi-octobre, et, sauf les vexations accoutumées du *hongo*, traversèrent l'Ougogo sans incident notable ; toutefois ils mirent six semaines à faire ce trajet qui leur coûta des monceaux d'étoffes arrachés par la rapacité des chefs vouagogos.

Le 1ᵉʳ décembre, au moment d'affronter le Mgounda-Mkali, Wautier écrivit à Cambier la lettre dont il vient d'être question : il annonçait son arrivée à Ouyoui pour le 16 du même mois, et recommandait au chef de l'expédition de lui envoyer sans retard deux cents porteurs pour remplacer

LE LIEUTENANT WAUTHIER

ceux dont l'engagement allait expirer.

Cependant la caravane continuait sa route, cheminant de conserve avec celle de M. Broyon, un trafiquant de la côte. Arrivés à Pongouli, nos voyageurs apprirent qu'aux environs du lac Tchaïa un explorateur anglais venait d'être assassiné par les Rougas-Rougas, et que l'escorte, les porteurs, tout avait été massacré.

On convint d'éviter absolument ce passage, et M. Broyon conseilla de se porter vers le nord, à Hékoungou où l'on trouverait, disait-il, des vivres en abondance. Pour cela, deux choses étaient indispensables : d'abord un bon guide, ensuite brûler les étapes, afin de n'être pas rejoints et coupés par les bandits.

Ce projet rencontra l'assentiment général.

Moyennant une forte quantité d'étoffes, le chef même de Pongouli consentit à conduire la caravane dans l'Outatoura, et la marche forcée fut commandée pour le lendemain.

LE DOCTEUR DUTRIEUX.

A vrai dire, les pagazis étaient en proie à une terreur folle. Il y avait dans l'air comme une odeur de carnage, on respirait la guerre et le meurtre dans ce Mgounda-Mkali, et nos explorateurs ne durent pas éperonner leurs hommes pour leur faire franchir rapidement ces steppes maudits. On cheminait en hâte, sans se communiquer des craintes que chacun cependant partageait.

Ce fut au cours de ces marches forcées que Wautier commença à se sentir sérieusement malade.

On entrait alors dans la saison humide. Une pluie abondante survint le 7 décembre pendant la dernière partie de la marche qui avait duré quatre heures. La nuit fut mauvaise. Il tomba encore de fortes ondées dont on se réjouit à tort, car dans ces régions surtout l'humidité est bien autrement à redouter que l'ardeur du soleil ; et, si elle n'en fut pas la cause première, du moins elle aggrava sensiblement le mal dont notre voyageur était atteint.

Enfin, le 8, après une marche pénible dans des sentiers boueux, détrempés, défoncés, on arriva au chef-lieu de l'Outatourou ; mais, contre toute attente, la caravane n'y trouva presque pas de provisions de bouche.

Pourtant, le Mtatourou est pasteur : il cultive bien son champ, il élève du bétail ; seulement, la saison était défavorable, les vivres rares, les indigènes apeurés, méfiants, peu complaisants. Pays très sauvage, du reste : les hommes y vont complètement nus, n'ayant pour tout ornement qu'une ceinture d'anneaux de cuivre ; les femmes portent un lambeau d'étoffe ou de peau de bête autour des reins. Leur langage est dur, strident, et les Vounyamouésis, leurs voisins du nord même ne le comprennent pas.

Nos voyageurs furent contraints de payer un *hongo* au sultan du lieu ; pour le débattre, il fallut perdre encore toute la journée du 9 ; la marche ne reprit donc que le 10, tantôt à travers d'épaisses forêts, tantôt au milieu d'interminables plaines parsemées de palmiers géants.

Au cours de cette étape, Wautier ressentit une telle lassitude, qu'il ordonna une halte, et l'on campa en pleine route, bien que les porteurs n'eussent rien à manger.

Oh ! le douloureux calvaire que fut pour lui ce dernier trajet vers Hékoungou qui allait devenir son tombeau.

Porté sur un hamac, brisé par le mal, défaillant au moindre choc, l'infortuné se raidissait contre la souffrance et donnait le spectacle d'un rare, d'un invincible courage.

Son compagnon, le docteur Dutrieux, lui prodiguait les soins les plus dévoués ; mais la science devenait impuissante : le corps était miné, perforé, dissous ; la vie s'en allait chaque jour avec les forces. Et pourtant Wautier ne voulait pas mourir ; il restait à l'action, il commandait encore, retenant à deux mains le dernier souffle dans sa poitrine qui râlait.

Le 14, on arriva à Hékoungou.

A la hâte on éleva une hutte pour abriter le malade, car il ne voulait plus habiter sous la tente qu'il trouvait, non sans raison, trop humide, la nuit surtout. Quant aux demeures des indigènes, elles étaient obscures, sans ventilation, exhalaient une odeur fétide et fourmillaient d'insectes insupportables : impossible de songer à les utiliser.

Le 16, Wautier fut atteint d'une surdité complète. Parfois la fièvre disparaissait, mais alors même il restait en proie à une grande faiblesse qui alternait avec d'horribles déchirements d'entrailles : tout espoir de le sauver était dorénavant perdu.

Le 19 décembre, vers cinq heures, le docteur Dutrieux lui préparait quelques fragments de sucre imbibés de laudanum, lorsque soudain le malade, se soulevant un peu, s'écria :

« Ah ! docteur, si je pouvais dormir ! »

Dutrieux fit un pas. Wautier venait de rendre le dernier soupir.

Jusqu'à ce moment, il avait conservé la pleine possession de ses facultés ; il succombait dans l'accomplissement de sa mission, victime de son dévouement, sans exprimer un regret, sans proférer une plainte ; trop fier pour rien regretter, même devant la tombe, il mourait comme on l'avait toujours vu vivre, en soldat.

Pour Dutrieux ce furent des heures bien émouvantes et bien cruelles : brisé de fatigue et malade lui-même, il avait veillé son ami nuit et jour, sans pouvoir conjurer l'arrêt fatal ; maintenant il avait à lui rendre les derniers devoirs, à l'ensevelir dignement dans ce coin perdu, dans ce pays sauvage où la barbare superstition des habitants voyait dans ce trépas un maléfice jeté sur la contrée par les sorciers blancs.

Dutrieux acheta du chef la concession d'un terrain voisin de l'avant-dernier baobab qui se détache entre l'entrée d'Hékoungou et la colline située au sud-ouest ; le sultan promit en outre que la fosse et le voisinage de l'arbre ne seraient jamais envahis par la culture, qu'il les ferait respecter et en indiquerait l'emplacement aux voyageurs futurs.

Ces préliminaires accomplis, le docteur se rendit auprès de M. Dodsghun, pasteur protestant, qui voyageait avec Broyon.

« Le lieutenant Wautier, lui dit-il, n'était pas protestant, mais comme vous il était chrétien ; or, à Saadani, il nous a jadis exprimé incidemment le vœu d'être enterré religieusement comme il avait vécu ; voulez-vous dire sur sa tombe vos prières des morts ?

— De grand cœur, » répondit M. Dodsghun.

L'enterrement eut lieu.

Les Zanzibarites étaient rangés des deux côtés de la fosse devant laquelle, debout, le pasteur récita en anglais les psaumes des trépassés ; et chacun écoutait dans un douloureux silence.

Pauvre Wautier ! il est mort là-bas, dans l'inconnu, loin de ses parents, de ses amis, et pour qu'il ne manquât rien à cet exil, le dernier adieu a été prononcé sur sa tombe dans une langue qu'il ne comprenait pas !

Quand la fosse fut comblée, on la recouvrit d'un amas de pierres, et, l'humble mausolée se trouvant adossé à un baobab, on creusa dans le tronc de l'arbre une longue croix sous laquelle furent gravées les initiales du défunt.

Et ce fut tout.

Mais un jour la Belgique réparera la cruauté du destin envers ses illustres enfants : elle remplacera ce monceau de cailloux par un monument durable qui perpétuera la gloire de ses héros tombés au champ d'honneur, et elle abritera leurs cendres d'un lambeau du moins de cette patrie qu'ils ont aimée jusqu'à la mort.

Le 15 décembre, Dutrieux se remit en route dans la direction d'Ouyoui. Sa santé périclitait chaque jour : les émotions pénibles qu'il venait d'éprouver, le lourd fardeau de cette caravane dont maintenant il était seul à supporter la responsabilité et le poids, les fatigues, les tracas, les angoisses continuelles, certes il y avait de quoi ébranler la plus robuste nature. Mais il était soutenu par une sorte d'excitation nerveuse, et surtout par la pensée du devoir à accomplir, par la confiance dans le but à atteindre.

Pendant trois jours on chemina dans une contrée absolument déserte : le terrain légèrement boisé était en maints endroits déchiqueté par des vallées d'érosion que la saison pluvieuse transformait en immenses lagunes; on barbotait là dedans durant de longues heures, ayant souvent de l'eau jusqu'à mi-jambes. Le docteur, à l'arrière-garde, surveillait les traînards, encourageait les souffrants, stimulait les abattus et réveillait de son mieux la marche languissante de ses hommes.

Tout à coup des détonations se font entendre en tête de la colonne.

« Alerte! aux armes! nous sommes attaqués! »

En un clin d'œil la caravane se débande, et nombre de porteurs se mettent en devoir d'ouvrir les ballots de fusils dont ils s'emparent sous prétexte de se mettre en état de défense.

Un désarroi indescriptible s'ensuit : les uns croient sincèrement qu'il s'agit d'une attaque, les autres profitent du tumulte pour faire main basse sur tout ce qu'ils trouvent.

Heureusement Dutrieux se rend bientôt compte de la situation : quelques coups de feu ayant été tirés en l'air pour saluer l'approche d'Ouyoui, une poignée de Vounyamouésis de la caravane avaient simulé une panique, et, à la faveur du désordre, ils s'étaient jetés sur les charges abandonnées, les déchiraient et tentaient un pillage. Aidé de ses Zanzibarites, le docteur triompha de cette manœuvre qui aurait pu dégénérer en un véritable désastre; quelques hommes furent mis aux fers, on recon-

ENTERREMENT DE WAUTIER A HÉKOUNGO.

stitua les fardeaux, et la colonne se remettant en route atteignit ce jour-là même Ouyoui.

Dutrieux y trouva des lettres de Cambier qui, ignorant la mort de Wautier, conseillait à ses compagnons de l'attendre en un endroit paisible et leur annonçait son arrivée prochaine.

De son côté, le docteur dépêcha de suite un message à son chef, pour l'informer de la mort de Wautier; en même temps il lui rendait compte des démarches qu'il faisait pour diriger les marchandises de l'expédition sur Taborah, dans l'Ounyanyembé, où, bien plus aisément que chez Mirambo, on parviendrait à recruter des porteurs pour se rendre au lac.

Cela fait, Dutrieux transporta son camp à Kwa-Karoumbo, sur la route de l'Ounyanyembé, et il y attendit les événements.

Cependant Cambier, toujours malade à Thierra-Magazy, s'alarmait d'être sans nouvelles de Wautier. Des bruits vagues lui ayant appris le massacre d'un Européen et la déroute de toute une caravane à Tchaïa, il en conçut les plus vives inquiétudes au sujet de ses compagnons. Pour recueillir des détails sur ces événements il envoya deux courriers consécutifs à Taborah; mais ces courriers ne revinrent pas.

C'est alors que malgré le mauvais état de sa santé il tenta de partir; nous avons vu comment, brisé par la maladie, il dut bientôt s'arrêter, rebrousser chemin et revenir chez Mirambo où il se morfondait d'impatience.

Enfin, le 2 janvier, on signale l'arrivée d'un envoyé d'Ouyoui. C'est un askari de l'expédition; il est porteur d'une lettre.

« Donne vite! » lui dit Cambier.

Et fiévreusement il s'empare du pli; il l'ouvre, le cœur plein d'espoir, car c'est Wautier qui lui écrit, il n'en doute pas; son ami arrive, il va le revoir, ils vont enfin se rejoindre!

Mais soudain il pâlit; sa main a laissé échapper la fatale missive, et sur ce visage si énergique, si calme toujours, une indicible tristesse s'est répandue.

« Mort! » fit-il.

Et il restait immobile, fixant de ses yeux hagards la lettre de Dutrieux qui gisait là, par terre, comme un poignard dont on l'aurait frappé au cœur.

Il revoyait tourbillonner devant lui ces débuts du voyage, où avec Wautier il avait tout partagé : espoirs, soucis, durs travaux, heures d'angoisses, peines et joies; il l'entendait encore, ce joyeux ami, railler l'ennui et les déceptions; c'était un compagnon d'armes plein de cœur, tout d'une pièce, loyal et franc comme son épée ; dans les plis de leur amitié il y avait comme un écho de la patrie absente ; elles étaient si douces ces heures où ils oubliaient l'exil en se rappelant le beau temps de leur vie de soldat !

— « Mort, Wautier ! Et je n'étais pas là ! »

Il y avait réellement une ironie amère dans le destin qui lançait ainsi à Cambier cet immense chagrin, brutalement, à l'heure même où il lui aurait été si doux de retrouver son ami.

Mais l'abattement ne dura point ; bientôt l'énergique voyageur reparut ; il se redressa, passa la main sur son front comme pour en chasser la douloureuse vision, et tout bas il murmura :

« Le devoir. »

Alors, appelant ses askaris :

« Nous partons, dit-il ; qu'on se mette sur l heure en marche vers Ouyoui ! »

Et il quitta Thierra-Magazy malgré tout, bravant Mirambo lui-même ; car il comprenait l'absolue nécessité de rejoindre sans retard le gros de l'expédition à laquelle il voulait rendre son chef.

Le 6 janvier, il atteignit le camp de Kwa-Karoumbo, où il retrouva le docteur Dutrieux avec qui il tint aussitôt conseil sur les résolutions à prendre.

Les difficultés étaient grandes : l'engagement de la plupart des hommes expirant à Ouyoui, on convint de se rendre de suite à Taborah, distant de quelques heures seulement, où l'on rencontrerait toutes facilités pour réorganiser la caravane.

C'est alors que le docteur Dutrieux, pour des motifs de santé, prit la résolution de retourner en Europe.

Cambier se retrouva donc seul, et pour la troisième fois il recommença le laborieux travail d'enrôler des porteurs. Dans ce but, il s'adressa à un Arabe qui, moyennant un payement de 150 piastres, s'engagea à lui fournir des gens sûrs pour transporter ses charges et son matériel jusqu'à Oudjidji ; car tel était encore l'itinéraire qu'il suivait conformément aux premières instructions qui lui avaient été données au départ.

Quitter Taborah avec une caravane de Vounyamouésis, c'est une des plus dures épreuves auxquelles l'explorateur soit soumis : aussi longtemps que ces indigènes se sentent à proximité de leurs foyers, on ne peut compter ni sur leur exactitude ni sur leur fidélité ; par bandes, ils quittent le camp chaque jour, sans souci des observations ou des menaces : on dirait d'un aimant qui les attire vers leur hutte et qui les y retient.

« MORT ! WAUTIER ! ET JE N'ÉTAIS PAS LA ! »

C'est plutôt faiblesse de caractère que mauvais vouloir : en s'engageant, ils sont absolument décidés à obéir ; puis, le jour du départ, au moment de rompre avec leurs habitudes, de dire adieu à leur bien-être relatif, ils hésitent. Alors, qu'un meneur audacieux lance un mot, ils l'écoutent, l'applaudissent, se laissent entraîner et désertent avec lui.

Ils ne sont mauvais ni par nature ni par instinct, et lorsqu'on sait les prendre, on en fait d'excellents pagazis, bien autrement durs à la peine que les gens de la côte ; que si toutefois le pays est en guerre, si, pour un motif quelconque ils s'alarment, perdent confiance ou sont méchamment excités, alors c'en est fait : la desertion se met dans les rangs complète, inexorable.

Pendant quinze jours Cambier s'efforça vainement d'effectuer son départ ; il avait cependant transporté le camp hors de Taborah, mais chaque matin, au moment de se mettre en route, une foule d'hommes manquaient à l'appel. Alors il prévenait le gouverneur dont les soldats allaient relancer les déserteurs au fond des tembés où ils se cachaient ; on les ramenait au camp, mais le lendemain les mêmes scènes se reproduisaient.

Sur ces entrefaites, le courrier d'Europe apporta à Cambier les nouveaux ordres de l'Association internationale africaine : d'après le conseil de Stanley, qui revenait de son grand voyage à travers le continent mystérieux, on avait décidé d'établir la première station non pas dans l'Oudjidji, mais dans l'Oufipa, au sud-est du lac Tanganîka, à l'endroit désigné sur les cartes sous le nom de Masikemba.

Cambier se conforma immédiatement à ces instructions et dirigea sa marche vers ce point qui allait devenir Karéma.

La caravane ne s'ébranla réellement que le 27 mai : Cambier s'était vu forcé de demander au gouverneur de Taborah quelques soldats arabes pour maintenir les Vounyamouésis dans le devoir. Mais cette escorte ne dépassa pas les frontières de l'Ougounda où l'on arriva le 30 ; Cambier resta alors livré à ses seules forces.

La veille, trois Zanzibarites avaient déserté. Triste début ! On se reposa la journée du 31 pour attendre les seize charges qui étaient encore en arrière et que l'on reçut dans la soirée.

Certainement, le 1er juin 1878 restera gravé dans la mémoire de Cambier parmi les dates cruelles, comme un lendemain de Mvoméro.

Dès l'aube, le chef de l'expédition donne le signal du départ ; rien ne répond à sa voix : les hommes sont là cependant, mais immobiles, muets, la plupart encore couchés près des brasiers éteints.

« Allons, Kirangozi, crie Cambier, debout donc, et en marche ! »

A son appel le conducteur s'est approché :

« Bana (maître), fit-il, les porteurs refusent de partir ; ils disent que trois d'entre eux sont malades, et que tous, du reste, ils ont besoin d'un peu de repos. »

Sans paraître céder à aucune pression, Cambier, mesurant toutefois l'imprudence d'une violence intempestive, déclara qu'en faveur des malades il accordait un jour de halte. Mais, rentré dans sa tente, les plus

VUE DE TABORAH.

graves inquiétudes l'assaillirent : il entendait dans l'air comme un vent de mutinerie qui sifflait la menace et présageait la tempête. Impuissant à conjurer le danger, il voulait du moins ne point paraître le redouter, et nul ne put deviner son angoisse.

Hélas ! le lendemain, au départ, même immobilité chez les porteurs. Cette fois, pour consentir à reprendre la marche, ils exigeaient une augmentation de salaire.

Cambier s'y refusa.

Les hommes tinrent bon et la caravane ne bougea point.

Mais dans la journée un bruit étrange circula : Mirambo avait attaqué, disait-on, le village d'Usoké, dans l'Ounyanyembé.

« S'il en est ainsi, déclarent les Vounyamouésis, nous allons partir pour défendre nos foyers. »

Et, sans autre avertissement, seize d'entre eux, appartenant à ce canton d'Usoké s'en allèrent sur l'heure pour vérifier le fait.

Cambier envoya prévenir le gouverneur de Taborah ; mais entre-temps la marche de la colonne resta interrompue.

La grève persistait. Les Vounyamouésis devenaient insolents.

« D'après l'attitude du gouverneur, disaient-ils tout haut, nous planterons là le mousoungou dès que les messagers reviendront. »

Ceux-ci furent de retour le 9 ; ils étaient accompagnés de deux délégués, l'un du gouverneur, l'autre d'Isiki, qui est le chef nègre des Vounyamouésis, mais vassal des Arabes.

Un palabre eut lieu entre les nyamparas ou chefs d'escouades qui s'efforcèrent de décider les hommes à reprendre la marche : ceux-ci se moquèrent des menaces et des réprimandes, et annoncèrent leur décision formelle de déserter en masse le lendemain.

Alors Cambier s'adressa au chef du village, et loua une hutte pour y abriter les marchandises. Quand les mutins s'aperçurent du sang-froid avec lequel le mousoungou accueillait ces événements, quand ils le virent, loin de s'émouvoir des menaces de désertion, en prendre bravement son parti, et, plutôt que de leur céder, être résolu à se passer de porteurs, ils réfléchirent, se concertèrent, et, finalement, s'en vinrent déclarer qu'ils étaient disposés à partir.

Mais Cambier, profondément courroucé, feignit de ne plus vouloir de leurs services.

Alors ils insistèrent, supplièrent.

« Soit, dit Cambier ; mais retenez bien ceci : à la première désobéissance, je sévirai impitoyablement. »

Et comme il s'aperçut, au moment du départ, de la disparition de huit ballots d'étoffe, il réunit les nyamparas :

« A l'avenir, leur dit-il, c'est vous que je punirai en cas de vol et de désertion ; vous êtes chefs d'escouades, vous devez surveiller les hommes dont vous êtes respectivement responsables. »

Sur l'heure il voulut faire enchaîner les nyamparas les plus compromis ; mais les envoyés du gouverneur l'en dissuadèrent.

« Patientez encore, firent-ils ; sinon, au premier acte de violence, votre caravane se rompra. »

Cambier les écouta.

On chemina péniblement pendant deux jours ; quinze porteurs avaient fui depuis les dernières étapes, et l'émotion était loin de se calmer.

Le 13, on campa à proximité du dernier hameau de Membi. Vers le soir, un grand tumulte éclata dans le camp.

« Qu'est-ce encore ? demanda Cambier.

— Maître, ce sont des Rougas-Rougas qui causent avec les porteurs.

— Amenez-les-moi sur-le-champ ! »

C'étaient en effet des guerriers de la forêt ; mais ils appartenaient au sultan de Membi et ne passaient pas, comme leurs frères, pour des détrousseurs et des bandits.

« Que voulez-vous ? interrogea Cambier.

— Te faire savoir, homme blanc, qu'une caravane s'est vue attaquée hier sur la route que tu comptes suivre ; certainement le même sort t'est réservé pour demain. »

A cette nouvelle une panique générale se produit parmi les Vounya-mouésis et les Zanzibarites mêmes. Sur le conseil des nyamparas, Cambier propose aux guerriers rougas-rougas d'escorter l'expédition jusque chez Simba ; ils y consentent, et les porteurs rassurés déclarent qu'à cette condition ils reprendront la marche le lendemain.

Mais pendant la nuit le sultan de Membi, craignant d'engager sa responsabilité en cas d'attaque, fit défense à ses Rougas-Rougas de quitter le village ; ceux-ci résilièrent aussitôt leur engagement.

Les conséquences en furent fatales : d'un même coup vingt-cinq porteurs et un Zanzibarite désertèrent avant le réveil du camp.

Mais Cambier avait une énergie de fer, et cette défection ne l'arrêta point ; en quelques heures, et au prix des plus grandes difficultés, car cette contrée-là est fort peu peuplée, il parvint à enrôler des gens du pays. La caravane put donc se remettre en route, et l'on atteignit Chikuro vers midi.

Cependant la désertion faisait rage, et la fatalité s'appesantissait sur l'expédition qui, malgré la volonté, la résistance et le courage de son chef, allait encore une fois se rompre.

« L'Ounyanyembé est en guerre, répétaient les porteurs ; nous y voulons retourner ; nous n'irons pas plus loin, mousoungou. »

Cambier épuisa toute son éloquence pour leur prouver la fausseté de ces rumeurs, rien n'y fit ; il leur proposa alors de continuer au moins jusqu'à la ville de Simba, à une dizaine d'étapes de là, leur promettant de les y licencier et de les payer malgré cela comme s'ils avaient accompli leur voyage jusqu'au lac.

Vains efforts.

Il éleva la voix, se mit en colère, il menaça.

Ce fut peine perdue.

Le lendemain amena des désertions en telle quantité que tout espoir de reprendre la marche dut être abandonné. Dans une même escouade, sur un chiffre de cinquante-huit hommes, cinquante-six avaient fui; voulant tenir parole, Cambier fit à l'instant enchaîner le nyampara. La mesure produisit son effet : quarante d'entre les déserteurs, cachés aux alentours, vinrent faire leur soumission à la nouvelle de cette punition infligée à leur chef.

Mais cela ne reconstituait pas la caravane; et, dans les maigres bourgades où l'on se trouvait, il n'y avait pas moyen de recruter un nombre d'hommes suffisant pour combler le vide des derniers jours; aussi, le cœur navré, plein d'amertume et de tristesse, mais jamais abattu, Cambier se décida à abriter ses marchandises dans une hutte qu'il loua à Chikuro. Puis il dépêcha des messagers à Simba, avec mission de demander au sultan les porteurs nécessaires pour arriver jusqu'à sa ville.

Cela fait, il attendit patiemment le retour des envoyés qui reparurent seulement le 2 juillet, amenant avec eux les hommes de Simba et des paroles de bienvenue pour le mousoungou. Malheureusement ces nouveaux pagazis, exploitant la situation, émirent des prétentions si excessives que Cambier fut forcé tout d'abord de repousser leurs services ; mais on finit par tomber d'accord.

L'expédition put donc reprendre sa marche, et enfin, le 17 juillet, elle atteignait, sans nouveaux incidents, la grande et puissante ville de Simba.

Simba, dont le nom signifie « le Lion », est frère du mtémi ou sultan indigène de Taborah qui a nom Isiki; tous deux sont fils de Mkasihouá, lequel régna sur l'Ounyanyembé, et dont le nom est resté célèbre par les guerres acharnées qu'il entreprit contre les Vouazaviras. Or, tandis qu'Isiki, son frère aîné, lui succédait dans le gouvernement de Taborah, Simba, poursuivant les conquêtes paternelles, s'emparait de l'Ouzavira, s'y établissait et y fondait une ville florissante à laquelle il donna son nom; sur tout le parcours qui sépare le Zanguébar de la région du lac Tanganika, il n'en est point d'aussi considérable, d'aussi belle, d'aussi bien tenue.

Simba lui-même est réputé comme un chef puissant et riche ; ce qui ne l'empêcha pas, le jour de l'arrivée de Cambier, d'être ivre à tel point qu'il ne put se rendre au-devant de l'homme blanc, ce dont il n'eut aucune vergogne ; notons à sa décharge qu'il avait toutefois réservé une case où le voyageur trouva moyen de s'abriter, lui et ses marchandises. L'entrevue n'eut donc lieu que le lendemain. Elle fut des plus cordiales, et le sultan se montra tout disposé à seconder Cambier dans son entreprise.

A côté de ce souverain effectif on rencontre dans la ville de Simba un autre pouvoir avec lequel il faut compter, et que nous retrouverons du reste plus loin mêlé à une sinistre besogne : c'est Matumula, le chef de trois cents chasseurs d'éléphants qui passent, à juste titre, pour les plus

VILLAGE DE L'OUZAVIRA.

redoutables guerriers du pays. Simba est en réalité seigneur suzerain ; aux heures de la guerre, il a le droit de faire appel au concours de son puissant vassal ; mais celui-ci jouit de certaines prérogatives qu'il ne doit qu'à sa naissance, à ses succès, aux exploits de ses armes ; que si on lui manquait, il serait en état de combattre avec avantage son souverain lui-même.

Il a du reste fait ses preuves : ayant eu autrefois maille à partir avec Makisaka, sultan de Karéma, sans hésiter il lui avait déclaré la guerre, et, au bout d'une campagne de trois mois, l'avait finalement vaincu et tué. Puis, pour se ménager un allié, il avait imposé lui-même comme nouveau chef le sultan actuel, Kangoa, membre exilé de l'ancienne famille régnante ;

en réalité c'est donc lui, Matumula, le vrai maître de Karéma. Aussi Cambier s'efforça-t-il de gagner ses bonnes grâces, et il s'y prit de si heureuse façon qu'il s'en fit un ami, l'intéressa à ses projets et obtint la promesse d'être chaudement appuyé auprès du sultan. Pour l'entreprise, c'était une faveur inespérée, une chance décisive de réussite.

Cambier ne séjourna que cinq jours chez Simba; en prévision de nouvelles difficultés, il jugea prudent de laisser le gros de ses marchandises et de son matériel aux mains de Matumula qui en accepta la garde; et, ainsi délesté, il se remit en route n'emportant avec lui que quatre-vingts charges.

Mais l'ère des ennuis n'était pas close : au bout de la deuxième étape, quarante Vounyamouésis désertèrent d'un seul coup. C'étaient les mêmes qui déjà avaient fui et n'étaient revenus qu'après la mise aux fers de leur nyampara; celui-ci, gracié au départ, sur la demande de Simba, profita de sa liberté pour s'enfuir à toujours avec tous ses hommes.

Cambier dépêcha sur l'heure des messagers à Simba; ils revinrent le lendemain et lui apprirent que le sultan, avant d'envoyer des porteurs, exigeait de l'homme blanc douze vêtements et deux rouleaux de fil de cuivre; « et, ajoutèrent-ils, si le tribut n'est pas plus élevé, c'est grâce à l'énergique intervention de Matumula. »

Il fallut se soumettre; mais quand le surlendemain arrivèrent les pagazis, leurs prétentions furent tellement exagérées que Cambier, croyant du reste qu'ils reviendraient à résipiscence, refusa net d'y accéder. Quel fut son désappointement en les voyant là-dessus rétrograder et s'en retourner béatement chez eux!

Certes il y avait dans cet acharnement du destin de quoi exaspérer, voire même décourager l'homme le mieux trempé; Cambier ne broncha point; laissant le camp à la garde de ses hommes les plus fidèles, il s'en fut en personne auprès de Simba, espérant obtenir ainsi des conditions moins onéreuses. Vains efforts. Ce ne fut qu'à coups de monceaux d'étoffes qu'il finit enfin par compléter sa caravane et l'ébranler de nouveau.

Alors elle traversa successivement le marécageux cours d'eau Msagina où bifurquent les deux chemins de caravanes, dont l'un conduit à Oudjidji, et l'autre à Karéma; puis, la rivière Mbanda, et la grande plaine de Liowa dont le sol déchiqueté dans tous les sens dissimule sous une épaisse végétation de profondes crevasses où l'on s'abîme à chaque pas. On atteignit ainsi le village d'Ougoué, sur la rive droite du Katouma qui se jette dans le lac Kikwa.

Chemin faisant, plus d'une querelle s'éleva entre Zanzibarites, Vounyamouésis et Vouazaviras : pour les plus futiles motifs souvent ils furent prêts à s'entre-déchirer, et maintes fois la caravane faillit se désunir à nouveau le long de cette interminable et douloureuse voie.

Enfin, trois jours après le départ d'Ougoué, la colonne s'étant engagée dans une chaîne de montagnes, Cambier, du haut d'un pic élevé, observant la brume paresseuse qui s'attardait à caresser l'horizon, la vit tout à coup se ramasser, se pelotonner, s'éclaircir, et, à travers ses déchirures, il aperçut une large baie bleuâtre qui se noyait dans les lointains vagues.

« Tanganîka ! » crièrent les porteurs.

C'était Tanganîka en effet, c'était le Grand Lac, le but suprême, la Terre Promise...

Cambier, tout ému, regardait scintiller cette nappe d'azur où les feux du matin plaquaient maintenant leur vibrante harmonie ; et, devant cette immensité, il voyait grand. Déboires, soucis, inquiétudes, toutes ses misères disparaissaient ; au dedans de lui-même il sentait comme un hymne de grâces qui montait... Tanganîka ! C'était donc vrai ! Quelques kilomètres à peine l'en séparaient !... Demain, demain, il atteindrait Karéma !

O trahison ! pendant qu'il reste là, souriant au destin, derrière lui un noir complot se trame ; les porteurs se sont rassemblés, silencieux ; ils chuchotent, se concertent ; leurs yeux ont des éclats méchants et cupides : il y a quelque chose de si absolu dans le regard mauvais d'une brute !

Cependant Cambier s'est retourné vers eux. Alors, jetant les fardeaux à terre :

« Nous n'avancerons plus, murmurent-ils.

— Que dites-vous, malheureux ? »

— Nous ne ferons plus un seul pas en avant, si tu n'augmentes notre salaire d'un doti. »

Pendant l'espace d'un éclair Cambier crut que la patience allait lui échapper : un flot de sang lui envahit le cœur et s'y arrêta ; il vit rouge, il allait menacer, sévir... Mais il se raidit... il avait déjà tant souffert ! Une fois encore il fit un suprême appel à la patience, étouffa les bouillonnements de sa colère, et, s'adressant à ces misérables :

« Amis, dit-il, vous m'avez suivi jusqu'ici ; depuis de longs jours, depuis de longs mois que nous cheminons ensemble, dites-moi, ai-je jamais été mauvais pour vous ? Alors même que vous ne vouliez pas marcher, je vous donnais des vivres que j'étais en droit de vous refuser ; mais toujours j'ai pris en pitié vos fatigues, et je vous récompensais de vos efforts. Votre salaire, dites-vous ? mais je vous ai donné plus du triple

« SIMBA VOUS FERA TRANCHER LA TÊTE. PARTEZ ! »

de ce qu'habituellement on paye pour ce voyage ! Et vous voudriez, en plein désert, abandonner mes marchandises que vous avez juré de transporter jusqu'au lac ? Non, non, vous ne ferez pas cela, ce serait odieux. »

Mais eux, ricanant :

« Augmentez notre salaire d'un doti, ou nous n'irons pas plus loin ! »

Cette fois c'en était trop. Il se redressa menaçant, l'œil en feu, et, d'une voix de tonnerre :

« Vous êtes des misérables ! cria-t-il. Et puisque vous voulez déserter, je ne vous retiens plus, allez. Seulement, écoutez bien ceci : Simba est mon ami, je lui ai payé tribut pour avoir des porteurs, c'est vous qu'il a chargés de me conduire à Karéma ; eh bien, l'homme blanc vous en fait ici le serment : Simba vous fera trancher la tête sans pitié. Partez ! »

Et il leur tourna le dos, sans plus rien vouloir entendre.

Alors, tout doucement et tête basse, l'un après l'autre tous reprirent leurs charges ; sans qu'une seule parole fût prononcée, sans un cri, sans la moindre allusion, ils continuèrent la marche et atteignirent ainsi Kafisye.

Le lendemain, 12 août, après une courte étape, Cambier se trouva en face d'un petit village de misérable apparence, qui comptait au plus cent cinquante huttes construites en paille et en roseaux. Aux alentours s'étend une plaine immense, sans arbres, couvertes d'énormes joncs dont la hauteur atteint plus de six mètres ; elle abrite de nombreux troupeaux de buffles auxquels les lions font une guerre acharnée et les indigènes se disputent les débris de ces chasses sauvages qui leur procurent la seule viande qu'ils mangent. Ils sont là, en tout, deux cent cinquante habitants, misérablement vêtus de peaux de bêtes ou de jupons d'écorce, pour cultures, quelques rares carrés de maïs et de patates douces ; pour bétail, trois chèvres qui sont la propriété du chef.

Ce pauvre hameau, c'est Masikemba.

C'est là, dans ce coin perdu de l'Oufipa, au sein de tant de pauvreté et de sauvagerie, c'est là que vont s'asseoir les travaux de cette Association internationale africaine éclose dans un palais ! Mais bientôt, tirée de la barbarie, régénérée au souffle vivifiant du travail, de la persévérance, du dévouement, cette humble bourgade attachera son nom à l'une des plus belles œuvres humanitaires du siècle : elle va devenir Karéma !

Cambier avait quitté la côte le 4 juillet 1878. Il y avait donc treize mois qu'il cheminait. Treize mois, durant lesquels il avait tout enduré : la faim, la soif, les privations, les fatigues, les déceptions, la maladie, et, pis encore, la désertion, le vol, la fourberie des porteurs; au milieu de ses misères, il avait vu autour de lui succomber tous ses compagnons. Et seul il avait marché, sans un mot de plainte, sans un soupir, sans un regret. On lui avait dit: «Allez et faites grand;» il était parti, et comme le Juste, ne regardant que devant lui, ne voulant se reposer que sa tâche accomplie, il fit Karéma.

Comme son cœur battit lorsqu'il se sentit arrivé! Mais comme elle lui parut colossale l'œuvre qu'on lui avait confiée! Il s'attendait peut-être à rencontrer une ville florissante où il trouverait les moyens de faire grand... et il ne trouvait qu'un chétif village et quelques nègres trembleurs! Il ne sourcilla point cependant ; il n'écrivit même pas une seule ligne d'étonnement, de déception; pour lui, cette maigre bourgade, c'était Karéma, et cela disait tout.

Mais qui sait? Peut-être à ce moment-là le destin lui aura-t-il soulevé un coin de l'avenir; alors, sur le fronton de l'édifice, resplendissant aux feux de la gloire, il aura pu lire ces deux noms indissolublement unis : Cambier-Karéma, c'est-à-dire le travail, le courage, la persévérance surmontant tous les obstacles.

Labor omnia vincit improbus.

CHAPITRE IV

La deuxième expédition belge. — La maladie. — Héroïques efforts. — L'éléphant aux Indes. — Les Dalilas. — Intelligents auxiliaires. — Un événement capital à la côte. — Les premières difficultés vaincues. — Épouvante et émerveillement des Vouagogos. — Pauvre Naderbux !

EPENDANT, à l'heure où Cambier poursuivait sa route vers Karéma, l'Association internationale africaine organisait une deuxième expédition belge pour aller renforcer le vaillant explorateur; elle en donna le commandement au capitaine d'état-major Émile Popelin, et certes son choix ne pouvait être plus heureux.

Émile Popelin est né à Bruxelles le 7 décembre 1847. C'était une de ces natures ouvertes qui appellent la sympathie, un de ces hommes de qui on peut dire : leur œil même n'a jamais menti. Aussi était-il universellement estimé. Dans l'armée, il ne comptait que des amis : c'était bien là, d'ailleurs, le type de l'officier brave et loyal, ne transigeant jamais ni avec l'honneur ni avec la vérité ; tout en lui respirait cette franchise doublée d'une certaine rudesse qui mieux encore faisait ressortir l'extrême bonté de son caractère.

A ces qualités du cœur il joignait une intelligence remarquable, une

LE CAPITAINE POPELIN.

grande ardeur au travail et une ténacité que rien ne rebutait. Ainsi doué, il devait forcément réussir dans un pays où l'armée brille surtout par l'intelligence des officiers et par les fortes et sérieuses études auxquelles ceux-ci s'astreignent avec un courage et une émulation qui les honorent.

Au physique, Popelin présentait tous les caractères d'un solide enfant du Nord : il était grand, fort, vigoureusement charpenté ; ses muscles étaient d'acier, et jamais rien n'avait pu ébranler sa robuste santé.

Il avait embrassé la carrière des armes. Entré à l'École militaire en 1867 dans la section d'infanterie, il en sortit un des premiers en 1869 avec le grade de sous-lieutenant. Trois ans après, il fut admis à l'École de guerre où il devint lieutenant. En 1876, il obtint son brevet d'adjoint d'état-major, et fut définitivement promu capitaine en 1877.

Chacun se rappelle le bruit qui courut en Belgique à cette époque, et d'après lequel il était question de faire partir pour l'Afrique centrale

LE LIEUTENANT DUTALIS.

un régiment entier avec son cadre d'officiers. On prétendait, fort sensément du reste, que pour s'implanter dans un pays barbare la civilisation a besoin d'une protection, et que partout le droit n'a raison que lorsqu'il s'appuie sur la force. Seulement on se trompait sur le genre de levier : il y a à Zanzibar des bras aguerris, des Arabes qui suivraient sans hésitation nos vaillants officiers si l'on voulait réellement entreprendre une action militaire en Afrique ; mais nos soldats, dépourvus du confort indispensable à l'Européen dans ces climats intertropicaux, seraient impitoyablement décimés par la maladie, si on les y envoyait en nombre.

A cette époque, où l'expérience faisait défaut, l'idée dont nous venons de parler rencontra une vive adhésion dans les milieux les plus sensés. Des listes circulèrent, beaucoup d'officiers s'y firent inscrire, et de ce nombre fut Popelin ; mais ce projet ne fut pas suivi.

Sur ces entrefaites, une existence calme et un avenir plein de promesses s'ouvrirent pour le jeune capitaine : le général de Savoie, qui eut toujours pour lui une affection de père, le choisit pour aide de camp, et Popelin vint à Liège où il conquit rapidement l'estime et la sympathie de tous. La société liégeoise l'accueillit à bras ouverts, et lui-même disait que ce séjour avait été la page la plus riante de sa vie.

Et pourtant, sans une ombre d'hésitation ou de regret, il renonça à ce bien-être pour saisir avec empressement l'offre honorable qui lui fut faite de commander la deuxième expédition belge en Afrique. On lui adjoignit le lieutenant Dutalis en qualité de second et le docteur Van den Heuvel.

Nous retrouverons plus loin Van den Heuvel fondant à Taborah une station hospitalière et y prodiguant les secours de son art ; bornons-nous à dire ici que c'était un noble cœur, un honnête homme, un médecin éclairé, dont se souviennent avec reconnaissance tous ceux — et ils sont nombreux, dans la province d'Anvers surtout — qui ont eu recours à ses soins dévoués.

Pendant que Popelin, aidé du docteur, mettait la dernière main aux divers préparatifs de l'entreprise, Dutalis fut envoyé en avant-garde à Zanzibar pour y commencer l'organisation de la caravane. Il y rencontra Stanley qui recrutait des Zanzibarites pour l'œuvre du Congo dont l'éclosion était proche, et il l'accompagna dans une reconnaissance au Wamé, rivière qui se jette à Wouinde, au nord de Bagamoyo.

Bientôt après, revenu à Zanzibar, il y fut rejoint par Popelin et Van den Heuvel, et, l'expédition étant prête, les trois voyageurs quittèrent Bagamoyo le 10 juillet 1879 à la tête d'une magnifique caravane de plus de quatre cents porteurs.

Ils suivirent l'itinéraire généralement adopté, qui va de la côte à Mpwapwa en passant par la Makata, rivière tristement célèbre, dont les débordements transforment en pestilentiels marécages les vastes plaines qui l'environnent. Et pourtant, c'est la route à conseiller, c'est même la seule qui convienne à une grande caravane fortement chargée : car les villages y sont nombreux, les vivres abondants, l'eau excellente ; par le nord, au contraire, ce ne sont que rampes abruptes, montagnes escarpées, où les bourgades sont clairsemées, les denrées rares et chères, l'eau souvent peu potable; aussi les pagazis ne s'y aventurent-ils qu'à contrecœur ; tous préfèrent le chemin de la plaine, malgré son insalubrité pendant la saison humide.

Les voyageurs de la deuxième expédition y furent cruellement éprouvés, à tel point que les premières nouvelles firent craindre une catastrophe

LE DOCTEUR VAN DEN HEUVEL.

générale. Arrivé à Kwamboumi, dans l'Oussagara, le lieutenant Dutalis tomba si gravement malade que Popelin, agissant conformément à ses instructions, lui donna l'ordre de retourner en Europe.

Accompagné de Van den Heuvel, le chef de l'expédition continua sa route en avant; mais à leur tour tous deux furent atteints, et bientôt leur état devint désespéré. Ils se traînaient péniblement le long du sentier, secoués par la fièvre, le corps tordu par d'atroces souffrances; il y eut des moments, au cours des étapes, où, vaincu par le mal, le capitaine s'arrêtait, laissait filer la caravane et disait à Van den Heuvel : « Je n'en « puis plus, je vais mourir ici. » Alors son compagnon, agonisant lui-même, s'étendait à ses côtés, et tous deux voyaient arriver le trépas. Puis, comme galvanisés par la pensée que l'expédition allait se trouver décapitée, ils se relevaient, et, presque inconscients, venaient choir sous leurs tentes. Si grande était leur énergie, qu'elle les arracha positivement à la mort, car ce qu'ils endurèrent au cours de cette traversée échappe à toute description et peu de voyageurs y eussent résisté.

Oui, ils méritent, ces braves, que l'on rappelle hautement ces jours d'angoisses où ils ont failli périr et dont ils n'ont même presque pas parlé, une fois le danger passé; ces étapes resteront gravées à l'actif de leur courage le plus mâle, de leur persévérance la plus robuste. Il y a eu quelque chose de surhumain dans leurs efforts : car, pour qui connaît ces atteintes morbides, s'ils s'étaient laissé abattre par elles, ils étaient perdus; au contraire, cramponnés non à la vie mais au devoir, ils ont réagi, ont résisté, et sont sortis victorieux de cette lutte contre l hydre africaine. Et un beau jour, tandis qu'en tremblant on ouvrait à Bruxelles le « Courrier de Zanzibar », appréhendant l'annonce d'un malheur redouté, mais qui semblait inévitable, un cri de joie souleva les poitrines : « Ils sont sauvés! » L'expédition, ralentie forcément dans sa marche par la maladie des Européens, venait de gagner Mpwapwa au bout de six semaines; là, les voyageurs retrouvaient déjà forces et santé : Popelin se rétablissait à vue d'œil, et Van den Heuvel, bien que souffrant encore, était comme lui plein d'ardeur pour poursuivre la marche en avant.

Ici nous somme forcé d'abandonner un instant nos deux explorateurs pour retourner à la côte où, en même temps que la leur, s'organisait une autre expédition qui les avait précédés de quelques jours à Mpwapwa et avec laquelle ils allaient maintenant cheminer de concert.

Dans un voyage qu'il fit à Ceylan alors qu'il était encore duc de Brabant, le roi Léopold II avait été frappé des immenses services que rend l'éléphant indien et de la facilité avec laquelle on parvient à le domestiquer. Aussi son attention fut-elle tout naturellement appelée sur cet utile auxiliaire lorsque plus tard l'expérience démontra les insurmontables difficultés que présente la question des transports dans les régions africaines que l'on s'efforce d'ouvrir à la lumière et à la civilisation.

Déjà l'on avait étudié divers moyens pour réparer l'ingratitude de la nature qui n'a creusé sur cette route aucune voie navigable : successivement on dut renoncer au bœuf qu'employa Livingstone, au cheval qu'essaya

Stanley, à l'âne dont quelques Arabes font usage, ces animaux ne résistant pas à la redoutable mouche *tsetsé*; quant au chameau, il ne supporte pas la marche en terrains humides, et le zèbre que proposa M. d'Abadie est d'une sauvagerie dont nul effort ne peut triompher. Bref, les malheureuses caravanes restaient à la merci de porteurs indisciplinés, trop souvent voleurs et presque toujours infidèles et lâches.

C'est alors que le roi Léopold eut l'idée d'essayer l'emploi et l'acclimatation des éléphants indiens, et, en cas de réussite, de créer au centre de l'Afrique des établissements de dressage à l'instar de ce qui se pratique notamment à Ceylan. Mais comme à ses yeux cette épreuve s'écartait du programme que s'était tracé la Conférence, avec une générosité dont il a d'ailleurs donné tant d'exemples notre Souverain voulut supporter seul tous les frais de cette entreprise considérable. Ce fut donc sous les plis du drapeau belge aux trois couleurs et au nom de Léopold II que cette expédition des éléphants parcourut le continent africain ; aussi, bien qu'elle ait été confiée à des sujets anglais, nous avons pensé que sa place est tout indiquée ici, au milieu de nos opérations nationales, car l'honneur en revient entièrement à notre Roi qui le partage avec la patrie.

Le premier essai — on ne tardera pas à l apprendre — a été cruellement ingrat ; mais on eut à compter avec des circonstances si anormales et surtout avec une catastrophe si imprévue, qu'il serait illogique et absolument injuste d'y voir un insuccès pour le projet même. Au contraire, l'avenir prouvera, j'en ai la conviction, que non seulement l'idée du roi Léopold est éminemment pratique, mais que c'est à elle qu'il appartiendra de résoudre le problème ardu de la colonisation dans cette partie de l'Afrique centrale. Seulement, c'est là une œuvre de longue haleine dont il est facile de mesurer la portée en jetant un coup d'œil sur la façon dont on s'y prend aux Indes pour captiver et domestiquer l'éléphant.

Sur une immense étendue de plusieurs lieues, on construit d'abord une enceinte rectangulaire palissadée à l'aide d'énormes pieux solidement fichés en terre ; on y réserve une entrée évasée qui représente un vaste entonnoir : cela s'appelle le *korral*.

On dispose ensuite à la ronde deux ou trois mille hommes chargés de battre le pays pour pousser dans cette direction les éléphants qui sillonnent les forêts voisines. Ces animaux vont généralement par bandes de vingt à trente individus qui représentent une famille, et si parfois plusieurs familles cheminent ensemble, à la moindre alerte pourtant chaque groupe se reforme. On rencontre aussi l'éléphant isolé qui a été chassé de son troupeau, et rien n'est étrange comme la sévérité avec laquelle ses frères lui interdisent d'y rentrer jamais; il lui devient même impossible de faire partie d'aucun groupe; partout on le repousse, il erre seul comme un paria, devient méchant, très sauvage, même dangereux : aussi les indigènes le désignent-ils sous le nom de *hora* qui signifie coquin.

La battue dure généralement deux mois au moins; pendant ce temps, on tient jour et nuit des feux allumés, et des patrouilles inspectent la ligne pour s'assurer que chacun est à son poste.

Rien de plus saisissant que cette chasse au milieu des immensités boisées où croissent les chênes gigantesques, les acacias, les ébéniers, les tamarins, les *messua ferrea* qui donnent le bois de fer, les *salvador persica* dont on tire la graine de moutarde, et les rondiers ou *kalpa* ces admirables palmiers qui ont donné lieu à un poème en langue tamile chantant les huit cent et un usages de cet *arbre de vie :* son fruit fournit du pain et de l'huile, des blessures de son tronc coule du vin et s'échappe du sucre, de ses feuilles larges, souples, solides, on fait des nattes, des paniers, des éventails, des coiffures pour les hommes, des toits pour les maisons, et son bois très dur, consistant, fibreux comme de la corne, sert à construire des charpentes qui résistent aux attaques de tous les insectes.

Un seul adversaire parvient à vaincre ce noble géant, c'est l'arbre parasite, le *banian :* petite graine d'abord, elle vole se loger sous l'aisselle des feuilles où, mousse légère, elle germe et projette ensuite une sorte de chevelure dont les minces filaments s'attachent au tronc du palmier. Bientôt ils se développent, se croisent, s'entre-croisent, se resserrent, et, comme dans un réseau, enveloppent le malheureux arbre qui sous cette monstrueuse étreinte s'étiole, dépérit et meurt étouffé. Peu à peu ce qui en reste est emporté par la pluie et le vent, et, à sa place, on voit s'élever ce figuier parasite dont le tronc sarmenteux présente alors l'aspect d'un treillage vide.

C'est là, dans ces superbes forêts, que bondissent les traqueurs, fouillant coins et recoins, sondant tous les halliers dont ils éveillent et chassent devant eux les hôtes effarouchés. Lorsque enfin, se rabattant sur le korral, ils en atteignent l'entrée soigneusement dissimulée dans les fourrés, tous à la fois se livrent à un assourdissant vacarme, les uns avec leurs tambours et leurs clairons, les autres en poussant des clameurs éclatantes.

Épouvantés, les éléphants se précipitent inconsciemment dans l'enceinte palissadée, dont l'ouverture est aussitôt refermée sur eux à l'aide de grosses barres de bois.

De plus en plus ahuris, ils en font rapidement le tour, essayent de forcer la palissade, s'agitent, courent, cherchant partout une issue : vains efforts, les chasseurs sont là, à l'extérieur de l'enceinte, et, pour faire reculer l'animal, il leur suffit, tant sa frayeur est grande, de brandir d'un air menaçant une mince baguette blanche.

Voyant leur impuissance à fuir, les prisonniers se réunissent alors par groupes au centre du korral; pareils à des êtres doués de raison, ils pleurent, se désespèrent et semblent avoir conscience du don précieux qui leur a été ravi avec la liberté.

C'est le moment propice pour s'en rendre définitivement maître. Des éléphants femelles, dressés à cet usage, entrent dans l'enceinte, montés par leurs mahouts ou cornacs, et viennent se placer près des mâles captifs qui un à un se sont détachés de leurs groupes. Alors commencent les caresses félines, les flatteries, les jeux de trompe, les murmures joyeux, les frôlements perfides; bref, ces massives Dalilas épuisent toute la gamme des séductions enchanteresses. Pendant ce temps, le dresseur ou *courouwee* est descendu de sa monture sous laquelle il rampe un instant, et, profitant du moment où l'éléphant mâle lève le pied, il lui passe un nœud coulant à la jambe et remonte prestement en selle; guidée par lui, la femelle se retire ensuite entraînant le captif vers un arbre solide autour duquel on amarre l'énorme câble dont il est entravé; et, tandis que le malheureux fait de vains efforts pour la suivre, la traîtresse s'éloigne froidement pour aller jouer le même tour à un autre.

Successivement, tous sont ainsi attachés, mais non cependant sans épisodes émouvants ni sans dangers : on en voit qui opposent une résistance opiniâtre, d'autres que l'on manque et qui deviennent furieux; parfois aussi, la tête fortement appuyée contre le sol en forme d'arc-boutant, ils tirent l'arbre à eux avec une telle puissance qu'ils l'ébranlent au point de le rompre comme un fétu de paille.

Cependant, voyant leurs efforts inutiles, ayant conscience de leur triste destin, les prisonniers se couchent à terre et se livrent au plus violent désespoir : ils pleurent et gémissent comme des enfants; ils s'aspergent d'eau qu'ils ont en réserve dans l'estomac à l'instar du chameau, et fouissent de leur trompe le sable et la terre dont ils se couvrent les flancs.

Dès qu'on les voit dans cet état de prostration, on leur apporte pour fourrage des feuilles de platane, et un joueur de flûte vient leur moduler des airs qui semblent produire sur eux l'effet d'un calmant. Ce traitement par la musique dure trois ou quatre jours, au bout desquels ils sont suffisamment tranquilles pour que l'on puisse déjà, sous la garde d'éléphants apprivoisés, les conduire au bain, car c'est pour eux une nécessité absolue qui contribue puissamment à les rendre dociles.

Jamais on n'emploie la sévérité envers eux, au contraire : par tous les moyens possibles, on cherche à leur adoucir cette captivité qui leur a coûté tant de larmes. Seulement, afin de les déshabituer de se servir de leur trompe pour attaquer ou se venger, on s'arrange de façon que les coups en retombent sur des épingles hérissées : la sensation douloureuse qu'ils en éprouvent ne tarde pas à leur faire perdre ces dernières velléités de violence. Enfin, la fréquentation et l'exemple des autres éléphants déjà dressés achèvent l'œuvre ; et, au bout de quatre ou cinq mois, l'animal peut être mis au travail. Mais alors il s'en acquitte avec une intelligence étonnante, et il exécute seul un travail que l'on ne pourrait exiger du cheval ni du bœuf sans que l'homme y prêtât son concours. Dans cet état de captivité, la longévité de l'éléphant ne s'étend pas au delà de soixante-dix ans, sur lesquels on peut en compter vingt ou trente de bons services.

Par cet exposé succinct, on voit que la capture et l'élevage de ces animaux demandent une organisation spéciale, un état-major expérimenté, de grandes installations, beaucoup de frais et surtout de la patience et du temps. Mais j'insiste sur ce point, c'est que l'éléphant d'Afrique est, au même degré que son frère de l'Inde, susceptible d'être domestiqué ; pour obtenir ce magnifique résultat qui aurait toute l'importance d'une voie ferrée, il suffirait de poursuivre dans sa réalisation pratique et plénière le généreux essai tenté par le roi Léopold II et dont nous allons retracer les principaux épisodes.

Le 1ᵉʳ juin 1879, le *Chinsura*, venant de Bombay, jeta l'ancre devant Msasani, dans une baie profonde au sud de Dar-ès-Salam, en face de l'île de Zanzibar. A son bord se trouvaient quatre éléphants indiens dont le roi des Belges venait de faire acquisition : deux mâles, Sundergund et Naderbux, et deux femelles, Sosankalli et Pulmalla ; cette dernière, vieille et noble dame qui, sans doute, avait sur la conscience bon nombre de noires trahisons à la Dalila, était ce que l'on appelle l'éléphant-pilote, c'est-à-dire qu'elle servait de guide aux autres.

Un superbe état-major indien composé de treize mahouts ou cornacs les accompagnait ; plusieurs de ces cornacs étaient vêtus comme de véritables rajahs : robes et vestes de soie aux couleurs chatoyantes, armes, ceintures, ornements divers enrichis de pierreries, vraiment ils avaient grand air avec leur profil mâle, accentué et leur haute stature. Du reste, parmi eux il y avait des gens riches ; n'est pas mahout qui veut : cette charge se transmet souvent de père en fils, et les titulaires sont des personnages enviés dont le rang social n'a aucune apparence de do-

CAPTURE DES ÉLÉPHANTS.

mesticité ; ils ne dépendent que de l'intendant général et ont eux-mêmes des serviteurs à leur solde.

Le débarquement des éléphants ne fut pas chose aisée sur une côte qui ne présente absolument aucune installation à cette fin ; heureusement, grâce à la profondeur de la baie, le *Chinsura* put accoster à trois cents mètres du rivage ; alors, à l'aide d'un système de poulies fixé au mât de misaine, les éléphants furent hissés hors de la cale, et successivement descendus dans la mer d'où, montés par leurs cornacs, ils gagnèrent la rive à la nage.

DÉBARQUEMENT DES ÉLÉPHANTS.

Comment décrire la stupéfaction, l'émerveillement, l'épouvante des indigènes à la vue de ces mastodontes qui, la trompe relevée, et portant un homme sur le dos, s'avançaient bravement vers la côte africaine? Non, de mémoire de nègre, on n'avait rêvé pareille féerie! Mais l'ahurissement ne connut plus de bornes quand on les vit s'agenouiller, lever un pied puis l'autre, danser, se mouvoir ou s'arrêter au moindre signe de leurs conducteurs : toutes les populations du littoral accoururent à Dar-ès-Salam pour contempler ce spectacle incroyable, et longtemps sous le chaume africain on reparlera de ces éléphants prodigieux.

Le roi Léopold avait appelé au commandement de cette expédition un gentleman anglais, M. Carter, alors consul à Badgad et parfaitement au courant de la langue des mahouts et cornacs qui se trouvaient sous ses ordres; il était même à tel point identifié à leurs us et coutumes que les Indiens l'avaient nommé le Sheik blanc; à ces qualités il joignait une grande bravoure: aussi le choix de notre Souverain ne pouvait-il être plus heureux.

Carter prit pour second M. Rankin qui ne l'accompagna pourtant que jusqu'à Mpwapwa, d'où il revint en Europe; puis, outre les Indiens il attacha dix Zanzibarites au service des éléphants, confia l'escorte à huit askaris ou soldats, désigna parmi eux un bon kirangozi, choisit quatre domestiques personnels et enrôla soixante-onze pagazis pour transporter les bagages et les marchandises.

Cette caravane de cent neuf personnes, en tête de laquelle flottait le drapeau belge, quitta Dar-ès-Salam le 2 juillet 1879, aux acclamations d'une foule enthousiaste et au bruit des tambours, des clairons et des détonations d'armes à feu.

Au début du voyage, et en règle générale d'ailleurs, la charge des éléphants resta fixée à mille livres anglaises; mais il advint souvent, pendant les étapes, que l'un ou l'autre porteur se trouvant malade, les braves animaux virent leurs fardeaux s'augmenter d'autant, sans qu'ils en témoignassent mécontentement ou fatigue.

L'expédition mit un mois pour atteindre Mpwapwa. Carter n'avait pas voulu de la route de Bagamoyo à cause des marais, ni de celle de Saadani qui est très montagneuse; or l'itinéraire qu'il suivit en partant par Dar-ès-Salam, en pays à peu près inexploré, présente malheureusement tous ces inconvénients réunis, en y ajoutant la sauvagerie des indigènes qui n'ont presque jamais affaire aux caravanes.

Les voyageurs eurent à traverser d'immenses régions marécageuses où les éléphants enfonçaient souvent jusqu'au poitrail, des montagnes abruptes et des jungles épaisses où l'on devait recourir à la hache pour se frayer un passage; ils eurent à franchir des cours d'eau dont les bords escarpés rendaient le passage des plus périlleux, et furent assaillis par la redoutable tsetsé dont sont infestés ces parages; en outre, les vivres étaient peu abondants, et les éléphants firent abstinence complète de pain, de rhum, de toutes les friandises enfin auxquelles ils sont accoutumés dans l'Inde.

Mais en dépit des privations, des fatigues, des obstacles accumulés le long du chemin, malgré les attaques de la tsetsé dont il fut prouvé par là que la piqûre n'atteint pas l'éléphant, les nobles bêtes parcoururent vaillamment le trajet qui mène à Mpwapwa, où elles arrivèrent dans un parfait état de santé.

Ce début témoigne victorieusement en faveur de la praticabilité du projet, car la nature semble s'être complue à semer sur cette route toutes les entraves dont elle dispose, comme si, dès les premiers pas, elle avait pris à tâche de décourager le voyageur. Qui franchit cette passe a de sérieuses chances de ne point succomber plus loin, à moins toutefois de causes fortuites, comme ce fut le cas pour Sundergund qui, dix jours après son arrivée à Mpwapwa, succombait à une attaque d'apoplexie. Au dire des mahouts, cette mort subite est fréquente dans l'Inde parmi les éléphants dressés, et elle ne peut en aucune façon être invoquée contre la possibilité de les acclimater en pays nègre.

Avec leurs soldats, leurs éléphants, leurs superbes mahouts et la longue file de leurs six cents porteurs, lorsque les deux expéditions réunies, celle de Popelin et celle de Carter quittèrent Mpwapwa, ce fut un spectacle réellement grandiose ; jamais caravane aussi splendide n'avait sillonné le noir continent ; aussi, comme une brillante fanfare, la nouvelle de son arrivée se répandit-elle dans l'Ougogo à l'égal d'un événement étourdissant, incroyable.

Des guerriers vouagogos, cachés aux abords du Marenga-Mkali, l'avaient vue défiler, et, sur l'aile du vent, ils accouraient en faire à leurs chefs un récit émouvant :

« Des hommes blancs, des dieux certainement, sont en route vers nos demeures : à leur voix, les *tembo* (éléphants) sont sortis des forêts et, domptés, se laissent mettre sur le dos des fardeaux énormes qu'ils transportent comme de simples *poundas* (ânes). Au premier geste des mousoungous, l'animal s'arrête ; au second, il s'agenouille, reçoit sa charge, puis se relève, va, vient, court comme ils le lui ordonnent. Bien plus, ces hommes extraordinaires montent sur le dos de l'éléphant ! Nous les avons vus. »

Et les pauvres Vouagogos de se serrer les uns contre les autres, car certainement c'est quelque chose de surnaturel qui va se manifester. Ils connaissent l'éléphant, ils le chassent, ils savent combien il est malaisé de le suivre, dangereux de l'approcher ; malheur à celui que son ressentiment ou sa colère peut atteindre ! Jamais il ne leur est venu à l'idée que ce redoutable animal qui éventre le buffle, déracine les géants des forêts, et de ses mugissements fait trembler le *porry*, pût être apprivoisé ; seule, la Divinité enfante de pareils miracles, et ils ne cherchaient pas ailleurs l'explication de ce merveilleux phénomène.

C'est ainsi que la renommée aux cent bouches avaient brillamment précédé l'expédition aux champs des Vouagogos. Seulement, comme toutes les gloires, celle-ci se dut payer, et nos voyageurs soldèrent en riches kikois et déoulis (1), en bleu kaniki et blanc merikani (2), en fil de laiton et autres belles choses, les marques d'admiration, de respect et d'effroi, tous les hommages enfin dont on salua leur passage ; il est superflu d'ajouter que la patience du brave Popelin fut mise à terrible épreuve durant cette traversée du pays du Hongo.

Mais déjà l'on avait franchi les deux tiers de l'Ougogo, quand, au départ de Kanyéné, un des éléphants, Naderbux, oscilla sur ses jambes comme prêt à tomber. Carter le fait aussitôt débarrasser de sa charge, mais l'animal se traîne lourdement et ne peut avancer.

« C'est sans doute une attaque de rhumatisme, fait le cornac, car la bête n'a pas cessé de manger d'un excellent appétit ; du reste, il a fait très froid, très humide, cette nuit. »

Mais le chef des mahouts, Abdullah-Jennidar s'étant approché :

« Maître, dit-il à Carter, l'intendant qui vous a vendu Naderbux n'a pas été loyal : cet éléphant était maladif en quittant Bombay, et je sais que l'on avait vainement tenté de s'en défaire. Vous verrez, il ne résistera pas. »

Pour ne pas retarder la marche, Carter laissa l'animal malade aux soins d'Abdullah, de deux cornacs et de trois askaris, en leur recommandant de le conduire lentement jusqu'au camp où lui-même les devança avec le gros de la caravane.

A 11 heures, ne voyant rien venir, il dépêcha des hommes pour s'informer de l'état du malade ; lorsque ces messagers revinrent à 4 heures, ils lui apprirent que Naderbux était mourant.

Alors, rebroussant chemin, il retourna à l'endroit où le pauvre éléphant gisait depuis le matin. mort en apparence, mais respirant encore. La tête repose lourdement, comme abattue, sur les défenses, la bouche est grande ouverte, la peau froide ; les yeux sont ternes et la pupille a disparu ; par la trompe qui a perdu sa forme et qui pend comme une masse de chair inerte, l'animal respire bruyamment : on dirait d'un soufflet de forge. Carter se couche à ses côtés pour étudier les battements du cœur : c'est comme un marteau mécanique qui travaille, et tout ce gros corps vibre comme une harpe.

---

1. Vestes avec ou sans manches, provenant de Mascate.
2. Tissus de coton, de provenance anglaise ou suisse.

Pauvre bête.

« Elle agonise, disent les mahouts. Maître, il vaut mieux mettre un terme à ses maux. »

C'était vrai. Et Carter d'un coup de fusil l'abattit; on scia les défenses et l'on revint au camp en tapinois, comme si l'on avait commis quelque crime; il était minuit. S'il avait fait jour, les Vouagogos, qui ne sortent jamais après le coucher du soleil, auraient non seulement exigé l'ivoire,

FREDERICK CARTER

mais encore un lourd tribut de sépulture.

Quand le lendemain ils s'aperçurent de l'événement, la caravane était déjà loin. Mais quelques mois plus tard, passant moi-même en cet endroit, furieux encore les indigènes me racontèrent comme quoi mes frères blancs avaient fait mourir à Kanyéné un éléphant divin, et, par ce maléfice, compromis les récoltes et retardé les pluies.

En somme, pas plus que celle de Sundergund, la mort de Naderbux ne peut être mise à la charge de la tentative, ne peut être invoquée comme témoignage d'insuccès : tout prouve que l'animal est mort pour avoir mangé des figues sauvages ou quelque roseau vénéneux ; dans l'Ougogo, à ce moment de l'année, la nourriture se faisait rare, comme l'eau aussi ; cette dernière était même à tel point saturée de chaux et d'impuretés qu'elle en devenait très malsaine. Il est à noter en outre que, de l'avis des mahouts, Naderbux était déjà malade avant de quitter Bombay.

Il ressort, au contraire, de cette traversée de l'Ougogo, que rien ne s'y est présenté d'absolument incompatible à l'acclimatation des éléphants indiens : dans le Marenga-Mkali notamment, ils sont restés près de deux jours sans manger, marchant pendant vingt-sept heures avec un poids de mille livres anglaises sur le dos. Aux obstacles naturels qu'un second essai évitera en grande partie, il faut ajouter ceux qui sont dus à l'inexpérience des voyageurs, à leurs tâtonnements, à leurs écoles, et qui ne se représenteront plus ; aussi, pour quiconque a étudié les circonstances défavorables dans lesquelles cette première tentative a été faite, il est évident que malgré son échec apparent elle a répondu affirmativement à la question capitale, à savoir que l'éléphant indien domestiqué peut résister au climat, aux inconvénients et à la nourriture qu'il rencontre au centre de l'Afrique.

CHAPITRE V

L'entrée triomphale. — Jonction de Cambier et Popelin. — Les premiers travaux à Karéma. — Légende du lac Tanganika. — Moussamvouira, l'*esprit du Diable*. — Mort de « Sosankalli ». — Une chasse émouvante.

CEPENDANT de rudes labeurs attendaient l'expédition dans le Mgounda-Mkali, sinistre contrée dépourvue de vivres et d'eau : les entassements de roches abrupts y alternent avec d'inextricables halliers plantés d'acacias aux cruels aiguillons, qui font au-dessus des têtes comme une voûte hérissée de crampons. A tout instant, accrochés aux branches par les fardeaux qu'ils portent, les pauvres éléphants sont arrêtés ; pour les dégager on abat autour d'eux les arbres qui les gênent, mais c'est là un travail des plus énervants qui retarde la marche de la caravane entière.

Alors Carter envoya en avant-garde cinquante hommes armés de haches et de cognées, avec mission de tailler dans la forêt un large sillon où l'on pût passer sans encombre. Un autre inconvénient surgit aussitôt : les rameaux épineux, semés le long de la route, la rendaient impraticable aux malheureux porteurs dont les pieds nus étaient cruellement déchirés à chaque pas.

Puis vinrent les tirikésas, longues et douloureuses étapes à la recherche d'une zihoua où l'on pourra étancher sa soif; et cela pendant quinze jours consécutifs, sans rencontrer un seul village ni le moindre vestige de culture. Dans cette pénible traversée du Mgounda-Mkali, les éléphants ont prouvé une fois de plus, par leur courage et par leur résistance, qu'ils sont en réalité le plus précieux auxiliaire que puisse souhaiter l'explorateur européen en Afrique.

L'arrivée de cette splendide caravane à Taborah produisit un enthousiasme, une admiration, un émoi indescriptibles; elle fut saluée comme une merveille surhumaine et restera inoubliable pour le peuple de l'Ounyanyembé.

Le 28 octobre, à 8 heures du matin, l'expédition étant arrivée en vue de Taborah, on revêtit l'éléphant-pilote « Pulmalla » de son plus brillant harnais écarlate et noir; sur son dos l'on attacha une nacelle où prirent place Carter, Popelin, Van den Heuvel et un Anglais, M. Stokes; entourés des mahouts et des cornacs en riches uniformes, nos voyageurs entrèrent ainsi triomphalement dans la ville, et, dans ce majestueux équipage, rendirent visite au gouverneur et aux notables de l'endroit.

Toute la population les suivait : hommes, femmes, enfants poussaient de longues acclamations, des cris de joie, et se roulaient à terre comme pris de folie à la vue de ce phénomène : des hommes blancs transportés à dos d'éléphants ! L'effet en fut prodigieux, et cet événement laissera dans les esprits d'ineffaçables traces; aux yeux des Arabes mêmes le prestige de l'Européen y a conquis une importance considérable, car, après pareil exploit, son pouvoir a été proclamé sans limites.

Popelin ne s'arrêta que six jours à Taborah; il chargea le docteur Van den Heuvel du soin de fonder en cet endroit un poste de ravitaillement, lui confia la garde du gros de ses marchandises avec mission de les lui expédier plus tard, et se remit en route accompagné seulement de ses quarante askaris et d'une caravane très légère.

Nous retrouverons plus loin le brave Van den Heuvel dans l'exercice de

ENTRÉE TRIOMPHALE A TABORAH.

ses fonctions ; pour l'instant, suivons le chef de la deuxième expédition en marche vers Karéma.

Son voyage s'effectua dans d'heureuses conditions; certes, plus d'un conflit éclata entre askaris et porteurs ; sous les prétextes les plus futiles, à propos d'une simple bousculade, les hommes en vinrent parfois aux mains, et se divisèrent en deux camps, chacun prenant fait et cause pour son compatriote ; mais alors l'homme blanc intervenait, distribuait aux belligérants, sans distinction de parti, quelques vigoureux coups de canne, et bientôt tout rentrait dans l'ordre. A vrai dire, les mutins n'étaient pas fâchés de le voir intervenir : cela leur permettait de mettre fin aux horions sans que l'amour propre d'aucun en souffrît.

Enfin, le 9 décembre, un mois et six jours après son départ de Taborah, le capitaine Popelin opérait à Karéma sa jonction avec Cambier.

Entre-temps, ce dernier avait à lui seul soulevé des montagnes : après d'une première reconnaissance des bords du lac, il choisit comme emplacement de la station future un endroit des plus propices, situé sur un monticule arrondi, élevé de six mètres au-dessus du niveau du Tanganîka dans l'intérieur duquel il forme promontoire et d'où l'on jouit d'une vue réellement admirable ; il se rendit acquéreur de tout le terrain avoisinant et fit accord avec le sultan pour la construction de huttes provisoires, puis il s'en retourna chez Simba où était restée, on s'en souvient, la majeure partie de ses marchandises et de son matériel.

Pendant le temps que Cambier y séjourna, un tremblement de terre assez violent eut lieu, au grand effroi des Zanzibarites qui l'accompagnaient. Il se trouvait alors dans une hutte que Matumula avait mise à sa disposition et s'occupait de l'inspection des colis, lorsque tout à coup il fut interrompu par un bruit étrange venant du dehors : on aurait dit d'un véhicule lourdement chargé et roulant avec fracas ; en même temps il ressentit des secousses qui le firent osciller. Étonné, il sortit, et aux habitants qui passaient il demanda la cause de ce phénomène qu'il reconnut bientôt être un tremblement de terre, mais qu'il croyait devoir produire une panique générale.

Du ton le plus naturel cependant et sans frayeur aucune :

« C'est, répondirent-ils, l'esprit du vieux Mkapanga, le roi du Tanganîka, qui passe sous terre ; dans cet événement, qui, du reste, se reproduit fréquemment, il n'y a rien qui doive vous inquiéter : il indique seulement la mort prochaine d'un personnage important. »

Et comme pour donner raison à cette croyance populaire, ce fut précisément à ce moment-là que Popelin, franchissant ses dernières étapes, atteignait le lac Tanganika, dont la rive allait lui servir de tombeau.

Avec quelle joie les deux camarades se revirent ! Pour Cambier, c'était la fin de la solitude, de l'exil ; pour Popelin, c'était un compagnon expérimenté qu'il trouvait sur sa route pour le guider dans ses recherches et le soutenir dans ses efforts.

Il fut convenu qu'ils passeraient ensemble à Karéma la saison des pluies ; que Cambier y resterait pour achever les travaux de la station, pendant que Popelin, renforcé par l'expédition nouvelle qu'on annonçait d'Europe, se porterait vers Nyangwé pour fonder une station sur la rive occidentale du lac.

En attendant, et malgré les ondées qui déjà préludaient au retour de la masika, les deux amis se mirent courageusement à la besogne qui consistait à élever des abris provisoires pour l'hivernage. Car c'est en vain que l'on avait compté pour cette installation sur le sultan de Karéma : malgré sa promesse formelle de bâtir des huttes pendant le séjour de Cambier chez Simba, et bien qu'il en eût touché le prix à l'avance, l'infidèle Kangoa oublia entièrement sa parole, si bien que tout restait à faire lorsque Cambier revint.

Il y avait donc lieu de se hâter. Aussi, dès 6 heures du matin, les travailleurs se mettaient à l'ouvrage : la bâtisse devant être en adobes, c'est-à-dire en briques séchées au soleil, il fallut apprendre le métier de maçons aux maladroits Zanzibarites ; rien de curieux comme de les voir dans ce rôle : nul d'entre eux n'avait la moindre notion de la perpendiculaire ; aussi, lorsqu'on les laissait sans surveillance, ils élevaient des murs à l'instar de la tour de Pise, avec cette différence que leur ouvrage ne tardait pas à s'écrouler comme un château de cartes.

Quant aux gens du pays, ils se bornaient à regarder et à rire ; dans le principe du moins, la fainéantise et l'indifférence les empêchèrent de prêter à la petite colonie le concours de leurs bras, mais nous dirons plus tard comment la persévérance de nos voyageurs finit par triompher de cette apathie, et combien l'exemple et la persuasion domptèrent ces natures primitives, au point de les régénérer par le travail et la liberté.

Le plan des constructions, tel que Cambier l'avait dressé, offrait l'aspect des tembés de l'Ougogo et de l'Ounyanyembé, avec cette différence toutefois qu'au lieu de revêtir la forme carrée ou rectangulaire, l'ensemble devait représenter un vaste hexagone : sur les six côtés d'une aire qu'ils entourent complètement seront établis les logements des Zanzibarites, les magasins, ateliers, écuries, étables ; au centre, la maison des Européens, haute d'un étage autour duquel courra une large véranda avec toit débordant à la façon des chalets suisses. Une muraille extérieure précédée d'un fossé enserrera les bâtisses et sera percée de petites ouvertures servant à la fois de fenêtres, de judas et de meurtrières ; entre la muraille et les habitations on réservera une sorte de chemin de ronde, de sorte que la station, sérieusement fortifiée, pourra au besoin être défendue par une faible poignée de combattants.

Tout à l'entour, la terre, débarrassée des roseaux et autres herbes

VUE DU LAC AUX ENVIRONS DE KARÉMA.

parasites, recevra les semences apportées d'Europe ; car, à son arrivée à Karéma, Cambier n'y a trouvé qu'un peu de sorgho et de maïs dont les naturels font leur seule nourriture, et l'on devait, en conséquence, se mettre à l'œuvre sans retard pour fournir la station de légumes frais et d'aliments nécessaires à l'élevage des bestiaux.

On verra plus loin avec quelle énergie ces plans intelligents ont été exécutés et de quels merveilleux résultats ils furent couronnés ; bornons-nous pour l'instant à suivre Cambier et Popelin ébauchant ces travaux pendant la saison des pluies qui débute en novembre et dure parfois jusqu'en mai : cette circonstance augmenta notablement les difficultés du début; néanmoins ils en triomphèrent vaillamment.

A cette époque de l'année, la nature revêt un aspect des plus enchanteurs, et n'était la contrariété de suspendre tous travaux et explorations, l'hivernage aurait de grands charmes : le sol fertile, arrosé par des myriades de cours d'eau, couvert de la plus luxuriante végétation, offre alors l'image de la richesse et de la vitalité. L'Europe n'a rien qui puisse en approcher : ce ne sont que vallées pittoresques, fières collines, rivières écumantes; à l'horizon, monts ambitieux, vastes forêts, rangées solennelles de grands arbres droits et nus comme des colonnes, formant à perte de vue d'interminables perspectives.

Quelle puissance ! quelle variété dans cette végétation ! Le sol est si généreux et la nature si séduisante qu'en, dépit des effluves mortels qui s'en échappent on s'attache à cette contrée dont, à force de travaux et de cultures, on parviendra à faire disparaître l'insalubrité.

Oui, au milieu des tracas et des mécomptes dont ils furent assaillis, nos voyageurs connurent cependant des heures enchanteresses en parcourant ces vastes solitudes dont ils s'emparaient, en somme, de par la civilisation et au nom de l'humanité.

A l'horizon s'étend cette nappe d'eau immense, le Tanganîka, dont la longueur est de 609 kilomètres, la largeur de 10 à 45 milles, et la superficie totale de 9240 milles carrés, c'est-à-dire un lac ayant la surface de la Belgique entière ! Quelle superbe assise pour travailler à la régénération de ce monde nouveau ! Non, il n'est pas de regard qui sans une émotion indicible puisse contempler le panorama de ce merveilleux infini : les couleurs éthérées dont le ciel resplendit, le rose, l'azur, le safrané, le violet, vont et viennent avec une rapidité magique; de larges bandes, des lignes ténues, des stries métalliques sont transformées en or bruni et flamboyant. Leur éclat se réfléchit sur la muraille gigantesque d'un noir bleu qui, à l'occident, borne le Tanganîka; il révèle ces montagnes dont le sombre voile cache des splendeurs et répand sur elles des teintes du rose le plus doux en les inondant d'un flot de lumière argentée.

Tel était l'enthousiasme de Stanley lorsque, dans son mémorable voyage, il contemplait ces merveilles; mais les naturels eux-mêmes, pour sauvages qu'ils sont, ne demeurent pas insensibles à ces grands spectacles de la nature, et, sous l'humble chaume, écloses dans ces grossières cervelles, maintes poétiques légendes circulent, expliquant l'origine du vieux Tanganîka.

« Il y a longtemps, longtemps, disent les riverains, à la place où vous

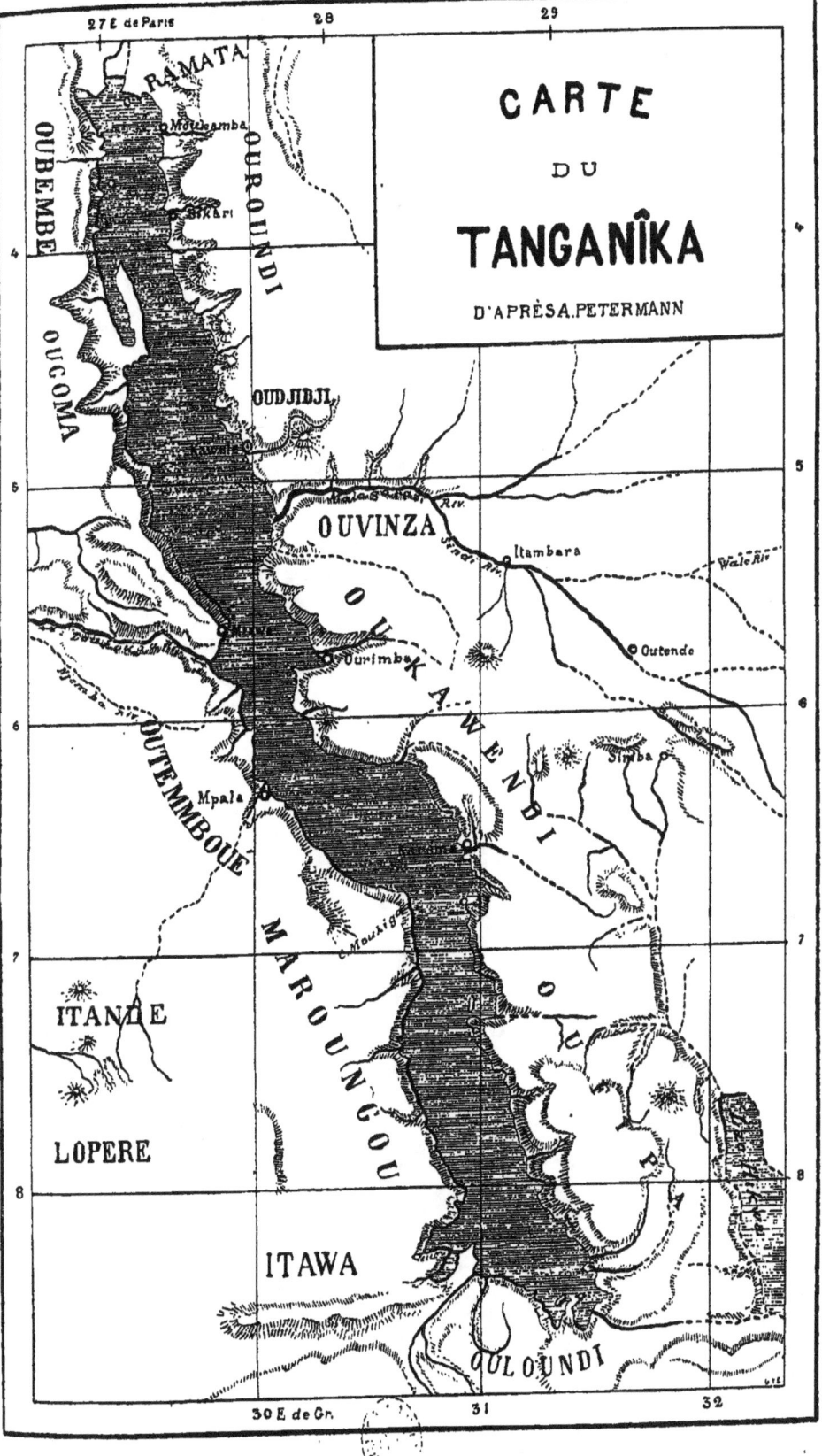

voyez le lac, se trouvait une plaine immense, habitée par de nombreuses peuplades qui possédaient de riches troupeaux de chèvres et de bœufs comme l'on en rencontre aujourd'hui dans l'Ouhha.

« Au centre de cette plaine s'élevait une ville très florissante défendue par une fière estacade, et, suivant la coutume, les habitations mêmes étaient entourées d'une forte haie en cannes pour protéger bêtes et gens contre les fauves et les voleurs.

« Dans un de ces enclos vivait avec sa femme un brave homme, propriétaire d'une source profonde qui alimentait un joli petit ruisseau où les troupeaux du voisinage venaient se désaltérer.

« Cette fontaine, chose étrange, contenait des poissons sans nombre qui fournissaient à l'heureux ménage une nourriture abondante et exquise; mais comme la possession de ce trésor dépendait du secret le plus absolu sur son existence, personne, en dehors du cercle de la famille, n'en avait connaissance; une tradition, transmise de père en fils, portait même que le jour où ce secret viendrait à être révélé à quelque étranger la ruine et la désolation s'abattraient sur la contrée.

« Or il advint qu'à l'insu du mari la femme aima un autre homme de la ville, et qu'en cachette un jour elle lui porta quelques-uns des poissons de la merveilleuse fontaine. La chair en était si délicate et d'une saveur si nouvelle, que celui-ci voulut savoir d'où ils venaient.

« Pendant longtemps la crainte des terribles conséquences d'une indiscrétion empêcha la femme de répondre aux pressantes questions qui lui étaient adressées. Malgré son respect pour l'Esprit de la source, en dépit de la frayeur que lui causait la perspective d'une semblable faute, elle finit par promettre de dévoiler le mystère.

« Un jour, le mari eut à faire un voyage dans l'Ouvinnza; avant de partir, il recommanda encore à sa femme de bien fermer l'huis, de n'y admettre aucun étranger, de ne pas aller faire la causette chez les voisins et surtout de garder strictement le silence au sujet du trésor.

« La femme promit d'obéir; mais à peine le voyageur était-il en route qu'elle courut trouver son complice.

« — Mon mari est parti pour l'Ouvinnza, lui dit-elle, et sans doute il demeurera nombre de jours absent; tu m'as souvent demandé d'où je tirais ces mets savoureux que nous avons mangés ensemble ; eh bien, viens avec moi, tu vas le savoir. »

« Lui, tout joyeux, l'accompagne. Arrivés dans la maison, la femme le régale d'abord de zogga qui est le vin du palmier, de marammba qu'on tire du bananier, d'ougali, épaisse bouillie faite de sorgho et de lait, puis de farine de maïs, d'huile de palme assaisonnée de poivre, enfin d'une grande quantité de superbes poissons.

« Le repas terminé, il lui dit :

« — Nous avons mangé et bu, nous voilà rassasiés. A présent, montre-moi où tu prends cette chair délicieuse qui est bien meilleure et plus blanche que celle d'agneau, de chevreau ou de poulet.

« — Oui, répondit-elle ; c'est parce que je t'aime tendrement ; car c'est là un grand secret que mon mari m'a bien recommandé de ne révéler à quiconque en dehors de la famille. Tu devras donc n'en jamais parler et ne point me trahir, car il nous arriverait malheur à tous.

« — Sois sans crainte ; ma bouche restera close et ma langue liée ; je ne voudrais pas, aimée, que tu souffrisses à cause de moi. »

« Ils se levèrent là-dessus. Et, le prenant par la main, elle le conduisit vers l'enclos qui était soigneusement entouré d'une haute palissade, l'y fit entrer et lui montra une sorte d'étang de forme ronde, rempli d'une eau limpide qui montait en bouillonnant des profondeurs du sol.

« — Regarde, dit-elle, voilà notre source mystérieuse. N'est-elle pas belle ? Et c'est là que nagent les poissons. »

« De sa vie, l'homme n'avait rien vu de pareil, car, excepté celle qui sourdait de cette fontaine, il n'y avait pas de rivière dans le pays. Sa joie était si grande qu'il s'assit au bord de l'eau et regarda, stupéfait, ces hôtes étranges frétiller, sauter, se poursuivre, plonger, paraître, disparaître, étalant au soleil leur ventre ou leurs flancs aux écailles colorées. L'un d'eux, plus hardi, s'étant approché, l'homme étendit la main et le voulut saisir. Ah ! ce fut la fin de tout. A l'instant le sol se fendit, la plaine s'enfonça, la source jaillit brusquement, déborda et emplit l'affreuse déchirure que venait de creuser un épouvantable tremblement de terre à la place où s'élevait la fière cité. Et que voit-on aujourd'hui en ce lieu ? Le grand Tanganika. Car tous les habitants ont péri ; maisons, champs, jardins, troupeaux, tout a été englouti sous les eaux.

« Et quand le mari eut terminé ses affaires dans l'Ouvinnza, reprenant le chemin de sa demeure, il fut surpris de se trouver tout à coup en face de montagnes qu'il ne connaissait pas ; et, gravissant leur sommet, il aperçut un grand lac à l'endroit où il avait laissé sa ville et sa patrie. Alors il comprit que le secret de la fontaine avait été trahi, et que, par la faute de sa femme, tout le monde était mort et le pays détruit. »

Telle est la légende que les naturels rapportent sur l'origine du vieux Tanganika. Il en est d'autres encore, et en grand nombre, car l'esprit de ces riverains s'accommode fort bien des histoires fantastiques. Il s'en faut toutefois qu'elles aient toutes le même désintéressement : témoin celle de

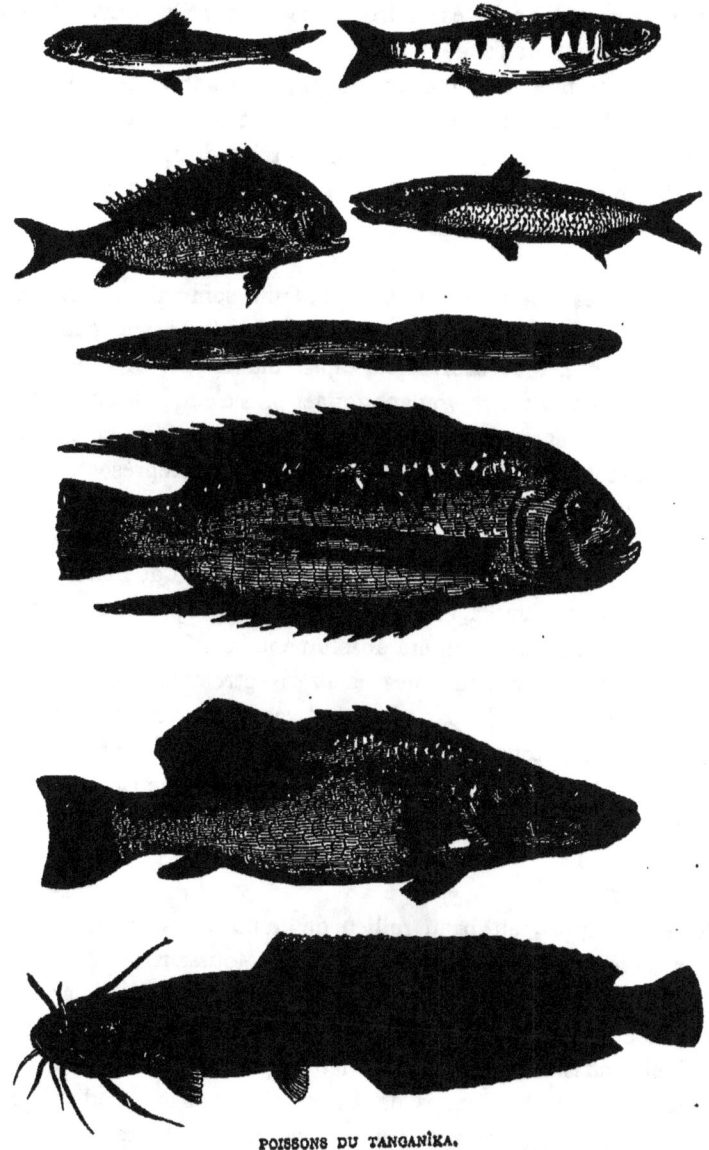

POISSONS DU TANGANIKA.

Moussamvouira qui, en fait d'exploitation noire, peut être citée comme un modèle du genre.

Cameron appelle de ce nom une rivière située à 6° 47' 50" de latitude sud,

précisément à l'endroit où se trouve Karéma; mais, en réalité, Moussamvouira n'est nullement un cours d'eau, mais bel et bien un esprit diabolique qui hante la plaine et les collines environnantes, et dont le pouvoir s'étend même sur une portion du Tanganika.

Ce diable a pour prêtresse une femme qui, à l'instar de la pythonisse d'Endor ou d'Apollon Pythien, évoque l'esprit des ténèbres et vous met en contact avec lui; point d'autel cependant, ni de trépied sacré : pour rendre ses oracles, la sibylle se contente de la vulgaire poussière où elle se roule en poussant des cris stridents et en se tordant comme une convulsionnaire.

Or, le costume des femmes étant là-bas des plus sommaires, les mouvements désordonnés de la sorcière ne s'exécutent qu'au grand dam de la plus vulgaire décence. Moussamvouira, esprit malin, en fut choqué sans doute pour l'homme blanc, et, voulant donner plus d'ampleur au vêtement de sa messagère, lui inspira l'idée de demander à Cambier, en guise de sacrifice propitiatoire, un cadeau de sept dotis d'étoffe, représentant près de vingt-cinq mètres.

Notre voyageur ne put s'empêcher de faire observer que Moussamvouira mettait à ses bonnes grâces un prix bien élevé; il essaya de marchander : d'abord il proposa une shouka, soit un mètre et demi; la prêtresse repoussa cette offre avec indignation comme absolument insuffisante à voiler ses mystères; bref, après d'interminables palabres entremêlés des scènes les plus burlesques, on finit enfin par tomber d'accord pour un doti et demi, environ cinq mètres d'étoffe. Moyennant ce don, le génie de Karéma promit solennellement sa protection et sa bienveillance aux mousoungous.

Ce pacte une fois conclu, Cambier espérait que le diable le laisserait en paix.

Il n'en fut rien.

Peu de temps après, au beau milieu de la nuit, des cris et d'affreux hurlements le réveillèrent en sursaut : c'était Moussamvouira qui, en dépit de la récente convention, lui envoyait son oracle pour réclamer de nouveaux présents. Ce manque absolu de bonne foi indigna profondément Cambier ; aussi fit-il prevenir le diable que dorénavant il le recevrait lui et ses délégués à coups de trique. La menace produisit bon effet : l'esprit malin s'engagea à ne plus approcher de la hutte de l'homme blanc. Il tint parole.

Ces jongleries, du reste, exercent une influence très fâcheuse sur les naturels et sur les Zanzibarites eux-mêmes ; ceux-ci sont bien musulmans de par la circoncision, mais ils n'en partagent pas moins les plus superstitieuses croyances des sauvages, et il n'est pas jusqu'aux Arabes habitant l'intérieur de l'Afrique qui ne se laissent subjuguer par elles.

Cependant, tandis que nos deux voyageurs tout en explorant le pays mettaient à profit le temps de la masika pour amener à pied d'œuvre les pierres et les bois de construction, Carter, de son côté, s'avançait vers Karéma avec les deux éléphants qui lui restaient. Il avait quitté Taborah peu de temps après Popelin, mais sa marche était lente, par suite de l'état de santé de « Sosankalli » qui tomba gravement malade au cours des

EXTRÉMITÉ SUD DU TANGANIKA.

dernières étapes : ses forces s'en allaient, ses yeux pleuraient abondamment et bientôt une large taie blanche les couvrit.

« C'est l'*aghin Baho*, dirent les mahouts ; cette indisposition, qui se manifeste par une inflammation des yeux, est fort commune aux Indes, mais presque toujours elle est mortelle. »

On débarrassa l'animal de son fardeau, et tout d'abord le mal parut décroître ; malheureusement les pluies survinrent, et ces longues marches à travers des immensités détrempées compromirent la guérison et entravèrent les soins à donner. Le 14 décembre, l'expédition étant arrivée en vue de Karéma, le pauvre « Sosankalli », pris de vertige, se laissa choir tout à coup: ses jambes de derrière tremblèrent, il respira bruyamment, puis ne bougea plus : il était mort tranquillement, sans souffrances, au moment de toucher au port où il aurait trouvé le repos et peut-être la guérison.

Cette perte affligea profondément toute la petite colonie; l'expédition se trouvait ainsi réduite au seul éléphant-pilote « Pulmalla », auquel on construisit un abri; et Carter résolut d'attendre à Karéma les nouveaux ordres du roi Léopold, car malgré cette apparence d'insuccès, il considérait l'entreprise comme ayant donné des preuves suffisantes d'utilité pour pouvoir être énergiquement poursuivie.

NATUREL DE KARÉMA.

Cet avis, sur lequel nous reviendrons, fut partagé; et sans la regrettable catastrophe de Pimboué, nul doute qu'à l'heure actuelle l'essai des éléphants indiens eût heureusement abouti et que déjà s'en fussent dégagés les résultats pratiques qu'il promettait.

L'arrivée de Carter et de « Pulmalla » rompit un peu la monotonie qui régnait dans notre colonie de Karéma; à la vérité, il n'était guère réjouissant pour nos officiers de passer ainsi de longues semaines confinés sous des abris provisoires et des plus primitifs; cependant tout travail fut forcément interrompu pendant le plus fort des pluies, et jusqu'à la fin de ce déluge qui transformait les moindres ruisseaux en torrents impétueux et la plaine entière en un vaste marais aucune exploration sérieuse ne pouvait être tentée.

Seul Carter s'aventurait par tous les temps à la recherche du gibier; il s'était imposé la tâche de pourvoir de viande fraîche la table de ses amis, et il s'en acquittait fort heureusement. Mais il fallait vraiment être possédé de la passion de la chasse pour avoir le courage de battre les abords du lac en saison d'hivernage : une jungle épaisse couvre la plaine le sol est à tel point fangeux qu'on y enfonce comme en un bourbier, et ce n'est qu'à la condition de se laisser tremper jusqu'aux os que l'on parvient à traverser herbes et taillis.

N'importe, l'infatigable chef des éléphants n'en partait pas moins chaque jour un fusil de chasse sur l'épaule, un rifle calibre 4 aux mains de Djouma, son porteur d'armes; et, grâce à ses exploits cynégétiques, la cuisine de

CARTER EN FACE DE TROIS LIONS.

Karéma exhalait à tout moment le parfum exquis d'un filet de zèbre ou de girafe, d'un cuissot d'antilope ou d'un salmis de pintade : cela faisait prendre en patience les rigueurs de la saison.

Un jour, revenant d'une de ces excursions, Carter, désappointé d'avoir manqué plusieurs gros gibiers, rencontre sur sa route un sanglier de belle taille ; il lui envoie un coup de fusil, l'atteint, et, comme l'animal blessé n'en continue pas moins à fuir, il se précipite derrière lui en suivant la traînée de sang. Cette course durait depuis une dizaine de minutes quand tout à coup de sourds grondements se font entendre dans la jungle.

« Attention maître, disent les noirs qui l'accompagnent ; c'est certainement un rhinocéros qui grogne là-bas ; n'allez pas plus loin. »

Et joignant l'exemple à la parole, ils détalent au plus vite, laissant Carter seul avec son porteur d'armes.

Notre intrépide chasseur n'était pas homme à reculer devant un animal, quel qu'il fût ; aussi continua-t-il sa route, en se faufilant sans bruit à travers le fourré. Tout à coup, près de franchir la dernière touffe de jungles qui masquait une petite clairière, il s'arrête court : devant lui, trois lions sont en train de dévorer le sanglier qu'il poursuit.

Déjà, entr'ouvrant sa gueule ensanglantée l'un d'eux, l'ayant aperçu, se ramasse menaçant, la crinière hérissée... Mais, prompt comme l'éclair, au moment même où l'animal s'élance, Carter lui tire un coup de fusil à bout portant, puis brusquement se rejette en arrière, attendant l'attaque des trois monstres qui s'apprêtent à fondre ensemble sur lui.

« Djouma ! mon rifle à éléphant !... » crie-t-il en étendant la main derrière lui pour saisir cette arme sur le secours de laquelle il comptait puissamment.

Mais rien.

Djouma épouvanté a fui, sans songer qu'il laissait là son maître presque désarmé en face de trois lions !

Carter sent une sueur froide perler sur ses tempes : une seconde s'écoule, longue comme un siècle, puis, sans hésiter, il tire son dernier coup. D'effroyables rugissements y répondent, et, bondissant dans les hautes herbes, deux des fauves s'enfuient, tandis que le troisième, mortellement atteint, s'éloigne péniblement.

Dans l'impossibilité de l'achever, Carter, désarmé, revient à la station, prend avec lui quelques hommes, de nouvelles armes, et s'en retourne à la recherche du lion qu'il a blessé ; malheureusement l'obscurité le surprend et le force bientôt d'interrompre cette poursuite.

Nos voyageurs n'eurent pas de viande fraîche ce jour-là ; mais quand le soir ils quittèrent leur ami Carter, ce fut plus vigoureusement que d'habitude qu'ils lui serrèrent la main.

Ici nous devons une fois encore laisser Karéma où Cambier et Popelin comptent sur le retour des jours de soleil, le premier pour achever les constructions de la station, le second pour se rendre de l'autre côté du lac avec les compagnons qui lui sont annoncés; où Carter lui-même attend des ordres et du renfort pour ramener de la côte d'autres éléphants et fonder un haras chez Simba; force nous est en ce moment de retourner en Europe pour y retrouver ces expéditions si ardemment désirées, les suivre dans leur organisation, et assister enfin aux émouvantes péripéties dont leur voyage a été semé.

CHAPITRE VI

Expédition Burdo, Roger, Cadenhead. — Un terrible hiver. — Adieux à l'Europe. — En mer. — Coup d'œil à Alexandrie. — A travers l'Égypte. — Splendeurs passées. — Terre féconde et Désert. — Suez.

C'ÉTAIT en novembre 1879. Je revenais de mon premier voyage en Afrique centrale, *Niger et Bénué* avait paru, et, ce travail achevé, j'éprouvai comme la nostalgie du continent noir. Au cours d'une audience que le Roi voulut bien m'accorder je sollicitai la faveur de partir à nouveau pour le pays des nègres ; Sa Majesté ayant agréé ma demande, dès le surlendemain, 16 novembre, j'entrai en rapports directs avec l'Association internationale africaine.

C'est le colonel Strauch, intendant militaire, qui avait succédé au baron Greindl dans les fonctions de secrétaire général, et je considère comme un devoir de rendre hommage à l'activité et au mérite du nouveau titulaire : tous les voyageurs sont unanimes à reconnaître en lui un des principaux moteurs de la grandeur et du développement de l'Œuvre pendant ces dernières années. Il fut puissamment secondé en toute circonstance par

ADOLPHE BURDO.

M. Achille Galezot qui a prêté son concours à l'Association dès le premier jour de sa création, et que tous nous avons connu si dévoué à la chose africaine, si sympathique aux explorateurs parmi lesquels, d'ailleurs, il ne compte que des amis.

Je ne le cache point, en me rapprochant de l'Association, mon désir intime était de retourner au Niger, au Bénué surtout : j'avais à cet égard une opinion bien arrêtée et qui n'a pas changé. Le Bénué, l'Adamawa, le lac Tchad, c'est à mon avis le nœud gordien de l'Afrique, la clef de ses mystères, l'entrepôt de ses plus grandes richesses ; au centre de cette contrée qui figure encore sur nos cartes comme une immense tache blanche, région inexplorée, on trouvera la solution d'importants problèmes géographiques en même temps que d'inépuisables sources de prospérité pour le commerce et l'industrie de l'Europe : ce n'est pas seulement un sol merveilleusement fécond, c'est aussi une artère admirablement située, car elle commande les itinéraires des gran-

OSCAR ROGER.

des caravanes d'ivoire qui portent en Égypte, au Soudan, à Tombouctou, leurs précieux fardeaux.

Mais il n'était pas question de cela. Elle était bien assez vaste déjà la tâche que le congrès s'était imposée de relier la côte orientale d'Afrique à l'océan Atlantique par une série de stations allant de Zanzibar au lac Tanganika, et de Nyangwé à l'embouchure du Congo ; peut-être eût-il été imprudent d'éparpiller ses forces ailleurs ; je le compris, et lorsqu'on m'offrit de partir pour Karéma et de là de me rendre probablement à Nyangwé, au Congo, j'acceptai. Certes, ayant emprunté les fleuves à mon précédent voyage, ayant pu apprécier tout le prix de ces *grands chemins qui marchent*, je prévoyais ce que la voie de terre me réservait de tracas, de dangers et d'ennuis ; mais cela précisément m'attirait : il y a dans ce noir continent un si puissant aimant vers le périlleux et vers l'inconnu !

Ainsi que mon compagnon Roger, j'entrai au service de l'Association internationale africaine à titre absolument gratuit : estimant que notre mission est de celles qui ne se payent pas, nous ne demandâmes et ne reçûmes aucun traitement, aucune indemnité pécuniaire ou autre ; il en a été de même de Van den Heuvel et des officiers de l'armée dont l'unique avantage fut de pouvoir conserver leur solde entière et leur ancienneté.

Oscar Roger, dont je viens de parler, est né à Blandain près Tournay : *Les Tournaisiens sont là !* dit la ballade. C'était un excellent garçon, ami dévoué, travailleur opiniâtre, et avec cela vaillant disciple de Nemrod s'il en fut. Car Roger avait un côté faible, ou fort si l'on veut : il aimait la chasse avec frénésie ; du jour où je le vis, il ne put me cacher cette passion ; elle débordait en lui, et pendant nos préparatifs de départ sa grande préoccupation était le choix des armes. Je le vois encore donnant à l'arquebusier Jansen les indications nécessaires :

« Dans ce fusil à deux coups, le canon de droite restera lisse pour tirer à plomb ; vous me remplacerez celui de gauche par un canon Bernard rayé, d'un calibre différent afin de ne pas confondre les cartouches ; pour chasser l'éléphant, il faudra du calibre 4, 6 au plus... »

Et, l'œil brillant, il voyait déjà buffles, zèbres et girafes s'abattre sous ses coups. Ah ! il a tenu parole, le brave chasseur, et, à côté de mon amitié, il a conquis des droits bien grands à ma reconnaissance, car plus d'une fois son fusil nous a sauvés de la faim.

Mais n'anticipons pas. J'ai voulu seulement esquisser en passant une des lignes maîtresses de cette sympathique nature. Au physique, Roger est solide, trapu, robuste ; il a séjourné antérieurement au Gabon : c'est, comme moi, un récidiviste de l'Afrique. Il a le regard franc, l'amitié sincère, et je n'ai eu avec lui que d'excellents rapports ; jamais — chose rare chez les voyageurs africains — l'ombre d'une mésintelligence n'a surgi entre nous. Chacun sait pourtant que le climat équatorial a pour influence caractéristique de rendre l'Européen fort irritable, enclin aux querelles, au spleen, peu traitable, ennuyé et ennuyeux. En fouillant dans les cartons de l'Association africaine on trouverait plus d'une preuve de ce que j'avance : que de drames intimes ! que d'aimables jeunes gens devenus insupportables là-bas ! que d'amis qui se sont détestés sous l'action délétère des fièvres ! Heureusement, comme la maladie, ces discussions passent, on en guérit, on les oublie, et, de retour au pays, on ne voit plus dans son compagnon qu'un ami, un frère auquel on reste d'autant plus attaché que les périls ont été grands et les épreuves douloureuses.

Tel n'a pas été le cas entre Roger et moi, je m'empresse de le dire. Inconnus l'un à l'autre avant notre départ, nous nous sommes liés d'une franche

TOM CADENHEAD.

amitié que n'ont point entamée les embûches épineuses d'un voyage en commun au centre de l'Afrique.

Notre expédition se composait de deux éléments divers. Roger et moi, tous deux Belges, nous appartenions à l'Association internationale africaine et notre programme était de rejoindre Cambier et Popelin. Cadenhead, un gentleman anglais, représentait l'entreprise des éléphants ; il avait ordre d'aller retrouver Carter, qu'il connaissait de longue date et dont il devait devenir le second. Tous les trois nous allions cheminer de conserve jusqu'au moment où nos missions respectives amèneraient forcément notre séparation.

J'ai dit que nous commençâmes le 16 novembre nos préparatifs de départ; ils furent terminés le 10 décembre. Ils n'étaient, du reste, pas compliqués : à part nos armes, nos vêtements, nos chaussures que nous emportions de Bruxelles, le reste ne pouvait être choisi et confectionné qu'à Zanzibar.

Qui ne se souvient de l'hiver de 1879-1880, et des entassements de neige dont décembre encombra nos pays? Notre angoisse était vive, car, en quittant Bruxelles le 10, nous avions juste le temps d'arriver à Brindisi le 15 pour le départ de la malle d'Égypte; mais si, comme on l'annonçait, les voies étaient obstruées: si nous devions subir un long mois de retard; alors nous arriverions à la côte au moment de la saison des pluies; ce serait un contretemps des plus fatals!

Telles étaient nos préoccupations en traversant Paris dont les rues étaient presque impraticables; on avait dû renoncer à enlever la neige; elle s'amassait et formait des murailles entre lesquelles les passants circulaient silencieusement : on eût dit d'un immense labyrinthe sibérien. Nous ne fîmes qu'un bond à la gare de Paris-Lyon-Méditerranée, et nous voilà roulant vers les pays de la chaleur et du soleil.

Quel froid de loup dans les wagons! la buée se plaquait aux vitres en glaçons épais; à l'extérieur, sifflait une âpre bise, et chemins, haies, fossés, barrières disparaissaient sous les avalanches : le train courait là dedans comme à travers un océan de ouate.

Quand nous franchîmes le mont Cenis, mieux appelé le tunnel des Alpes Cottiennes, l'aurore naissait, timide, et sous leur blanc suaire les fières Alpes avaient des tons de chair nacrée; puis le soleil perça, il s'enhardit : alors ce fut une débauche d'or, d'opale; dans l'espace voltigeaient des myriades de cristaux irisés où rubis, émeraudes et saphirs se jouaient en jetant leurs plus beaux feux; c'était encore le froid, mais un froid gai, jeune, riant, qui de son manteau d'hermine secoué laissait à présent tomber des perles.

Cependant l'express filait sans trêve ni repos, sans halte même à Turin, et nous brûlons ainsi successivement Plaisance qu'entoure une triste ceinture de remparts, Parme et sa plaine riante, Reggio que domine une fière citadelle, Modène dont le campanile, *ghirlandina*, date de 1099 et n'a pas son pareil en Italie, Bologne avec sa célèbre Pinacothèque, son dôme et l'admirable architecture de ses palais ; puis, au loin, voici Ravenne où César établit son quartier général avant de franchir le Rubicon : et

Rimini, Pesaro, Ancône, ancienne colonie grecque, tous ces vieux souvenirs, tous ces coins glorieux, tous ces anciens nids de rois. Et comme nous avions assisté au lever du soleil sur le faîte des Alpes, nous pûmes, le soir du même jour, le voir descendre triomphant derrière le rideau des Apennins.

Le lendemain nous longions la belle Adriatique aux flots bleus, dont les riverains regardaient, ébaubis, le toit neigeux de nos wagons : car c'était là comme un anachronisme que nous transportions au sein de ces hameaux bénis qu'épargne la bise glaciale et où les hivers à frimas font époque.

Chemin faisant nous ne parlâmes guère : Cadenhead dormait les poings fermés, Roger était songeur, moi je passais le temps à regarder au dehors ; nous atteignîmes ainsi Brindisi, moulus comme il convient à des voyageurs de la malle des Indes, mais heureusement en avance de vingt-quatre heures sur le départ du steamer d'Égypte.

Je me faisais une fête de visiter Brindisi, le Brundusium de Virgile où je m'attendais à rencontrer un port magnifique, richement outillé, un va-et-vient continuel de navires, un encombrement de marchandises, et tout le brouhaha de l'Orient ; j'aspirais à voir cette ville crétoise bâtie par les Étoliens de Diomède au retour de la guerre de Troie, et dont les Romains firent le centre de leurs opérations militaires contre Philippe de Macédoine ; c'est en effet ce port fameux qui résista à Annibal, et où Sylla, vainqueur de Mithridate, aborda en l'an 83 pour marcher sur Rome ; Pompée y embarqua son armée, Agrippine y rapporta les cendres de Germanicus, Horace y vint avec Mécène, et Virgile y mourut.

Que de grandeurs, de gloires fastueuses ! *Quantum mutatus ab illo!* De ses splendeurs passées, Brindisi n'a guère conservé qu'un port qui s'ensable, et une colonne assez semblable à celles qui jonchent le sol de la place Trajan à Rome : la *Colonna Ercolea* qui sert aujourd'hui à l'orientation des navires pour leur faire traverser la passe. Ah ! oui, l'on me montre aussi une maison portée sur un vieil arc en plein cintre, et le guide me dit en se découvrant : *Casa de Virgilio*. Je n'ai pas voulu détruire l'illusion du bonhomme, et je me suis incliné non pas devant cette masure du onzième siècle qu'il faisait naïvement remonter à l'an 19 avant le Christ, mais devant l'ombre du grand poète qui fit pâlir mes jeunes ans.

La ville de Brindisi ne compte guère plus de dix mille âmes ; autant dire que les rues sont désertes ; n'importe, avec ses maisons en terrasse qui sentent leur Orient, avec ses vieux créneaux et sa forteresse en ruine, elle a une physionomie originale qui ne déplaît pas : elle est laide, mais non banale, n'est-ce point assez ?

Quel dommage que le vapeur parte déjà! j'aurais bien voulu visiter aussi Otrante, pauvre victime des Turcs, et Lecce, et Tarente! Ce sera pour le retour... peut-être.

Et tandis que le *Surat*, magnifique steamer de la Peninsular Oriental Company, sur lequel nous avons pris passage, lève l'ancre et fend la lame, nos yeux s'attardent à cette côte d'Italie, si monotone et si nue en cet endroit, pourtant si bien décrite par Virgile :

.... Procul obscuros colles, humilemque videmus Italiam.

(*Æneid.*, l. III, v. 522).

Mais ces collines sans relief, ce rivage sans grandeur ni pittoresque, c'est pour nous le dernier coin de l'Europe où notre vue ne se reposera plus de longtemps, et il avait déjà disparu que nous cherchions encore a le voir.

Nous mîmes cinq jours à faire la traversée de Brindisi à Alexandrie. Certes rien n'est monotone comme ces heures qui s'écoulent lentes, uniformes, au bruit des coups de piston de la machine et du clapotis des flots contre les flancs du navire; mais sur un bâtiment aussi bien emménagé que l'est le *Surat*, le temps passe vite et en bonne compagnie; du reste, nous avions la tête si pleine de nos projets, l'Afrique nous passionnait à tel point, qu'à nous trois il semblait que nous fussions un monde, et nous ne cherchions rien en dehors de ce cadre.

C'est ainsi que nous passâmes de la mer Adriatique dans la mer Ionienne, frôlant Corfou, les monts de Céphalonie, et la côte de Zante aux blanches falaises ; au loin nous distinguons les rives du Péloponnèse, les montagnes de la Messénie et le pic Ithome qui prit son nom d'une des nourrices de Jupiter; nous rangeons ensuite la rade de Navarin, et le petit archipel qui se groupe autour de la pointe sud de la Messénie; voici encore la chaîne du Taygète se profilant sur l'horizon limpide, et la Laconie, qui nous reportent aux vieux souvenirs de Sparte, à ces temps héroïques disparus pour jamais.

Nous rentrons ensuite en pleine mer ; tout s'efface : c'est sur la Méditerranée que nous naviguons à présent ; et vers le cinquième jour depuis notre départ de Brindisi, nous apercevons d'abord un coin de l'Afrique qui bientôt s'évanouit, puis les premiers vestiges de la terre des Pharaons. La première impression n'est pas heureuse : ce sont d'étranges constructions sans cachet ni grandeur qui émergent d'une côte basse et nue ; des moulins, une forêt de mâts, et, dominant le tout, un phare massif, d'une architecture banale, sans style et sans goût, qui a commis l'impertinence de remplacer l'antique tour de Pharos, une des merveilles du monde. Cet amalgame bizarre, c'est Alexandrie.

LE « SURAT » JETANT L'ANCRE DEVANT ALEXANDRIE.

Un instant je crus pouvoir laisser errer ma rêverie aux époques lointaines de cette superbe contrée, à ces générations éteintes, à cette antique civilisation qui fait de l'Égypte le berceau de tant de merveilles... Je choisissais mal mon temps : à peine le navire s'apprête-il à jeter l'ancre qu'une nuée de bateliers, de porteurs, de drogmans, de commissionnaires, de cicerones, de garçons d'hôtel accourus en barque, se mettent en devoir d'escalader les bastingages et montent à l'assaut de nos personnes et de nos colis. Il y eut un moment de bagarre épouvantable, de tapage infernal, de baragouins et de jargons confus, de luttes homériques à la défense de ses valises, couvertures et manteaux : on eût dit d'un bâtiment pris à l'abordage, et de fait tout passager n'est-il pas une proie pour ces vautours ?

Quant à nous, n'ayant pas l'intention de séjourner à Alexandrie au delà de l'heure réglementaire du départ pour Suez, nous décourageâmes promptement ces industriels acharnés, et au lieu de descendre dans leurs barques, nous prîmes place sur un petit canot à vapeur qui nous conduisit directement à la station du chemin de fer où nous déposâmes nos bagages en lieu sûr.

Cela fait, sans perdre un instant, je pousse une pointe en ville pour visiter la colonne de Pompée ou plutôt de Dioclétien, car c'est à la gloire de ce dernier, après sa victoire sur Achillée, que l'éparque Pompée, préfet de l'Égypte, nommé Publius par quelques historiens, fit élever ce monument : c'est ce que nous apprennent les quatre vers grecs qui s'y trouvent inscrits. Par quelle étrange destinée cette colonne a-t-elle donc pris le nom de celui qui la décréta au lieu de perpétuer la mémoire de l'empereur-soldat en l'honneur de qui elle fut érigée ? C'est un mystère que je n'eus pas le temps d'approfondir.

Plus loin, je vois avec peine, je l'avoue, la seconde aiguille de Cléopâtre, couchée sur un échafaudage, prête à être embarquée pour l'Angleterre. Ce trafic des monuments glorieux d'un peuple a quelque chose de si attristant ! Pauvre Égypte ! à quand l'enlèvement de tes Pyramides ?

Tout en flânant, je croise quelques belles élégantes d'Alexandrie ; je dis belles, par divination : à vrai dire, elles se dérobent soigneusement à mes regards, ne laissant apercevoir sous leur masque que deux yeux de braise ardente où se lisent l'étonnement, la curiosité, une pointe de malice peut-être, mais certainement beaucoup de coquetterie.

Dans cette ville où résident tant d'Européens, je ne m'attendais pas à retrouver si fidèlement conservé le pittoresque costume des femmes égyptiennes ; c'est le cas pourtant. Rien de charmant comme ces atours, qu'on en juge : ils se composent d'une longue chemise de soie ou de gaze, montant jusqu'au cou et se fermant au sein, d'une culotte bouffante qui s'attache à la cheville, et d'une veste, le *yelek*, richement brodée et agrémentée d'une multitude de petits sequins d'or ; enfin, absence complète de corset, chignon, tournure et autres appareils mensongers.

FEMME ÉGYPTIENNE.

Malheureusement, nul regard indiscret n'est admis à sonder cette native élégance : avant de sortir, la grande dame égyptienne se couvre d'un long manteau sans manches qui l'enveloppe depuis le cou jusqu'aux pieds, et sur sa tête elle hisse le *bourko*, ce voile jaloux qui dérobe ses traits et ne laisse voir, pour juger une belle, que la couleur de ses yeux, l'éclat de son regard, la grâce de son maintien. Une remarque pourtant : le *bourko* est arrangé de telle sorte qu'il peut être haussé et baissé à volonté, comme le casque des anciens preux qui en relevaient parfois la visière au moment des combats.

Au cours de mes pérégrinations j'ai aussi croisé un enterrement, celui d'une grande dame, je suppose, car sur l'espèce de civière portée par douze hommes et qui renferme le corps je vois étalés un collier magnifique, des boucles d'oreilles en triangle, le voile de la morte, sa ceinture brodée d'or, et un énorme bouquet de soucis : on m'assure que les Égyptiens font grand cas du langage des fleurs. En tête du cortège défile une troupe d'enfants puis immédiatement après viennent des aveugles : tout ce monde-là geint, crie, pleure, se lamente sur les tons les plus variés, sans égard pour le maître de cérémonie qui, par une pantomime désespérée, essaye de faire régner un peu d'accord parmi cette douleur à gage. Derrière le corps et fermant la marche, viennent les *pleureuses*, vêtues de longs manteaux bleus ; et tous ces gens-là avec leurs costumes bariolés, leurs pantalons bouffants, leurs blancs turbans et leurs noirs visages, vous transportent brusquement en plein Orient : décidément la couleur locale ne s'est pas fait attendre.

PAYSAGE ÉGYPTIEN.

Je n'ai le temps de visiter ni les mosquées, ni le palais de Raz-el-Tin, ni les jardins publics ; du reste, ce que je recherche principalement, ce sont les vestiges de l'ancienne ville, de l'Alexandrie des Macédoniens, et l'on n'en rencontre guère : le terrain même sur lequel repose la cité actuelle n'est pas celui où, après la prise de Memphis, Alexandre le Grand fit élever par son architecte Dinocrate la fastueuse capitale intellectuelle et commerciale du monde alors connu : car telle fut Alexandrie, surtout sous le règne de Ptolémée Philadelphe qui l'acheva, la couvrit de somptueux monuments, y appela poètes et savants de l'époque et en fit le siège de l'empire des Lagides. Siècles géants ! où cet architecte Dinocrate osait proposer à Alexandre de tailler le mont Athos en une statue colossale qui de sa main gauche soutiendrait une grande ville et dans sa main droite porterait une coupe immense par où se déverseraient dans la mer les eaux de tous les fleuves qui coulent de cette montagne. Aujourd'hui, on peut voir, à marée basse, au pied de la lourde tour carrée qui s'élève à l'ouest du Port neuf, certains amoncellements bizarres de pierres et de blocs taillés : c'est tout ce qui reste du phare splendide des Ptolémées, une des sept merveilles du monde.

Mais il faut songer au départ : je cours rejoindre mes amis à la gare, la locomotive siffle, le train s'ébranle, et bientôt, sans respect pour les illustres mânes que nous foulons sous les roues des voitures, la vapeur nous emporte brutalement à travers le pays des Ménès, des Sésostris, des Ramsès, des Pharaons, dont les dynasties illustres firent place aux grands conquérants perses, macédoniens et grecs, les Cambyse, les Darius, les Xerxès, les Artaxerxès, les Alexandre, les Ptolémée, les Cléopâtre, qui eux-mêmes s'effacèrent devant l'envahissement des Romains, dont plus tard la chute jeta l'Égypte aux bras de l'empire de Byzance, sous le joug de Constantinople.

Ce berceau de tant de grandeurs, d'une civilisation si antique, inspire une admiration et un recueillement profonds ; j'en veux à notre locomotive de ses hurlements, de ses appels stridents, de son irrespectueuse vitesse ; pour la première fois de ma vie je m'irrite contre ce progrès et je le trouve agaçant, mesquin : ah ! si les grands rois de Memphis et de Thèbes pouvaient renaître, comme nous leur paraîtrions petits dans nos wagons capitonnés, à eux, qui pour se coucher bâtissaient les Pyramides !

C'est à Kafr-Zayad que nous franchissons le bras principal du Nil sur un superbe pont en fer d'une longueur de plus de mille mètres ; puis à Tantah nous rencontrons le raccordement du chemin de fer d'Ismaïla. Sur tout ce parcours, quelle prodigieuse fertilité, quelle richesse, quelles étonnantes productions ce sol merveilleux offre à la vue ! ce ne sont que champs de coton, de blé, de cannes à sucre, bouquets d'amandiers, de dattiers, carrés fleuris cultivés avec soin : on dirait d'un coin des grasses Flandres. Çà et là de magnifiques troupeaux essaiment ces plaines verdoyantes : les buffles, les ânes, les moutons et les bœufs paissent silencieusement, tandis qu'immobile, le cou tendu, l'œil étonné et l'air béat, le chameau, agenouillé, profile au loin sa fantastique silhouette.

On a dit de l'Égypte : *c'est le grenier de l'Europe*, et de fait, par sa fécondité et le trafic incessant de ses produits, longtemps elle justifia le titre dont on l'honorait ; si aujourd'hui elle a perdu ce monopole, du moins pour ses enfants c'est toujours la première nourrice du monde.

Et à côté d'opulentes récoltes on remarque les produits minéraux, en tête desquels figure le beau granit de Syène, une des principales formations de la vallée du Nil ; puis viennent les fameux grès du Gébel-Silsiléh qui servirent à l'érection des monuments de l'ancienne Thébaïde et dont sont formées les larges surfaces sculptées des obélisques de Louqsor, de Karnak et d'Esnéh : plus loin, au nord, commencent les formations calcaires qui se continuent jusqu'au Delta sous le nom de chaînes arabique et libyque : c'est avec cette pierre qu'ont été construites les grandes Pyramide de Chéops et celles de Gizéh. Enfin, chacun connaît le beau marbre oriental qui vient de Syout et de Kosséir que l'on a importé en Europe depuis quelque vingt ans.

On le voit, ce n'est pas à ses seuls souvenirs que l'Egypte est redevable de l'intérêt, voire de la convoitise qu'elle inspire : elle offre, en réalité, d'immenses richesses qui, bien administrées, lui rendraient certainement une partie de ses splendeurs d'autrefois.

C'est ce qu'écrivait avec beaucoup d'exactitude, en l'an 642 de l'hégire, le cheik Amrou au khalife Omar qui lui avait demandé une peinture assez exacte et assez vive de l'Égypte pour qu'il pût s'imaginer voir de ses yeux cette belle contrée. Amrou qui ne disposait ni d'un Verlat ni d'un Bastien Lepage pour rendre tant de merveilles et de fécondité, Amrou écrivit au khalife :

« O Prince des Fidèles, peins-toi un désert aride et une campagne magnifique au milieu de deux montagnes : voilà l'Égypte ! Toutes ses productions et toutes ses richesses, depuis Assouân jusqu'à Mencha, lui viennent d'un fleuve béni qui coule avec majesté à travers le pays. Le moment de la crue et de la retraite des eaux est réglé par le cours du soleil et de la lune ; il y a une époque fixe dans l'année où toutes les sources de l'univers viennent payer à ce roi des fleuves le tribut auquel la Providence les a soumises envers lui. Alors ses eaux augmentent, sortent de son lit et couvrent toute la surface de l'Egypte en y déposant un limon productif. Il n'y a plus de communication d'un village à l'autre que par le moyen de barques légères aussi nombreuses que les feuilles de palmier.

« Lorsque ensuite arrive le moment où les eaux cessent d'être nécessaires à la fertilité du sol, le fleuve docile rentre dans les bornes que le Destin lui a prescrites, pour laisser recueillir le trésor qu'il a caché dans le sein de la terre.

« Un peuple protégé du ciel et qui, comme l'abeille, ne semble destiné qu'à travailler pour les autres sans profiter lui-même du fruit de ses sueurs, ouvre légèrement les entrailles de la terre et y dépose des semences dont il attend la fécondité de Celui qui fait croître et mûrir les moissons. Le germe se développe, la tige s'élève, l'épi se forme par le secours d'une rosée qui supplée aux pluies et entretient l'humidité féconde dont le sol est pénétré; puis à la plus abondante récolte succède de nouveau la plus grande stérilité.

« C'est ainsi, ô Prince des Fidèles! que l'Égypte offre tour à tour l'image d'un désert poudreux, d'une plaine liquide et argentée, d'un marécage noir et limoneux, d'une ondoyante et verte prairie, d'un parterre orné de fleurs et d'un guéret couvert de moissons dorées. Béni soit le Créateur de tant de merveilles!

« Trois choses, ô Prince des Fidèles! contribuent essentiellement à la prospérité de l'Égypte et au bonheur de ses habitants : la première, c'est de ne point adopter légèrement les projets enfantés par l'avidité et tendant à accroître l'impôt; la seconde, d'employer le tiers des revenus à l'entretien des canaux, des ponts et des digues; la troisième, de ne lever l'impôt qu'en nature sur les fruits que la terre a produits. Salut. »

Amrou était évidemment un grand sage; prévoyait-il que les malversations, les entreprises chimériques, le gaspillage des finances, perdraient un jour ce beau pays? Il voyait clair et, sans nul doute, ce ministre intègre eût résolu brillamment la question égyptienne.

C'est ainsi qu'en devisant un peu, en pensant et en regardant beaucoup, nous atteignons Aboud-Hamad qui forme la limite de la zone cultivée : à ces champs fertiles succède maintenant ce que l'on appelle le *Désert*. Rien de monotone comme ces plaines immenses formées d'un sable ténu et pour ainsi dire impalpable, dont le vent tord et contourne la surface comme il le ferait de la nappe d'eau d'un lac. A l'horizon, nul vestige humain, rien que l'infini triste et nu; notre train s'époumonne, siffle, halète, et de ses hoquets stridents déchire ce silence de mort; il roule au milieu de ces solitudes, sa course se poursuit vibrante, implacable, comme la chevauchée d'une ballade infernale.

Enfin nous arrivons à Suez, et là, sous un misérable toit en planches qui figure la gare, nous surveillons par une pluie battante la descente de nos bagages. Cadenhead se démène comme un diable au milieu de cette troupe de travailleurs cosmopolites, à mines de bandits qui, sans égards et sans précautions, bousculent malles et caisses et vous les envoient dans les jambes. Roger, lui, est tranquille : déjà il a vu filer du wagon dans la cale la boîte qui contient ses fusils de chasse, c'est l'essentiel, et, souriant, il regarde la mêlée. Comme lui, j'assiste impassible à ce déchargement, tout en surveillant cependant chacun de nos colis, car je me rappelle ce mot d'un consul, homme d'esprit :

« Le jour où vous retrouverez en Égypte un foulard qu'on vous aura dérobé, vous aurez dénoué la question d'Orient. »

En attendant nous fîmes si bien sentinelle que tout fut soigneusement mis à bord du vapeur, après quoi nous nous embarquâmes aussi, sans perdre plus de temps à visiter la ville, qui vraiment n'en vaut pas la peine. Ces bazars indigènes de chétive apparence, ces misérables échopes où l'on débite un peu de tabac, des dattes et du miel ; ces Moresques, ces Nubiennes en guenilles traînant sur le rivage leur maladive indolence ; ces quelques cafés borgnes où chantent de fausses Valaques et des Italiennes enrouées ; toute cette population hétérogène grouillant dans des ruelles étroites, véritables étuves empuanties, ce n'était guère tentant : cette pauvre ville de Suez, si bien située cependant pour acquérir importance et prospérité n'offre que l'aspect d'un village arabe perdu au milieu des sables.

Mais l'heure du départ a sonné. Le pont est débarrassé des hôtes incommodes qui l'ont envahi : escamoteurs, danseurs, psylles, charmeurs de serpents, bayadères, batteuses de cartes : les derniers *baghchichs* sont distribués ; nous envoyons un regard d'admiration au canal, cette œuvre de Titan que rêva Sésostris et qu'accomplit de Lesseps ; le navire lève l'ancre, et nous voici voguant sur la mystérieuse et brûlante mer Rouge.

CHAPITRE VII

Spectacles en mer. — Aden. — Excursion à la ville indigène. — Les citernes. — A la belle étoile. — Le camp des Aïmées. — Une nuit agitée. — Anes et chameaux. — Noël !

'ENTRÉE de la mer Rouge nous transporte en pleins souvenirs bibliques : à l'est de la ville de Suez, une petite oasis plantée de palmiers et de tamarisques abrite les *Fontaines de Moïse ;* c'est en ce lieu que les Israélites entonnèrent leur chant de triomphe *(Exod,* XV, 1) ; plus loin, le groupe du Sinaï projette ses trois cimes hardies sur le ciel bleu lapis : le mot Horeb ou Gébel es-Safsâféh, où la Loi fut donnée au peuple juif ; le Gébel-Serbâl, au pied duquel les Israélites vinrent cam-

per au nombre de deux millions d'hommes après leur victoire sur les Amalécites ; et le Gébel-Mouça où l'on montre l'emplacement même du *buisson ardent*, le puits où Moïse abreuva les troupeaux de Jéthro, la chapelle double consacrée à Élisée et à Élie, le trou où ce dernier se réfugia *(Rois,* I, xix, v. 8, 9), le rocher que Moïse frappa de sa verge pour en faire jaillir l'eau, et l'endroit où la terre s'entr'ouvrit pour engloutir Korah, Dathan et Abiram *(Nombres,* XVI). Au pied du Safsâféh, on remarque dans le roc une excavation remplie de sable : c'est le moule qui servit à fondre le Veau d'or ; plus loin, on voit une petite éminence sur laquelle se plaça Aaron pendant que le peuple dansait, enfin, le rocher où Moïse irrité brisa les Tables de la Loi.

Ces lieux se trouvent aux mains d'une communauté composée de vingt moines du rite grec, et naguère il n'était pas aisé de pénétrer dans ce couvent qu'enserrent de hautes murailles dépourvues de portes et de fenêtres. L'unique accès consistait alors en une petite lucarne pratiquée à une hauteur de plus de dix mètres du sol : le visiteur y était hissé au moyen de cordes et de poulies. Aujourd'hui, poulies, cordes, lucarne, existent encore, mais ne servent plus qu'à recevoir la lettre d'introduction dont tout voyageur doit être nanti ; cela fait, on lui ouvre une poterne que l'on s'est enfin décidé à percer dans le mur d'enceinte.

Cependant notre navire poursuit activement sa course, et déjà s'évanouissent à l'horizon ces montagnes saintes, théâtre des grandes épopées juives. En ce moment, nous sommes comme dans une fournaise : la chaleur est insupportable, la réverbération aveuglante ; il semble qu'on vogue sur du plomb fondu. La mer a des tons bleu pourpre, et, vers ses bords, elle se ride d'une bande verdâtre qui marque la place des récifs : ce sont des bancs de coraux sur lesquels chaque année nombre de bâtiments viennent s'échouer ; on les voit, le long de la côte, ces majestueux navires, renversés, déchirés, tendant leurs mâts en l'air comme les bras d'un être en détresse, tandis qu'insensiblement leurs carcasses s'enfoncent dans le gouffre béant qui les aspire.

Essaimés au milieu des écueils, flottent de petits îlots où pâturent de grosses tortues, des dugongs et des lamantins ou sirènes dont le corps se termine par une queue horizontale élargie en forme de pelle. Au delà, s'étendent de vastes plaines plantées d'algues à demi immergées, de bouquets de palmiers et de figuiers ; puis, au loin, commence la chaîne audacieuse de ces créations volcaniques dont nulle végétation n'interrompt la monotone aridité.

Nous voici arrivés à la hauteur du désert de Libye dont nous sommes séparés par d'énormes rochers; le vent qui y souffle atteint une telle violence que le sable, soulevé par delà les monts, vient en trombes retomber sous nos yeux dans la mer.

VUE DU COUVENT DU SINAÏ.

Mais déjà le soleil décline à l'horizon, et, dans sa retraite triomphale, il a incendié l'espace; tous, nous sommes en ce moment sur le pont pour assister à cet imposant spectacle : un coucher de soleil sur la mer Rouge.

L'effet est prestigieux: ciel et eau projettent des feux éblouissants dont l'œil ne peut supporter l'éclat; c'est une débauche de lumière, une orchestration grandiose des tons les plus chauds, les plus éclatants. La mer revêt cette teinte indigo qui lui est propre et que déchire çà et là la réverbération des stries ardentes qui sillonnent la nue. A l'horizon une chevauchée de pics dénudés se profile sur un ciel en feu, et au delà, c'est le désert aux plaines brûlantes, la fournaise de sable.

Au milieu d'une pluie d'or, le globe lumineux descend rapidement derrière ce rideau de granit; en ce moment, l'embrasement devient général : on dirait d'une gigantesque féerie sur un océan de lave bleue. Alors, l'aspiration vers l'infini vous étreint, elle vous attire vers ces espaces tout vibrants de lumière; des ailes! on voudrait des ailes pour suivre le soleil au sein de ces immensités étincelantes et s'engloutir avec lui dans une apothéose de pourpre et d'or.

La nuit s'est épandue sur cette nature en feu, et bientôt un brouillard lumineux emplit l'atmosphère d'une lueur blafarde et livide. Eclairées par les pâles reflets de la lune, ces vapeurs glissent sur la mer comme une légion d'êtres mystérieux : elles se roulent, s'agitent, se poursuivent, s'élèvent, s'unissent, disparaissent, se reforment, prennent des figures humaines et s'évanouissent au gré de l'imagination; des essaims de poissons ailés font autour du navire comme un brillant collier de perles; sur nos têtes scintille la douce Croix du Sud, la brise flotte légère comme un souffle de vierge endormie, et le calme de cette nature spectrale, la fluidité de l'air, la profondeur du silence, impriment à ces nuits fantastiques un cachet inoubliable.

Le cinquième jour, nous passons en face de Moka, nous rangeons ensuite l'île Pyram, et bientôt le vapeur jette l'ancre devant Aden.

Ici, la vue s'arrête effrayée devant l'audace de cette nature sauvage. Quelle main a donc pu jongler avec ces blocs énormes pour les amonceler d'une façon aussi bizarre, aussi imprévue ? On dirait un champ de bataille de Titans. C'est un entassement confus de rocs aux formes abruptes, une avalanche de tufs volcaniques, un indescriptible chaos. En haut, c'est une envolée de roches téphrines; en bas, un vaste entonnoir de sable chauffé à blanc; pas un arbre, pas un brin d'herbe pour reposer le regard; on est aveuglé par la réverbération de cette lave incandescente, et la poitrine se dessèche; pourtant, une attraction mystérieuse vous fascine : le ciel est si pur, l'air si limpide, c'est le triomphe de la lumière.

A peine débarqués, et sans nous attarder à visiter les installations européennes qui s'étalent sur la rive, nous projetons de pousser une pointe jusqu'à la ville indigène qu'on nous dit être située à trois heures de marche dans l'intérieur; à cet effet, nous louons des montures et nous recrutons un guide. Au moment de nous mettre en route, nous ne retrouvons plus Cadenhead : parmi les résidents d'Aden, il a rencontré d'anciennes connaissances du golfe Persique et il nous fait dire qu'il renonce à l'excursion.

Roger et moi nous décidons de l'entreprendre seuls, et nous donnons le signal du départ; mais, en nous voyant simplement munis de notre canne pour toute arme défensive, le guide refuse absolument de nous accompagner.

« C'est en ce moment, au mois de décembre, nous dit-il, que les pèlerins reviennent de La Mecque; Aden en est encombré, maintes rixes surgissent; il est indispensable de se tenir sur ses gardes et d'être visiblement armé; du reste, en toutes circonstances, cela en impose beaucoup aux Arabes. »

Bref, pour le satisfaire, nous prenons chacun notre fusil de chasse, et nous voilà partis au trot de nos courageux petits mulets.

Nous gravissons d'abord le Djebel-Hussan, en suivant le dédale rocheux dont les Anglais ont fait une forteresse naturelle : escarpes, contrescarpes, chevaux de frise, bastions, créneaux, poternes, chemins de ronde, ponts et meurtrières, rien n'y manque : dans ses soubresauts gigantesques, la nature a enfanté cette citadelle; l'homme n'a eu d'autre peine que d'y poster des canons; ils sont là, gueule béante, braqués non point sur les sables de l'intérieur, contre les hordes barbares, mais bien sur le golfe d'Aden, contre les puissances européennes.

Rien ne peut rendre la sauvage majesté de ces fortifications taillées dans le roc! La position est du reste imprenable : retranchés derrière ces escarpements infranchissables, quelques hommes suffisent pour tenir en respect les plus imposantes forces navales.

Il faut l'avouer, l'Angleterre excelle dans ce rôle de Cerbère; elle est spécialiste dans l'art de tenir les clefs, témoin Gibraltar, Malte, le Cap et Chypre. Aden vaut mieux; avec Périm, c'est une véritable loge de granit d'où Albion surveille les routes de l'Inde et de l'Afrique : elle tire le cordon à qui lui plaît.

Chemin faisant, Roger ne se déride guère. Au départ, il avait interrogé l'espace, et, secouant la tête :

« Triste pays! » avait-il fait.

Puis, arrivé de l'autre côté de la montagne, apercevant cette nappe de sable doré qui s'étend au loin sans un coin de verdure :

« Il n'y a pas un ramier là dedans ! » continua-t-il avec une moue expressive.

Je compris. Nous avions à l'épaule nos fusils de chasse, comme on aurait en poche un Guide Conti pour aller de Bruxelles à Laeken ; mais à part lui mon brave camarade avait nourri l'espoir secret d'en faire usage ; maintenant, devant ces immensités arides, il y renonçait : quel autre animal que l'hyène et le chacal voudrait s'aventurer en pays aussi désolé ?

Par delà les rochers, au milieu de cette vaste plaine, nous apercevons bientôt un amoncellement de toits plats, blanchis à la chaux, tout un monde de terrasses uniformes, serrées les unes contre les autres : on dirait d'un cimetière au milieu d'un océan de sable.

C'est la ville indigène d'Aden.

Un étroit sentier nous y mène, et, débouchant sur une petite place, nous tombons au sein d'une véritable fourmilière où grouillent dans un chaos bruyant tous les spécimens des races les plus diverses. Ici, l'Arabe silencieux et fier, plongeant dans le vague ses grands yeux noirs qu'entoure un cercle d'antimoine ; plus loin, le Somali aux traits réguliers, aux cheveux peints en rouge ; là, le Banian juif, honteux, timide, offrant en vente des plumes d'autruche, et recevant des coups de pied des indigènes et des Arabes qui le méprisent ; ailleurs, le nègre pur sang et le musulman de Zanzibar, retour de La Mecque ; puis, d'orgueilleux Abyssiniens, des noirs d'origine gallas, des nomades du désert, des barbares de la Libye, des Égyptiens à peau rouge, des Parsis qui adorent le feu, et des Hindis au teint pâle et maladif.

Tout ce monde va, vient, s'agite, s'interpelle au milieu d'un affreux dédale de rues malpropres et resserrées ; c'est un méli-mélo incroyable, une tour de Babel : les idiomes les plus sauvages y alternent avec les accents gutturaux arabes, et les cris rauques se renforcent de mimiques expressives.

Il y a fête. La présence des pèlerins de La Mecque donne à la ville un aspect des plus animés. Les bazars surtout font de riches affaires. Sous un auvent qui se détraque, l'Indien a exposé en vente les objets les plus tentants : des bracelets, des colliers, des sandales, des grains de verre, des mouchoirs aux couleurs voyantes ; puis, appendus au dehors, une foule d'ustensiles se balancent en grinçant horriblement : ce sont des marmites, des brocs, des cafetières, des bidons de toutes formes qui vous bousculent et harponnent votre chapeau, car, en se rejoignant, les devantures des boutiques transforment ces ruelles en une série de passages couverts.

Nous ne jetons qu'un rapide regard sur la ville que nous devrons, du reste, traverser à nouveau tout à l'heure, et nous poursuivons notre route vers les fameuses citernes qu'on nous vante comme une des merveilles du monde.

Sous ces climats brûlants où le ciel est toujours clair et le soleil toujours

CITERNES D'ADEN.

ardent, où tout est calciné, où il ne pousse pas un brin d'herbe, où pas un arbre ne peut vivre, où l'on ne rencontre enfin ni fleuves, ni sources, ni rivières, les malheureux indigènes n'ont, pour se désaltérer, que la seule eau qui tombe des nuées. Or, il se passe parfois trois ou quatre années sans que le moindre nuage crève au dessus de cette contrée aride; on comprend donc que, de tout temps, la principale préoccupation des habitants ait été de lutter contre le fléau de la soif; mais il s'en faut que ce soit là le seul mobile qui ait enfanté au sein de ces tribus nomades l'érection de ces gigantesques réservoirs. Non, par la hardiesse de leur conception et la grandeur de leur exécution ils rappellent plutôt les ouvrages des anciens Égyptiens; ils indiquent, de la part de ceux qui les ont entrepris, une puissance et des richesses que l'on ne peut attribuer qu'aux chefs de ces grands empires disparus.

La nécessité de ces constructions semble résider surtout dans l'importance qu'avait acquise la mer Rouge à ces époques lointaines. En effet, les vestiges des travaux effectués sous les règnes des Nékao, des Ptolémées et des Trajan prouvent que l'isthme de Suez a été percé en ce temps-là, et la mer Rouge eut, sans doute, une puissance considérable qu'elle conserva jusqu'à la fin de la période romaine (en l'an 395 de notre ère): les flottes de Salomon et de Tyr la sillonnaient pour aller chercher l'or d'Ophir, autrement dit Ceylan; il est à présumer qu'Aden servit alors d'entrepôt d'eau douce aux galères phéniciennes, aux trirèmes romaines, comme aujourd'hui de magasin de charbon aux bateaux à vapeur.

Ces réservoirs, au nombre de quinze, sont étagées et communiquent entre eux; quand les ondées ne sont pas très fortes, seuls, ceux d'en haut se remplissent; mais à mesure que les pluies abondent, l'eau descend dans les autres ; aux années fortunées tous débordent, et cet événement provoque l'allégresse générale.

Les citernes supérieures qui serrent la gorge de la montagne, sont creusées dans le roc volcanique; celles d'en bas sont faites en adobes et en moellons; toutes se trouvent enduites d'un ciment merveilleux qui a défié l'usure des siècles. Leur contenance totale est de trente millions de gallons c'est suffisant pour alimenter d'eau douce Aden et les environs pendant plus de trois années.

Cependant le jour baisse rapidement; le soleil darde ses derniers feux sur les toits blancs d'Aden; la plaine de sable a des reflets rouge sang, elle miroite un instant, puis tout s'éteint. D'en haut tombe avec l'ombre un silence profond, d'en bas montent le murmure confus de la ville et les cris rauques des hyènes qui rôdent aux alentours.

« Il est temps de retourner, dis-je au guide.

— Ce n'est plus possible.

— Que dis-tu?

— Dans dix minutes il fera nuit, maître.

— Eh bien?

— Les portes de la citadelle, distante de plus de deux heures d'ici, se ferment au coucher du soleil.

— Je les ferai ouvrir.

— N'y comptez pas, la consigne est inflexible : quand les verrous sont poussés, ils ne se tirent pour personne. Le cas s'est déjà présenté : s'étant attardés ici, des Anglais même furent mis dans l'impossibilité de rejoindre leur poste.

— Qu'en dites-vous, Roger ?

— Que c'est absurde et très désagréable, d'autant que nous ne sommes pas équipés pour coucher à la belle étoile.

— Si vous voulez m'en croire, mon cher, nous prendrons cela philosophiquement ; retournons à la ville, le guide nous assure qu'il y a encore une foule de chose curieuses à voir ; quelques heures seront vite passées, et, au jour naissant, nous reprendrons le chemin de la mer. »

Ma proposition avait cela de sensé, qu'elle était la seule solution possible. Roger fut de mon avis, et nous redescendîmes la montagne.

Depuis que les ombres l'enveloppaient, la ville avait revêtu un aspect tout nouveau : aux occupations du jour, à la fièvre du trafic, aux allées et venues des affaires, succédait à présent le bruit des fêtes et des danses ; de chaque demeure entre-bâillée s'échappaient des chants, des complaintes, des cris aigus, des coups de tam-tam, des accords de tébouni.

« Les pèlerins de La Mecque se réjouissent, » me dit tout bas le guide.

C'était vrai. Ces rigides musulmans qui ne voudraient toucher à aucune boisson fermentée, s'enivrent de la façon la plus brutale en buvant l'*arack* ou *raki* qui est le jus de cocotier · toute la ville d'Aden était dans un état complet d'ébriété.

Cette circonstance semblait inquiéter notre homme.

« Oui, continua-t-il, c'est jour de liesse ; mais les musulmans ivres sont hostiles aux étrangers : ils ont assassiné le consul français, M. Lambert. »

Je le rassurai de mon mieux en lui apprenant que M. Lambert avait été poignardé dans une embarcation, au sud de la ville d'Aden, et non point ici ; j'ajoutai que nous ne devions, du reste, avoir en ce moment d'autre souci que de trouver un peu de nourriture et de découvrir un gîte, car nous tombions de fatigue et de faim.

La Providence nous apparut alors sous la forme d'un Indien, propriétaire d'un caravansérail situé sur la petite place, à l'entrée de la ville ; il nous conduisit en sa demeure, et, pour quelques roupies, nous eûmes de lui des fruits secs, de la bière anglaise et un peu de couscoussou, sorte de pâte que l'on prépare en Arabie pour les jours de fête seulement, et qui diffère essentiellement de son homonyme sénégalais.

Le couscoussou que nous mangeâmes à Aden est obtenu à l'aide de froment soigneusement pilé dans des troncs d'arbre creux; à cette farine on ajoute un peu de lait de chamelle, dont la proportion est pour beaucoup dans la réussite du mets; puis on bat, on fouette même la pâte cinq ou six heures durant, après quoi on la découpe en boulettes qu'on laisse sécher jusqu'au lendemain. Avant de les manger, on les plonge dans l'eau bouillante où elles cuisent pendant une heure; on les en retire pour les mettre quelques instants sur des charbons ardents après les avoir bien assaisonnées, et, pour cette dernière opération, on se sert d'un plat en terre. Elles forment alors une nourriture réellement agréable que j'ai rencontrée chez les seuls Arabes d'Aden et de Taborah.

Cependant notre auberge s'est peu à peu remplie d'indigènes qui curieusement nous observent manger; c'est un amas confus de faces noires, jaunes, rouges et bistrées, s'agitant dans la pénombre, et dont les dents blanches et les fauves prunelles miroitent aux lueurs blafardes d'une grosse lampe en terre garnie de graisse de mouton et appendue au plafond.

Soudain, un des spectateurs se détache du groupe, s'avance vers moi, et, se prosternant :

« L'homme blanc veut-il se rendre au camp des Almées ? » demanda-t-il en arabe.

A Aden, on nous avait signalé ce camp comme une curiosité; et, enchantés de perdre ainsi quelques heures, nous nous empressons d'accepter l'offre qui nous est faite.

Nous sortons. Sur nos talons tout un cortège se forme : hommes, femmes, enfants nous accompagnent en chantant, dansant, criant à tue-tête; nous nous serions fort bien passés de ces ovations; mais en vain essayons-nous d'y mettre un terme en jetant à la foule quelques roupies: notre générosité ne fait qu'accroître le nombre de nos bourreaux; on dirait d'une farandole qui nous enlace et nous porte jusqu'au camp des Almées, au son du *caoudah* arabe, sorte de tambour fait d'une calebasse recouverte de peau de chameau.

Enfin nous arrivons ; en bons princes nous gratifions de quelques petites pièces de monnaie les indigènes des deux sexes qui nous ont fait la conduite et qui, pour nous remercier, se livrent à une sarabande frénétique accompagnée des plus sauvages clameurs.

Et nous pénétrons alors dans ce qu'on appelle le camp des Almées.

DANSE DES ALMÉES.

C'est un assemblage de plusieurs maisons blanchies à la chaux, assez étroites et ne différant guère des autres que par les petites fenêtres dont est percé le mur extérieur, alors que les habitations indigènes en sont totalement dépourvues.

La pièce où nous sommes introduits forme un long parallélogramme qui prend toute la longueur de la bâtisse; sur le sol sont jetées des nattes, et dans le fond des sièges fort bas nous attendent. L'éclairage pèche un peu; mais ces lampes en terre cuite, où brûle un bout de mèche fiché dans de la graisse de mouton, projettent une lueur indécise qui n'est pas sans charme; les baies d'ombre n'en ont que plus de mystère, et cette lumière a des caresses fauves qui s'harmonisent bien avec le sauvage spectacle que nous avons sous les yeux.

Car voici les Almées qui entrent, et notre surprise est extrême; au lieu d'affreuses négresses, nous avons devant nous de superbes femmes noires, telles que le ciseau des Phidias les eût rêvées. Hormis la couleur, elles n'ont absolument rien de commun avec la race nègre aux grosses lèvres, au nez épaté, aux cheveux courts et crépus; au contraire, leur profil est fin, correct, elles ont la bouche petite, des lèvres de corail, les yeux fendus en amande et ombragés de longs cils recourbés; leur chevelure est soyeuse et tombe jusqu'au delà des hanches; de tout leur corps enfin s'échappe une grâce exquise qu'envieraient nos plus charmantes Européennes.

Cependant de nouveaux acteurs entrent en scène, ce sont les musiciens qui s'accroupissent dans un coin de la salle; les uns tiennent des tam-tams, d'autres, des sennoulis creusés dans une calebasse; ceux-ci des ténoubis, ceux-là de primitives guitares à trois cordes de métal; j'y vois encore le zoumara qui est le chalumeau du Fayoum, et le darabouka, sorte de tambour en terre cuite.

Dans de petits réchauds allumés on a jeté des pastilles du sérail, dont le léger nuage odorant complète le charme de la couleur locale.

L'orchestre est encore muet, mais déjà les noires ballerines, pieds nus dans leurs babouches et les épaules couvertes de flots de soie jaune, verte et pourpre, préludent à leurs exploits chorégraphiques en dardant sur nous des yeux fauves chargés d'éclairs.

Une mélopée bizarre, fugitive, a traversé l'espace; elle traîne négligemment son rythme plaintif que scande par intervalles une échappée de notes rapides et claires: on dirait d'un collier de perles qui s'égrène.

Les Almées se balancent languissamment; ce n'est encore qu'une ondulation des hanches et des reins, un mouvement félin plein de souplesse, dans lequel les danseuses se déplacent à peine et semblent même presque attachées au sol.

Bientôt la mesure s'accentue, se presse, s'agite, se précipite; la danse se dessine : ce sont d'abord des pas imperceptibles et pressés, des inflexions de corps, des déhanchements audacieux; puis la trépidation devient incessante, les gestes, les contorsions prennent un caractère fébrile, le tournoiement commence. De temps à autre un cri sauvage s'échappe de la poitrine des Almées : c'est le signal d'accélérer; le vertige les prend, elles bondissent, volent haletantes, enfiévrées... le battement redouble, oh! alors, ce n'est plus de la danse, c'est le paroxysme d'une épilepsie rythmée, c'est une course folle, un délire, une ronde furieuse qu'éperonnent par intervalles des sons rauques comme un râle, jusqu'à ce qu'épuisées elles tombent là, affaissées, mourantes, les dents serrées, battant du pied et criant encore.

C'est le *vibrabunt sine fine prurientes lascivos docili tremore lumbos* des filles de Gadès. *(Épigram.,* liv. V, 78, Martial).

Roger et moi nous nous regardons; tous deux nous sommes pâles et muets :

« Allons-nous-en. »

Et, après avoir fait quelques largesses à tout ce monde qui se prosterne de gratitude, nous courons aspirer l'air du dehors: j'ai des frissons, la gorge desséchée, les tempes en feu ; mes nerfs continuent à battre la mesure de la danse troublante des Almées.

Nous réveillons le guide qui ronfle à la porte entre nos deux montures endormies; et, bien qu'il ne fasse point encore jour, nous partons au petit pas. La nuit est claire, transparente; elle répand ses lueurs mystérieuses sur le désert qu'elle étreint de son grand silence; on sent bouillonner la vie dans cette nature ensommeillée.

Plus loin, nous retrouvons les montagnes, dont nous suivons les capricieux défilés; enfin, aux premiers feux du matin, nous découvrons l'immensité de la mer dont les flots pourpres étincellent, et nous rentrons à Aden, exténués.

Nous consacrons les jours suivants à faire quelques visites officielles aux autorités d'Aden-port, et à compléter certains détails d'équipement que bien à tort nous pensions ne point rencontrer à Zanzibar.

Nous nous occupons aussi de l'achat de petits ânes arabes que nous comptons emmener avec nous pour les utiliser plus loin. Ce sont de braves animaux, doux, patients, courageux, qui méritent leur bonne et antique réputation; ils n'ont pas, à l'instar des ânes de l'Europe, l'air abattu, triste, humilié, ni tant de brusqueries d'allures; au contraire, ceux-ci relèvent bien la tête et leur trot fin et menu est des plus agréables. Du reste, sobres et résignés, ils supportent toutes les privations en hôtes habitués du désert. Puissent-ils résister aussi aux marais qui nous attendent là-bas!

Les ânes servent de monture habituelle en Arabie, tandis que les chameaux et les dromadaires sont surtout employés au transport des marchandises. Nous vîmes parfois ceux-ci traverser Aden en files nombreuses, portant sur le dos des moellons, des pierres, de longues planches qui

FANTASIA A DOS DE CHAMEAU.

s'abaissent et s'élèvent selon le mouvement ondulatoire de l'animal, et rien de curieux comme les scènes de désordre qu'ils provoquent à chaque tournant de ces étroites ruelles où souvent ils harponnent de leur charge toute la devanture d'un bazar.

Rien de moins aisé non plus que d'enfourcher pareille monture : debout avec sa selle, le chameau n'a pas moins de dix pieds de haut; à un sifflement particulier du chamelier, il plie les genoux et se couche le ventre contre terre; dans cette position, il est encore aussi élevé qu'un cheval ordinaire. C'est l'instant de l'enjamber; mais en bête bien dressée, dès qu'il vous sent sur son dos, il se relève des pieds de derrière, mouvement qu'il faut prévoir en se penchant fortement en avant et en se tenant solidement au pommeau de la selle; presque aussitôt il se dresse sur les pieds de devant et il faut alors s'incliner rapidement en arrière ; si l'on néglige cette précaution, on s'expose à être brusquement lancé d'une bosse à l'autre sans que l'animal ait pourtant mis la moindre malice a vous faire exécuter cette voltige. Pour redescendre à terre, on use des mêmes précautions, mais les mouvements se font en sens inverse.

Les chameaux vont généralement au pas et au trot; rarement ils galopent, et, à cette allure, ils désarçonnent infailliblement leur cavalier au bout de très peu de temps. Je ne parle pas des indigènes, des Somalis surtout qui ont la palme pour monter à dos de chameau : je les ai vus lancer leur monture au galop, l'arrêter court, repartir à fond de train, exécuter des mouvements vertigineux, à cru, sans toucher l'animal de leurs mains : on eût dit des Centaures.

Le chamelier aussi est un gymnasiarque, un écuyer accompli : il marche à pied, à côté de sa bête qu'il a chargée lui-même; mais il arrive parfois qu'en chemin l'une ou l'autre chose venant à se déranger, il soit forcé d'escalader l'animal; il s'en acquitte avec une dextérité prodigieuse : sautant sur son genou de devant, se pendant à son cou, s'accrochant aux cordes du bât, il arrive au sommet de la bosse sans même arrêter la marche du chameau.

L'avant-veille de notre départ d'Aden, le calendrier nous rappelle que l'on est au 25 décembre : Noël! oui, Noël pour vous tous, en Europe, mais ici, ce n'est, hélas! qu'un soir ordinaire. Car, pour fêter Noël, il faut la neige au dehors, et au dedans le foyer pétillant où l'on aime; il faut les grandes cheminées et les petits souliers d'enfants ; à Aden, on ne fait jamais de feu et les noirs bébés courent pieds nus : où donc Noël leur mettrait-il ses étrennes?

Enfin, le surlendemain, 27 décembre, le steamer *Abyssinia* de la British Indian Company arriva à Aden; nous y prîmes passage, et, quelques heures plus tard, on levait l'ancre en direction de Zanzibar.

CHAPITRE VIII

Les pèlerins de La Mecque. — La tempête de sable. — Le premier jour de l'an de grâce 1880. — Zanzibar. — Indiens et Indiennes. — Le sultan Saïd-Bargash. — Histoire d'un navire à vapeur. — Le grand amiral Mahomed-ben-Assim.

E navire offrait un singulier coup d'œil : une nuée de pèlerins, retour de La Mecque, l'avait envahi à Aden, et pêle-mêle s'était installée un peu partout, aux cabines des premières, à l'avant, à l'entrepont, chacun suivant en cela le conseil de sa bourse. Cette promiscuité, on s'en doute aisément, n'est pas des plus attrayantes, car à bon droit le musulman en cours de ses pieux voyages passe pour être assez oublieux de tout soin corporel. Je n'ignore point que, pour être admis à contempler le Kaaba, tout

croyant doit au préalable se faire raser la tête, couper les ongles, laver et parfumer le corps, et se vêtir du blanc *irham;* mais en dehors de cette heure solennelle il néglige absolument ses devoirs de propreté, bien plus, de par l'esprit du Coran, il doit regarder la maladie ou la mort comme une volonté d'en Haut et ne rien faire pour s'en préserver; aussi de tout temps les plus cruelles épidémies ont-elles signalé le passage de ces grandes masses d'hommes épuisés par les privations et les fatigues d'un voyage à travers les déserts brûlants.

Sur l'*Abyssinia*, il y en a de toutes castes et de toutes classes : les pauvres, les humbles, les timides, chaussés de sandales de cuir, sont enroulés dans des burnous sales, ou couverts de longues chemises déchirées; d'autres, les juifs arabes, ne portent ni armes ni turban, mais sont entièrement vêtus de toile bleue, laissent pousser toute la barbe, et de chaque côté des oreilles, font pendre deux boucles de cheveux. Le costume des riches est plus compliqué : il se compose d'un manteau de dessus, le *béniche,* et d'un vêtement de dessous, le *djubbé,* tous deux en drap ou en *moktur khana,* riche étoffe des Indes; de plus, ils sont parés d'une robe de soie aux couleurs éclatantes, serrée par une ceinture de mince cachemire; aux pieds ils ont des pantoufles jaunes, et, sous le turban en mousseline blanche, les hauts dignitaires s'affublent encore d'un bonnet rouge à la barbaresque.

La classe inférieure se contente de l'antéri ordinaire du Levant, mais plus court et sans manches, qu'ils appellent le *béden,* et par-dessus lequel ils passent le djubbé; deçà et delà quelques marchands sont reconnaissables à leur robe courte recouverte d'un béniche rose; ils ont la taille ceinte d'une riche écharpe de soie ornée de fils d'argent, portent le turban brodé d'or et au côté le *d'jombaié* ou coutelas recourbé dont le fourreau est enrichi de pierreries, tandis que les riches, les dignitaires, les *olémas,* qui ne sortent qu'accompagnés de leurs gens, se contentent pour toute arme d'une canne que jamais ils ne quittent.

D'aucuns ont conservé l'*irham* qui est la toilette de cerémonie dont tout pèlerin doit être revêtu pour visiter les lieux saints; elle consiste en deux pièces de coton blanc rayé de rouge, mesurant environ deux mètres de long sur un de large, bordées de franges écarlates : l'une est jetée sur le dos et laisse l'épaule et le bras droit nus, l'autre, nouée aux reins, couvre le corps de la ceinture aux genoux.

Les femmes, qui figurent en grand nombre dans cette phalange dévote, portent des costumes brillants et très pittoresques : robes en soie des Indes, larges pantalons d'un beau bleu rayé de blanc descendant jusqu'à la cheville et terminés par une broderie d'argent; par-dessus, une sorte de manteau très ample, le *habra* en étoffe de surate noire, ou le *mélaié* qui est plus long, à bandes bleues et blanches et qui sert aussi à voiler le visage, à l'instar du *bourko;* elles sont coiffées d'un bonnet qui rappelle celui des hommes, autour duquel est roulée en plis serrés une écharpe de mousseline ; enfin, elles s'agrémentent de colliers et de bracelets en or, et à la cheville portent des anneaux d'argent. Les plus pauvres ont la chemise bleue des Égyptiennes, et leurs ornements sont en corne, en verroterie et en succin.

Fidèles observateurs de la loi du Coran qui leur prescrit d'accomplir ce pèlerinage une fois au moins en leur vie, ces musulmans natifs de la côte des Somalis, du Zanguebar et surtout des Indes où ils s'en retournent, ont été d'abord à Médine visiter la tombe vide de Mahomet, puis à La Mecque *Om-El-Kora*, la *mère des villes*, qui donna le jour à l'illustre prophète, où ils ont fait les sept circonvolutions autour du Kaaba, petit temple sacré dont la tradition attribue la fondation à Abraham, baisé la Pierre Noire, lapidé le Grand Diable à Mouna et gravi la Colline Sacrée où Adam et Ève se retrouvèrent après qu'ils eurent été précipités sur la terre en punition de leur désobéissance.

Ce voyage est loin d'être aisé : La Mecque est située en pleine Arabie déserte, à 46 kilomètres de la mer Rouge, au sein d'un cirque immense, sablonneux et stérile, enclavé dans d'abruptes montagnes où les brigands wahabis attendent les pieuses caravanes pour les attaquer et les piller. Mais le musulman ne recule pas devant ces périls et ces difficultés ; il les affronte, au contraire, en fataliste, avec enthousiasme, et sur son mâle visage on peut lire le contentement et le calme que donne l'accomplissement d'un grand acte. J'avoue même qu'il me semblerait injuste d'employer à son endroit le mot de fanatisme, car sa dévotion est, en somme, très respectable, et lorsqu'on le voit ainsi, sincère et convaincu, prosterné devant Dieu, en face de l'immensité et sous le ciel brûlant de l'Arabie, on ne peut s'empêcher de le trouver grand dans cette affirmation virile de sa foi.

Chez lui le sentiment religieux est poussé à un tel degré, qu'il envisage comme une récompense et un suprême bonheur de mourir au cours de son pèlerinage. J'avais pris intérêt à une pauvre vieille femme, déjà malade lors de son embarquement et que je voyais dépérir chaque jour depuis notre départ d'Aden : pas un muscle de son visage, nulle plainte ni soupir qui trahît en elle la moindre inquiétude. Elle expira doucement à bord, le quatrième jour, heureuse, souriante et se disant bénie. Lorsqu'on jeta son corps à la mer, les autres pèlerins le suivirent longtemps d'un regard d'envie ; au préalable, ils s'étaient partagé comme des reliques les vêtements de la morte : à leurs yeux, elle était devenue la préférée d'Allah.

Cependant l'*Abyssinia* poursuit activement sa route, et bientôt nous doublons le cap de l'Éléphant qui doit son nom à sa fantastique silhouette, puis le cap Guardafui, la terreur des marins : c'est en effet un passage des plus dangereux, où nombre de navires échouent à chaque instant par suite de l'absence de tout phare ou signal maritime quelconque. Cette côte est habitée par les Somalis qui s'opposent à toute installation de ce genre, et, comme jadis sur les falaises de la Bretagne les malfaiteurs promenaient la nuit des fanaux pour attirer les navires sur les récifs, les noirs écumeurs de mer trouvent au cap Guardafui les moyens d'exercer cette même criminelle et lucrative industrie : aussi ces rives sont-elles à tout moment le théâtre de naufrages poignants, d'horribles luttes et de honteux pillages.

Impuissantes à réprimer pareils excès, les autorités d'Aden ont fini par composer avec les indigènes : on leur a reconnu le droit d'épaves et, de plus, une récompense leur est officiellement promise, en dehors de toute rançon personnelle, pour chaque naufragé européen qu'ils ramènent sain et sauf à la ville. De cette façon l'on est parvenu à éviter les massacres, mais les sinistre maritimes se succèdent plus nombreux que jamais sur ces rivages mal famés.

Nous stoppons quelques heures en vue des côtes de l'Abyssinie pour débarquer une partie des pèlerins, et, le navire ayant continué sa marche, nous passons en mer la soirée du 31 décembre.

A minuit, le navire s'illumine comme par enchantement, des torches et des feux de Bengale courent dans la voilure ; le canon tonne, le sifflet de la machine pousse ses appels déchirants : on dirait d'un branle-bas de combat, n'était un chœur de matelots qui doucement entonne le *God save the queen* ; de la rive, les naturels réveillés par ce vacarme, doivent croire à quelque météore furieux qui passe grondant dans les ténèbres. Le capitaine nous offre le champagne d'amitié, et chacun de nous envoie une dernière pensée à la patrie, à la famille, aux amis !

1879 a vécu, salut et espérance à 1880 !

Le jour du nouvel an fut pour nous marqué d'un événement intime que je ne puis passer sous silence : dans la précipitation de notre départ d'Europe, nous n'avions pas pris le temps d'emporter des drapeaux ; instruites de cette particularité, les dames qui se trouvaient à bord eurent la délicate pensée de nous les confectionner elles-mêmes, et ce ne fut pas sans une vive émotion, que le 1er janvier nous reçûmes de leurs mains gracieuses un pavillon aux trois couleurs pour Cadenhead, un étendard bleu à étoile d'or pour Roger et moi, nobles bannières qui allaient abriter nos destinées si diverses ; seule, la nôtre est revenue, et je la contemple aujourd'hui avec

CARAVANE DE PÉLERINS ATTAQUÉE PAR LES WAHABIS.

orgueil, car elle a flotté fièrement en tête de notre caravane, et chacune de ses déchirures me rappelle quelque grand souvenir.

Mais nous voici au 2 janvier. Après une journée splendide je m'étonne, vers le soir, de voir les vieux marins interroger l'horizon d'un regard inquiet ; des commandements brefs se font entendre, les voiles sont prestement amenées et le pont déblayé de tout encombrement : on dirait d'une tempête qu'on redoute. Rien à l'horizon cependant : le ciel est bleu et limpide comme la mer où il se reflète.

Soudain, un coup de vent brusque nous prend à tribord ; en même temps le jour s'obscurcit, une immense traînée jaunâtre se détache de la terre africaine et semble marcher vers nous.

Un sombre murmure vole de bouche en bouche :

« C'est la tempête de sable ! »

Bientôt l'orage se déclare ; la mer furieuse roule de grosses vagues frangées d'écume, le navire est soulevé par la lame à des hauteurs vertigineuses d'où il retombe comme en un trou béant ; nous éprouvons des chocs énormes : des paquets d'eau se heurtent brutalement aux flancs du bâtiment et rejaillissent en cascades, balayant le pont, inondant les cabines.

Les passagers se regardent, muets ; quelques femmes faiblissent, les musulmans prient, les matelots courent, s'appellent, manœuvrent à la rampée, tandis que lié à la passerelle, debout, le capitaine, de sa voix de tonnerre dominant les hurlements de la tourmente, lance ses ordres qui vont comme des boulets à travers le vacarme de la mêlée.

Cependant la trombe de sable nous atteint : elle enveloppe le vaisseau, le saisit, le tord, le secoue avec frénésie ; il résiste, tient tête, se cabre, rue et fait des bonds prodigieux. Le ciel est obscurci : il pleut du sable, on le respire, on l'avale, on en est aveuglé ; il s'infiltre partout, déchire la poitrine, étouffe et rend fou. La mer se gonfle, houleuse, le vent redouble de violence, dans la mâture on entend des craquements sinistres ; la trombe rugit, fait un suprême effort pour entraîner le navire, mais, tantôt prêtant le flanc ou bien fendant la lame, il fuit, et, comme une cavale agile, souple, indomptée, glisse hors de l'étreinte mortelle qui le veut saisir.

La tourmente est passée, quelques vagues impuissantes nous talonnent encore, mais tout danger a disparu, nous sommes sauvés ; n'importe, l'émotion a été vive, et nombre de passagers se remettent difficilement des soubresauts douloureux qu'ils viennent d'éprouver.

C'est, du reste, notre dernier écueil. Le lendemain, nous entrons dans l'océan Indien, dont rien ne peut rendre le calme majestueux et le magique éclat. Sur la plaine liquide se mire la voûte d'azur, et c'est à peine si l'on distingue la ligne d'horizon; ciel et eau se confondent dans une même teinte décolorée, et le navire semble glisser sur une moire métallique. Autour de nous, la mer a des aspects de soie chiffonnée qu'effleure la molle ondulation d'une brise délicieuse. C'est ainsi que nous passons l'Équateur, doucement bercés sur cet Océan lumineux, rêvassant tout le jour dans une inaction charmante.

« Terre ! terre ! » — crie la vigie le 4 janvier, à l'aube; et, dans la direction indiquée, je ne vois rien d'abord qu'une barre de nuages, un réseau effiloché tendu dans un coin du ciel bleu; puis, à travers les déchirures de cette brume matinale, je distingue à présent des ombres qui bientôt se détachent visibles; ce sont des traînées d'arbres étranges, des écroulements de roches verdies, masses confuses qui peu à peu dévoilent à nos yeux les splendeurs d'une ville orientale avec ses toits plats, ses dômes, ses minarets, ses tours dentelées, ses maisons carrées; c'est l'île et la ville de Zanzibar qui émergent du sein des flots.

Ce n'est plus l'Orient, ce n'est pas encore l'Inde; c'est la porte du noir continent, mystérieuse et sauvage comme lui.

En face du débarcadère, le palais du sultan superpose sur de larges assises ses deux étages en terrasse; avec ses portes grillées, gardées par des soldats persans, son escalier d'honneur, ses murailles massives et ses piliers trapus, il semble, dans son opulence farouche, aussi impénétrable que la Hautesse noire qu'il abrite; à droite, se dresse une lourde tour, l'horloge; à gauche, on voit d'immenses bâtiments aux murs élevés, aux étroites fenêtres, c'est le sérail; en face, rien: un grand espace désert qu'un soleil ardent transforme en fournaise, et pour horizon on a l'immensité de la mer.

Aux abords du palais, peu d'agitation: on n'entend guère que le claquement des sandales avec le bruit sourd des pieds nus; l'Arabe parle peu, du reste, et à Zanzibar le nègre jaseur est mal à l'aise; des hommes affairés passent, des esclaves enchaînés vont, muets, au travail, et deçà et delà, sous un portique, la face en l'air, un eunuque béat sourit et prie.

C'est dans la cité marchande qu'il faut aller chercher le mouvement et la vie; aussi, mettant à profit mes premiers instants de répit, je m'en allai flâner dans ces carrefours étroits, sombres, sordides, bien dignes d'une ville orientale.

Les Indiens ont accaparé tout le petit commerce de Zanzibar; l'Arabe s'en tient au trafic par caravanes, l'Européen, aux affaires d'outre-mer, mais le Banian, le Hindi, le Parsi, sont les boutiquiers du lieu. Les deux premiers se font la concurrence; ils tiennent des magasins de détail ou exercent un métier, à l'exception des débits de boissons qui sont entre les mains des Goannais ou Portugais noirs. Le Parsi, au contraire, se borne exclusivement au commerce des métaux précieux: c'est le juif indien, rapace, vénal, âpre au gain. Il est adorateur du feu, partout infidèle, païen, et l'Arabe le

PALAIS DU SULTAN DE ZANZIBAR.

méprise; ce qui n'empêche pas le disciple du Prophète, le jour où ses affaires périclitent, de recourir à la caisse des noirs Crésus, si onéreuses que soient les conditions de ces emprunts. Les Parsis, du reste, ne se marient qu'entre eux; ils forment un clan à part, une sorte de *ghetto* africain.

Les boutiques des Indiens présentent l'aspect le plus bizarre: elles sont au ras de rue, de sorte qu'on entre de plain-pied dans l'étalage où sont rassemblés les produits les plus divers et les plus disparates; à côté d'un coffret en cèdre et d'une corne de rhinocéros, on rencontre un paquet de savon Pinaud et des faux-cols anglais; des buires d'argile venant d'Abyssinie frôlent des lampes à pétrole, des carafes, des aiguières: un bouclier de Somali en peau d'hippopotame s'appuie sur une boîte à musique, et pêle-mêle s'entassent, dans un désordre tout oriental, des bracelets, des amphores, des branches de corail, des habits d'Europe, des vases indiens en cuivre, des étoffes de La Mecque, des fusils de Liége, des flèches, des coutelas, des chapelets et des turbans; c'est, en un mot, le bazar dans son acception la plus large et la plus confuse à la fois.

Dans l'étalage, une femme est accroupie, une Indienne au teint jaunâtre, aux yeux noirs comme deux charbons; son corps, tout gras d'onguents, exhale une odeur d'encens et d'épices; elle est couverte de colliers, d'anneaux, de tatouages, de vermillon et d'antimoine; sa narine est ornée d'un bouton de métal, ses vêtements aux tons éclatants sont amples et ne laissent deviner aucun contour; à la voir ainsi immobile au milieu des objets curieux qui l'entourent, on dirait d'une momie hindoue veillant au seuil de quelque étrange musée.

A l'intérieur des boutiques s'agitent dans la pénombre de noires prunelles, des doigts crochus, des rangées de dents blanches; on y perçoit des murmures étouffés, des soupirs farouches, des ricanements indignés, des offres timides, des consentements muets; l'œil ne distingue d'abord qu'un amalgame confus d'Indiens et d'indigènes trafiquant entre eux; mais lorsqu'on y voit plus clair, bien vite on serre ses poches, on se gratte, et lestement on prend ses jambes à son cou.

A côté de l'immigration hindoue, les races africaines d'allures, de coutumes, de mœurs et d'appétits si divers sont représentées à Zanzibar par de nombreux échantillons: Massaïs, Vouagogos, Somalis, Vouahombas, Arabes de Taborah, naturels des grands lacs, Vounyamouésis qui sont pagazis ou porteurs, et Vouangouanas, natifs de la côte, dont on fait les askaris ou soldats de caravanes, tout ce monde va, vient, court, parle, rit, chante ou vocifère suivant ses instincts et ses goûts; entre Indiens, Arabes et Nègres on s'exploite mutuellement, on s'injurie souvent, on se bat quelquefois, mais cela n'empêche pas les relations d'affaires de renaître de plus belle et de continuer toujours.

Au-dessus de cette population hétérogène plane la mâle physionomie du sultan Saïd-Bargash, qui monta sur le trône de Zanzibar il y a quelque dix ans. Ce prince appartient à cette antique race du Yémen ou Arabie méridionale, dont les bas-reliefs de Deir-El-Bahari nous présentent quelques spécimens ; les habitants de cette contrée, figurés avec la vérité ethnographique qui brillait si fort dans l'art égyptien, constituent une race brune apparentée de près à celle de l'Égypte, mais où cependant on voit apparaître clairement le type arabe ; c'est l'infiltration du sang nègre qui, en ce moment déjà, gagnait la race kouschite.

Oui, l'esclavage est une arme à double tranchant qui détruit la descendance des Arabes en l'abâtardissant à jamais, et qui compromet par là ses intérêts vitaux plus sûrement que ne le feront jamais la domination turque et l'influence européenne.

VUE D'UNE PORTION DU QUAI DE ZANZIBAR

La jeune femme africaine enlevée à sa famille pour alimenter les marchés de l'Oman, du Yémen, du Hedjaz, fera payer cher à ses oppresseurs le rapt dont elle est l'objet ; le sang blanc d'Arabie n'a aucun moyen de se renouveler, il va s'épuisant, et, par ses croisements continuels avec la vigoureuse race nègre, il se laisse insensiblement envahir par elle.

La lutte est inégale ; ceci tuera cela : l'étreinte de Cham étouffera le fils de Sem, l'esclave violentée se vengera inconsciemment de ses maîtres en ne leur donnant bientôt plus que des enfants noirs comme elle. Ce sera le châtiment.

Saïd-Bargash nous en fournit un exemple frappant ; il a des dehors très affables, des yeux intelligents, un port plein de noblesse, un organe clair et mesuré, des traits relativement fins ; et cependant tout dénote en lui le croisement de l'adite primitif avec le nègre du pays de Poun.

Son prédécesseur fut Saïd-Medjid de belliqueuse mémoire, à qui Zanzibar est redevable du premier bateau à vapeur battant pavillon arabe ; cet événement capital a eu l'importance d'une véritable odyssée pour ceux qui en ont pu suivre les divers incidents.

En ce temps-là, le sultan venait de terminer une laborieuse campagne : il avait défait les rebelles qui lui disputaient le pouvoir, et parmi ses féaux sujets nul ne se distingua comme Assim-ben-Abdallah ; aussi, quand vainqueur il monta sur le trône, son premier soin fut-il de récompenser noblement son compagnon de guerre ; Assim fut élevé aux plus hautes dignités, et son fils Mahomed envoyé en Europe pour y faire ses études à la charge du Trésor.

Peu de temps après, le père mourut ; et plus tard, son instruction terminée, le fils revint à la cour de Zanzibar muni de son diplôme d'ingénieur conquis à l'École des arts et métiers de Paris ; il hérita auprès du sultan des bonnes grâces dont le vieil Assim avait été comblé et devint l'ami et le confident de son maître.

Or, à cette époque, les seuls navires à vapeur qui paraissaient à Zanzibar étaient des bâtiments européens, anglais pour la plupart ; le fier sultan en éprouvait un dépit mortel. Du haut de la terrasse de son palais d'où il découvrait la nappe étincelante de la mer bleue, souvent il laissait errer ses regards sur les vaisseaux qui sillonnaient le port ; alors, des rêves sans fin lutinaient sa pensée, quelque chose d'irritant lui étreignait le cœur ; l'empire, la puissance, la domination, il comprenait tout cela sans rien pouvoir définir ; un désir immense l'envahissait, et ce roi fauve pleurait de rage et d'impuissance.

Un jour, il prit à part Mahomed et lui dit :

« Tu as vu le pays des blancs, tu as étudié les merveilles enfantées par ces Infidèles ; écoute, je veux comme eux être puissant, invicible, porter mes armes au loin, et comme eux fendre les mers ; Mahomed, je veux, tu m'entends, je veux un navire à vapeur !

« Votre Hautesse sait-elle que cela coûte beaucoup d'argent ?

— Ma caisse est là, prends-y mon or, garde vis-à-vis des consuls un silence prudent, pars et ramène-moi ce que je te demande. »

Mahomed passa au Trésor, bourra ses poches, et, la malle étant en partance, il s'en fut à Brindisi, d'où il se rendit en droite ligne à Paris.

Choisir Paris, lorsque l'on a mission d'aller acheter un bateau à vapeur, c'est peut-être chose hasardeuse, d'autant que le digne Mahomed, lors de ses études, n'avait guère pu que frôler des lèvres la coupe des plaisirs : l'exiguïté de ses ressources, jointe à la sévérité paternelle, ne lui permit point, à cette époque de s'asseoir au banquet de la vie. Cette fois, au contraire, il accourait dans la Babylone moderne riche et libre, avec le feu de l'Orient dans les veines, et la poésie arabe au cœur.

Et, affamé, il se jeta corps perdu dans le tourbillon parisien.

Ce fut une de ces folies gigantesques, une de ces traînées de feu, opulence fugitive, rapide comme un sillage, qui éblouit un instant tout le Paris viveur ; ce noir Crésus, ce nabab, ce pacha bon enfant jetait l'or à pleines mains, et bientôt le bateau à vapeur sombra dans les allées riantes de Mabile et au sein des boudoirs de la Maison Dorée.

Cependant, confiné au fond de son île sauvage, Saïd-Medjid se morfondait dans une longue attente ; lorsqu'un bâtiment était signalé, le cœur du Prince battait à tout rompre, mais chaque fois c'était une déception amère ; Mahomed ne revenait pas, et ne donnait même aucun signe de vie.

Enfin, comme une bombe, éclata la nouvelle incroyable, la foudroyante révélation : le navire avait été mangé... avec des femmes, et Mahomed, à bord d'un steamer anglais, en route vers Zanzibar, implorait à l'avance le pardon de son souverain outragé.

Le sultan, en proie à une rage folle, voulut tout d'abord lui faire trancher la tête, puis tout au moins l'exiler ; mais alors on lui parla du passé, on rappela les services rendus par le vieux père, le brave et loyal Assim, et, vaincu par ce souvenir, le prince pardonna ; Mahomed rentra en faveur et fut réintégré dans toutes ses charges à la cour.

Toutefois il était tenace, Saïd-Medjid, et son désir le torturait comme une soif de Tantale ; la fumée blanche des navires, le sifflement aigu de la vapeur, le sillage, la marche imposante de ces cités flottantes, tout cela était pour lui un aiguillon continuel qui lui piquait le cœur.

Et plus ardemment que jamais il convoitait l'empire des eaux.

Alors, brusquement, il appela un soir Mahomed, et lui dit :

« La malle anglaise vient d'arriver, elle repart demain ; prends de l'or au palais, retourne en Europe, va vite, et ne reviens qu'avec un navire à vapeur, sinon, par Allah! cette fois je te ferai trancher la tête ! »

Mahomed s'inclina, et pour la seconde fois puisant à poignées dans la caisse du prince, il s'embarqua joyeux pour les charmants pays d'Europe où l'attirait, comme un invincible aimant, le souvenir de ses précédentes folies.

Son intention était de retourner à Paris, mais, par une bizarre coïncidence, en s'arrêtant à Aden pour changer de navire, il rencontra dans une sorte de café-concert une ancienne relation de sa première fugue ; renouer de doux liens fut l'affaire d'un instant, et le couple amoureux partit gaiement pour l'Égypte, entamant à belles dents le navire du sultan à la barbe des pyramides.

A si grand appétit il n'est rien qui résiste : les tourtereaux avaient formé le doux projet de se rendre en France, mais avant d'avoir quitté Alexandrie tout le bateau à vapeur était dévoré du mât de misaine à la cale. Flairant la ruine, un beau matin la colombe quitta le nid, laissant l'infortuné Mahomed face à face avec une bourse vide et l'écroulement de ses illusions d'amour.

Un instant notre homme en resta ahuri. Que faire? Retourner à Zanzibar, il n'y fallait pas songer : Saïd avait juré par Allah de lui faire trancher la tête s'il osait revenir sans un navire, et le prince ne pouvait faillir à ce serment. Vivre en Égypte ou en Europe sans un sou vaillant, autant mourir de suite, il le sentait.

Alors il eut un trait d'audace inouïe : revêtu de son plus brillant costume, il s'en fut, fier comme Artaban, chez un riche armateur d'Alexandrie ; là, se faisant reconnaître pour un envoyé du sultan de Zanzibar, il déclara qu'il était chargé par son maître d'acheter un navire à vapeur du plus beau modèle. Grâce à ses lettres de créance et aux grands seings dont il était muni, il convainquit aisément le vendeur qui, flairant une bonne affaire, lui céda à crédit un superbe bâtiment gréé de toutes pièces.

A Zanzibar, Saïd-Medjid s'étonnait de ne point voir revenir son délégué ; certains bruits redoublaient son inquiétude : on parlait vaguement de la conduite de Mahomed à Aden, de dépenses exagérées, de courses folles à travers l'Égypte. Enfin, avec des précautions infinies, on apprit un jour au prince que, pour la seconde fois, le malheureux navire avait été mangé.

« Par la barbe du Prophète, jura Saïd, je lui ferai arracher la peau à ce misérable, et il restera attaché ainsi en plein soleil jusqu'à ce que les oiseaux de proie l'aient dévoré ! »

Et le pauvre sultan s'abîmait dans une rage folle, doublée des plus amers regrets.

Car, plus le rêve se dérobait à son étreinte, plus irritant était son désir : que n'eut-il pas donné, par Allah ! pour un bateau à vapeur !

Un jour qu'il humait l'air, assis au balcon du palais, la vue de l'Océan plus calme et plus bleu que jamais avait adouci ses pensées ; il laissait errer son regard sur cette immensité qu'il ne comprenait pas, cercle impassible

FAMILLE ARABE DE ZANZIBAR.

avec l'infini pour horizon, et devant elle il se sentait petit, à l'étroit, prisonnier.

Tout à coup la vigie signale l'entrée d'un navire à vapeur dans le port de Zanzibar.

« De quelle nationalité est-il? demande négligemment le sultan à l'un de ses officiers.

— Prince, c'est une erreur, sans doute, car les signaux annoncent un navire aux couleurs de Votre Hautesse.

— A mes couleurs, reprend amèrement Saïd, alors, c'est quelque pauvre coutre arabe.

— Mais non, Altesse, on signale clairement un bâtiment à vapeur; et voici le canon du port qui tonne.

— Va voir, dit Saïd tout ému; cours, informe-toi ! »

Mais déjà le vaisseau entre en rade, et le sultan distingue à présent la fumée blanche qui traîne dans l'air comme un panache géant. Bientôt le cap de l'Ile au Français est doublé, et alors apparaît aux yeux de tous un superbe vapeur entièrement pavoisé aux couleurs de Saïd-Medjid, l'étendard rouge aux croissants d'argent.

Cependant le prince, tout tremblant, s'est levé; d'une main fiévreuse il se touche le front comme pour dissiper un rêve importun; vains efforts, le navire avance, il avance toujours.

Et voilà que, sur la passerelle, Saïd aperçoit maintenant son serviteur Mahomed, en grande tenue d'amiral, une longue-vue à la main, donnant froidement des ordres pour faire jeter l'ancre en face du palais.

Alors, ivre de joie, le sultan s'élance sur le quai, et, tandis que Mahomed, le front dans la poussière, lui demande grâce, le bon prince le relève, le serre sur son cœur, et, en présence de tous, il le nomme grand amiral de sa flotte.

Quand les traites de l'armateur arrivèrent, Saïd-Medjid les solda sans sourciller, et jamais il ne se plaignit d'avoir payé trois fois ce beau bâtiment qui resta son orgueil.

A partir de ce moment-là, Mahomed, comblé d'honneurs, se dévoua absolument au développement de la marine zanzibarite; lorsque Saïd-Medjid mourut, le sultan actuel lui conserva sa charge dont il s'acquitta depuis à la haute satisfaction de son souverain.

J'eus avec lui plusieurs entrevues au cours desquelles il m'apprit que Saïd-Bargash, grand protecteur du commerce, avait considérablement augmenté la flotte; elle se compose actuellement de quatre navires de guerre, le *Der-Hound*, le *Glasgow*, le *Sultan* et le *Star*, et de trois vapeurs faisant le commerce : le *Nyanza*, qui va à Bombay ; l'*Akola*, qui dessert Madagascar, et le *Swordsman*, qui fait le service à Calcutta.

Musulman sévère et rigide, chargé d'ans et d'infirmités, atteint de l'éléphantiasis, mais aimé de tous, serviable et bon, le vieux Mahomed ayant renoncé à Satan, à ses pompes et à ses œuvres, occupe aujourd'hui encore les fonctions de grand amiral des forces navales de Zanzibar.

CHAPITRE IX

Réception chez le sultan. — Saïd-Bargash et l'abolition de la traite. — L'armée zanzibarite. — Le sérail. — Les promenades. — Une fête chez Tarya-Topan.

 L'ÉPOQUE de notre arrivée à Zanzibar, le vaste *Hôtel de l'Afrique centrale* que l'on y trouve aujourd'hui, n'existait pas encore ; les explorateurs prenaient l'hospitalité soit chez leur consul, soit chez un ami, comme fit Cadenhead qui descendit à l'agence de la British Indian Company ; quant à Roger et moi, nous allâmes tout simplement loger à la Maison anglaise, sorte de boutique-caravansérail, où, n'en déplaise à notre hôte, nous fûmes aussi mal que l'on peut l'imaginer. Jamais auberge au fond

des Abruzzes, ou khani de quelque infime bourg grec, ne présenta pareil oubli de propreté et de comfort. Si j'ajoute qu'il n'y avait en l'espèce rien de mieux à Zanzibar, on comprendra combien fut saluée avec joie par les voyageurs qui nous ont suivis l'installation d'un consulat belge et d'une agence officielle de l'Association internationale africaine.

Le plus abominable détail de ma première couchée fut l'invasion d'une multitude de cancrelas qui, à la nuit, sortirent de derrière les plinthes, de dessous le plancher, de tous les interstices et fentes, et se répandirent dans ma chambre. A vrai dire, j'appris le lendemain que, sans en excepter le palais du sultan lui-même, la ville entière de Zanzibar est infestée par ces hideux insectes; et j'en acquis la preuve à quelques jours de là : dans une fête que le Dr Kirk donna en notre honneur, je vis avec stupeur une de ces bêtes se dandiner sur mon habit sans que la jeune dame que j'avais au bras en témoignât le moindre étonnement.

« Nous avons aux colonies des grâces d'état, » fit-elle pour excuser son stoïcisme.

Cependant un premier devoir s'imposait à nous en arrivant à Zanzibar, celui de demander au sultan une audience pour lui présenter nos hommages. Le prince nous fit répondre qu'il nous recevrait le surlendemain, 9 janvier, un vendredi, qui est le jour férié des musulmans.

En l'absence de tout personnage officiel belge, le Dr Kirk eut l'obligeance de nous introduire auprès de Saïd-Bargash. A neuf heures et demie nous quittâmes la demeure du consul général anglais, précédés des Indiens de sa maison civile et militaire en grand uniforme d'apparat, pantalon blanc et veston rouge.

Sur la place du Palais nous trouvons la milice rangée en bataille, drapeaux déployés, qui nous rend les honneurs militaires, tandis que ses deux corps de musique entament un bruyant *God save the queen*. Descendant les degrés du perron, le sultan s'avance alors au-devant de nous et les présentations ont lieu; puis, nous ayant vigoureusement secoué la main, Saïd-Bargash nous invite à entrer chez lui.

Nous passons entre deux haies de soldats persans à l'aspect farouche, armés d'un sabre recourbé, d'un fusil, de deux pistolets et d'un bouclier en peau d'éléphant ou de rhinocéros, vêtus d'une tunique serrée à la taille, de larges pantalons, et coiffés de leur bonnet national. Gravissant l'escalier un peu étroit pour un palais, nous arrivons au grand salon d'honneur; au fond se trouve un siège unique où le sultan s'assied, et de chaque côté sont alignés des fauteuils : nous occupons ceux de gauche et les grands dignitaires de la cour prennent place en face de nous.

RÉCEPTION CHEZ LE SULTAN.

La pièce est très simplement ornée : avec ses boiseries sans recherche, ses lustres de cristal sans goût, ses hautes glaces et son tapis banal, elle a plutôt l'aspect d'une salle de conférence.

Le drogman ou interprète du consulat vient s'agenouiller en face du prince, et tout aussitôt les paroles de bienvenue sont échangées.

Le sultan s'informa tout d'abord de la santé du roi des Belges, et, après avoir reçu les compliments dont nous étions porteurs de la part de notre souverain, il s'entretint de notre futur voyage, parla des précédents explorateurs, témoigna un vif intérêt aux efforts de nos compatriotes et nous promit un firman pour les chefs arabes de l'intérieur. Effectivement, il nous le fit remettre dans la journée.

Au cours de l'entretien, je profitai de la circonstance pour féliciter Saïd-Bargash de l'installation du télégraphe dans ses États, car depuis quinze jours Zanzibar était relié à l'Europe par le câble sous-marin, et le prince est très fier, dit-on, de pouvoir compter ce grand événement parmi les fastes de son règne.

Sur ces entrefaites, des serviteurs du palais sont entrés portant de grands plateaux où se trouvent de minuscules tasses de café dans de gracieux coquetiers d'or, et des sorbets dans de fins gobelets mousseline. En même temps les hauts personnages qui nous font face s'approchent, et nous demandent notre mouchoir qu'ils imbibent d'essence de rose ; la gravité qui préside à ce cérémonial aurait quelque chose d'absolument drolatique si, dans ces pays d'Orient, l'on n'était habitué à l'imprévu étrange. La politesse exige que l'étranger boive, mange et se laisse parfumer : vouloir s'y soustraire serait faire à l'Arabe une grave injure et se donner à soi-même un brevet de mauvais ton.

Tout en grignotant des biscuits, en humant l'eau glacée et le café bouillant, nous continuons l'entretien ; bientôt cependant il se ralentit, languit et tombe. Le prince se lève, nous serre encore la main et, avec force yambos, nous reconduit jusqu'à la porte du palais où les troupes, réitérant le cérémonial de l'arrivée, nous saluent à présent aux accents de la *Marseillaise*. Des sujets belges conduits par un consul anglais chez un sultan arabe aux accords du chant patriotique français, c'était là une *olla podrida* nationale qui nous fit sourire. Heureusement, pour notre prestige, il n'en est plus ainsi : nous avons enfin aujourd'hui un consulat à Zanzibar, et les musiciens du sultan ont appris la *Brabançonne*.

C'est en somme une singulière physionomie que celle de ce prince Bargash, philanthrope malgré lui, grand musulman devant Allah et persécuteur officiel des négriers auxquels il a recours pour peupler ses harems.

Quels effondrements de principes, quelles luttes lorsqu'il s'est agi de signer le dogme de l'affranchissement des esclaves, qu'à bon droit son entourage considérait comme la défaite du parti arabe!

Longtemps le sultan résista. L'éloquence de sir Bartle Frere ne parvint pas à lui faire trahir la loi du Prophète, et c'est avec hauteur qu'aux objurgations de l'Angleterre il répondit d'abord par un énergique *non possumus*; mais sous la *douce pression* des vaisseaux de guerre de l'amiral Cumming, devant le *canon des infidèles*, comme on dit à Zanzibar, il fallut bien s'incliner, et le prince violenté signa. Ses féaux comprirent si bien la chose que nul d'entre eux ne songea à se séparer du souverain, aucune révolte n'éclata, on ne lui adressa même aucun reproche; tout bas, il est vrai, on nourrissait l'espoir que cette convention demeurerait lettre morte. Il en fut ainsi au début : jamais le commerce du *bois d'ébène* n'avait été si florissant; « ah! le bon billet! » disaient sournoisement, en se frottant les mains, les traitants de chair humaine.

Leur joie fut de courte durée. L'Angleterre, décidée à exécuter elle-même le pacte conclu, fit surveiller par ses croiseurs les côtes du Zanguebar et offrit à ses marins d'alléchantes primes pour chaque capture de négriers. Du coup, la chasse commença ardente, implacable de la part des Européens, prudente mais tenace chez les Arabes; la finesse musulmane fut vaincue par l'or anglais, et finalement la loi qui prohibait la traite reçut une sanction énergique. Aujourd'hui, le métier de *vendeur d'hommes* est devenu impossible à Zanzibar, dangereux sur le littoral, difficile même aux régions limitrophes.

Point d'illusions toutefois : annuellement, des milliers d'esclaves sont encore amenés à la côte de Zanguebar et embarqués nuitamment pour l'Égypte et pour l'Asie; si, officiellement, les marchés de nègres n'existent plus, l'esclavage, sinon la traite, est toujours en pleine vigueur : une grande partie des noirs qui habitent la contrée sont en puissance de maître; on les appelle Vouachensis, ce qui signifie païens, terme qui a remplacé la dénomination trop brutale de Vouatoumas, c'est-à-dire esclaves, qu'ils portaient auparavant.

La souveraineté de Saïd-Bargash s'étend sur les îles de Zanzibar, Pemmba et Mafia; elle rayonnerait fort loin dans l'intérieur du noir continent s'il le voulait, — disons s'il l'osait. — Mais sa puissance est une sorte de monarchie pondérée, avec cette circonstance aggravante que ce n'est pas un parlement national, mais la main d'une puissance étrangère qui détient le pouvoir effectif. Le sultan règne, mais ne gouverne pas, comme dit

Montesquieu dans l'*Esprit des lois,* à propos du roi constitutionnel, « c'est un prince toujours mal assis sur un trône inébranlable ».

Saïd-Bargash commande cependant à un peuple qui professe le culte du pouvoir absolu; de plus, il a à sa dévotion une armée qui pourrait devenir un levier puissant. Mais là encore, là surtout, se fait lourdement sentir le joug de fer qui l'asservit.

Cette armée se divise en trois corps : la garde, la milice et les *irréguliers*.

La garde se compose de cipayes, soldats venus du golfe Persique, fort

MILICE DE ZANZIBAR.

originaux sous leur étrange costume, avec cela fidèles et braves; mais ils ne représentent, en définitive, qu'une poignée d'hommes destinés à servir de gardes du corps.

La milice est un ramassis de jeunes nègres, engagés volontaires, que l'on a habillés, chaussés, armés et qu'on a cru transformer en guerriers par le simple fait qu'on les revêtait d'un uniforme rouge. On a oublié que pour trouver le soldat il faut d'abord chercher l'homme de cœur, et la génération des affranchis n'a encore produit que des pantins.

Le soin d'instruire cette étrange milice a été confié à un officier de l'armée anglaise, au lieutenant Matthews, qui, de ce chef, touche un traitement de ministre. Sur pied de guerre, ce corps compte plus de deux mille hommes, et tous les officiers sont des nègres qui *ont fait leurs grades dans les rangs*. Rien de burlesque comme la manœuvre de ces moricauds quand on les voit, à l'instar de nos troupiers d'Europe, s'aligner, marcher au pas, faire des conversions, se masser en colonnes, rompre par pelotons, par sections, par bataillons, serrer en masse, se développer en ligne de bataille, effectuer des feux roulants assez réussis, le tout au son d'un commandement fait en anglais.

Le difficile a été de décider ces fantassins à se chausser; ils voulaient bien porter leurs souliers n'importe où, mais aux pieds, jamais. On est enfin venu à bout de cette répugnance native; seulement, aussitôt l'exercice terminé, leur premier soin est de se déchausser sur l'heure, et l'on peut assister alors à cet étrange spectacle de militaires en grande tenue, rentrant chez eux pieds nus, leurs bottes à la main ou accrochées au canon du fusil.

Le troisième élément de la force armée du sultan, c'est les *irréguliers* qui, eux du moins, sont de véritables guerriers, capables de se faire tuer sans broncher. Saïd-Bargash les tient en haute estime, car il sait qu'en cas de révolte ou d'attaque seule cette troupe ferait son devoir, et qu'il ne peut compter que sur elle pour défendre au besoin sa couronne et sa vie. Ils sont quinze mille, dit-on, à Zanzibar; ce nombre serait augmenté dans des proportions énormes si le prince pouvait faire un signe à ses fidèles d'Aden.

L'*irrégulier* n'est pas arabe, il est béloutche; ce nom signifie, en persan, nu, dépouillé. En haine de l'Afghan, il porte le turban lié comme celui des vrais croyants, ses cheveux sont rasés sur le devant de la tête, et le reste de la chevelure flotte sur les épaules. Ses armes sont la lance et le sabre, souvent aussi l'antique fusil à rouet; en outre, il porte le bouclier indien recouvert d'une plaque de cuivre ou d'une peau d'éléphant ou de rhinocéros. Par nature, il est fanfaron, infatué de son courage, mais tenace et brave; ferme sous le feu de l'ennemi, il l'aborde avec une merveilleuse audace.

Quand ils combattent chez eux, en Asie, les Béloutches s'attachent les uns aux autres par peloton de dix en cousant ensemble les pans de leurs tuniques; ils s'assurent ainsi contre la désertion d'abord, puis contre l'abandon si l'un d'eux venait à tomber; dans ce dernier cas, un des quatre serre-file placés à cet effet derrière le peloton détache prestement le blessé, relie les autres vêtements, et porte son homme à l'écart, où les soins nécessaires lui sont immédiatement prodigués.

L'*irrégulier* est musulman, mais d'une façon sauvage; il a un goût inné pour les combats et un amour immodéré pour la liberté, fût-elle désordonnée. La contrainte lui est odieuse; il a le sentiment de l'honneur haut placé et sa bravoure est réelle. Il suit à la lettre la loi du prophète qui dit :

« Lorsque vous rencontrez des infidèles, eh bien, tuez-les au point d'en faire un grand carnage. (*Coran*, chap. XLVII, v. 4.)

Et plus loin :

« Ne montrez point de lâcheté et n'appelez jamais vos ennemis à la paix. » (Id., chap., XLVII, v. 37.)

L'*irrégulier* est surtout doué de ce courage nomade qui a quelque chose de spontané et qui l'entraîne parfois à des actes d'héroïque folie. Au demeurant, il est plutôt violent que sanguinaire, capable de déployer une grande ténacité et de mourir sur place en véritable soldat.

Avec cet élément bien organisé, aux mains d'un pouvoir éclairé et honnête, on mettrait à merci tous les rois-bandits qui infestent les routes africaines du Zanguebar au lac Tanganika.

Parmi les curiosités de Zanzibar, il faut noter le sérail qui, au cœur de la ville, dresse ses hautes murailles garnies de nombreuses saillies, d'enfoncements grillés, d'angles, de fenêtres, et qui communique par une passerelle aérienne avec le palais du sultan.

Là, sous le double charme de la vapeur du tomback et du parfum des cassolettes, vivent insouciantes et cloîtrées des filles de Géorgie et de Circassie, à la peau délicate, aux cheveux noirs, descendant le long des tempes et sur les joues; des Soudaniennes aux formes opulentes, telles que les eût aimées Rubens; des femmes achetées aux bazars de la Corne d'Or, ou arrachées à la terre africaine et vendues à Khartoum ou à l'Yémen. On les voit appuyant leur front rêveur aux fenêtres du sérail, et amusant leur oisiveté du passage des vaisseaux, des vapeurs, des daous qui vont et viennent, descendent et remontent, entre-croisent leurs sillages avec une animation joyeuse sous le vol des mouettes et des chasse-vent.

Il en est qui portent l'antari en brocart de l'Inde, serrant la taille, ouvert par devant dans toute la longueur et sur les côtés à partir du genou seulement; le pan de derrière fait traîne; les manches sont relevées légèrement, découvrant une chemise de soie blanche garnie de dentelles; une ceinture de cachemire fait le tour des reins; un pantalon de soie très ample retombe sur les pieds dont il ne laisse voir que l'extrémité.

Pour cacher la partie antérieure du tarbouch, quelques-unes se posent gracieusement sur le front un léger fichu en mousseline imprimée ou en soie lamée d'or, enroulé sur lui-même en forme de turban.

D'autres, les Géorgiennes, ont l'habit court, serrant la taille, et la chemise découpée à la persane, rouge ou bleue, en gaze transparente, flottant sur la poitrine que la jaquette laisse découverte.

Toutes, elles se teignent les sourcils et les paupières avec le surmeh, fait d'antimoine et de noix de galle, qui a la vertu de rendre l'œil plus brillant et plus grand; et, à l'extrémité des doigts, aux ongles des mains et des pieds, elles mettent le kna dont la teinte est orangée.

Le sultan n'aime pas qu'on s'arrête autour du sérail; des gardes sont là, sans armes apparentes, qui font circuler vivement le nègre traînard, à qui souvent ils communiquent l'impulsion à coups de canne; à l'Européen on fait part à voix basse du désir du prince, et chacun sait, à Zanzibar, qu'il est de mauvais goût de s'arrêter devant ces hautes murailles; pourtant, aux fenêtres, on voit souvent resplendir de pâles ovales avivés de fard, étinceler des yeux cernés de henné, s'épanouir des bouches semblables à des grenades pleines de perles qui, rieuses, vous narguent du haut de leurs infranchissables bastions.

Du reste, pour porté qu'il soit à reconnaître et à désirer peut-être les bienfaits de la civilisation européenne, Saïd-Bargash ne laisse pas que d'être musulman farouche, professant strictement les préceptes du Coran. Que si un Européen s'avise de nouer des relations avec une femme arabe, sans esclandre et sans chercher noise à l'homme blanc, un beau soir le sultan fait enlever la coupable qui a osé se commettre avec un *chien de chrétien*, et l'on n'entend plus parler de l'infortunée pécheresse. Le cas s'est déjà produit, l'on m'a cité des noms, et j'en ai honte pour les gens de ma couleur, car je n'admets pas que sans protestation et sans la défendre jusqu'au dernier souffle un homme laisse périr ainsi une malheureuse femme dont le seul crime est de l'avoir aimé!

Quant à Saïd-Bargash, étant données les mœurs arabes, l'on ne peut guère lui en vouloir, je dirai même qu'il n'est peut-être pas sans avoir quelque raison d'agir ainsi: il y a quelques années, du temps de Saïd-Medjid, une propre sœur de ces princes, nommée Bibi-Salima, fut séduite par un négociant allemand. Comment M. Ruter s'y prit pour déjouer la surveillance des farouches janissaires, nul ne l'a jamais bien su. Un fait reste acquis, c'est que le Roméo tudesque et la noire Juliette se voyaient fréquemment, tant et si bien qu'un jour ils s'enfuirent ensemble à bord d'un paquebot anglais.

L'affaire fit du bruit. Le sultan voulait tout massacrer, Zanzibar faillit avoir ses Vêpres siciliennes; à grand'peine la diplomatie parvint à le calmer, mais jamais il ne pardonna. Ruter épousa la princesse en Europe; son

P. Maes, Éditeur, Bruxelles.   Imp: A. Mertens, Bruxelles.

SAÏD BARGASH
Sultan de Zanzibar

bonheur fut de courte durée, car il mourut au bout de peu d'années. En vain la belle veuve implora-t-elle alors la clémence de son frère, Saïd fut sourd, impitoyable: sa sœur n'existait plus pour lui. Et aujourd'hui, réduite à la misère, la descendante du Prophète se voit forcée, pour gagner son pain, de donner en Allemagne des leçons de langue arabe.

Pour qui peut gaspiller son temps, le séjour de Zanzibar n'est pas absolument sans distractions ni charmes; d'abord on y rencontre une colonie européenne des plus hospitalières, et, s'il me fallait nommer tous ceux qui nous comblèrent de gracieuses attentions, j'aurais à dresser la liste complète de tous les blancs qui séjournent dans l'île.

Puis, avec une munificence princière, le sultan met ses écuries à la disposition des étrangers qui trouvent à toute heure d'excellents chevaux de selle.

Nous fîmes ainsi de charmantes promenades sur ces rivages montueux dont l'éternelle verdure forme en maints endroits des labyrinthes d'ombre, où l'on rencontre des bois de cannelliers, de girofliers, d'orangers, de palmiers géants, de riches cultures de cannes à sucre, de ricin, de manioc, de sorgho, de maïs, d'aubergines et de patates douces, où s'étagent sur les pentes des bananeries splendides et au faîte des rampes de gigantesques manguiers aux cimes globuleuses; du haut des vertes crêtes des montagnes, à travers le léger tissu de gaze qui flotte parfois dans l'air, mais derrière lequel vibre l'étincelante lumière, on peut voir glisser, comme sur un lointain éthéré, de légers daous arabes qui filent de toute la vitesse de leur voile latine bombée sous les efforts de la brise.

Ou bien nous parcourons le N'gambou qui signifie l'autre côté, habité par les Vouangouanas, population intéressante, bigarrée, bruyante, dont les têtes laineuses animent ce pittoresque quartier. Si l'on a des goûts mondains, au delà de Changani, qui est le faubourg Saint-Germain de l'endroit, on pousse jusqu'à Nazi-Moja, ainsi nommé du cocotier unique au pied duquel se donne journellement rendez-vous tout ce que Zanzibar renferme d'élégance.

Près de là, pieuse antithèse, s'élève le cimetière que les musulmans, on le sait, visitent volontiers: ils disent des tombes que ce sont les seuls sommets où les anges peuvent se reposer lorsqu'ils descendent sur la terre.

Au retour de ces excursions champêtres, la ville de Zanzibar fait l'effet d'une étuve d'où s'échappent d'insalubres vapeurs de marécage; c'est qu'en se retirant le flot dépose, entre les racines des sarmenteux palétuviers et au sein des bancs de corallines et de mandragores dont l'île est bordée, des détritus de végétaux qui se décomposent et empoisonnent l'atmosphère. A ces miasmes s'ajoutent la fumée des lampes à graisse qu'on allume, l'air vicié, la poussière qui monte des ruelles sordides, le brouhaha de ces Orientaux parlant, criant, fumant, gesticulant, Arabes et nègres enturbanés de blanc et de jaune, pâles Indiennes aux vêtements de brocart défraîchi, femmes du peuple vêtues d'une pièce d'étoffe blanche qui les prend comme en un fourreau depuis le dessous des bras jusqu'à la cheville, découvrant seulement leurs pieds nus et leurs robustes épaules luisantes sur lesquelles est jeté un collier en dents de requin.

Au cours de notre séjour à Zanzibar, le riche Hindi Tarya-Topan nous convia à une fête où nous nous rendîmes volontiers, car on nous l'annonçait comme devant être des plus originales.

En arrivant, nous fûmes invités à gravir l'escalier qui mène à l'étage, et le premier spectacle qui s'offrit à nos regards fut une multitude de chaussures déposées au seuil du salon d'honneur, sous la garde d'un janissaire : sandales de cuir rouge, bottines de maroquin noir ou jaune, pantoufles découvertes, à quartiers rabattus, relevées en pointe, en cuir, en drap, en velours, il y en avait de toutes les sortes, on eût dit d'un étalage de cordonnier ; ce sont les invités qui les ont déposées là, en entrant, et qui assistent pieds nus à la fête.

Heureusement, on ne nous oblige pas à en faire autant, et Tarya-Topan avec une courtoisie parfaite nous conduit lui-même aux places d'honneur où viennent s'asseoir bientôt auprès de nous les consuls, leurs familles et les notables de la ville. Le salon se remplit encore de tout ce que Zanzibar possède de riches Indiens, d'Arabes somptueux : vestes brodées d'or et d'argent, caftans, tarbouches, dolmans, enrichis de pierreries aux folles bluettes, aux phosphorescences soudaines, chemises de soie éclatante, dont les plis raccrochent la lumière, écharpes de cachemire, ils portent avec orgueil toutes les magnificences des riches pays du soleil.

Suivant l'usage, notre hôte commence par inonder nos mouchoirs d'essence de rose. « Les choses que j'aime le plus au monde, disait Mahomet, ce sont les femmes et les parfums. » Ce qui n'empêchait pas le farouche prophète de se battre comme un lion, de répandre partout des flots de sang, priant sans cesse et dormant à cru sur son cheval. Comme lui, ses sectateurs sont braves, mènent grand train de sérail, invoquent Allah avec ferveur et se grisent de bonnes odeurs ; le musulman emmène partout avec lui son harem et un magasin de henné, de santal, de mastic, de benjoin, de chapelets de coco et d'ébène, de pistaches, d'opium, de pastilles du sérail, de hachich, de noix muscade, de fins extraits de rose, d'ambre gris, de jasmin et de bergamote.

Sur un signal, les musiciens entrent, portant des rebecs, sorte de violon primitif, des tam-tams et des tambours de basque, dont ils tirent aussitôt une échappée d'accords fort peu harmonieux. Mais voici la bayadère qui s'avance, les jupons courts en éventail, ni plus ni moins que nos ballerines d'opéra; c'est une Indienne, couleur citron, laide, exhalant une odeur de cassolette éteinte, le corps couvert d'étoffes aux tons criards et d'ornements de mauvais goût.

Est-ce l'effet des bougies dont la lumière tombe criarde, anguleuse? est-ce manque d'harmonie dans le décor où les glaces dorées, les lustres de cris-

TARYA-TOPAN.

tal, les fauteuils de damas rouge jettent leur note banale de salon d'hôtel? ou bien nos habits noirs jurent-ils avec les pittoresques costumes orientaux qui nous entourent? Je ne sais, mais au lieu du spectacle émouvant que nous eûmes à Aden au camp des Almées, le ballet de ce soir nous laisse absolument froids.

Du reste, la bayadère ne se montre pas plus attrayante danseuse qu'elle n'est femme séduisante; et son travail n'offre qu'un grossier pastiche du culte des prêtresses de Wichnou qui, au dire des brahmes, sortirent de la mer un jour que les esprits malins, les Devas et les Assouras, fouettaient les vagues blanches d'écume pour essayer d'en obtenir l'amrita, l'ambroisie.

Elle exécute du pied des pas chorégraphiques fort peu savants, va, vient, recule, marche en cadence, essaye quelques poses grimaçantes et des ondulations de corps qui font pitié, le tout avec accompagnement de regards maladifs qui veulent être profonds et qui ont l'air de vous quémander l'aumône. Puis, aux accords languissants d'un orchestre endormi, elle entonne une complainte nasillarde dont les paroles doivent être terriblement lestes à en juger par la mimique qui les souligne, et par les petits hochements de tête satisfaits, les gras sourires et les clignements d'yeux de quelques vieux Indiens ravis.

Ah ! que nous sommes loin de l'audacieuse énergie, de la nervosité, de la souplesse de serpent jointe à l'agilité de gazelle, de la trépidation fébrile et folle de l'Almée !

En somme, comme ballet indien, c'est une désillusion capable de vous brouiller avec la bayadère ; mais, en dépit de cela, je conserve un charmant souvenir de l'accueil si plein de courtoisie que nous fit ce soir-là le noble Hindi grand seigneur, Tarya-Topan.

Quand nous sortîmes de chez lui, la lune se levait doucement, la nuit était transparente et, sur le firmament bleu sombre, les arêtes du palais avaient des profils d'Acropole; dans l'échancrure du golfe une étoile brillait, des voiles latines y glissaient silencieuses, et là-bas, dans les lointains perdus de la côte africaine, des brouillards légers floconnaient sur l'immensité de la mer.

CHAPITRE X

Organisation de la caravane. — Soldats, domestiques et porteurs. — La monnaie courante dans l'Afrique centrale. — Fatigues et fièvre. — Un grand désespoir. — Effort suprême. — Sur le daou. — Saadani. — Les têtes de lignes. — Adieu !

EPENDANT dès le premier jour de notre arrivée à Zanzibar nous nous mîmes en devoir d'organiser notre expédition ; tous trois nous y consacrâmes exclusivement notre temps et nos soins ; parfois Cadenhead s'en allait respirer l'air à Nazi-Moja avec l'un ou l'autre de ses compatriotes, mais bientôt il nous rejoignait et, sans perdre un instant, on se remettait à la besogne.

Ceux-là seuls qui en ont subi les dures épreuves, pourront comprendre l'étendue de ce travail ; aucune peine, aucun ennui, ne nous furent épargnés : lenteurs, tergiversations, manquement de parole de la part des nègres ; roueries, finasseries, négligence chez les Hindis ; cupidité, méfiance des Arabes ; jalousies occultes, nous eûmes à nous garer de toutes sortes de pièges et souvent à lutter contre la plus insigne mauvaise foi.

Heureusement, en l'absence de tout agent officiel, nous fûmes puissamment secondés par l'excellent M. Greffuhle, un Français, qui nous rendit les plus grands services. Grâce à ses vastes magasins qu'il mit à notre disposition, nous eûmes un emplacement suffisant pour déballer nos colis, examiner les effets, répartir les marchandises en différents fardeaux et recruter nos hommes.

La saison des pluies étant proche, nous devions, en vue d'une marche rapide, former une caravane légère dont l'effectif ne dépassât point cent vingt hommes. Ce choix est des plus ingrats, car Zanzibar regorge de va-nu-pieds, de bandits, gens de sac et de corde toujours les premiers à se présenter en semblable occurrence, soit qu'ils fuient une condamnation, soit qu'ils flairent quelque bonne aubaine. Mais le sultan ayant eu l'obligeance de mettre à notre disposition le chef même de la police, ce fonctionnaire présida en personne aux séances de recrutement. Dès qu'un de ces chenapans paraissait, avant même qu'il eût ouvert la bouche pour décliner ses noms, il fallait voir la canne du policier décrire dans l'air un rapide sillage et retomber dru sur les grêles épaules du drôle qui, sans demander son reste, s'enfuyait à toutes jambes.

Il y eut de la sorte des intermèdes héroï-comiques.

Mais aussi nous vîmes défiler devant nous quelque nobles débris des précédentes expéditions, entre autres Mabrouki-Speke à la tête de taureau, Simba qui accompagna Speke et Grant, d'autres encore ornés d'une médaille commémorative et nantis d'excellents certificats. Inutile d'ajouter que nous nous empressâmes d'engager tous ceux de ces anciens serviteurs qui se présentèrent et dont nous fîmes des askaris, c'est-à-dire des soldats de caravane.

Dans le choix de son personnel, on doit avoir grand soin de laisser absolument de côté les Vouachensis ou esclaves, qui plus tard vous exposent à toutes sortes de revendications intéressées de la part de leurs patrons. Il faut s'en tenir aux Vouangouanas, hommes libres, qui prennent volontiers du service chez les blancs ; ils sont gais, insouciants, un peu vaniteux sous leur chemise blanche et leur rouge calotte quand, la canne à la main, ils veulent singer l'Arabe ; mais, éloignés de cette atmosphère efféminée, une fois en route, s'ils se sentent bien guidés, tenus en laisse d'une poigne ferme et

ENGAGEMENT DES PORTEURS.

énergique, ils deviennent de bons serviteurs, intelligents même, et souvent fidèles et dévoués.

A côté d'eux, comme porteurs de résistance, on engage généralement des Vounyamouésis, naturels du district de Taborah, dont c'est du reste le métier. Ce sont gens indisciplinés, têtus, fantasques, qu'il faut savoir manier adroitement et dont alors on fait ce que l'on veut. Certains voyageurs ont cru pouvoir les mener militairement, leur inculquer une discipline absolue, leur imposer une obéissance d'automate; grave erreur : ces hommes ne tardaient pas à leur glisser des mains. Car le Mnyamouési a horreur de l'arbitraire, de la contrainte : il prétend crier quand bon lui semble, danser à sa fantaisie, fumer son chanvre en hurlant; c'est un enfant à qui il faut laisser les coudées franches, à qui il est même sage de céder parfois, tout en sauvegardant les apparences de l'autorité; il rira alors de sa propre insubordination, et ses velléités de frondeur n'auront pas de suites. Que si, au contraire, vous le morigénez, le menacez ou le frappez, il ne tardera pas à vous abandonner, entraînant avec lui tous ses compatriotes. J'en puis parler, car cette expérience je l'ai acquise à mes propres dépens : avec le Mgouana qui est, en somme, civilisé, on peut recourir à la sévérité, fût-elle outrée, et souvent même c'est à coups de canne qu'on en fera un serviteur fidèle et brave; mais jamais il ne faut user de ce moyen avec le Mnyamouési, si l'on tient à ne pas s'exposer à une désertion générale.

Comme conducteur de caravane, nous eûmes Khamsini, un brave et honnête Mgouana qui possédait sur les hommes un puissant ascendant et qui, par sa circonspection, nous tira de plus d'un mauvais pas. Roger et moi nous mîmes à la tête de notre maison domestique un homme appelé Mabrouki qui joua un certain rôle dans l'expédition; les deux serviteurs personnels de Roger ne furent pas fidèles et mon brave camarade se vit forcé d'en changer plusieurs fois; les miens, Amessi pour les effets et Pilipili pour les armes, m'accompagnèrent jusqu'au bout du voyage.

Cadenhead désigna en outre comme chef d'expédition un Arabe ayant nom Abdallah, qui plus tard, lors de notre séparation, le suivit dans sa jonction avec Carter, et, comme nous, il prit à son usage particulier deux noirs de la côte. Pour compléter notre ménage, nous engageâmes un cuisinier goañnais dont les talents nous parurent suffisants pour les mets primitifs qu'il était appelé à préparer.

Hélas ! parmi ces hommes qui tous nous jurent obéissance et fidélité, il y aura des lâches, des traîtres, des voleurs; aux heures de péril, en face du danger, combien demeureront autour de nous? Combien en ramèneronsnous sous notre drapeau ? Mais arrière les alarmes ! c'est à notre bonne étoile, à notre énergie que nous devons nous confier.

J'ai dit que les Vouangouanas sont généralement engagés pour servir d'escorte ; à cet effet, ils reçoivent un fusil et des munitions ; en outre, leur charge n'excède pas quarante livres anglaises et se compose de nos objets personnels et des effets de campement ; les Vounyamouésis, au contraire, portent soixante-dix livres au moins, et leurs fardeaux consistent en grosses marchandises.

Car, on le sait, les pagazis de la caravane sont le porte-monnaie de l'explorateur en Afrique, les étoffes qu'ils transportent, son argent, les fusils, la poudre, le fil de cuivre, son or.

Lorsqu'il fallut acheter ces articles d'échange, ce furent d'interminables luttes avec les rapaces Hindis dont les procédés ne sont pas toujours marqués au coin de la plus scrupuleuse délicatesse ; à cela il convient d'ajouter l'inexpérience du voyageur qui se trouve face à face avec un travail d'assortiment, véritable casse-tête chinois.

Et pourtant c'est de ce choix minutieux que dépendent la célérité de la marche et la réussite de l'entreprise : en se munissant de l'indispensable, en ne s'embarrassant ni de l'inutile ni du superflu, on arrivera à franchir lestement les distances, à s'épargner peines et mécomptes et, sauf accidents imprévus, on atteindra sans encombre le but désiré, alors que les ignorants ou les étourdis resteront en route faute d'avoir bien combiné leurs moyens.

L'étude des seules étoffes est déjà des plus compliquées, car il ne s'agit pas de les acheter indistinctement, de confondre le satini, coton blanc très en vogue, soit avec le mérikani beaucoup plus fort, plus cher et qui ne se débite qu'au delà de l'Ougogo, soit avec le kaniki, sorte de guinée bleue légère qui forme avec les deux autres tissus la partie prépondérante de la fortune d'une expédition. C'est là, pour ainsi dire, la monnaie courante, près de laquelle les autres marchandises sont des manières de livres, de chèques ou de billets de banque, en ce sens qu'on ne les débite que pour de gros achats, pour le payement des hongos et les riches présents obligés : telles sont les étoffes en couleurs venant de Mascate, les déouli, seneffou, barwadji, kumvisa, soubaya-mpounga, bourrah-coubwa, réani-coubwa, kikoï de tous genres, absolument différentes des produits similaires fabriqués en Europe et dont on doit aussi se pourvoir, mais que l'indigène distingue parfaitement des autres, les sahari, taousiri, djarvi, débouani, barsati, satubaï, kanza, leso, moauouna, kofla, chitti, bref de quoi perdre la raison.

Puis des vestes indiennes, des manteaux arabes en drap rouge brodé d'or, appelés ksabao, dont les plis miroitants et les teintes gaies produisent sur l'esprit des chefs nègres un effet éloquent capable d'aplanir maintes difficultés.

Les perles aussi ont leurs séductions, mais leur choix a ses exigences, c'est comme un cours réglé : n'acceptez point à l'aveuglette toutes celles que l'on vous offre, vous n'en aurez que faire, le nègre n'en voudra peut-être à aucun prix. Il vous en faut de rouges, les samé-samé, en bonne quantité, de blanches, les kaniera et les merika, de noires, les soungoumazi, de roses, les maguranzigné, mais taillées, teintées, coupées, enfilées suivant la tradition et l'usage, sous peine d'être absolument dépréciées.

Enfin il ne faut pas oublier la poudre, embarillée dans de petits tonnelets dont six, roulés bout à bout dans une natte, constituent une charge de Mnyamouési, c'est-à-dire soixante-dix livres ; ni le fil de cuivre et de laiton, qu'on confie de préférence à un Mgouana, voire même au Kirangozi, et qu'on réunit, à cet effet, par paquet de deux rouleaux formant un demi-fardeau.

Quant aux bracelets, grelots, couteaux, boîtes, miroirs, fusils, colliers de fantaisie, jouets, sonnettes, gobelets, bibelots de tous genres, c'est en très minime quantité qu'il faut se pourvoir de ces articles : ils n'ont guère de valeur en tant qu'objets d'échange et généralement on ne les débite qu'à titre de cadeau pour amadouer ces grands enfants de nègres.

En somme, dans le choix de sa pacotille, le voyageur ne doit jamais perdre de vue cette vérité absolue : l'Africain est essentiellement conservateur ; habitué à tel genre de tissu, il n'en veut point démordre, quels que soient, du reste, l'aspect séduisant et la valeur de l'équivalent que vous lui offrez. On se tromperait aussi en s'imaginant que le nègre ne s'y connaît point : avec un grand sérieux et d'un air parfaitement entendu il palpe l'étoffe, la soupèse, regarde à travers, la tourne, la retourne, la mesure à sa coudée, et, s'il l'accepte, c'est qu'elle représente bien ce qu'il a reçu et connu jusqu'à ce jour ; sinon, d'un petit sourire de mépris, il vous dit : « C'est bon pour des femmes », et, vous aurez beau faire, votre marchandise dépréciée ne se relèvera pas.

Être mal assorti, c'est courir à la ruine et se préparer tous les ennuis, toutes les entraves imaginables.

Le triage des marchandises étant terminé, le prix débattu et soldé, il y a lieu de procéder à un sérieux empaquetage, chaque article nécessitant un emballage spécial fait de façon telle que, tout en étant parfaitement à l'abri de l'humidité et du vol, les colis ne soient cependant pas trop difficiles à ouvrir. Les noirs excellent à cette main-d'œuvre et l'on peut sur ce point s'en rapporter à leur habileté; toutefois il convient de les surveiller de près, sans jamais oublier que le vol est inhérent à leur nature.

Notre travail d'organisation s'accrut encore d'un cruel mécompte : M. Cadenhead avait embarqué à Londres, à bord du vapeur *Caranat*, nos principaux effets de campement qu'il avait été chargé d'acheter en Angleterre; or, par une maladresse dans laquelle je veux bien ne point voir de malice, le capitaine anglais oublia de faire débarquer ces colis à Aden où nous comptions les trouver pour les transporter à Zanzibar; ces malheureux objets continuèrent leur route sur son navire et allèrent se promener au golfe Persique d'où ils revinrent au bout de quelques mois seulement, quand depuis longtemps déjà nous avions quitté la côte.

C'était pour nous presque un désastre, car nous étions obligés de faire confectionner à Zanzibar par de maladroits Parsis nos tentes, nos lits, tous ces articles de voyage qu'en Europe on fabrique si bien, grâce aux continuels perfectionnements et aux leçons de l'expérience.

Mais il n'y avait pas à hésiter, le moindre retard pouvait compromettre notre marche; nous nous contentâmes donc du plus primitif matériel : les tentes furent faites en coton blanc par un tailleur indien; pour matelas nous n'eûmes qu'un fourreau de calicot destiné à être rempli chaque soir de feuilles sèches; nos couchettes consistèrent en simples lits de camp : des X soutenant deux barres de bois parallèles sur lesquelles glissait une forte toile à voile.

Nous avions encore à faire fabriquer des bâts pour les ânes. à cet égard, nous essayâmes de la selle Otago-Stanley combinée avec la méthode Cameron, le tout accommodé aux conseils des Arabes du lieu; le résultat, je dois le dire, n'a nullement répondu aux nécessités de la situation · les fardeaux ont affreusement blessé nos pauvres bêtes et c'est à cette circonstance que l'on doit d'en avoir obtenu de si maigres services.

Du matin au soir cependant nous courions les boutiques des Parsis, tailleurs, selliers, forgerons, cordonniers, menuisiers, expliquant, pressant, menaçant, sans jamais parvenir à émouvoir ces disciples de Zoroastre qui poursuivaient paisiblement leur tâche, laissant passer au-dessus de leur tête l'orage de nos emportements.

Ces gens-là, qu'on appelle aussi *Guèbres*, sont originaires de la Perse d'où ils émigrèrent en masse à Surate et à Bombay lorsque l'introduction du Mahométisme suscita contre leur culte païen une véritable persécution religieuse. Leurs traits rappellent beaucoup ceux des habitants de la Géorgie; ils portent un costume monotone et uniforme, consistant en une tunique de mousseline blanche assez longue, des pantalons de même étoffe, et sur la tête un singulier bonnet léger et raide, fait de toile perse grisâtre, luisante, empesée et ouatée; ils ont la peau couleur bronze, le visage, les épaules et les bras tatoués.

Dans quelles colères ne nous sommes-nous pas mis contre eux! Je leur dois ma première atteinte de fièvre, et peu s'en est fallu qu'elle n'eût un dénouement fatal.

Le 20 janvier, tout était terminé, emballé, ficelé, étiqueté, marqué avec soin, les comptes réglés, soldés, les hommes enrôlés, bref il ne restait plus qu'à partir, quand, dans l'après-midi, me trouvant chez M. Greffuhle, il

INTÉRIEUR CHEZ M. GREFFUHLE

me sembla que tout vacillait autour de moi; je m'assis et peut-être mon visage trahit-il ma souffrance, car je me rappelle qu'à ce moment-là mes amis s'approchèrent... Que se passa-t-il alors? Je n'en sais rien; mais quelques heures plus tard je me réveillai dans un lit chez M. Greffuhle et, à mon chevet, je vis un homme qui, sa montre à la main, me tâtait le pouls.

« Très mauvais », dit-il en anglais.

Je fis un effort pour me ressouvenir, mais ma tête s'embrouilla; j'avalai quelque chose d'amer qui me fut présenté et je retombai comme en léthargie.

Le lendemain je ne pus me lever, j'étais anéanti, brisé; je parvins cependant à reconstituer dans mon esprit ce qui s'était passé et alors, épouvanté des conséquences que pouvait avoir pour l'expédition l'attaque de fièvre qui m'avait terrassé, je fis appeler mon ami Roger et M. Cadenhead.

Il fut convenu que mes deux compagnons se rendraient à Saadani avec tous les bagages et le personnel, qu'ils y établiraient le camp et recruteraient les Vounyamouésis nécessaires.

« Et vous viendrez nous rejoindre dans un jour ou deux, » ajouta Roger.

Mais à la façon dont mon brave camarade disait cela, je vis bien qu'il n'y comptait point.

Quand ils furent hors de la chambre, je me traînai jusqu'à la fenêtre qui donnait sur le quai; là, amarrés en face de la maison Greffuhle, j'aperçus deux daous arabes dans lesquels on entassait nos caisses, nos ballots, nos effets de campement, tout notre matériel auquel je venais de travailler jour et nuit avec tant d'acharnement; à chaque colis qui s'engouffrait dans les flancs du bateau, il me semblait qu'on m'arrachait quelques fibres du cœur; puis les Vouangouanas de l'expédition, au rire bruyant, à la face hilare, s'embarquèrent en lançant d'expressifs adieux à leurs familles et à la nuée de noirs qui inondaient la plage; enfin je vis Roger et Cadenhead serrer la main de Greffuhle et des autres blancs accourus pour les saluer une dernière fois; à leur tour ils montèrent à bord, et quand les daous levèrent l'ancre, je distinguai à l'arrière nos drapeaux qui flottaient.

En ce moment un déchirement douloureux se fit en moi : cette expédition que j'avais couvée de mes soins, de mes études, de mon travail, à laquelle je venais de consacrer toutes mes heures, et ma santé et ma vie, elle partait sans moi !...

Quand Greffuhle rentra dans la chambre, il me trouva étendu sans mouvement devant cette fenêtre. Il comprit et me gronda.

« Ce n'est pas le moyen de vous guérir, » fit-il.

Et je me recouchai.

Mais une tempête effrayante se soulevait dans mon esprit; tout mon être se révoltait à cette idée que la caravane allait s'ébranler sur les côtes d'Afrique et que je resterais ici cloué sur mon lit. Je voulais réagir, me lever, courir; mais j'avais les reins comme brisés, mes jambes se dérobaient sous moi et mes yeux se voilaient.

Quand vint le docteur :

« Les doses de quinine sont trop faibles, » dit-il.

A mon tour je compris. Esculape me traitait en malade qui a du temps à perdre ; au lieu de la couper brusquement, il voulait guérir radicalement ma fièvre. C'était honnête, mais cela ne faisait pas mon compte et je résolus d'y mettre bon ordre. A peine eut-il le dos tourné que j'avalai en une fois toute la quinine qu'il m'avait préparée pour deux jours au moins.

J'eus un sommeil pénible, d'affreux bourdonnements d'oreilles, et bientôt je fus complètement sourd ; mais le lendemain la fièvre était terrassée.

Je fis alors venir mes domestiques et leur commandai d'aller sur l'heure louer une barque sur laquelle je monterais avec eux le lendemain. A Greffuhle, qui voulut m'en dissuader, je déclarai que ma résolution était inébranlable, et le 23 janvier, appuyé au bras de cet excellent ami, j'entrai dans le bateau qui allait me porter jusqu'à la terre africaine. Les adieux que me firent les résidants européens étaient empreints d'une grande tristesse : quels que fussent leurs efforts pour me souhaiter un heureux retour, il n'en était pas un parmi eux qui osât réellement l'espérer.

Le vent enflait la voile de mon daou arabe, fin marcheur, nullement emménagé du reste pour recevoir des voyageurs, car il n'avait même pas de cabine. Assis entre mes noirs serviteurs, je voyais comme dans un rêve se dérouler cette île verdoyante de Zanzibar ; les tiges des palmiers se balançaient mollement sous la brise et les superbes manguiers bombaient sur l'azur du ciel leurs cimes verdoyantes, tandis que les hautes murailles, les toits carrés, la grosse tour, la massive silhouette du palais, défilaient à mes yeux, fuyaient et peu à peu se noyaient dans une buée lumineuse et chaude. D'en haut tombait un calme profond, d'en bas jaillissaient des lueurs rutilantes ; je m'endormis, bercé par le ballottement du flot, et quand, à mon réveil, je demandai à Pilipili qui tenait sur ma tête un parapluie ouvert : « Où sommes-nous ? » il me répondit, désignant à l'horizon une bande jaunâtre d'où émergeait la silhouette de quelques cocotiers :

« Saadani ! Afrique ! »

Le bateau s'était arrêté à près de deux kilomètres du rivage, à cause de l'ensablement qui n'en permet pas l'approche ; le patron mit à la mer la pauvre petite barque qui pendait au flanc du daou, et j'y pris place avec mes gens et deux pagayeurs. Mais à peine avions-nous franchi la distance de quelques brasses qu'une forte lame nous prit par le travers et l'embarcation chavira ; nous fîmes à la nage un trajet assez long, puis, ayant pris pied et les forces me manquant, je me hissai sur les épaules de Mabrouki. Lorsqu'il me déposa sur le sable, une longue acclamation retentit : Roger, Cadenhead, les Vouangouanas, toute l'expédition était là. J'aspirai l'air comme un asphyxié ; il me semblait que je renaissais à la vie, je me sentais sauvé.

Dans une misérable hutte au sommet de laquelle flottait notre pavillon je trouvai préparée une couchette où je goûtai quelque repos ; j'appris ensuite combien mes camarades avaient rencontré de difficultés à engager des porteurs vu la saison tardive et surtout parce que les Vounyamouésis ne se rendent pas volontiers à Saadani.

Cadenhead avait commis une erreur en choisissant ce point de départ sur l'avis de plusieurs de ses compatriotes ; les Anglais voudraient faire adopter cette tête de ligne de préférence à celle de Bagamoyo considérée comme française à cause de la Mission des pères du Saint-Esprit. Mais Saadani est une misérable bourgade qui ne répondra jamais à cette attente ; non seulement on n'y rencontre aucun Européen, mais il n'y a même pas un artisan, indien ou nègre, capable de vous venir en aide dans les derniers préparatifs du voyage ; en outre, j'ai dit que les daous ne peuvent approcher de la côte qu'à deux milles environ : ce trajet doit être effectué à pied, à marée basse, l'eau vous montant à hauteur de la poitrine, au grand dam des colis que la maladresse des noirs laisse à tout moment choir dans la mer.

A Bagamoyo, au contraire, est installée toute une colonie de Hindis, Goannais, Parsis, qui ont la spécialité de ces mille riens que le voyageur ne peut prévoir et dont la plupart du temps il ne remarque l'absence qu'au moment de se mettre en marche. Les pères du Saint-Esprit, dont l'expérience est grande et l'urbanité parfaite, sont également de très utiles auxiliaires pour l'explorateur qui va affronter le mystérieux inconnu ; enfin c'est à Bagamoyo que les Vounyamouésis porteurs sont accoutumés de se rendre pour louer leurs services, et c'est là que se trouvent les bras les plus solides et les hommes de premier choix.

En un mot, il n'y a pas à hésiter entre ces deux routes : celle de Saadani n'est réellement à conseiller qu'aux caravanes peu importantes, légèrement chargées, n'ayant pas à dépasser l'Oussagara ou le Mpwapwa ; mais lorsqu'il s'agit d'une exploration lointaine comportant les lourdes charges nécessaires aux hongos et à l'entretien de l'expédition pendant des mois, voire des années, c'est l'itinéraire de Bagamoyo qu'il faut suivre ; d'autant — on le verra plus loin — que les vivres sont chers, les villages misérables, l'eau souvent détestable par le chemin de Saadani, alors que par Bagamoyo on traverse de grands centres, riches et populeux, dont les habitants sont habitués au passage des blancs qu'ils accueillent de la façon la plus hospitalière ; l'essentiel est d'éviter d'y être surpris par la saison des pluies, à cause des marais de la Makata.

Aussi les porteurs regimbent-ils généralement lorsque l'on choisit la ligne montueuse de Saadani.

En somme, nous surmontâmes ces dernières difficultés : les Vounya-mouésis furent trouvés, triés, enrôlés, et la caravane, forte de cent huit hommes, fut enfin entièrement constituée ; rien ne nous arrêtait et, quoiqu'un peu faible encore et souffrant, j'insistai moi-même pour qu'on se mît en marche sans retard, persuadé d'ailleurs que sur ces hauts plateaux,

BURDO SUR LES ÉPAULES DE MABROUKI.

là-bas dans l'intérieur, plus sûrement que sur ces rives insalubres, je retrouverais force et santé.

Arrivés à Zanzibar le 5 janvier, nous quittâmes définitivement Saadani le 26 du même mois, ayant consacré vingt et un jours à l'organisation de notre expédition, travail qui avait coûté à Stanley deux mois et demi lors de son premier voyage, soixante jours lors de son second et à Cameron un laps de temps plus grand encore.

Le principal mérite en revient, sans contredit, à notre ami Greffuhle dont les conseils et l'appui de tous les instants nous ont été si utiles non seulement pour vaincre les difficultés de l'entreprise, mais aussi pour dénouer les entraves anonymes que la jalousie ou le dépit fit naître sous nos pas. Qu'il reçoive ici le témoignage de notre bien sincère reconnaissance.

Cependant la caravane s'ébranle : les fardeaux sont enlevés, chargés sur les noires épaules, hissés sur les robustes têtes ; d'une voix de Stentor le kirangozi entonne le grand cri du départ auquel répondent les bruyantes détonations d'armes à feu ; les drapeaux sont déployés, le sentier qui mène à l'inconnu est ouvert ; alors, jetant un regard d'adieu vers le rivage et la mer immense, nous saluons pour la dernière fois ces horizons lointains qui mènent à la patrie et qui bientôt disparaissent à nos yeux : la porte de l'Europe s'est refermée derrière nous.

CHAPITRE XI

Premières étapes. — Les traversées de cours d'eau. — Désertions. — En chasse. — Exploit de Roger. — Les dédales rocheux. — Un orage dans les montagnes. — Mambola. — La Mission Last — Une tombe

Le pays que nous parcourons au départ de Saadani ne conserve pas longtemps sa physionomie maritime : il s'élève rapidement, offrant à la vue de vastes plateaux entrecoupés de bouquets de tamarix, de halliers épineux et, deçà, delà, de solennelles rangées de cocotiers dont Bagamoyo principalement possède d'importantes plantations très productives ; cet arbre précieux ne se développe, on le sait, qu'au sein des régions voisines de la mer, et à mesure qu'on s'en éloigne n'apparaît plus qu'à l'état isolé et sauvage ; sur la côte, au contraire, après six ou sept ans de croissance, il donne un rendement annuel de la valeur d'un dollar et se reproduit très facilement.

Au milieu d'un océan de verdure sont essaimées le long de la route de riants petits villages nègres, consistant en quelques maigres huttes au seuil desquelles jouent des enfants noirs tout nus que notre approche fait fuir comme une volée de moineaux, tandis qu'entre les larges feuilles des bananiers nous voyons luire les regards à la fois curieux et effrayés de toute la tribu. Aux alentours, les goyaves dorées pendent aux arbres et les superbes manguiers plient sous le faix de leurs gros fruits appétissants ; puis, à travers une déchirure, au détour du chemin, un coin de la mer bleue nous apparaît parfois à l'horizon, comme un ami qui de loin prolonge son adieu.

Au bout de cinq ou six jours de marche, le pays change absolument d'aspect : les cultures deviennent rares, les taillis s'épaississent, le sentier s'efface ; la route que nous suivons est, du reste, peu fréquentée et je ne crois même pas qu'elle ait été décrite avant nous, les grandes expéditions précédentes ayant toutes emprunté l'itinéraire de Bagamoyo.

Cette contrée s'appelle l'Ousicoua : elle s'étend en plis ombreux, en vertes plaines entrecoupées de roches de quartz et de monts à la teinte rubigineuse ; à l'est, on distingue dans le lointain les chaînes de Kikoisou, Pongoué et Kidoudwé ; au nord-ouest, les pics Lokanga, M'Tchari et Tiwano ; devant nous, ceux de Lokanga nous nous trouvons bientôt en plein dédale rocheux.

C'est ainsi que nous franchissons successivement N'Doumi, M'Kengi, Pakouréhé, Semagombé, où nous rencontrons un terrain fortement tourmenté et des affleurements schisteux, tandis qu'aux précédentes étapes le sol était ferrugineux.

Le 3 février, la marche débuta à travers un pays pauvre et dénudé, ici montueux, plus loin entrecoupé de maigres bosquets et de bois peu touffus ; bientôt nous fûmes arrêtés par un large tributaire de la rivière Vouami, et ce fut en vain que nous en explorâmes les rives dans l'espoir d'y trouver quelque pont rustique ; nous dûmes le traverser à gué, l'eau nous montant jusqu'à la poitrine, et telle était la violence du courant que plusieurs porteurs perdirent pied et laissèrent choir leurs fardeaux, au grand détriment de la marche, car sur l'heure, et sous peine de perdre l'étoffe qu'ils contenaient, les ballots furent ouverts et leur contenu minutieusement séché au soleil, travail des plus longs et des plus fastidieux. Nos ânes aussi nous donnèrent de la tablature, et nous faillîmes en perdre un

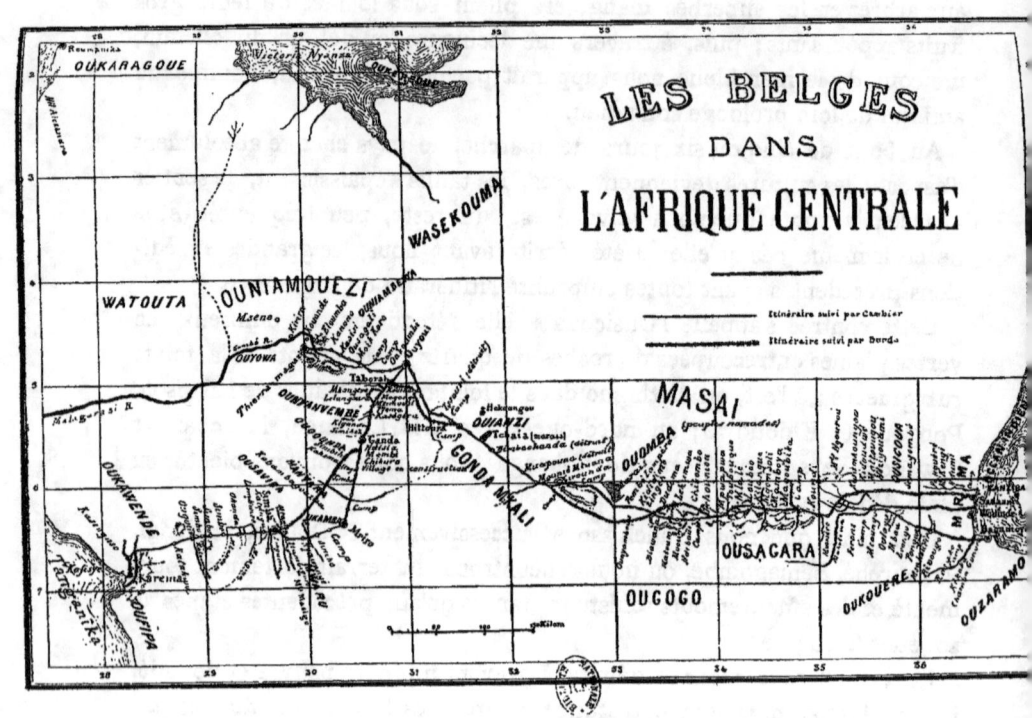

dont la taille, il est vrai, était si petite, qu'en le voyant on eût dit d'un grand chien. Bien entendu, avant de lancer les braves bêtes dans la rivière, on les débarrassait de leurs fardeaux que les pagazis transportaient sur l'autre rive.

Ces obstacles sont d'autant plus pénibles, fatigants et funestes à la santé qu'ils se présentent au début de l'expédition, alors que le voyageur ne possède encore ni l'expérience ni l'entraînement voulus pour franchir aisément ces passages, ce qui plus tard devient un jeu pour lui. Par Bagamoyo, ce sont les affluents de la Makata qui barrent la route, beaucoup moins nombreux et moins importants que ceux du Vouami dont, en somme, la Makata n'est qu'une maîtresse branche ; suivant les points qu'il arrose, ce fleuve s'appelle Vouami à la région maritime, Roudéhoua dans l'Ousicoua, Makata à son embranchement méridional, et Moukoundokoua à son cours supérieur, à la sortie des sources, dans les monts Ousagara.

Le 4 au soir, nous dûmes camper en pleine solitude, sans avoir pu atteindre aucun village pour y faire des vivres ; une certaine agitation régnait dans la caravane, on eût dit d'une mutinerie qui couvait sourdement : les hommes étaient de fort mauvais vouloir, s'impatientaient pour un rien, parlaient beaucoup et travaillaient mal.

« Il y a un vent de fronde dans l'air, » me dit Roger.

Il avait raison.

La nuit vint. Autour des feux, les groupes se forment bruyants, animés ; au lieu de se livrer au sommeil, nos nègres sont là qui pérorent avec passion : tantôt une voix s'élève grondeuse, menaçante ; tantôt une bordée de gros rires accueille quelque méchant propos ; des lazzis s'entre-croisent, éclatent comme une querelle ; ou bien c'est tous ensemble qu'ils crient et se démènent, tandis qu'aux lueurs pourpres des brasiers leurs yeux s'illuminent d'un éclat sinistre et que sur la toile des tentes leurs ombres fantastiques dansent et s'allongent démesurément.

Énervé, je me lève et je me promène au milieu d'eux sans laisser percer aucune préoccupation ni paraître même ennuyé de leurs bavardages ; je m'assieds, ils me regardent et se taisent ; je tâche de discerner s'il y a parmi eux des mécontents ou des meneurs, vains efforts : peu à peu tous se sont étendus, et pêle-mêle se livrent au sommeil, qui sur le dos, qui sur le nez, sans plus souffler mot ; moi-même je regagne alors ma tente en passant par-dessus ces grands corps tout nus éclairés de reflets tremblotants : on eût dit d'une jonchée de cadavres, tant l'immobilité était complète et le silence profond ; en m'endormant, je me persuadai m'être grandement trompé sur le compte de ces braves gens.

Au point du jour, Roger Cadenhead et moi nous voulûmes, suivant l'habitude, prendre un peu de café avant de nous mettre en route ; mais c'est inutilement que nous hélâmes le cuisinier ; par contre, nous vîmes Kamsini s'avancer vers nous, et, timidement :

« On ne pourra pas marcher aujourd'hui, hasarda-t-il.

— Qu'est ce à dire ?

— Fardjalla, Mounélédi, Ramsini, Djouba, Sani, Réadi et Oumala ont déserté.

— Les misérables !

— Il y a eu tout un complot, à ce qu'il paraît ; mais les meneurs n'ont pu entraîner personne avec eux ; les hommes qui vous restent sont de braves gens, vous verrez. »

La consolation était risible et ne nous empêcha point d'entrer dans une grande colère ; sans tarder, Abdallah et quelques askaris furent lancés aux trousses des fuyards ; mais la poursuite fut vaine, on ne retrouva qu'un rouleau de fil de cuivre abandonné aux abords du camp par un des déserteurs ; du reste, c'est à cela heureusement que se bornait toute leur tentative de vol. Il fallut bien en prendre notre parti, et nous ne songeâmes plus qu'à remanier les fardeaux : ceux des déserteurs furent ouverts, vérifiés, divisés et distribués aux askaris en sus de leurs propres charges.

Sur ces entrefaites, la faim nous talonnant, nous envoyâmes Mabrouki s'enquérir du cuisinier.

« Il a déserté, » nous annonça-t-il.

Le coup était cruel. Si borné que fût son talent, cet homme avait néanmoins quelques faibles notions de l'art culinaire ; nous tenions à lui comme à la prunelle de nos yeux ; il avait été engagé dans de superbes conditions, était cajolé et, relativement aux autres, jouissait d'un traitement de ministre ; enfin nous n'avions pour lui que de bonnes paroles et des sourires peut-être intéréssés, mais à coup sûr toujours aimables.

Et après nous avoir juré la plus entière fidélité, il nous délaissait lâchement en plein inconnu !

Car enfin des porteurs peuvent se remplacer au sein des populations que l'on rencontre, mais comment et où trouver un cuisinier ?

Nous eûmes un moment de morne chagrin.

C'est alors que Mabrouki se révéla.

« Je ferai la cuisine, maître, si vous le voulez, me dit-il.

— Mais t'y connais-tu ?

— Pas beaucoup ; cependant je pense que je m'en tirerai. »

Bref, à l'office d'intendant qu'il remplissait déjà auprès de Roger et de moi Mabrouki joignit, à partir de ce jour, l'emploi de cuisinier. Dire qu'il fut un Vatel, ce serait évidemment exagérer, mais nous fûmes surpris de ses heureuses dispositions, et, à l'aide de quelques conseils, nous en fîmes un cordon bleu apte à rôtir une cuisse d'antilope, à bouillir du maïs et à cuire une poule, car à cela se bornait l'œuvre culinaire dont nous pouvions avoir besoin aux plus belles heures d'abondance.

Comme bien on pense, nous ne marchâmes point ce jour-là, mais lorsque

PAGAZIS DE L'EXPÉDITION.

le lendemain la caravane s'ébranla, les porteurs furent édifiés sur nos dispositions à l'égard de ceux qui feraient mine de déserter, de se mutiner ou d'exciter les autres à la révolte : parvinssent-ils même à nous échapper, ils comprirent qu'ils seraient partout poursuivis et qu'à Zanzibar nos frères blancs les feraient emprisonner comme les plus vils malfaiteurs.

L'étape suivante qui nous conduisit à Kidoudwé fut très dure : commencée à six heures et demie du matin, elle se prolongea sans arrêt jusqu'à midi, à travers un pays splendide, à la végétation luxuriante, aux coteaux verdoyants, aux grasses plaines, aux bosquets feuillus. Nous trouvant d'avant-garde Roger et moi, nous vîmes défiler de nombreuses antilopes à la robe brun foncé, mieux appelées caamas, je pense, bêtes anguleuses, faites de triangles, comme dit Harris, mais douées d'une vue perçante, d'une excellente ouïe et d'une grande finesse d'odorat ; par leurs formes gracieuses, leur vivacité, leurs habitudes, elles tiennent à la fois du cerf et de la chèvre ; ailleurs, auprès d'un bouquet d'arbres, se profile le long col d'une girafe, gardienne d'un troupeau de cent ou de deux cents zèbres. Pendant que ceux-ci pâturent à leur aise, jouent, courent, gambadent et se poursuivent, œil au guet, oreille au vent, leur vigilante compagne arrache çà et là quelques feuilles d'arbres qu'elle rumine en inspectant les alentours. Que si le moindre danger approche, vite elle donne l'alarme, et toute la bande de se rassembler, de se masser autour de la sentinelle, et de disparaître avec elle dans un nuage de poussière. J'ai maintes fois observé au cours de mon voyage cette intimité entre girafes et zèbres ; seulement, si ces derniers vont toujours par troupes nombreuses, il n'en est pas de même de leur disgracieuse surveillante qui généralement est seule au milieu d'eux.

Roger était rayonnant. Depuis notre départ c'était la première fois que pareille abondance de gibier dévalait à nos yeux.

« Allons, Burdo, il y a un fameux dîner là-bas ! »

Et tous deux nous nous mîmes en chasse, franchissant marais et broussailles, plaines et ravines, lacis épineux, avançant autant que possible parallèlement à la direction générale de la caravane dont cependant nous nous écartâmes sensiblement.

Mabrouki et Oulédi nous suivaient.

Nous laissâmes à notre gauche un bras de la rivière Vouami, et, nous dirigeant vers la région montagneuse qui se dressait en face de nous, nous arrivâmes dans un site réellement merveilleux. Rien ne peut rendre l'imposante sauvagerie de cet Éden : de véritables tapis d'herbe drue et grasse où cavalcadent des zèbres, des girafes, où bondissent des buffles, se déroulent à perte de vue ; des rivulets serpentent au travers de ces plaines fertiles dont ils entretiennent la fraîcheur et l'éclat ; puis des enchevêtrements de lianes, des bois épais où nul être humain n'a de longtemps posé le pied, et qu'à coup sûr aucun homme blanc n'a jamais parcourus ; les antilopes s'arrêtent un instant curieuses, fuient et cabriolent joyeusement, tandis que sur les arbres des ramiers roucoulent, et, deçà, delà, devant nous, un gros serpent noir se dresse menaçant, à la grande terreur des nègres qui nous accompagnent pieds nus.

Toutefois ce gibier s'effarouche vite ; en Afrique, du reste, il est généralement très difficile à approcher, et tel qui croirait pouvoir sans grandes fatigues se livrer au noble plaisir cynégétique, ne tarderait pas à être cruellement déçu. C'est presque à la rampée qu'on est forcé d'avancer, et l'animal vous tient toujours à si respectable distance qu'il faut être muni d'un excellent rifle et doué d'un non moins bon coup d'œil, pour pouvoir d'une balle l'arrêter net.

Afin d'augmenter nos chances, nous bifurquâmes : Roger appuya sur la droite, tandis que je poursuivais en ligne directe, et nous convînmes de nous retrouver au pied du mont Pagari.

« Ne vous écartez pas trop, maître, insistait Mabrouki : ce pays est dangereux, infesté par les Massaïs, brigands et maraudeurs, qui portent la terreur dans tous les villages environnants. »

Mais je ne pensais guère aux malfaiteurs, aux sauvages, aux nègres !

J'étais tout entier sous le charme de ce superbe panorama, si brillant et si beau qu'il me semblait suivre quelque chasse royale dans un parc enchanté. Nul vestige de village et pas un être humain, pas même une trace, une sente, laissées par quelque nègre chasseur. Rien. L'inconnu silencieux et troublant, quelque chose comme un coin de l'Éden dont j'eusse été le roi.

Les pintades s'échappaient des fourrés en poussant des piaillements aigus ; à chaque pli de terrain, sur les ondulations de ce tapis de velours vert, des bandes d'antilopes détalaient de toute la vitesse de leurs fuseaux d'acier ; j'avançais avec des précautions infinies, me traînant parfois à de longues distances sans jamais pouvoir arriver néanmoins à une portée raisonnable.

Après de grands efforts, des courses, des poursuites effrénées, je parvins à abattre un de ces gracieux animaux dont les bons yeux tout ronds versèrent deux larmes au moment de se fermer à jamais, et je tirai quelques pintades ; c'était maigre, mais ne voulant pas m'écarter davantage, je repris l'allure de la marche et me dirigeai vers le point convenu. J'allais y arriver, quand deux coups de feu partirent sur ma droite.

« Bana Roger, » me dit Mabrouki dont l'ouïe était infaillible, ainsi qu'il me fut permis de le constater à maintes reprises.

Effectivement, je rejoignis bientôt mon camarade et je me disposai à lui montrer fièrement le produit de ma chasse, quand son sourire triomphant m'arrêta.

« Eh bien ? fis-je.

— Un superbe zèbre, » me répondit-il.

Et, en effet, un de ces fiers animaux, de la grandeur d'un mulet, gisait là, près du fourré, atteint d'une balle qui lui avait fracassé la cuisse ; sa peau était blanche, rayée sur le dos, la croupe et les jambes de bandes noires parallèles, et ces deux tons étaient si nettement tranchés qu'aucune nuance intermédiaire n'apparaissait sur sa robe.

Le laissant à la garde de Mabrouki, nous allâmes quérir des hommes pour transporter ce gros gibier jusqu'au camp que Cadenhead avait établi à peu de distance de là; et, quelques heures plus tard, le bel animal rôtissait en cuissots, côtelettes et filets embrochés au-dessus d'une immense flambée de bois sous notre direction générale.

Le repas fut des plus gais, j'ajoute qu'il était succulent : tout en tenant compte de la faim qui chaque jour nous prédisposait à l'indulgence, la chair du zèbre fut déclarée délicieuse, et, en fait, toutes les fois que nous pûmes en avoir, ce fut toujours grand régal pour nous. Faute de vin, c'est à larges lampées de jus de palme que nous portâmes la santé de Roger à qui nous devions cet excellent festin.

Nous demeurâmes deux jours à Kidoudwé. Durant l'étape suivante nous eûmes à traverser six cours d'eau dont plusieurs réclamèrent un travail considérable. Les uns furent franchis sur d'immenses arbres jetés d'une rive à l'autre, d'autres sur des ponts en lianes, ouvrages des indigènes, mais dont l'oscillation est si dangereuse et la solidité si hypothétique qu'on préfère encore descendre tout bonnement dans l'eau ; du reste, pour le passage des ânes nous étions quand même obligés de tailler un chemin dans la jungle épaisse qui couvre les berges et de chercher des endroits guéables.

En ces circonstances les pauvres bêtes firent aussi leur apprentissage des marches dans l'Afrique centrale : habituées aux déserts d'Arabie où, sous la sécheresse, elles endurent vaillamment fatigues et privations, elles souffraient de ces étapes en pays inondés ; car, à l'instar du chameau et de tous les quadrupèdes aux extrémités nerveuses et aux attaches fines, les petits mulets arabes ne supportent pas les terrains humides c'est ce qui oblige les caravanes marchandes du Sénégal et du Niger qui usent de ces utiles auxiliaires, à hiverner en route quand vient la saison des pluies, et à remiser les animaux sous des hangars jusqu'au retour des beaux jours.

Cependant ces obstacles furent surmontés, les passages d'eau franchis sans accidents notables, et nous gagnâmes ainsi le village de Quamkougou, situé près d'un gros affluent du Vouami, où, pour la première fois depuis notre départ, nous trouvâmes des vivres en certaine abondance.

Ce district s'étend en vue des monts N'Gourou qui, du fond de la région marécageuse formée par les inondations des nombreux tributaires du Vouami, apparaissent au voyageur comme un phare de salut où l'on va retrouver santé, fraîcheur, calme et repos.

EXPLOIT DE ROGER.

Le panorama est splendide : ces pics ambitieux, couverts d'une luxuriante végétation, offrent au regard l'image de la grandeur et de la fécondité ; à les voir ainsi durant les belles nuits claires, on dirait d'une rangée d'apparitions fantastiques qui rêvent, silencieuses, sous leur grand manteau de verdure.

La couchée fut fertile en émotions : les léopards et les hyènes rôdaient sur notre front de bandière, et, saisis d'effroi, nos pauvres ânes, brisant leurs entraves, venaient se réfugier aux alentours des tentes, s'embarrassaient dans les cordages, déracinaient les piquets et produisaient dans le camp un indescriptible désarroi. Nous prîmes nos fusils dans l'espoir de tirer quelques-uns de ces maraudeurs, mais il ne s'en présenta point à distance désirable : les feux les tenaient en respect, et, du reste, chaque soir on élevait autour du lieu choisi pour la halte ce que l'on appelle un *boma*, c'est-à-dire une palissade en branchages suffisante pour arrêter l'incursion des fauves, et derrière laquelle on parviendrait même à se retrancher pour combattre, le cas échéant. C'est là une précaution des plus élémentaires, qu'il est presque inutile d'indiquer aux noirs tant ils en ont l'habitude ; à vrai dire, il s'agit en cela bien plus de leur protection personnelle que de la nôtre, puisqu'en somme ils passent la nuit en plein air, par terre, tandis que nous avons, du moins, nos tentes pour nous abriter.

Le lendemain, 8 février, nous rejoignîmes à M'Choropa la route de Bagamoyo, après avoir suivi les sinuosités d'un large cours d'eau que nous franchîmes entre les villages de N'Gono et de Kanga ; en sortant de la rivière, je fus surpris de voir mes bottes couvertes d'une poudre brillante que je pris tout d'abord pour des paillettes d'or arrachées des pépites qui gisent dans les monts N'Gourou, au dire des naturels ; un simple examen me suffit pour constater que cette poussière était à facettes plates et je ne tardai pas à y reconnaître le mica dont les gisements doivent être considérables dans cette région.

A partir de M'Choropa, un changement radical s'opère autour de nous : les quatorze jours précédents se sont écoulés en pays inexplorés où les caravanes ne passent guère, où la rudesse des gens l'emporte sur la sauvagerie du décor ; mais nous voici maintenant dans une région cultivée, populeuse, où les villages sont nombreux et bien tenus, où la terre, fertilisée par les débordements de nombreux cours d'eau qui y déposent un précieux limon, produit de riches récoltes ; une chevauchée de monts verdoyants galope vers le nord, tandis que se déroulent sous nos pas de vastes plaines, des bosquets et des bois, de riants et délicieux vallons.

C'est ainsi que nous passons Koundi.

Mais, hélas ! une rude épreuve nous était réservée pour le lendemain.

M. Cadenhead ayant préféré quitter à nouveau la route de Bagamoyo pour reprendre celle des montagnes que lui avait conseillée M. Stokes à Zanzibar, nous nous égarâmes dans d'inextricables défilés, escaladant des pics immenses pour redescendre dans d'étroites gorges et gravir encore en pure perte des séries de monts qui se succédaient comme les moutonnements de la mer. J'ai compté dix-huit ascensions que nous fîmes de la sorte et que nous eussions pu éviter en contournant la chaîne des montagnes, ce qui n'allonge guère la route et réduit sensiblement la fatigue. M. Stokes, il est vrai, avait fait ce trajet par monts et par vaux sans grand surcroît de peine, mais c'était à son retour vers la côte, alors que sa caravane était des plus légères, presque sans bagages et sans fardeaux ; pour la nôtre, au contraire, cet itinéraire, hérissé d'ennuis sans cesse renaissants, ne présentait absolument aucun avantage : tantôt c'étaient des amoncellements de blocs énormes où nos ânes glissaient, perdaient pied et roulaient entraînés par leurs charges au fond des précipices ; tantôt d'infranchissables ravins n'offrant à la vue qu'un trou noir, béant, qui nous barrait la route et nous forçait à des détours, à des marches, à des contre-marches au sein d'un dédale rocheux dont nos guides avaient absolument perdu le fil ; et cela se prolongea sans interruption jusqu'au soir.

Aussi étions-nous exténués quand nous atteignîmes enfin le village de Nyangara dans une très pittoresque vallée où, à peine installés, nous eûmes à essuyer un effroyable orage.

C'est la masika qui s'annonce.

Au moment où le soleil décline à l'horizon, un sifflement prolongé, comme le holement d'une chouette, parcourt le flanc de la montagne, un silence profond lui succède ; tout fuit : tremblants, les oiseaux se blottissent dans les anfractuosités des roches, le gibier court se cacher sous la futaie. Cependant de sombres nuées s'agitent dans l'espace, roulent et se massent à l'occident ; elles s'épaississent à vue d'œil, s'ébranlent, courent, s'entre-choquent, planent au-dessus de nos têtes, enveloppent les pics aigus qui nous dominent et, comme déchirées par ces dents de granit, se répandent sur nous en cataractes.

Ce n'est pas de la pluie, mais un déluge : l'eau tombe par paquets, tandis que les éclairs sillonnent le ciel noir comme de l'encre et que le tonnerre ébranle les monts.

Autour du camp les hommes creusent de larges fossés pour se préserver d'une inondation générale ; adossées à la montagne et par là préservées, nos tentes tinrent bon, c'est-à-dire qu'elles ne furent pas déracinées grâce

TRAVERSÉE D'UNE RIVIÈRE.

à la courte durée de l'orage et à la clémence du vent, car le sol détrempé laissait aller les piquets à la dérive, et le moindre effort de la tempête eût dispersé nos abris.

Le lendemain, nous constations la désertion de trois hommes, six autres tombaient malades : tel fut le bilan de l'erreur que nous avions commise la veille.

La marche de ce jour-là nous conduisit au district de Mamboïa, un des plus considérables de la contrée, gouverné par un puissant sultan, le très haut Seïd. Nous n'eûmes pas l'heur de le rencontrer, mais en son lieu et place nous fûmes accueillis en amis par le chef M'wara M'wagwisa qui nous combla de paroles aimables et, mieux encore, de fruits, de légumes, de poules et de blé. La population y est nombreuse, de mœurs douces et tranquilles, l'eau délicieuse, la terre féconde, bien cultivée.

C'est là que M. Last, missionnaire anglais de Mpwapwa, a établi un poste hospitalier ; perchée au faîte du pic le plus élevé, la mission a été installée à côté de la demeure du souverain, et aux alentours règne une activité extraordinaire qui fait honneur aux efforts du pasteur anglican.

La pente qui y mène est dure à gravir ; d'en bas, on dirait d'une aire d'aigle au flanc de quelque mont cyclopéen ; mais d'en haut l'effet est merveilleux, le panorama vraiment magique : on domine une immense étendue de pays où s'éparpillent de nombreux petits hameaux dont les huttes mouchettent de points noirs la nappe verte qui se déroule au loin.

L'habitation européenne forme un parallélogramme en terre durcie, avec toit en chaume assez semblable aux tembés, mais garnie de portes et de fenêtres et emménagée avec un certain comfort.

M. Last est âgé d'environ trente-cinq ans : c'est un homme solide, bien acclimaté, serviable et sympathique ; à côté de sa demeure, il a établi une école où il appelle les enfants du pays qu'il initie à l'Évangile et s'efforce d'arracher à la barbarie. En un mot, c'est un homme de bien, édifiant dans l'ombre, loin du bruit du monde et des fumées de la gloire, une de ces œuvres foncièrement humanitaires qui seront l'honneur de notre époque.

Il avait été précédé en ces lieux par M. Price, de la Société des missions de Londres, un des premiers qui aient accompli l'itinéraire de Saadani à Mamboïa, dont le nôtre s'est toutefois écarté en divers points. Dans cette expédition, M. Price tenta l'emploi des chars à bœufs dont Livingstone s'était si bien trouvé au cours de ses explorations au Zambèze ; mais cet essai n'a révélé aucun côté pratique et ses résultats furent nuls, non pas à cause de la tetsé dont on n'est guère obsédé par là, mais bien en raison de la route elle-même beaucoup trop accidentée pour que le traînage des chariots y soit possible.

En quittant Magambika, nous rencontrons sur notre route un monceau de pierres surmonté d'une croix, le tout entouré d'une forte palissade ; c'est la sépulture de M. Tytherleigh, compagnon de M. Last, mort récemment en cet endroit des suites d'une imprudence : une petite charrette qu'il avait réussi à amener jusqu'à Momboïa s'étant embourbée, il avait essayé de la dégager, mais il en était résulté pour lui un effort auquel il a succombé. Cet humble martyr repose là, ignoré ; si nulle inscription ne dit son nom au voyageur qui passe, la mémoire de son dévouement reste debout elle resplendit sur ce pauvre mausolée, et tous nous nous découvrons respectueusement pour saluer la tombe de ce courageux pionnier.

CHAPITRE XII

Villages d'esclaves. — Une triste nouvelle. — Alerte! — La chaîne de l'Ousagara. — Les épines. — Le Mpwapwa. — En exploration. — Les dédales rocheux. — Le lac Ougombo. — Chasse à l'hippopotame.

u voyageur qui vient de franchir les marécageuses régions de la Makata ou les passes pénibles qui avoisinent le Vouami, la chaîne de l'Ousagara offre l'image d'un coin béni de l'Éden : la végétation y est riche, plantureuse, d'un vert bien franc, l'air y est doux et balsamique, et les eaux, drainées par la ligne des montagnes, apportent à ces pentes verdoyantes, à ces riants plateaux, leur tribut de fraîcheur et de fertilité.

Ces monts sont les plus importants de l'Afrique orientale ; toutefois si leurs pics ambitieux atteignent 2,000 mètres d'altitude, la ligne de faîte, mesurée à l'eau bouillante, n'en accuse guère plus de 1,700 au-dessus du niveau de la mer, ce qui leur assigne un rang peu élevé dans l'échelle orographique. Le sol, brusquement crevassé en maints endroits, laisse apparaître çà et là des dalles de schiste et de quartz argileux qui déchirent la maigre couche d'humus dont sont tapissées les roches ; aux versants des coteaux pendent des bois de mimosas clairsemés, sous lesquels on chemine à l'aise et dont le délicat feuillage laisse apercevoir des trouées d'azur.

Régnant en maître dans ces vastes solitudes, le gibier y pullule : à chaque détour de sentier on voit fuir effarouchés des troupeaux de zèbres, des girafes, des hardes de gnous, tandis que les terrains meubles révèlent le passage d'éléphants, de buffles, de rhinocéros, et qu'au sein des nuits tranquilles la voix imposante du lion gronde au loin.

Quant aux naturels des principaux districts de la chaîne côtière de l'Ousagara, les Vouarougourou, les Vouakouéni, les Vouadoé surtout, leur vie, hélas! est bien peu enviable ; dans leurs villages pauvres, mal tenus, et quoique appartenant eux-mêmes à une race qui n'est pas sans beauté, ils vivent misérablement, sont lâches, ombrageux et fainéants : c'est qu'une triste expérience leur a appris qu'ils sont voués au joug de l'étranger, et, dans leur fatalisme absolu, incapables d'un sentiment de révolte, ils courbent la tête sous l'arrêt du destin. En effet, ces sites enchanteurs, ces gracieux et fertiles vallons, sont les principaux quartiers généraux de la traite des nègres dans l'Afrique orientale ; bon nombre de riches et puissants Arabes, de ceux-là qui suivirent à Zanzibar le sultan Saïd-Medjid à l'époque de la conquête, ont choisi ces lieux pour y établir le centre de leur commerce d'esclaves ; du jour surtout où l'abominable trafic fut prohibé sur la côte, ces retraites acquirent une importance considérable par leur excellente situation dans une sorte de carrefour où bifurquent les diverses routes vers les marchés du Nil et les points d'embarquement du Zanguebar. Ainsi se trouve audacieusement éludé ce traité solennel qui coûta tant d'or à l'Angleterre et à Saïd-Bargash tant de remords et d'affronts.

Sous le joug de l'oppression, sous la menace continuelle d'une affreuse servitude, les indigènes sont devenus souples, timides, abêtis ; n'ayant aucune amélioration à espérer de leurs efforts, ils ont contracté un invincible penchant à la paresse ; leur culture se borne à un petit lopin de terre dont ils retirent tout juste ce qui est nécessaire à leur subsistance, encore sont-ce les femmes qui vaquent aux travaux des champs pendant que les hommes croupissent dans l'oisiveté, se gorgent de pombé et fument du chanvre en attendant le jour où l'Arabe viendra les enchaîner.

Ils s'appellent eux-mêmes du triste nom de Vouachensi ; ils sont, en effet païens, et c'est le *mganga* ou sorcier qui dirige leur religion barbare. Ainsi ils n'admettent pas que la maladie, que la mort, puissent être naturelles : suivant eux, tout trépas, tout accident même, a pour cause quelque crime ou maléfice dont il importe de rechercher et de punir l'auteur.

Stanley dit à ce propos (1) que le mganga, accusé d'avoir jeté un mauvais sort, est alors condamné au bûcher. C'est une erreur : jamais dans ces villages le sorcier n'est inquiété ; c'est lui au contraire que la tribu ou la famille, victimes d'une calamité, chargent d'en découvrir les soi-disant auteurs pour les livrer aux flammes ; or, ces arrêts étant exécutoires sans appel, on comprend tout le pouvoir et tout l'arbitraire que ce mganga détient entre ses mains. Que si une personne est par lui désignée comme ayant causé la mort d'une autre, sans pitié, sans même vouloir l'entendre, on s'en empare pour la brûler vive au milieu des acclamations et des chants de triomphe de toute la tribu ; et quand il s'agit d'un personnage considérable, c'est toute une hécatombe qui venge son trépas ou le mal dont il est affligé.

J'aurai l'occasion d'insister davantage sur ces misérables populations, car, à mon retour, j'ai séjourné dans les villages de Guata, principaux centres du commerce clandestin des esclaves sur les rives de la Moukondokoua.

Au cours de l'étape qui suivit notre départ de Momboïa, nous croisâmes en plein bois une petite troupe de nègres qui s'en allaient vers la côte, leur voyant en main des chassepots français et craignant qu'ils n'eussent commis quelque méfait pour se les approprier, nous les arrêtâmes et nous leur fîmes subir un interrogatoire.

Une bien triste nouvelle nous fut alors révélée : l'abbé Debaize venait de succomber à Oudjidji au mois de décembre dernier, et ces nègres, débris de sa caravane, étaient expédiés à Zanzibar par M. Hoore, exécuteur testamentaire, pour porter au consul de France les papiers de l'infortuné voyageur.

Parti d'Europe quelques mois auparavant, l'abbé Debaize avait parcouru si heureusement la première partie de son voyage qu'il écrivait de Taborah : « Il me faut lire les mésaventures des explorateurs qui m'ont précédé pour croire qu'il y a des entraves et des dangers sur les routes de l'Afrique centrale. »

Hélas ! le noir continent lui réservait ses plus cruelles épreuves. Au delà de l'Ounyanyembé les revers fondirent sur lui acharnés, implacables :

---

1. H. Stanley, *Comment j'ai retrouvé Livingstone*, page 191.

coup sur coup, ses porteurs désertèrent, sa santé s'ébranla, ses marchandises furent audacieusement pillées, à telles enseignes qu'un jour, ouvrant des ballots d'étoffes, il les trouva bourrés de feuilles sèches ; enfin, malade, démoralisé, presque ruiné, il arriva à Karéma où Cambier le recueillit, lui donna sa propre chambre, le soigna, en un mot lui sauva la vie.

Lorsqu'il se crut rétabli, l'abbé Debaize repartit pour Oudjidji ; mais outre les contrariétés de toutes sortes dont il y fut assailli, son état empira à tel point que tout espoir de guérison fut bientôt perdu ; il reçut l'hospitalité chez les missionnaires anglais, et c'est entre les bras de l'un d'eux, M. Hoore, qu'il venait d'expirer.

Ce récit nous causa une douloureuse surprise : on fondait en France de sérieuses espérances sur l'expédition de l'abbé Debaize, et elles se trouvaient justifiées non seulement par l'énergie dont ce voyageur était doué, mais aussi par le consciencieux travail préparatoire auquel il s'était livré de longue date ; de cela il ne reste aujourd'hui qu'un nom de plus à inscrire au nécrologe des victimes du noir continent.

Cette marche du 13 février nous conduisit à Kitangi où nous tombâmes tous malades pour nous être désaltérés dans un noullah situé à l'est de ce village : l'eau fortement saumâtre contenait une foule de débris de matières végétales dont l'effet se manifesta cruellement ; nous en fûmes d'autant plus contrariés qu'au départ, le lendemain, nous découvrîmes à l'extrémité occidentale de cette maigre bourgade un petit bras de rivière où je conseille vivement aux caravanes qui passeront par Kitangi de puiser leur boisson à l'exclusion de tout autre endroit.

Nous étions en marche depuis une heure dans un étroit sentier qui se déroulait sur le flanc boisé de la montagne, quand soudain des coups de feu retentissent en tête de la colonne ; en même temps, comme une flambée de poudre, un long cri de colère, de détresse et d'effroi sillonne la caravane.

Nous courons au tumulte.

« Maîtres, crie le kirangozi, ce sont ces chiens d'Arabes, ces vendeurs d'hommes, qui n'ont pas voulu nous laisser passer. »

Sans rien comprendre, nous regardâmes dans la direction qu'il indiquait, et derrière la broussaille nous vîmes s'agiter une masse confuse et briller des canons de fusils.

« Oui, continua notre guide, tout à l'heure nous nous sommes rencontrés avec ces gens qui se rendent à la côte ; en pareil cas, si le sentier est trop étroit pour que deux hommes y puissent passer de front, la caravane descendante doit céder le pas à l'autre, c'est l'usage consacré ; au lieu de cela, les Arabes nous ont bousculés, nous avons tenu bon et, de part et d'autre, on a ouvert le feu. »

Ce langage reflétait un tel accent de vérité que, sur l'heure, nous ouvrîmes un palabre, sorte de conseil de guerre auquel furent seuls admis nos nyamparas et les chefs de la partie adverse; ceux-ci reconnurent immédiatement leurs torts dont ils rejetèrent toute la faute sur la maladresse de leur guide. Cette satisfaction n'étant pas jugée suffisante, nous exigeâmes, à titre de réparation, vingt schoukas d'étoffe mérikani pour l'askari qui avait été blessé, et cinquante mesures de riz destinées à ceux de nos

NATURELS DE KITANGI.

hommes qui avaient été molestés. Les négriers — car c'en étaient — firent mine de refuser tout d'abord, puis ils marchandèrent; mais devant notre attitude ils finirent par s'exécuter, non sans grommeler quelque peu.

L'incident eut du bon : il fournit à nos gens la preuve qu'en toutes circonstances nous saurions défendre leurs droits à l'égal des nôtres, et, sans vouloir exagérer ce sentiment de leur part, j'ai la conviction que de leur confiance en l'Européen dépendent la fidélité, l'audace et la bravoure dont ils témoigneront aux heures du danger; car on ne doit pas oublier que pour ces déshérités le droit se confond absolument avec la force le courage avec le triomphe, la justice avec le succès.

Le type des naturels de Kitangi et de Roubého, où nous arrivons le 15 février, accuse une proche parenté avec les Vouagogo : les hommes ont l'air fier, l'aspect belliqueux, ils portent les cheveux tressés en chenilles et le lobe de leurs oreilles est affreusement mutilé ; ils se tatouent, et ne sortent jamais qu'armés en guerre. Les femmes aussi ont la physionomie plus ouverte, plus décidée que celle des négresses rencontrées jusqu'à présent ; une des caractéristiques de leur parure, c'est l'emploi désordonné du fil de laiton et de cuivre : elles s'en couvrent les bras depuis le poignet jusqu'au coude, et la jambe depuis la cheville jusqu'au mollet ; cet ornement, qui se compose d'une vingtaine d'anneaux, est très lourd et peu gracieux : on dirait d'un brassard emprunté à quelque armure du quatorzième siècle.

Succédant aux huttes classiques, apparaissent aussi les longs tembés autour desquels la terre est cultivée avec soin, où l'on voit même quelques têtes de bétail, car ces peuples guerriers sont en même temps pasteurs, ainsi que nous le constaterons plus loin dans l'Ougogo.

Toutefois cette physionomie de la route ne dure pas longtemps : au bout de deux étapes, la direction générale de la marche s'infléchit sensiblement au sud-ouest, où nous retrouvons des races absolument différentes de celles de ces Vouasagara du nord.

C'est ainsi que nous arrivâmes à la rivière Mlale qui n'est, à cette époque de l'année, qu'une mince nappe d'eau sur un fin gravier, la masika qui sévissait derrière nous n'ayant point encore inondé ces parages. Sous nos pas, le sentier se déroule à travers un pays pittoresque et très giboyeux : ici de vastes étendues d'herbe grasse où se profile de distance en distance la silhouette de quelque gros baobab isolé ; plus loin des bois de mimosas et d'acacias horrida qui nous suscitent toutes sortes d'ennuis : les branchages épineux de ces arbustes font en se croisant, en s'enchevêtrant, une barrière armée de crampons qui harponnent coiffures et fardeaux.

Ces épines sont un véritable fléau pour les caravanes : on en rencontre de petites, aiguës et recourbées, qui ont la ténacité d'un hameçon et arrachent sans effort les plus gros emballages ; d'autres, longues d'un doigt, fines, droites, ligneuses, servent d'aiguilles aux indigènes ; il y en a aussi à double crochet, puis celles qui sont incurvées comme l'éperon d'un coq.

Nos vêtements, nos ballots reçurent de formidables accrocs, et notre épiderme, nos mains surtout, furent griffés jusqu'au sang ; les malheureux porteurs, pieds nus, avançaient là dedans comme sur des braises en feu, s'arrêtant à tout instant pour arracher de leur chair un de ces dards dont le sol est jonché. Je ne sais vraiment comment l'on aurait fait si l'un de nous, gravement malade, eût été réduit à se faire porter ; même à dos d'âne on ne pourrait traverser ces lacis meurtriers où il faut constamment se tenir courbé et, tout en avançant, avoir soin d'écarter prudemment les lianes qui sans cela vous déchireraient cruellement.

En quittant Mlale, nous fîmes la rencontre d'une caravane descendante, forte d'un millier d'hommes qui transportaient de l'ivoire à la côte ; ces défenses d'éléphants étaient pour la plupart splendides : quelques-unes formaient la charge de deux porteurs qui ployaient sous le faix ; des guerriers armés de fusils, de lances, d'arcs et de flèches couvraient le flanc de la colonne que suivait une multitude de femmes, d'enfants, de bœufs, de chèvres et d'ânes vounyamouési . C'était une expédition commerciale de Mirambo, et elle se rendait à Zanzibar pour y troquer ces défenses et une partie des noirs qui les portent contre des étoffes, des fusils et de la poudre que l'on ramènera à Thierra-Magazy.

Ce soir-là, le camp fut établi sur le versant de la colline qui domine l'étroite plaine de Toubougué dont les infortunés villages sont continuellement en butte aux attaques des Vouahomba , leurs remuants voisins du nord : les squelettes, les crânes, les ossements épars qui sillonnent la route témoignent des luttes sanglantes dont ces lieux sont le fréquent théâtre.

Enfin, le lendemain 8 février, après une étape fort pénible qui dura près de six heures, nous gagnâmes le Mpwapwa. Avant nous, aucune autre expédition, ayant pour objectif le lac Tanganika, n'avait en aussi peu de temps franchi la distance qui sépare la côte de ce district ; Stanley dont, après la nôtre, la marche fut la plus rapide, consacra vingt-six jours à ce trajet que nous venions de faire en vingt-quatre ; je ne pense pas, du reste, que dans les conditions ordinaires et avec une caravane nombreuse, fortement chargée, il soit possible d'aller plus vite ; que si, au contraire, le voyage se borne tout simplement à gagner le Mpwapwa comme c'est le cas pour les missionnaires anglais, ou bien si l'on est en retour vers la côte, alors il est aisé de brûler encore plusieurs arrêts : en revenant, et bien que je fusse souffrant, j'ai fait cette route en quinze jours.

Le Mpwapwa est une des grandes haltes des caravanes qui vont au lac Tanganika ; l'endroit est sain, bien cultivé, très peuplé, d'une altitude de 3,000 pieds au-dessus du niveau de la mer. Ce nom ne s'applique pas seulement au village où est établie la Mission anglaise, mais bien à toute la série de hameaux qui s'éparpillent le long de la rivière, au pied du versant méridional de la dernière rangée des monts Ousagara, car c'est évidemment le prolongement de cette chaîne qui s'étend par là jusqu'à Tchouniou, et que domine l'Anak, l'important pic du Roubého.

Nous choisîmes pour lieu de campement une verte feuillée située un peu en contre-bas, et nos tentes furent dressées sous la coupole d'un immense figuier qui répandait sur elles une ombre bienfaisante.

Notre intention était de demeurer plusieurs jours au Mpwapwa pour nous reposer et surtout pour combler les vides des dernières désertions ; on est toujours certain de rencontrer ici des Vounyamouési porteurs, mais trop souvent, hélas ! les hommes ainsi recrutés ne sont autres que des fuyards d'une précédente caravane, faisant ainsi de la défection une véritable industrie, voire un métier.

C'est avec un très vif intérêt que nous visitâmes la Mission anglaise établie au Mpwapwa sous la direction du docteur Baxter ; les nouvelles constructions, bien qu'elles fussent inachevées, nous étonnèrent par leur hardiesse : charpentes, portes, fenêtres, planchers, plafonds, toutes les boiseries enfin sont amenées de Zanzibar au moyen de caravanes organisées à cette fin ; lorsque cette habitation sera terminée, elle sera réellement confortable pour la contrée où elle aura été bâtie.

Les essais de culture sont médiocres, la terre s'y prête mal, je suppose ; mais en revanche le docteur Baxter a donné tous ses soins à l'organisation d'un refuge attenant à la station, où peuvent venir s'abriter les esclaves en fuite, quels que soient leur sexe, leur âge ou leur patrie ; dès qu'ils ont franchi ce seuil, ils sont déclarés libres et se trouvent sous la sauvegarde du drapeau anglais ; ils travaillent alors en affranchis et, à condition de se conformer aux mœurs européennes, ils peuvent se marier, fonder des familles, en un mot vivre heureux et tranquilles. C'est là une idée des plus louables, à laquelle on ne peut qu'applaudir ; mais on verra plus loin combien son exécution est peu pratique, ou du moins on la regardera comme prématurée, à en juger par les graves inconvénients qu'elle engendre dans l'état actuel de ces contrées.

Nous trouvâmes au Mpwapwa toutes sortes d'excellentes victuailles dont nous commencions à perdre jusqu'au souvenir : en dehors des jours fortunés où le fusil de Roger faisait merveille, nous avions vécu jusqu'à ce moment d'un peu de bouillie de sorgho et de quelques rares poulets étiques ; ici, en échange de notre coton blanc, nous achetions des œufs, du miel, du mouton, du bœuf, du beurre et, ce qui nous causa le plus de joie, du lait frais et bien pur ; ce furent de réels jours de liesse, nos santés se rétablirent à vue d'œil, nos forces revinrent, et ce séjour influa grandement sur l'heureuse traversée que nous fîmes plus tard de l'Ougogo.

Cependant au bout de vingt quatre heures de repos complet nous résolûmes, Roger et moi, de profiter de cette halte forcée pour pousser une exploration au lac d'Ougombo ; à cette fin, nous partîmes le 22 février de grand matin, accompagnés de Mabrouki, d'Amessi et de cinq hommes d'escorte, car on nous avait signalé des bandes de Vouhahomba aux alentours; en effet, au moment de notre départ, une cinquantaine de ces mécréants s'étaient rués sur la contrée, avaient enlevé quatre-vingt-dix têtes de bétail, trente femmes, des provisions de toutes sortes, brûlé plusieurs habitations et massacré une dizaine d'indigènes qui s'opposaient à leurs méfaits; les razzias barbares de ces tribus nomades, appelées également Vouamassaï, qui hantent les monts avoisinants, constituent un redoutable fléau pour les villages de Mpwapwa.

Nous partîmes de bonne heure et d'un pas rapide, car la distance que nous avions à franchir est de plus de vingt milles, et nous désirions vivement arriver au lac pour la couchée du soir; aussi, malgré son grand désir de fouiller les taillis et de battre la futaie, Roger se borna-t-il à tirer chemin faisant quelques poules de Guinée; il abattit aussi deux oiseaux très curieux que les indigènes appellent koukourou : leur queue, longue de huit pouces, est composée de huit plumes d'un bleu foncé métallique; sur leur tête se dresse une aigrette indigo, et les yeux ainsi que le cou sont entourés d'un duvet vert; les plumes primaires des ailes sont rouge pourpre, les secondaires gris ardoise comme celles du corps.

Le chemin que nous suivons et qui ne révèle aucune trace de sentier, se déroule d'abord à travers des bois d'acacias horrida auxquels succède une jungle épaisse que nous sommes forcés d'ouvrir à coups de hache; ces hautes herbes raides et tranchantes atteignent jusqu'à quatre mètres de hauteur et font à nos nègres de si atroces coupures qu'ils en poussent à chaque instant des cris de douleur; plus loin, c'est un inextricable fouillis de lianes rampantes qui se tordent, se dressent en tout sens, nous accrochent au passage et font sous nos pieds des chausse-trappes et des pièges à loups, puis nous traversons une longue plaine et un grand bois où nous cheminons pendant plus de deux heures.

Nous gagnons ainsi les éperons septentrionaux des monts Roubého dont l'ascension est réellement pénible et dangereuse : sur les pentes à angle droit se dressent ici des strates puissants, des nappes de roc poli, là de gigantesques euphorbes d'au moins dix mètres de haut, des mimosas, des gommiers épineux, sombres forêts perchées sur des rampes de granit.

Force nous est de saisir les moindres aspérités des roches, les troncs d'arbres, les ramées épineuses, et de nous y cramponner des mains et des pieds; un faux pas, c'est la mort : on roulerait dans un abîme insondable, au fond d'obscurs ravins hérissés de pics aigus, hantés par les fauves et par de monstrueux reptiles.

A mi-route, dégringolant une de ces côtes abruptes, nous arrivâmes à un cirque immense, vaste noullah désséché pour le moment mais qui, à l'époque des pluies, forme le lac Matamombo. Nous le traversâmes à pied sec sur un terrain friable, crevassé, hideusement tourmenté, semblable à un lit de lave où les éléphants et les hippopotames ont de leur pied géant creusé des gouffres.

Nous entrons ensuite dans une déchirure de la montagne, étroit défilé qui fait rêver à la *Brèche de Roland* dans les Pyrénées, et nous recommençons à gravir d'énormes murailles à pic, des entassements de rapp, une série de terrasses à parois perpendiculaires, tout un monde de quartz, blocs et galets d'hématite, de diorite et de porphyre : il semble que de sa main brutale quelque Titan ait fouillé dans les flancs de ces rochers pour en éparpiller les entrailles. Aux alentours, pas un village, nulle trace d'être humain, rien que le sifflement des serpents et la voix rauque des fauves.

Au bout de onze heures de cette marche pénible, nous arrivons enfin en vue du lac Ougombo borné à l'ouest par une plaine immense, tandis qu'une chaîne de monts borde ses rives septentrionales comme une muraille vert sombre.

Il était 5 heures. Les eaux scintillaient aux feux du soleil couchant et leur nappes sereine se zébrait de raie sanglantes, tandis que la masse noirâtre du pic Ougombo se détachait menaçante sur l'azur empourpré ; là aussi aucun vestige d'habitation, pas une âme vivante sur ces bords, rien que la solitude, le calme, un silence de mort ; cette nature grandiose semblait marquée d'un sceau fatal · on eût dit d'un coin maudit sur lequel planait la menace, et la majesté du lieu ne parvenait pas à dissiper cette impression pénible.

Sans tarder, nous profitâmes des derniers instants du jour pour préparer la couchée, c'est-à-dire pour construire un kraal en feuillée derrière lequel nous pourrons, le cas échéant, nous défendre contre les animaux et contre les hommes. Affamés par cette longue route, nous nous mîmes aussi en devoir de rôtir une gigue d'antilope, *tragulus rupestris*, que j'avais abattue en arrivant sur ce plateau, et, de son côté, Roger arrangea en salmis les koukourou, ces espèces de faisans qu'il avait tirés au départ et dont nous trouvâmes le goût exquis. Malheureusement l'eau du lac Ougombo est nitreuse et son goût à tel point marécageux que, malgré notre soif, nous n'en voulûmes boire que de faibles gorgées, car nous savions par expérience combien sont funestes ces matières végétales qui croupissent au sein des ondes dormantes.

Sur ces entrefaites, la nuit étant venue, nous allâmes nous embusquer

LES DÉDALES ROCHEUX.

de l'autre côté de la plaine, à l'entrée des gorges boisées où se faisait entendre la grande voix du lion; mais, à part quelques hyènes et des chacals qu'attirait l'odeur du camp, nous ne vîmes aucun fauve; aussi, exténués et remettant au lendemain la chasse à l'hippopotame, nous rentrâmes bientôt dans notre kraal où, en l'absence de nos tentes, nous nous étendîmes en plein air, auprès des feux, pour goûter quelques heures d'un repos bien nécessaire après notre pénible marche du jour.

Avant l'aube, nous gagnâmes les marais plantés de joncs et de hautes herbes qui entourent les rives; le sol était à tel point raviné, que plusieurs fois nous faillîmes nous engloutir dans les fosses profondes creusées par le passage des hippopotames.

Le jour se leva, et, secouant leur manteau d'ombre, les monts, la nappe d'eau, le feuillage, la jungle, reprirent bientôt leurs formes et leur vie; la nature modulait ses premiers bégayements, dans les herbes des serpents noirs glissaient, tandis que sur nos têtes de grands oiseaux passaient en jetant des cris aigus.

Roger et moi nous étions à l'affût, œil et oreille au guet, quand tout à coup un reniflement sonore retentit, les roseaux gémirent écrasés, et nous vîmes s'avancer l'ombre massive, disgracieuse d'un hippopotame.

« Attention, dit Roger, feu! »

Un double éclair sillonna l'espace, et l'écho de nos détonations s'en alla rebondir dans la chaîne des monts où il s'éteignit en un long murmure; l'animal, après avoir poussé un grognement furieux, s'enfuit vers le lac et se plongea dans les eaux.

« C'est peine perdue, dis-je à Roger; l'eussions-nous même blessée à mort, la bête nous échappera toujours si nous ne changeons pas de système : pareille mésaventure m'est arrivée aux criques du Niger, et pourtant les hippopotames y foisonnent. »

Nous appelâmes alors nos nègres qui, flairant la grosse part qui leur reviendra de ce butin, nous aidèrent puissamment de leur expérience et de leur agilité, comme on va le voir.

Quant à nous, les pieds dans la vase, immobiles, muets, retenant notre souffle, nous continuâmes à épier le bruissement des herbes. Bientôt nous entendîmes un hennissement bruyant et dans les joncs parut un énorme hippopotame, plus gigantesque encore que le premier.

Lorsqu'il fut à portée :

« Une, deux, trois, » fit Roger à mi-voix.

Nos coups de feu partirent simultanément et le mastodonte, tournant sur lui-même, voulut fuir vers la rive, mais les clameurs de nos hommes qui sautaient dans les jungles le firent dévier; il s'arrêta, bondit deux fois sur place et s'abattit lourdement en poussant un grondement plaintif.

Prompts comme l'éclair, les noirs se sont rués sur le monstre et, sans tarder, se mettent en devoir de lui scier la tête; ils font cela en prévision de la viande qui leur sera donnée, car parmi eux il est des musulmans rigides qui ne mangeraient point la chair d'un animal s'il n'a pas été saigné au moment de sa mort.

Nous les laissâmes à leur curée, et, le fusil sur l'épaule, Roger et moi nous errâmes longtemps encore au sein de ces immensités désertes, si attrayantes et si sauvages à la fois.

CHAPITRE XIII

A propos d'une esclave. — Départ de Mpwapwa. — Les eaux de Tchouniou. — Le Marenga-Mkali. — La zihoua. — L'éloquence du kirangozi. — Les autruches. — Nous sommes dans l'Ougogo

Nous regagnâmes le Mpwapwa par une autre route, plus boisée, aussi longue, mais moins rocheuse et partant moins fatigante que celle du départ ; aussi, bien qu'elle fasse, je pense, un léger détour vers l'ouest, je n'hésite pas à la recommander comme étant la meilleure pour se rendre au lac Ougombo. Elle traverse un pays inhabité, sans culture, par contre très giboyeux : partout nous découvrons des traces récentes du passage de nombreux éléphants, et le temps seul nous manque pour faire de fructueuses battues.

Car nous avons hâte de rejoindre le camp : une vague préoccupation inquiète nous talonne, et ni les coquetteries de la forêt, ni les séductions des pistes que nous remarquons le long du sentier ne parviennent à ralentir notre marche. Heureusement rien d'anormal ne s'est passé en notre absence, et nous retrouvons en excellente santé Cadenhead qui a mis ce temps à profit pour remanier les fardeaux et choisir, autant que faire se pouvait, les nouveaux porteurs vounyamouési . Néanmoins nous avions bien fait de suivre nos pressentiments, car, dès le lendemain, éclatait un événement de haute gravité dont les conséquences auraient pu devenir des plus fatales.

Sous la direction d'un riche Arabe, Saïf ben Seliman, une forte caravane campée depuis deux jours au Mpwapwa devait, ce matin-là même, se mettre en route pour l'Ougogo, lorsque soudain une esclave favorite du chef quitta la tente de son maître et courut se réfugier dans l'asile des missionnaires anglais dont j'ai fait mention au précédent chapitre. Persuadé que son bien lui serait restitué sur sa réclamation, l'Arabe alla trouver le docteur Baxter et le pria de lui rendre sa favorite ; mais le pasteur n'y voulut point consentir et objecta qu'une fois en ce lieu la malheureuse était affranchie de par la loi anglaise et absolument libre d'elle-même.

Saïf en fut d'abord interdit, puis il s'indigna ; à vrai dire, cette déclaration était à tel point contraire à ses principes que, pour lui en faire admettre l'équité, il eût fallu commencer par obtenir de lui qu'il abjurât l'Islamisme, à ses yeux, un seul motif était plausible : c'est que l'Anglais voulait s'approprier cette esclave ; et il en conçut une telle rage, il se livra à un tel emportement, qu'on fut obligé de le jeter à la porte.

C'est ici que le drame commence.

Furieux, ne se contenant plus, l'Arabe retourne à son camp, fait sonner l'alarme, rassemble ses soldats et annonce que si sa captive ne lui est pas restituée sur-le-champ il va assiéger la station anglaise, égorger tous les blancs et incendier leur demeure.

Tel Ménélas lançait sur Troie douze cents vaisseaux et cent mille Grecs en armes pour reconquérir sa femme, la belle fille de Léda.

Mais en cet instant nous ne pensions guère à plaisanter, et, apprenant le danger qui menaçait la Mission, nous nous y portâmes sans retard, suivis de tous nos askaris ; en même temps Saïf faisait plier ses tentes et s'avançait pour livrer bataille.

Au moment de l'action, un coup de théâtre se produisit : la jeune esclave, cause du conflit, sauta par-dessus la palissade du refuge et, affolée, s'enfuit vers la montagne. Alors, abandonnant le siège, son maître se mit aussitôt

FUITE D'UNE ESCLAVE

à sa poursuite et, avant qu'il nous fût possible de nous rendre compte des péripéties de cette chasse, femme, Arabe, caravane, tout avait disparu derrière les plis du terrain. Nous apprîmes plus tard que Saïf était rentré en possession de la noire captive, qu'il avait paisiblement continué sa route, et que, du reste, la meilleure intelligence n'avait pas tardé à renaître entre lui et sa capricieuse compagne.

Ce fait, ainsi que plusieurs autres de même nature que m'a racontés le capitaine Bloyet, lorsque plus tard je le rencontrai sur les rives de la Moukoundocoua, me permettent de dire que la noble, généreuse et très louable tentative du docteur Baxter n'est pas encore praticable dans ces milieux africains, bien plus, qu'elle est imprudente, impolitique, car elle constitue une véritable déclaration de guerre aux Arabes avec qui, en somme, nous sommes obligés de compter là-bas. J'ajouterai même que cette œuvre pourrait devenir une sorte d'appel à la désertion; car enfin chacun sait que beaucoup de nos nègres porteurs sont des esclaves; à Zanzibar, la plupart d'entre eux sont en puissance de maître : c'est un état de domesticité non payée qui est admis, autorisé; ce qui ne l'est pas, c'est le trafic, la vente de ses serviteurs. Dès lors n'est-ce pas un acte imprudent d'établir ainsi sur le chemin des caravanes un asile pour ceux d'entre ces hommes qui seraient tentés de se soustraire à leurs engagements ou à leurs devoirs?

Nul plus que moi n'a horreur de l'abominable traite : j'en ai sondé les ignominies, les plaies repoussantes lors de mon voyage au Niger et au Bénué surtout; à mes yeux, le négrier est le dernier des misérables. Mais la ferveur humanitaire ne doit pas aller jusqu'à la maladresse ni côtoyer l'injustice; dans l'affranchissement des nègres, comme dans toutes les grandes conquêtes de la civilisation, il y a des étapes qu'il faut respecter si l'on ne veut pas courir le risque d'être rejeté loin du but.

J'aurai l'occasion de revenir sur cette question des Arabes, et je m'efforcerai de démontrer tout le prix que l'on doit attacher à une alliance avec eux, ainsi que les services immenses qu'ils nous rendraient si, au lieu de les blesser, de les outrager, de les combattre dans leur religion, leurs mœurs, leurs coutumes, on s'en faisait des auxiliaires en les amenant insensiblement aux grands principes de l'humanité, sans débuter par ébranler les fondements de leur foi.

Dans cet ordre d'idées, j'aurai peut-être contre moi maints esprits généreux, convaincus, à qui manque cependant, j'en suis certain, l'expérience de la chose africaine, tandis qu'à l'appui de ma théorie je puis citer un nom glorieux entre tous, celui d'un maître vénéré, David Livingstone. Nul n'osera dire que ce grand apôtre chrétien ne détestait pas l'odieux trafic des esclaves ; et pourtant, c'était l'ami, le commensal, le conseiller des Arabes ; c'est au milieu d'eux qu'il vivait.

Il pressentait, l'illustre voyageur, que la civilisation ne pourrait être plus puissamment drainée que par ce canal et, au lieu de contrecarrer les Arabes d'une manière systématique, il s'en faisait aimer, il essayait de les gagner à sa cause sans brusquerie, plein d'indulgence pour leurs défauts, plein de respect pour leurs droits. Ce n'est pas lui qui eût installé à Oudjidji un refuge pour les esclaves déserteurs, froissant ainsi le musulman non seulement dans sa croyance, mais dans ses intérêts les plus chers.

Non, l'humanité a des armes bien autrement persuasives, et son travail, sorte d'endosmose morale, est latent ; c'est pourquoi elle traverse les âges, les religions, les empires, sans jamais partager leurs effondrements : comme la vérité, elle procède de la persuasion et du temps, sa marche est immuable et son règne final assuré.

Le 25 février, nous quittâmes le Mpwapwa où l'expédition avait séjourné une semaine entière, et nous nous dirigeâmes vers le Marenga-Mkali, porte de l'Ougogo. Après avoir franchi quatre milles, nous brûlâmes les villages de Kisokoué où les porteurs achetèrent quelques vivres ; ce sont des lieux mal famés, habités par les Vouadirigo qui, à l'instar des Vouahomba, sont gens pillards et batailleurs.

Nous ne tardâmes pas à atteindre le massif rocheux des monts occidentaux de la chaîne de l'Ousagara dont nous suivîmes les sombres défilés, véritable forteresse au seuil de l'Ougogo, moins farouche pourtant que l'aride désert où nous arriverons demain.

Une fausse indication au départ allongea notre étape de plus d'une lieue, et nous mîmes cinq heures et demie pour atteindre Tchouniou ; l'endroit où l'on s'arrête à l'extrémité de la gorge est tellement resserré que toutes les caravanes y occupent les mêmes emplacements et gourbis ; c'est loin d'être un avantage, car outre les monceaux de débris de toutes sortes dont la décomposition empoisonne l'air, il faut aussi compter avec les insectes et les reptiles qui élisent volontiers domicile sous les feuilles sèches, les branchages et les chaumes. Nous fîmes éclaircir un de ces camps à l'endroit même où Stanley s'arrêta lors de son voyage à la recherche de Livingstone ; au grand effroi de nos nègres, on y trouva trois serpents de belle taille, très venimeux, assure-t-on ; dans ma tente, je tuai un énorme centipède dont la piqûre est mortelle, et c'est par douzaines que j'exterminai des perce-oreilles qui me disputaient mon lit ; en somme, ce fut une misérable couchée que celle de Tchouniou.

Au pied de l'étroit plateau où nous sommes établis, coule la rivière dont le lit est en ce moment presque à sec ; devant nous s'étend une plaine immense, le Marenga-Mkali, dont le nom, traduit littéralement, signifie *eau amère*.

Stanley s'est plaint des eaux de Tchouniou qui, dit-il, ont causé la mort de tous ses ânes (1) ; Cameron, au contraire, assure qu'elles sont bonnes et que ses baudets y ont étanché leur soif à loisir sans en éprouver aucun mal (2). On a essayé d'expliquer cette divergence d'opinions par la différence des époques où les deux explorateurs ont passé en cet endroit ; mais Stanley s'y trouvant le 22 mai, et Cameron le 19 juin, cet intervalle n'est évidemment pas suffisant pour accorder ces deux assertions contraires, d'autant que la saison des pluies y sévit précisément pendant ces mois-là, et que les deux voyageurs passèrent là dans un moment absolument identique sous le rapport climatologique.

J'ai cherché à éclaircir ce fait, et tout d'abord je dois dire qu'ainsi que Cameron nous nous sommes abreuvés au torrent de Tchouniou sans en être le moindrement incommodés, que de plus nos douze ânes arabes y burent à leur soif sans en ressentir aucun malaise. La seule explication que je puisse donner de l'accident dont Stanley a été victime, c'est qu'à l'endroit où il a puisé son eau et abreuvé ses bêtes des matières végétales en décomposition s'étaient peut-être accumulées et avaient en quelque sorte empoisonné le liquide ; dans tous les cas ce ne pouvait être là qu'un inconvénient momentané.

Mais où je ne partage plus l'avis de Stanley c'est lorsqu'il attribue à l'amertume des eaux de Tchouniou l'appellation de Marenga-Mkali donnée à la contrée. D'abord ce nom s'étend à toute la partie comprise entre les éperons occidentaux de la chaîne de l'Ousagara et le district de Mvoumi, dans l'Ougogo ; ensuite cette étendue que l'on parcourt en tirikésa, c'est-à-dire en marche forcée, ne présente aucune apparence d'eau nitreuse, à telles enseignes que ce passage est redouté à cause du manque d'eau dont on doit, au contraire, s'approvisionner à Tchouniou avant de quitter ce point. En route, on rencontre deçà, delà, une petite zihoua dont on bénit la découverte, où l'on s'abreuve avec bonheur, et dont l'eau, si elle est boueuse, n'est en aucune façon amère.

En conséquence, et bien que le mot marenga signifie *eau* et le mot mkali

---

1. H. Stanley, *Comment j'ai retrouvé Livingstone*, page 130.
2. Cameron, *A travers l'Afrique*, page 63.

amer, je pense que ce dernier terme ne doit être pris que dans un sens figuré, et que Marenga-Mkali veut dire *dépourvu d'eau*. Ce qui me confirme encore dans cette opinion, c'est que le même mot est employé plus loin pour désigner une autre contrée désolée, le Mgounda-Mkali ; la traduction textuelle de Mgounda est champs, cultures ; or, il n'est pas admissible de prendre ici le mot Mkali, *amer*, dans son sens littéral et de dire cultures, champs amers, d'autant qu'il n'y a précisément ni champs ni cultures dans cette contrée déserte. Mais en l'admettant, comme je le disais plus haut, dans son sens figuré, on obtient : *absence de champs, de cultures*, et cela rend parfaitement l'idée du Mgounda-Mkali où l'on ne rencontre ni village ni coin défriché pendant les quinze jours que l'on met à franchir ce pays désolé ; de même qu'au Marenga-Mkali ce n'est pas l'amertume de l'eau, mais l'absence totale de ce liquide qui selon moi a valu son nom à la contrée en question.

Je conserverai cette opinion que je crois rigoureusement exacte, jusqu'à ce que l'on ait trouvé dans leur sens littéral les eaux salées du Marenga-Mkali et les champs amers du Mgounda-Mkali.

Ce fut le 26 février que nous quittâmes Tchouniou pour traverser le Marenga-Mkali et aborder l'Ougogo. Nous suivîmes un itinéraire qu'aucun voyageur n'avait encore parcouru et qui a l'avantage de faire éviter Mvoumi où nous eussions dû payer tribut.

Au pied de la rampe de Tchouniou nous trouvons d'abord une vaste plaine où l'herbe est courte et le terrain gras et argileux ; déjà même le sol commence à se détremper : il semble que la saison pluvieuse qui s'est attardée dans les montagnes et que nous avons ainsi devancée au Mpwapwa, veuille nous rejoindre ici à bref délai. Au bout de deux heures nous entrons dans une forêt assez maigre où nous faisons halte ; mais dans l'après-midi nous reprenons la marche interrompue : le sentier se déroule alors au milieu d'un pays beaucoup plus accidenté où surgissent des collines arides, des affleurements de roc schisteux, des bois de haute futaie fort peu feuillus, toute une végétation brûlée, calcinée par une implacable sécheresse.

Nous sommes privés d'eau : chemin faisant, et pendant l'arrêt de midi, la provision emportée de Tchouniou a été consommée ; aussi l'on avance tête basse ; plus de chants ni de cris, plus de paroles, même ; on n'a qu'une pensée, un but suprême : atteindre quelque mare bienfaisante avant la tombée de la nuit.

Le soleil décline à l'horizon ; l'angoisse est grande au fond des cœurs : faudra-t-il coucher sans eau ? Enfin, vers cinq heures et demie, le kirangozi, dont l'œil perçant n'a cessé d'interroger l'espace, pousse un cri d'allégresse ;

il s'élance; chacun le suit avec un empressement joyeux : c'est une petite zihoua qui a été découverte, et tous de nous y désaltérer en bénissant la Providence.

La première soif étanchée, il s'agit de construire sans retard le boma, car c'est surtout dans ces solitudes que l'on doit s'entourer de précautions : l'eau y étant rare, les fauves rôdent nombreux autour des endroits où ils savent en trouver, et nos nègres connaissent le danger qu'ils courraient en s'endormant à la portée d'un lion ou d'un léopard. Aussi le retranchement est-il rapidement élevé; les feux s'allument dans l'intérieur de l'enceinte, les groupes se forment, les repas s'achèvent, l'animation est grande : on rit, on cause, on devise bruyamment.

Tout à coup le kirangozi se lève, et de sa voix puissante :

« Ecoutez, écoutez, » crie-t-il.

Le silence s'établit profond.

« Hommes blancs, et vous, fils de la côte, et vous aussi les enfants de l'Ounyanyembé, reprend-il, écoutez. Nous sommes dans le désert, et vous pouvez ici boire à cette zihoua autant que vous avez soif, couper du bois, aller de droite et de gauche; là-bas, d'où nous venons, c'étaient les pays heureux où nous pouvions entrer dans les cases de nos frères, manger avec eux, dormir sous leurs toits.

« Mais demain ! demain ! »

S'animant et gesticulant :

« Demain ! écoutez, hommes blancs, et vous tous, écoutez, demain nous arriverons dans le pays des Vouagogo. »

Frappant la terre du pied :

« Les Vouagogo ! mais ce sont des païens, des maudits, des voleurs !

« Méfiez-vous des Vouagogo !

« N'approchez pas de leurs tembés, ne cueillez pas un seul épi de leurs champs, ne puisez pas une goutte de leur eau, ne regardez pas leurs femmes !

« Hommes blancs, ne leur montrez pas vos belles étoffes, vos perles, vos rouleaux de cuivre ni aucune de vos merveilles, car les Vouagogo vous les déroberont. »

Plus calme, et comme inspiré :

« Oui, demain nous arriverons chez ces mécréants ! Mais l'esprit du bien est avec nous : nous serons forts avec les hommes blancs. N'est-ce pas, fils de la côte, et vous, enfants de l'Ounyanyembé, n'est-ce pas que nous resterons tous autour des vousoungou ? »

Le chœur : « Oui, oui, nous le promettons ! »

Et pendant plus d'une demi-heure l'orateur continua de la sorte, interrompu de temps à autre par les approbations énergiques de l'auditoire.

Depuis longtemps la nuit était tombée, et la lune éclairait cette halte pittoresque en plein inconnu. Au milieu du camp et dominant les groupes, drapé dans un manteau rouge, insigne de sa charge, cet homme était vraiment superbe : ses traits virils, ses muscles d'acier se détachaient en arêtes claires sur la masse noire de son corps, et les flambées de bois, les rayons de l'astre d'argent jetaient sur ce tableau des lueurs fantastiques.

Cependant les reprises du chœur, les applaudissements faiblissent : peu à peu, vaincus par la fatigue, les hommes se sont étendus et dorment profondément. Lorsqu'il n'entend plus aucune voix répondre à la sienne, le kirangozi lance un dernier cri, et, majestueux, s'en va, lui aussi, goûter un peu de repos qu'il a vraiment bien mérité.

C'était la première fois que nous assistions à cette scène qui est de tradition du reste, et qui se reproduit aux abords du Mgounda-Mkali et à l'approche de l'Ounyanyembé. Mais ce soir-là le panorama sauvage, la poésie du clair de lune, la couchée en pleine forêt après les angoisses de la marche, tout cela prêtait à cette mâle harangue quelque chose de saisissant dont je garderai un ineffaçable souvenir.

Le lendemain, le camp fut levé avant l'aube : à cinq heures et demie on était en route : la direction générale qui hier accusait l'ouest-nord-ouest tend à s'infléchir au sud, et nous conduit dans une plaine immense et à tel point giboyeuse qu'on eût dit vraiment d'un coin du Paradis terrestre. Partis en avant-garde, Roger et moi, nous vîmes une troupe de dix éléphants qui fuyaient vers le nord, sur notre droite ; au centre de la plaine, des zèbres, des girafes s'ébattaient joyeusement, des buffles paissaient aux abords des fourrés et, l'œil au guet, les gazelles tremblantes hésitaient à quitter l'épaisseur des halliers.

Plus loin nous vîmes une bande d'autruches ; la tentation était forte, et nous nous lançâmes à leur poursuite. Il nous sembla d'abord qu'elles restaient à la même place et nous espérions nous en rapprocher en rampant au ras du sol dénudé ; sans paraître troublées, elles continuaient à arracher deçà, delà, les herbes dont elles se nourrissent ; mais leur vue est si perçante et leur ouïe si fine que depuis longtemps déjà nous étions trahis, et, sans témoigner ni précipitation ni effroi, elles reculaient insensiblement en ayant soin de maintenir toujours entre elles et nous une distance considérable. Les ondulations de la plaine se prêtaient à ce manège, et nous dûmes finalement renoncer à la poursuite, sans avoir eu la satisfaction d'envoyer à ces grands échassiers un seul coup de fusil.

L'ÉLOQUENCE DE KIRANGOZI

Au bout de cette plaine, la route se poursuivit sous un bois d'acacias horrida et de mimosas qui est la caractéristique de la contrée ; car c'est une justice à leur rendre, les Vouagogo ont arraché à la jungle les espaces où sont posées leurs demeures, où s'étalent leurs champs ; s'ils ont conservé leurs traditions sauvages, s'ils sont par nature rapaces, tracassiers et inhospitaliers, du moins par leur travail ils ont conquis le droit de se dire chez eux et d'en tirer un légitime orgueil.

En sortant de ces taillis, vers neuf heures du matin, nous aperçûmes les limites de cultures du village de Chikombo ; nous traversâmes des plantations de maïs et de sorgho, et bientôt, éparpillés à l'horizon, apparurent à nos yeux les premiers tembés.

Cet aspect est tout à fait différent de celui que nous ont offert les diverses tribus rencontrées jusqu'alors et dont les bourgades se composaient de huttes, sortes de meules de foin, réunies dans une enceinte palissadée ; ici, les demeures ne sont pas agglomérées ; chacun bâtit son tembé où bon lui semble, cultivant alentour quelques carrés de terre et élevant un peu de bétail qui vit pêle-mêle sous le même toit avec la famille. On rencontre rarement deux habitations contiguës, à moins qu'elles n'appartiennent au même individu ; elles sont toutes dispersées sur un périmètre assez vaste, mais nu, c'est-à-dire dont les jungles ou les taillis ont été soigneusement enlevés, et qui a souvent plusieurs milles d'étendue. Cela forme un village, limité par ces mêmes bois que nous avons traversés, et au delà desquels un autre groupe de Vouagogo s'est taillé à son tour un hameau entièrement indépendant du voisin.

Ce pays représente en somme une série de petites chefferies où domine un esprit absolument républicain : le sultan, que chacune d'elles choisit dans son sein, n'a qu'un pouvoir très limité, et, à part les exactions qu'il inflige aux caravanes, ses prérogatives vis-à-vis de ses sujets sont à peu près nulles ; nous nous en rendrons mieux compte plus loin en voyant à l'œuvre ces petits potentats.

Parfois l'un d'eux se croit assez fort pour déclarer la guerre au village voisin dont, s'il est vainqueur, il tue le chef qu'il remplace par un membre de sa propre famille ; ces luttes intestines se vident entre les intéressés seulement. Que si, au contraire, un danger menace les institutions mêmes du pays, comme cela s'est présenté lorsque les Arabes tentèrent de traverser ces États par la force, alors tous les hameaux se lèvent en masse, et cette fédération puissante opposera à l'intrus une véritable muraille de Chine et une résistance dont il ne triomphera pas.

Cependant, à peine sommes-nous engagés dans les cultures que déjà notre approche est signalée : une rumeur a traversé l'espace, et bientôt nous voyons accourir vers nous une troupe de nègres en armes : l'un d'eux s'en détache, s'approche de nous et, d'un ton d'empereur romain :

« Arrête, vousoungou, crie-t-il, tu dois camper ici et payer au chef le hongo. »

Cette brusque apostrophe, dans la bouche d'un nègre surtout, a quelque chose de si insolent, que tout d'abord nous en éprouvons un mouvement de colère, de révolte et une furieuse démangeaison de châtier le matamore; mais toute réplique est superflue, toute protestation inutile, tout courroux intempestif : nous sommes dans l'Ougogo.

CHAPITRE XIV

Le pays du hongo. — L'impôt sur la soif. — Tracasseries. — Le Mgogo pasteur et guerrier. — Le petit Chikombo. — Cri de guerre des Vouagogo — Combats, pillage et orgie. — Perte de temps et perte d'étoffes.

Il faut avoir voyagé dans l'Afrique centrale pour bien comprendre ce que ce mot Ougogo renferme d'ennuis, de vexations, de dangers, de difficultés, de ruineuses dépenses qui s'accumulent sur l'infortuné blanc appelé à traverser le pays où fleurit le hongo. Tout ce que l'on peut écrire à ce sujet, une fois le voyage terminé, sera fatalement au-dessous de la vérité : comment rendre, en effet, ces peines intimes, ces mille petites misères physiques et morales, ces tracasseries mesquines qui, narrées séparément, sembleraient puériles à beaucoup de personnes, mais qui, prises dans leur ensemble, forment un faisceau de douloureuses épreuves dont le souvenir même a quelque chose de répulsif et d'agaçant ? Quelques détails en donneront une faible idée.

Je prends la caravane au moment où elle arrive en vue d'un village de l'Ougogo : la fatigue est générale ; on a fourni une longue traite au milieu des porrys et des plaines sablonneuses qu'un soleil ardent transforme en fournaise ; les gosiers sont desséchés, les poitrines haletantes ; plus de chants, de cris, de babils si chers aux nègres en marche ; on n'entend que la respiration sifflante des porteurs et, de temps à autre, une plainte arrachée par la fatigue ou par la soif. N'importe, on poursuit sa route, on se presse : le village est en vue, on y trouvera des vivres et du repos.

Déjà le camp est établi, les tentes sont dressées, quand arrive une troupe de Vouagogo armés qui, par ordre de leur chef, nous invitent à transporter le camp ailleurs ; généralement l'endroit qu'ils vous indiquent comme étant affecté à la halte des caravanes est situé précisément à l'autre extrémité de la plaine. On parlemente, rien n'y fait, il faut obéir : on dirait d'un clan de Bohémiens que la police fait déguerpir et qu'elle parque dans quelque terrain vague ; l'Européen doit imposer silence à sa colère et ronger son frein sans paraître vexé : c'est le seul moyen de s'en tirer avec les honneurs de la guerre.

Une fois installé, et chacun mourant de soif, on se met vite en quête d'un peu d'eau. Or, dans l'Ougogo, il n'y a ni fleuves, ni lacs, ni rivières : le pays a la forme d'un vaste entonnoir de sable où fort heureusement il pleut pendant trois mois de l'année ; l'absence de ces ondées est la plus redoutable calamité qui puisse sévir sur la contrée.

Les indigènes recueillent l'eau du ciel dans des trous qu'ils fouissent à proximité de leurs demeures ; et l'on peut se figurer l'étrange boisson qui se trouve là dedans vers la fin de la saison sèche : le liquide est parfois si boueux que l'on dirait d'une bouillie fétide, et les porteurs la stigmatisent alors en l'appelant dérisoirement *pommbé*, du nom de l'épaisse bière indigène produite par la fermentation du sorgho.

Mais enfin, lorsqu'on est torturé par la soif on n'y regarde vraiment pas de si près, et c'est avec joie que l'on s'élance vers ces puits providentiels, quand de nouveaux guerriers — car ces gens-là sont toujours en armes — accourent irrités et s'opposent à ce qu'une seule goutte d'eau soit puisée ; il faut, au préalable, que le sultan du lieu en ait donné l'autorisation et fixé lui-même le prix de cette haute faveur.

C'est l'impôt sur la soif.

LE DÉBAT DU HONGO.

Il faut retourner au camp, ouvrir des ballots, en extraire des étoffes, les envoyer au chef, lequel vous les retourne, — c'est fatal, — jugeant le cadeau trop mince. On entame alors d'interminables palabres ; c'est une procession continuelle de délégués qui vont et viennent des tentes au tembé du souverain à qui ils portent chaque fois de nouvelles offrandes, mais dont les exigences vont sans cesse croissant. On parlemente, on discute, on s'efforce d'être persuasif, gracieux, alors qu'une soif ardente vous obsède et que la colère vous étouffe.

Il est à remarquer que ces cadeaux ne sont que préliminaires : c'est une sorte d'entrée en matière, ce que, dans son langage imagé, le nègre appelle *ouvrir la bouche du roi* ; et lorsque l'aimable potentat a enfin daigné les accepter, alors seulement commencent les débats sur le fond de la question, c'est-à-dire sur le prix à payer pour l'eau que l'on consommera. A certaines époques de l'année et en maints endroits les prétentions des chefs à cet égard sont tellement exorbitantes, que vraiment l'on doit faire appel à toute la patience humaine pour ne pas céder à la violence, toute révolte étant d'ailleurs absolument vaine.

Bref, après des pourparlers sans fin, on tombe d'accord, et la caravane est autorisée à prendre de l'eau, mais à un puits indiqué et seulement après une certaine heure du jour, quand au préalable les troupeaux de l'endroit y auront une fois encore bu à leur soif.

Toutefois ce n'est là que le début des tortures réservées au voyageur : il lui reste à endurer le supplice du hongo, cet impôt de passage que perçoivent les chefs les plus minuscules du pays.

Certes, en tenant compte des travaux que les indigènes ont accomplis pour rendre habitable cette contrée sablonneuse, aride, dépourvue d'eau, devant les efforts déployés, les difficultés vaincues, les résultats obtenus, on est bien forcé de reconnaître qu'elle est juste et naturelle cette taxe à prélever sur les caravanes qui traversent l'Ougogo : les voyageurs profitent, en somme, des récoltes qui y poussent, des denrées qu'on y vend, des troupeaux qu'on y élève, des puits qu'on y a creusés pour recueillir soigneusement les pluies aux jours de l'hivernage. Personne ne songerait à s'élever contre cette prétention légitime si, à défaut de rouages réguliers, elle était exercée d'une façon honnête ; mais, livré à l'arbitraire, à la cupidité, à la folle et insatiable convoitise de tyranneaux rapaces, ce droit n'est plus qu'une monstrueuse vexation ; cet impôt n'est plus qu'une iniquité, un vol à main armée.

Des ruses de mille sortes sont inventées pour retarder les négociations et retenir ainsi la caravane le plus longtemps possible dans le pays, afin d'obliger les porteurs à y acheter les vivres dont ils ont besoin. C'est un premier tribut que perçoivent de la sorte les habitants, une satisfaction que le chef leur doit.

Dans ce but, Sa Majesté noire se dit indisposée ou absente, ou bien elle prétexte de l'heure tardive, la journée étant trop avancée pour entamer des affaires sérieuses; le plus souvent aussi elle s'enivre à plaisir, et son ivresse, qui dure plusieurs jours, est un motif sacré de ne pas se vouer à la chose publique; on a beau être furieux, il faut, bon gré, mal gré, attendre que l'intéressant monarque ait cuvé son pommbé.

Enfin les débats du hongo sont entamés, et l'on ne peut s'imaginer l'astuce, la cupidité, l'âpreté au gain, la fourberie de ces sultans vouagogo : si l'on cédait à leurs exigences, la caravane entière y passerait, car tout ce qu'ils voient excitent leur convoitise et il le leur faut. Ce qui se dépense alors de paroles oiseuses, de discussions idiotes, de vaines menaces, d'artificieuses flatteries, est inénarrable; s'il n'est secondé par un bon interprète, par un chef de caravane fidèle, intelligent et dévoué, l'Européen est certain de se trouver rapidement dépouillé de tout son bien. Sous ce rapport, comme sous beaucoup d'autres que je m'efforcerai de mettre en lumière, les Arabes peuvent nous être très précieux : grâce à leur langage, à leurs coutumes, à leur facilité d'initiation, grâce aussi à leur longue expérience de la chose africaine, ils obtiennent le passage de l'Ougogo dans des conditions bien autrement favorables que celles qui nous sont faites. Car, à titre de présent, de tribut et d'achat d'eau, nous laissons généralement aux mains de ces roitelets la majeure partie de nos marchandises de route qui, parvenues à ce point du voyage, ont déjà acquis une très grande valeur.

Le hongo débattu et réglé, on reprend sa marche, non sans pester, mais au fond joyeux de pouvoir partir. Hélas ! quelques kilomètres plus loin, on arrive sur le territoire d'un autre sultan avec qui recommence le même jeu. Et il en est ainsi pendant un mois, un long mois durant lequel on épuise toutes les gammes de la colère et le plus clair de ses ressources, et cela pour franchir une distance relativement minime que, sans ces continuelles entraves, on parcourrait aisément en sept ou huit jours d'étapes.

Quant à la résistance, — je parle d'une résistance isolée, — elle est matériellement impossible. Le Mgogo a même ceci de louable dans le caractère que, seul parmi les peuples africains que j'ai rencontrés, il a très haut placé le sentiment de la plus étroite solidarité pour ce qui touche aux droits généraux du pays. Que si, poussés à bout par la rapacité, par l'insatiable exigence d'un de ces sultans, vous vous décidez à lui résister, et, usant de la force, vous parvenez à traverser indemnes son territoire, bientôt des cris stridents répétés au loin avertiront les peuplades voisines du danger dont sont menacées les institutions de l'Ougogo. Aussitôt chacun de courir aux armes ; partout sur votre route vous ne rencontrerez que des ennemis ligués pour vous combattre, et bientôt, mourants de faim et de soif, accablés par le nombre, vous succomberez infailliblement.

TEMBÉ DE L'OUGOGO.

Pareil drame s'est déjà produit. En 1870, plusieurs caravanes d'Arabes se réunirent et organisèrent une grande expédition qui devait traverser l'Ougogo sans acquitter aucune taxe : à cet effet, un nombre considérable de combattants fut mis en ligne, et c'est par centaines que se comptaient les soldats d'escorte, tous armés d'excellents fusils à tir rapide. A l'annonce de ce danger, les habitants des premiers villages de l'Ougogo désertèrent leurs foyers, et les voyageurs purent ainsi arriver sans coup férir jusqu'au centre du pays : ils ne rencontrèrent aucune résistance, et ne virent même pas la silhouette d'un indigène. Seulement, à mesure que l'on avançait, on trouvait les tembés vides de toutes provisions, les récoltes brûlées, les puits comblés, et bientôt cette colonne guerrière, organisée pour la lutte, se trouva désarmée devant les fléaux combinés de la famine et de la soif. C'est le moment que choisirent les Vouagogo pour commencer l'attaque : cachés dans les bois, ils y avaient concentré les forces de toute la contrée, et, à un signal donné, tenant les Arabes à leur portée, ils sortirent tout à coup du porry, se ruèrent sur la caravane, l'enveloppèrent et en firent un impitoyable massacre. De cette grande expédition qui se montait, dit-on, à douze cents hommes, pas un seul n'est revenu.

Les Vouagogo forment d'ailleurs une race très remarquable, et, tout d'abord, on serait même enclin à leur reconnaître les caractères d'un peuple autochtone, tant ils tranchent au moral comme au physique sur les autres nègres que l'explorateur est à même d'observer sur sa route. Mais un examen plus attentif prouve qu'il n'en est pas ainsi : les grandes dissemblances qui existent entre les peuplades mêmes de l'Ougogo témoignent au contraire de leur proche parenté avec les naturels des pays limitrophes, et, partant, démontrent que le Mgogo n'est en somme qu'un produit de tribus errantes ou de peuples émigrés. Ainsi, au nord, il tient des Vouamassaï, des Vouahoumba qui, eux, représenteraient plutôt la race primitive, race léonine, nomade, guerrière; aussi, les Vouagogo du nord sont-ils les plus remuants, les plus belliqueux de la contrée ; au sud, ce sont les Vouakimbou, laboureurs pour la plupart, qui peu à peu se sont implantés dans l'Ougogo ; à l'est, on reconnaît la mâle prestance des fils de l'Ousagara, et à l'ouest, le caractère rapace, finaud, âpre au gain, voire même un peu perfide, du Mnyamouési, mêlé au banditisme du Rouga-Rouga.

Mais en somme le Mgogo a les vertus et les vices d'un peuple tout primitif, peuple irritable, orgueilleux, jaloux de ses droits, fier de son carré de sorgho qu'il aime et qu'il a arraché par le labeur de ses bras à la plaine aride ou à la jungle qui borne le village. Il est déjà pasteur, mais il est encore, il est surtout guerrier. A l'appel de son chef, au premier cri d'alarme, il laisse son champ et son tembé, et il accourt, armé de toutes pièces, flairant le carnage et la rapine. Ses armes sont l'arc, les flèches, une poignée de zagaies et un rungou ou casse-tête ; il porte au bras un long bouclier en peau d'éléphant, bariolé de rouge, de noir et de blanc, et sur la tête une dépouille d'oiseau ; accroché sur l'épaule droite pend un manteau de couleur rouge brique, et de même couleur aussi sont les tatouages dont

HOMME & FEMME
de l'Ougogo.

il agrémente son corps et sa figure. Son manteau, drapé à la romaine, n'est qu'une parure qui flotte au vent et qui ne lui couvre que le torse.

Lorsqu'il s'élance ainsi, hurlant comme une bête fauve, bondissant dans la jungle, à demi abrité derrière son bouclier et brandissant sa lance, le Mgogo a réellement bon air, et l'on se prend à regretter que tant de fierté et d'orgueil ne serve qu'à l'endurcir dans la sauvagerie et le brigandage.

Au fond, je ne le crois cependant pas très courageux ; il accourt vers vous avec tous les simulacres d'un combattant acharné, mais il suffit souvent d'une attitude énergique pour l'arrêter ; très fort pour une guerre de guérillas, il se blottira dans le fourré, guettera le moment propice et abordera son ennemi lorsqu'il sera certain de pouvoir l'accabler sous le nombre. C'est, en un mot, un brigand guerrier, plutôt qu'un valeureux soldat.

Aussi, le jour où, lasse de cette muraille de Chine que l'Ougogo oppose aux efforts de la civilisation et du commerce, l'Europe voudra faire sentir sa force à ce peuple trop enclin à confondre la patience avec la faiblesse, il suffira relativement de peu d'efforts pour arriver à briser cette barrière, fléau des expéditions européennes et terreur des caravanes marchandes.

POT DE TERRE DE L'OUGOGO.

Car, il n'y a pas à se le dissimuler, c'est par la conquête seule que l'on pourra jamais dompter les naturels de l'Ougogo et triompher de leurs instincts cupides qui vont chaque jour croissant. Or, cette conquête, l'Européen ne peut, ne doit pas songer à la faire : il n'y réussirait point ou il y réussirait trop. Car aux nations civilisées il manque la patience nécessaire pour accomplir ces grands problèmes : nous voulons voir la fin de nos efforts, en profiter, en jouir vite ; nous prétendons édifier les œuvres les plus colossales en une seule génération, sous un même règne. Alors nous employons les grands ou les petits moyens : les grands, c'est la destruction de toute une race, comme firent les Anglo-Saxons avec les sauvages de l'Australie ; les petits, ce sont les demi-mesures avec lesquelles nous serons fatalement vaincus, ou c'est la géographie de cabinet : prétendre conquérir un monde avec des abstractions, vouloir ouvrir un continent barbare avec des formules.

Ces deux genres de moyens sont mauvais : le premier est indigne de peuples civilisés, le second n'est pas le fait d'une époque pratique.

Et c'est ainsi que je me trouve ramené à cette idée que j'ai toujours défendue comme étant la plus efficace pour arriver à triompher de la barbarie dans l'Afrique orientale : une alliance sérieuse et loyale avec les Arabes.

Oui, c'est à l'Arabe que revient ce rôle ; en lui apportant non seulement l'appoint de notre prestige, mais aussi le frein de nos lois humanitaires, l'assujettissement de l'Ougogo n'aurait aucun caractère de cruauté ou d'extermination.

Étant établie la nécessité de réduire cette contrée sous un joug équitable pour mettre fin aux exactions indigènes qui y sont passées à l'état de loi, étant donné que seuls les Arabes, à la fois conquérants et travailleurs, disposent de forces nécessaires et suffisamment acclimatées pour arriver à ce but, mais étant également bien admis qu'au nom de l'humanité, et pour sauvegarder ses principes et nos intérêts propres, il est indispensable que dans ce travail nous nous joignions à eux, loin de s'évertuer à combattre cette force indiscutable, la diplomatie européenne à Zanzibar ne ferait-elle pas preuve de sagesse en se servant, au contraire, de la puissance arabe comme d'un levier précieux dans l'œuvre que l'on tente là-bas ?

Cependant, à notre arrivée à Chikombo, nous trouvâmes deux fortes caravanes appartenant à des Arabes ; ceux-ci vinrent nous rendre visite et nous proposèrent de marcher ensemble durant notre traversée de l'Ougogo, afin de payer ainsi un tribut moindre et de pouvoir, le cas échéant, opposer une force respectable à toute tentative hostile de la part des indigènes. Nous acceptâmes. Cela portait notre effectif à plus de huit cents hommes ; mais c'est en vain que malgré notre soin de n'arborer qu'un seul drapeau nous essayâmes de faire passer cette légion pour une seule expédition : soit que les chefs eussent fait épier notre marche primitive dans le Marenga-Mkali, soit que l'habitude les eût rendus méfiants et rusés, tout en ayant l'air de s'y laisser prendre ils nous taxèrent en bloc aussi cher qu'ils eussent pu le faire séparément.

En somme, à Chikombo nous n'avions pas eu trop à nous plaindre, et quand nous levâmes le camp, au bout du troisième jour, nous nous applaudîmes, en quelque sorte, du mince hongo que nous y avions laissé : vingt dotis d'étoffe très ordinaire, soit environ quatre vingts mètres pour les trois caravanes réunies, avaient satisfait le tyranneau de l'endroit ; mais nous devions avoir plus loin la clef de cette énigme.

C'était le 28 février ; le jour venait de naître quand nous nous mîmes en route, et la file de nos huit cents porteurs marchant à la queue leu-leu serpentait dans une immense plaine où elle se déroulait sur une étendue de près de trois kilomètres. Les premières lueurs de l'aube empourpraient l'horizon de leurs stries flamboyantes, tandis qu'à notre droite, dans un lointain indécis, des monts dénudés galopaient vers le nord comme une chevauchée de fantômes.

Je me trouvais avec Roger en tête de la colonne ; derrière nous le kirangozi psalmodiait sur un rythme monotone une complainte qui semblait éternelle, et, ployés sous leurs charges, les pagazis le suivaient en répétant un mélancolique refrain : on eût dit d'une séquelle d'ombres chantant matines.

Nous avancions ainsi depuis une demi-heure à peine, quand soudain accourt vers nous un indigène qui, s'aidant des gestes les plus expressifs, nous invite à nous arrêter. Croyant que c'est d'un simple conseil qu'il s'agit, et comme le kirangozi nous affirme que nous sommes dans la bonne direction, nous passons outre, malgré les protestations indignées du Mgogo. En nous retournant quelques instants après, nous le voyons aux prises avec M. Cadenhead ; mais notre ami l'éconduit comme nous l'avons fait, et la caravane poursuit sa route.

L'homme s'est éloigné, furieux, et, bondissant dans les herbes, il pousse un long cri lugubre qui retentit au loin comme un appel désespéré, comme le holement plaintif de la chouette.

Nos porteurs se regardent consternés ; un murmure circule, et, comme sous l'effet d'un courant électrique, un frisson passe le long de la colonne :

« Vouagogo ! Vouagogo ! »

Un silence de mort a succédé aux babillages, aux chants de la marche ; on n'entend que le cri de guerre des Vouagogo qui sillonne la campagne et que répètent mille voix irritées ; l'alarme vole de bouche en bouche, et de cette immensité si calme il n'y a qu'un instant s'échappe maintenant une tempête de clameurs.

Le paysage s'anime, une foule de points noirs couvrent le sol, la plaine semble rouler un flot tumultueux : ce sont des indigènes qui accourent vers nous ; il en sort de tous les coins, de tous les fourrés, de tous les tembés, de chaque pli de terrain ; aussi loin que le regard peut porter, on en voit, on en voit encore et toujours. C'est une avalanche : à droite, à gauche, devant, derrière, il en dégringole de partout : on dirait d'une légion de gnomes qui sortent de terre

Mais les voici qui s'approchent : ce sont des guerriers et ils préludent au combat, agitent leurs armes, crient, vocifèrent comme en proie à une furie belliqueuse ; déjà ils nous rejoignent, entre-choquent en signe de défi leurs larges bracelets d'ivoire, et, la javeline en arrêt, l'arc tendu, nous visent en criant :

« Hongo ! hongo ! »

Nous continuons d'avancer ; mais derrière nous maints porteurs effrayés laissent choir leurs fardeaux, s'assoient dessus tremblants, hébétés, ne voyant qu'une chose, c'est que nous allons tous périr.

Le danger était grand ; un mouvement d'hésitation de notre part eût été le signal d'un épouvantable massacre ; aussi, sans sourciller, Roger et moi, en tête de la caravane, nous poursuivons notre marche en avant. Mais les Vouagogo se rapprochent, se massent, nous entourent, et bientôt c'est une hideuse muraille humaine qui nous barre la route.

En vain les interprètes leur crient-ils de nous livrer passage ; à nos injonctions ils répondent par des bravades et des hurlements féroces :

« Hongo ! hongo ! »

Estimant qu'en pareil cas la patience serait prise par eux pour de la faiblesse ou de la crainte, nous armons nos carabines, et, suivis des askaris, nous bousculons les premiers assaillants surpris de notre audace.

La mêlée devient générale. c'est un fouillis de lances et de casse-tête que brandissent des bras nus, affreusement tatoués ; les flèches sifflent dans l'air, les fusils sont épaulés, quand tout à coup un homme de haute stature, sans armes, vêtu d'une longue chemise blanche comme les Vounangouana de Zanzibar, s'élance entre nous, fait reculer les sauvages et, en kiswahili, nous conjure de nous arrêter et de l'écouter.

Mais nous étions d'autant moins d'humeur à entendre des paroles de paix, que devant nous les Vouagogo continuaient leurs provocations et leurs agaçantes bravades.

Le nouvel arrivant le comprit, et, s'adressant à eux d'un ton d'autorité qui leur imposa silence, il leur enjoignit de reculer ; le sentier redevint libre et voulant prouver que nous ne cédions pas à l'intimidation, nous fîmes encore une centaine de pas, escortés par l'homme à la chemise blanche qui, tout en marchant, nous dit que le sultan de Chikombo, dont il est le vizir, aime beaucoup les blancs et qu'il les voit venir chez lui avec le plus grand plaisir, témoin Stanley, le seul, du reste, qu'il eût vu avant nous; seulement, ajouta-t-il, jamais caravane n'a pu franchir ce territoire avant d'avoir acquitté le tribut exigé.

« Mais hier, à une demi-lieue d'ici, nous avons payé le hongo au souverain de Chikombo.

— Vous avez été trompés. Mon maître est le seul roi du pays ; venez vous expliquer avec lui, il vous fera rendre justice. »

Au cours de ce colloque, la caravane s'était brisée derrière nous : obéissant aux premières injonctions qui leur avaient été faites, les Arabes étaient

« HONGO ! HONGO »

allés camper à l'endroit indiqué ; seul, Cadenhead nous rejoignit à ce moment-là avec une partie de l'escorte.

D'un commun accord, et ne nous inspirant que des principes humanitaires qui faisaient partie de nos instructions, nous acceptâmes le palabre.

Le roi nous attendait dans son tembé, et telle était sa frayeur quand nous entrâmes, que ses maigres jambes flageolaient sous lui et que, d'une voix tremblotante, il nous supplia de laisser nos armes à la porte ; nous ne consentîmes point à quitter nos armes, mais par notre attitude nous fîmes en sorte de rassurer le pauvre homme à qui, sans doute, personne jusqu'à ce jour n'avait osé résister.

Nous lui narrâmes ensuite notre aventure ; alors il entra dans une colère épouvantable contre l'intrus qui nous avait abusivement rançonnés aux confins mêmes de son royaume, et sur l'heure il enjoignit à ses nyamparas de rassembler les guerriers et d'aller châtier l'audacieux usurpateur.

« Restez ici, vous autres, continua-t-il en s'adressant à nous, et je vous ferai rendre le hongo qu'on vous a extorqué hier. »

Évidemment c'était de sa part une finasserie pour nous retenir dans son village ; mais en bonne politique mieux valait paraître dupes que céder à la menace, et nous campâmes dans ce lieu inhospitalier.

Durant tout le jour ce ne furent que continuelles alertes, bruits, rixes, clameurs aux alentours ; on se battait chaudement au petit Chikombo, et, sans doute, la victoire resta longtemps indécise ; pourtant, vers le soir, nous apprîmes que le pseudo-chef avait été tué et que son village était détruit.

Mais ce ne fut que le lendemain matin que les guerriers revinrent gorgés de butin et dans un état d'ivresse indescriptible ; un vrai délire s'était emparé d'eux, ils semblaient en proie à une épilepsie belliqueuse, à tel point que, n'ayant plus d'ennemis à combattre, ils continuaient à s'écharper mutuellement par amour de la lutte.

Le roi s'associa éperdument à l'orgie qui fêta le triomphe ; il se grisa même à un tel degré que nous essayâmes vainement d'ouvrir avec lui les débats du hongo ; il prétendit nous faire participer à l'allégresse publique et poussa la générosité jusqu'à nous faire cadeau d'un mouton ; il est vrai que ce fut là tout ce qui nous revint du fameux tribut qu'on devait nous rendre. En revanche, lorsqu'au bout de deux jours d'attente et d'énervement les vapeurs du pommbé furent un peu dissipées, le gracieux monarque exigea de nous un hongo à peu près double de l'autre.

« Vous avez donné vingt dotis à un faux chef, insistait-il d'un air candide ; n'est-il pas équitable que moi, le vrai sultan, j'en reçoive quarante ? »

Évidemment cette logique était aussi discutable qu'audacieuse ; mais après avoir épuisé toutes les ressources de la diplomatie africaine, nous finîmes par payer ce que l'insatiable potentat exigeait, car chaque jour de retard nous était préjudiciable et ne pouvait qu'augmenter ses prétentions.

Avec quel soulagement nous laissâmes enfin ce village derrière nous ! Quant à nos compagnons les Arabes, pleurant de rage, les mains levées vers le ciel et invoquant Allah, ils maudissaient l'Ougogo dont, à ce compte-là, disaient-ils, nous ne pourrons sortir que ruinés à plate couture.

CHAPITRE XV

Ennuis continuels. — Un ouragan désastreux. — Les musiciens. — Curiosité agaçante. — Boucles d'oreilles des Vouagogos. — Femmes et bœufs. — Le léopard. — Khonko et son tribut. — Mdabourou. — La porte de sortie de l'Ougogo.

u départ la plaine, plus loin la marche sous bois, puis des cultures, un village auquel succède encore le porry, tel est l'aspect monotone des étapes à travers l'Ougogo; nous n'étions pas à trois lieues de Chikombo que, tombant de nouveau en face des tembés, il fallut faire halte au district de Lehumva.

Le hongo fut lestement débattu, et, moyennant seize dotis pour notre part, nous pûmes nous en aller dès le lendemain; mais quelle ne fut pas notre déconvenue lorsque, au bout d'une demi-heure, les gens du grand Lehumva nous arrêtèrent ! Ce district est, paraît-il, légalement dédoublé ; y payer tribut n'eût été qu'un demi-mal et nous essayâmes d'en finir le même jour afin de repartir dans l'après-midi ; mais en vain nos délégués déployèrent-ils toute la diplomatie possible, l'entêté monarque prétendit n'entamer que des préliminaires.

Alors nous parlâmes de passer outre, de livrer bataille au besoin ; les Arabes, nous suppliant de n'en rien faire, nous démontrèrent l'inutilité de toute protestation et nous finîmes par camper.

Le lendemain, une grande effervescence régnait dans la tribu, et le chef nous fit dire qu'ayant à vider une querelle aux alentours il ne pourrait s'occuper du hongo, mais qu'il nous promettait d'en finir sans faute le jour suivant. Nous faisions le dure apprentissage de l'Ougogo ; et, sans recourir à des plaintes superflues, nous prîmes philosophiquement notre parti : Roger et Cadenhead mirent ce temps à profit pour aller chasser, tandis que cette fois je demeurai au camp.

Triste endroit du reste, aride et sauvage, à proximité d'une petite gorge boisée. Nous y fûmes assaillis par des escadrons de fourmis blanches qui, en quelques heures, réduisirent en miettes les emballages de ceux de nos colis posés à terre. Pour parer à cet inconvénient, on doit toujours avoir soin de placer quelques billes de bois entre le sol et les ballots qui, de cette façon, se trouveront à l'abri de la redoutable invasion ; mais où nous fûmes impuissants à combattre ces voraces insectes, ce fut sous les tentes où, en dépit de nos efforts, ils firent d'effrayants ravages parmi les effets et les provisions.

Vers quatre heures du soir, des clameurs sauvages s'élevèrent au dehors, et, de la lisière du camp, je vis les hommes du village, tous en armes, s'assembler bruyamment ; bientôt leur lugubre cri de guerre fut poussé et en même temps le chef de la caravane arabe accourut vers moi, m'apprenant qu'un de ses porteurs venait d'être assassiné à quelques pas de là par les Vouagogos.

Dans ces contrées barbares, un coup de fusil tiré par inadvertance ou mal à propos engendre souvent de terribles mêlées, un meurtre occasionné par une simple dispute est presque toujours le signal d'un massacre ; en un mot, les causes les plus futiles ont des effets très graves quand le sang a coulé. Aussi, voulant mettre l'expédition en garde contre toute surprise, à l'instant j'organisai le camp en état de défense, pendant que Kamsini et dix soldats armés furent envoyés à la recherche de Roger et de Cadenhead pour qui je craignais quelque mauvaise rencontre.

Fort heureusement, peu d'instants après mes deux camarades revinrent, et nous avions à peine échangé quelques paroles que les hommes envoyés à leur rencontre reparurent : tremblants, atterrés, ils nous apprirent que les naturels venaient de les attaquer ; deux d'entre eux étaient en effet tout ensanglantés et affreusement blessés.

Pendant que nous leur donnions les premiers soins, la nuit tomba ; nous décidâmes alors de monter nous-mêmes la garde qu'en d'autres temps nous confiions aux askaris ; nous la tirâmes au sort : à Cadenhead échut de veiller de dix heures à minuit, mon tour vint ensuite jusqu'à deux heures, puis celui de Roger jusqu'à quatre heures. Mais les indigènes ne tentèrent aucun méfait ; du reste, jamais ils ne se battent dans l'obscurité ; bien plus, une fois le soleil couché, le Mgogo ne sort plus de sa demeure, et l'on pourrait à la faveur de la nuit traverser impunément un territoire, si l'on n'avait à redouter au lever de l'aurore l'attaque de tous les guerriers coalisés des villages voisins.

Le lendemain nous fîmes grande rumeur auprès du sultan et nous exigeâmes qu'il nous donnât réparation de ces outrages. Mais il protesta de son innocence, rejeta la faute et le crime sur les gens des tribus voisines, nous proposa cyniquement de nous joindre à lui pour aller les châtier et les piller, nous promettant une large part de butin, et finalement nous envoya un bœuf en témoignage d'amitié. Seulement, ces palabres nous tinrent encore toute la journée dans son village ; ils recommencèrent le lendemain, se continuèrent jusqu'au soir, et, en somme, pour pouvoir partir, nous dûmes pardonner le meurtre d'un homme, oublier l'attaque et les blessures faites à nos gens, et, par-dessus tout, payer un hongo de cinquante-deux dotis pour nos trois caravanes réunies.

Je craindrais de fatiguer le lecteur en racontant par le menu notre traversée de l'Ougogo : ces péripéties, ces ennuis, ces dangers se sont renouvelés à chaque pas ; pour nous le souvenir en est intéressant, mais le récit menacerait d'en devenir monotone et partant fastidieux ; je passerai donc sous silence nombre de ces événements qui se sont reproduits les mêmes presque à chaque étape.

A Dudoma, que nous gagnâmes en quittant Lehumva, nous eûmes également à compter avec deux chefferies indépendantes et échelonnées à une courte distance l'une de l'autre ; le chef du petit Dudoma que nous atteignîmes d'abord, est le fils du sultan du grand Dudoma, et, après nous avoir rançonnés, il trouva moyen de nous devancer chez son père à qui il recommanda de nous taxer sans ménagement. Cette famille de larrons vint nous rendre visite, et, quoiqu'il fût borgne, le vieux souverain examinait si attentivement tout ce qui se trouvait sous nos tentes, que nous nous félicitâmes d'avoir soigneusement soustrait à ses investigations nos armes et nos effets, car sa convoitise ne leur eût pas fait grâce.

L'emplacement de notre camp était détestable : nous avions cru bien faire en nous établissant à l'abri d'un énorme baobab dont le tronc mesurait seize mètres de circonférence; mais notre désappointement fut grand en découvrant que c'était un vrai nid de scorpions; le sol était jonché de leurs pinces, et, massés dans la ramure, de nombreux oiseaux, sortes de corbeaux à collerette blanche, leur faisaient une chasse acharnée, sans toutefois arriver à les détruire.

Aux alentours rôdent de nombreux fauves qui, pendant la nuit, font entendre un concert de hurlements; le froid est vif; le thermomètre marque 14° Réaumur, ce qui, pour ces contrées, représente un temps glacial; le vent de sud-est souffle avec violence dans la grande plaine d'Ouhoumba qui nous environne; la masika est proche et les pluies diluviennes ne tarderont plus.

Sur le conseil des Arabes, — qui nous rendirent du reste de très bons offices pendant toute cette marche en commun, — nous abandonnâmes partiellement la route nord que nous suivions depuis Tchouniou ; et, le 9 mars, notre direction s'infléchit vers le sud-ouest et nous mena à Zingeh, où nous rencontrâmes une race d'indigènes absolument différents de ceux que l'Ougogo nous avait offerts jusque-là. Dans les précédents districts, les naturels, d'humeur belliqueuse, farouche, tracassière, avaient la peau relativement claire, d'un brun jaunâtre; ici, ils sont d'un noir de geai, et, en revanche, très calmes, très doux, mais non moins voleurs; nous y laissâmes un hongo formidable.

Nous y fîmes la rencontre d'une caravane chargée d'ivoire, marchant sous la conduite d'un Arabe et se rendant à la côte; elle était forte d'environ quatre cents hommes et venait des régions septentrionales de l'Ougogo où, nous assura-t-on, l'on trouve de l'ivoire en abondance; le minerai de fer se recueille aussi dans les cours d'eau sous forme de nodules et les indigènes le travaillent même suffisamment pour en faire quelques grossiers ornements et des pointes de lances et de flèches.

A Zingeh enfin, l'eau n'est pas bonne et les vivres rares; aussi, pour épargner les provisions du pays, le sultan termina-t-il rapidement la question du hongo, et si le tribut fut lourd, en revanche nous fîmes une grande économie de temps.

L'étape suivante nous conduisit en pleines solitudes, absolument désertes et incultes; à deux reprises différentes nous courûmes joyeux au bord

UN OURAGAN DÉSASTREUX.

de petites zihouas que, dans sa hâte, le kirangozi nous signalait au loin : chaque fois nous les trouvâmes à sec, le lit crevassé par de larges fentes et chauffé à blanc comme de la lave.

Partis à cinq heures et demie du matin, nous cheminâmes ainsi, mourants de soif, jusqu'à la chute du jour, et la couchée se fit dans ces tristes conjonctures ; privés d'eau et dans l'impossibilité de préparer leur nourriture, les porteurs s'étendirent mélancoliquement sur les fardeaux et s'endormirent exténués de fatigue. Avant le jour on reprit la marche et à huit heures nous atteignîmes enfin le village de Pembé-Lampéra qui se trouve au centre d'une plaine aux efflorescences nitreuses, semée de marais salins.

C'est le premier endroit où nous rencontrons un sultan mgogo un peu humain : après avoir fait demander par un de ses nyamparas des nouvelles de nos santés, il nous envoya une immense jarre de lait en témoignage de sa sympathie à l'égard des hommes blancs. A vrai dire ce fut là un présent à la manière d'Artaxerxès, et le hongo que nous eûmes à payer, toutes caravanes réunies, fut considérable : soixante-quinze dotis d'étoffes de couleur, beaucoup plus précieuses que celles livrées jusqu'à ce jour!

Vers cinq heures du soir, nous étions en train d'écrire, quand tout à coup un sifflement prolongé parcourut la plaine, tandis qu'une vigoureuse rafale secouait nos abris ; avant que nous eussions pu nous rendre compte de ce qui se passait, une trombe de vent et de pluie s'abattit sur le camp ; et, déracinant cordages et piquets, s'engouffra sous la toile des tentes qu'elle emporta à dix mètres de distance, dispersant nos effets déballés qui s'éparpillèrent dans un désordre affreux.

Ce fut lamentable : n'ayant pu prévoir l'accident, nous nous trouvâmes dans un indescriptible désarroi : trempés jusqu'aux os, nous courions après les feuillets arrachés à nos cahiers de notes qui volaient au loin, et en hâte nous cherchions à reboucler nos valises, à préserver nos literies ; mais la pluie qu'un vent endiablé fouettait, tombait par paquets, inondant, éclaboussant, traversant tout : ce fut une noyade complète ; et bien que la tourmente n'ait duré qu'une demi-heure, ses dégâts furent presque irréparables ce soir-là, car la nuit étant arrivée sur l'entrefaite, nous dûmes coucher en pleine humidité sous des tentes détrempées, imparfaitement assujetties et dont les accrocs restaient béants.

C'était la masika qui nous annonçait son arrivée par ce bruyant coup de maître.

A Pembé-Lampéra, — dont le nom s'applique tout à la fois au village et au sultan qui en est le chef, — nous vîmes les troubadours vouagogos : ils font de leur arc un instrument de musique, en y adjoignant une courge desséchée coupée en deux ; sur la corde, arrêtée environ aux deux tiers de l'arme, ils frappent de la main droite à l'aide d'une mince baguette, tandis que de la gauche, tenant l'instrument appuyé contre la poitrine, ils tapotent la calebasse avec un de leurs doigts orné d'une castagnette. Cela produit une suite d'accords peu harmonieux, mais d'une monotonie désespérante, digne accompagnement, du reste, de ces éternelles et plaintives mélopées entrecoupées de cris stridents qui sont la caractéristique du chant nègre.

Au moment où nous quittâmes Pembé-Lempéra, un incident faillit gâter nos relations amicales avec le souverain de l'endroit : son vizir, un Vouangouana de Zanzibar, ayant reconnu parmi nos askaris un de ses clients de la côte qui lui devait de l'argent, sans autre forme de procès, les exploits d'huissier n'étant pas encore entrés dans les mœurs africaines, il empoigna son débiteur d'une façon si brutale que, pour le faire lâcher prise, je fus obligé de le rouer de coups à son tour. Bref, après palabre, ce fut encore notre bourse qui dut supporter les frais du procès : pour obtenir la liberté de cet homme qui, du reste, était honnête et reconnaissait sa dette, nous la payâmes en partie, quitte à en faire la retenue sur sa solde.

Mizanza, où nous arrivâmes ensuite et qui se trouve à une très courte distance de Pembé-Lampéra, est située au milieu d'une petite plantation de palmiers ; de loin l'aspect en est très gracieux, mais de près l'illusion s'évanouit, et ces arbres rachitiques, maigrelets, versent sur nous un semblant d'ombre sans fraîcheur. Nous y étouffâmes, et, pour surcroît d'ennuis, tous les trois nous fûmes empoisonnés par l'eau que, dans notre hâte, nous avions négligé de filtrer ; quand plus tard nous le fîmes, le charbon de nos appareils se couvrit d'une couche verdâtre comme si on l'eût peinturluré, tant étaient nombreuses et compactes les matières végétales en suspension que renfermait ce liquide boueux.

C'était, il est vrai, la fin de la saison sèche, et à ce moment-là les eaux que l'on trouve encore dans l'Ougogo sont fétides et pourries ; mais à toute époque, je pense, Mizanza doit être insalubre à cause de sa position défavorable et des marigots qui l'environnent.

Le pouvoir effectif y est représenté dans la personne d'un affreux petit vieillard décrépit, absolument repoussant, qui, dans le but d'examiner ce qu'il y avait à prendre chez nous, s'empressa d'accourir nous rendre visite ; mais nous eûmes soin de dérober à sa vue tout objet qui l'eût pu mettre en appétit ; aux menus présents d'usage que nous lui fîmes je joignis pour mon compte quelques cigares brisés dont je ne pouvais plus rien faire et qui le comblèrent de joie. Mais quelle odeur nauséabonde exhalait ce monarque! Nous dûmes longtemps aérer nos tentes pour effacer les traces de son passage.

Parmi les ennuis que présente la traversée de l'Ougogo, il en est un, agaçant entre tous, c'est la curiosité des indigènes qui poursuit le voyageur jusque dans les moindres détails de la vie quotidienne : ainsi, au début du voyage, nous avions adopté l'habitude de prendre nos repas sous l'auvent de la tente de Roger, laquelle s'y prêtait grâce au pan de la porte d'entrée que l'on relevait et qui, soutenu par deux piquets, formait un toit contre les rayons du soleil. Or, sitôt la table mise, nous étions entourés d'une foule de nègres, négresses et négrillons, qui, sous prétexte de vendre leurs denrées, s'introduisent dans le camp sans qu'il soit possible de les en faire déguerpir ; ils sont là, la face hilare, bouche béante, et de leurs yeux écarquillés guettent nos moindres mouvements, les commentent avec des rires énormes qui leur fendent la bouche jusqu'aux oreilles, tandis qu'ils témoignent leur stupéfaction par des cris rauques, en se tapant les cuisses avec les mains.

Je suppose, que dans ces tribus, le « high life » se donne rendez-vous pour *aller voir boire et manger les blancs*, comme chez nous on va faire le tour du Bois : n'importe, passer à l'état de bêtes curieuses, cela peut paraître original pendant un jour ou deux, mais, à la longue, je dois dire que l'on éprouve une furieuse démangeaison de mordre les spectateurs. Sans compter que, groupés ainsi en demi-cercle, en masses compactes, debout ou accroupis, ces corps nus, huilés, à odeur rance nous dérobaient le peu de brise qui soufflait, et pour nos repas déjà si grossiers par eux-mêmes ce spectacle n'était pas précisément un apéritif.

Nous avions fini par nous confiner sous nos tentes hermétiquement fermées malgré la chaleur étouffante ; mais là encore nos bourreaux trouvaient moyen de nous persécuter : rampant sous le sol et soulevant un coin de la toile, ils étaient là, postés en observation ; à tous les interstices nous pouvions voir briller leurs gros yeux ronds et ébaubis ; au dehors ils chuchotaient, riaient, jacassaient et, de leurs pas maladroits, s'embarrassaient dans les cordages des tentes dont les piquets déracinés s'en allaient alors à la dérive.

Ah! comme ils nous rendirent au centuple la curiosité avec laquelle nous allons visiter leurs semblables dans nos jardins zoologiques! Seulement; en Europe, nous payons pour les voir, et, en Afrique, nous payons encore pour être vus, scrutés, examinés avec la plus rare impudence.

Ce supplice fait partie de ceux dont on rit plus tard, qu'on est même impuissant à narrer de façon que le lecteur puisse en comprendre le raffinement : il faut être là, dans ces conditions d'énervement, d'ennuis, de préoccupations et d'inquiétudes, et vivre de cette vie monotone, chaque jour ramenant le souci de la veille, en un mot il faut non seulement avoir été dans l'Ougogo, mais il faut même y être pour pouvoir éprouver et bien décrire ces misères intimes.

Une des caractéristiques de l'ornementation — disons du tatouage — dont s'enorgueillit le Mgogo, c'est la mutilation des ses oreilles ; je me rappelle avoir vu au Niger et au Bénué des sauvages portant en guise de pendeloques des fragments d'ivoire, des morceaux de verre ou de métal gros comme le doigt, mais dans l'Ougogo c'est tout un attirail d'objets à usages constants que l'on transporte ainsi ; qu'on en juge : ces indigènes se fourrent dans le lobe de l'oreille un morceau de bambou ou de bois creux, gros de plusieurs pouces, dans lequel se trouve leur tabac ou leur chaux qu'ils mâchonnent, ou encore la graisse dont ils s'enduisent le corps ; chez quelques-uns la peau finit par se distendre au point qu'on pourrait passer le poing dans l'orifice qu'ils se réservent ainsi ; inutile d'ajouter que c'est tout bonnement horrible à voir.

Il n'y a en réalité dans l'Ougogo que deux choses passables : les femmes, dont les formes opulentes eussent charmé Rubens, et les bœufs dont Apis eût été jaloux ; seulement, les premières sont d'une sauvagerie désespérante ; et quant aux seconds, ce sont des objets de parade, une exhibition de richesses, rien de plus. Rarement on abat une tête de ce splendide bétail, de race brahmane pur sang ; les naturels eux-mêmes n'y touchent point : on dirait des biens inaliénables, comme les galeries de tableaux des anciennes familles romaines. Pour le voyageur affamé, c'est un supplice de Tantale de voir onduler dans la plaine des régiments de biftecks et d'entrecôtes qui semblent le narguer en paissant béatement, alors qu'il se déchire les gencives sur un épi de maïs ou une poule étique, heureux encore quand il trouve l'un ou l'autre !

Les pluies nous rejoignirent pendant notre séjour à Mizanza, et souvent le soleil resta caché des journées entières ; mais il n'en faisait pas moins chaud pour cela, bien au contraire : d'épaisses vapeurs emplissaient l'atmosphère, des buées chaudes chargées d'odeurs de marais rasaient le sol et ne pouvaient ni s'élever ni se dissiper à cause de la lourdeur de l'air. Les nuits étaient étouffantes ; cédant à la fatigue, parfois on trouvait le sommeil, mais le repos jamais. Et puis, en cette saison grasse, les insectes se développent de prodigieuse façon : attirés par la chaleur, ils sortent de terre à l'endroit où sont plantées les tentes dont ils transforment les parois en un musée entomologique qui n'a rien de réjouissant ; on a beau se cou-

CURIOSITÉ AGAÇANTE.

cher tout habillé, sanglé, botté, et se livrer préalablement à de minutieuses battues, à d'importants massacres, ces abominables bêtes pullulent à tel point qu'elles mettent effets et provisions en grand danger et la peau du voyageur blanc à de cruelles épreuves.

En quittant Mizanza, nous ne parvînmes pas à gagner le village voisin avant la chute du jour, et nous couchâmes en pleine forêt ; elle était si dense et nos gens à tel point exténués, que l'on ne forma pas de camp ce soir-là, et les tentes ne furent point dressées ; mais, par malheur, une pluie diluvienne se mit à tomber pendant la nuit, elle éteignit nos feux et nous restâmes là, sous les arbres, grelottants, trempés, épiant les premières lueurs du jour qui nous permettront de nous remettre en route. Un silence lugubre régnait parmi les hommes : parfois on entendait une plainte étouffée, une toux sèche, car le nègre souffre beaucoup du froid, puis plus rien ; les averses se succédaient sans interruption ; on ne voyait pas à cinq pas devant soi ; aux alentours les fauves hurlaient et, dans le fourré, on aurait pu voir luire leurs ardentes prunelles ; entravés non loin de nous, nos malheureux ânes tremblaient de frayeur, et, tête basse, ruisselants et glacés, ils faisaient sans doute d'amères réflexions sur le sort fatal qui les avait arrachés de leurs sables brûlants d'Arabie où il ne pleut jamais, pour les transplanter au sein de ces régions humides.

Tout à coup un cri déchirant retentit, et, croyant à une attaque, chacun est aussitôt sur pied, court, s'appelle, se heurte, se bouscule dans un effroyable désordre, au milieu de la plus profonde obscurité.

« Qu'y a-t-il, Kamsini ? »

— C'est un léopard qui vient d'enlever un enfant, maître. »

Je n'ai pas encore dit que l'expédition était suivie ou plutôt escortée de quelques femmes appartenant aux porteurs vounyamouésis ; c'était l'enfant de l'une d'elles qui venait d'être saisi par un fauve.

Les askaris furent lancés dans toutes les directions, et en un instant la forêt retentit de coups de feu et de clameurs sauvages ; ce fut une course insensée à travers les taillis, les fourrés, les jungles épaisses, et cela sous une pluie battante et dans la nuit noire. Effrayé sans doute par tout ce bruit, l'animal lâcha sa proie, et l'on retrouva le pauvre enfant fortement endommagé, mais respirant encore ; toutefois, en dépit des soins qui lui furent prodigués, il succomba le lendemain.

Une courte marche nous conduisit à Konzi ; avec de bonnes indications nous eussions pu atteindre ce village dès la veille et éviter ainsi la pénible couchée en forêt ; aucun voyageur n'ayant décrit ni suivi cet itinéraire avant nous, l'erreur s'explique, et je conseille fort à ceux qui nous suivront de ne pas y tomber. Le hongo fut relativement modéré en ce lieu d'où nous pûmes sortir aussitôt et atteindre le grand district de Khonko que Cameron appelle Khoko, et qui est un des plus vastes, des plus florissants de la contrée.

Nous y campâmes sous les superbes figuiers-sycomores qui abritent généralement les caravanes, et dont les coupoles verdoyantes sont réellement prodigieuses. Nombre de Vouangouanas sont établis ici; leurs demeures se distinguent de celles des Vouagogos en ce qu'elles ont sur leur faîte un lambeau d'étoffe blanche qui flotte au vent. Les cultures sont belles, bien entretenues, c'est même un des rares villages où elles soient entourées de haies qui bordent en même temps un sentier bien battu. Les vivres sont abondants, l'eau trouble, mais bonne. En revanche, le tribut à payer fut exorbitant.

Nous avions commencé par envoyer au chef quelques belles étoffes pour lui *ouvrir la bouche;* il nous les retourna dédaigneusement et ne voulut pas commencer les débats ce jour-là.

Le lendemain, puisant dans les ballots précieux, nous fîmes porter au souverain un brillant cadeau qu'il nous renvoya encore, demandant d'y suppléer par d'autres articles. A notre tour nous nous indignâmes et l'affaire n'avança point.

Dès le matin suivant, nos messagers se remirent en route avec le même présent auquel nous avions ajouté une ceinture lamée en soie; le sultan accepta enfin, mais quand sa bouche s'ouvrit, ce fut pour annoncer que nous payerions deux cents dotis de hongo. En réponse à son exigence, nous lui en envoyâmes vingt-cinq qu'il refusa péremptoirement, et, le jour déclinant, rien ne fut encore conclu.

A la reprise des négociations, nous lui envoyâmes quarante dotis qu'il ne voulut pas recevoir; puis cinquante, même sort; nous allâmes jusqu'à soixante-quinze sans pouvoir aboutir, malgré les pots-de-vin que nous faisions glisser en cachette dans la main de son vizir.

Comme la situation menaçait de s'éterniser, on se décida, au grand désespoir des Arabes, à offrir le jour suivant quatre-vingt-onze dotis qui, après maintes tergiversations, furent acceptés comme hongo, à la condition qu'on y ajouterait un fusil et un tonnelet de poudre, ce qui fut fait.

S'il y avait plusieurs Khonkos dans le pays, les caravanes n'en sortiraient que ruinées. Cependant, eu égard à la façon dont le district est tenu, à son importance, aux égards qu'on y témoigne aux Européens, on peut dire que c'est le plus favorable de l'Ougogo; on verra plus loin l'appui que le chef du lieu a prêté au capitaine Ramaekers dans un moment où sa caravane aurait pu courir les plus grands périls.

Les cultures du pays s'étendent à plus d'une lieue et demie à l'ouest du village; nous les traversâmes au départ, puis gagnant le porry, nous restâmes sous bois pendant une demi-heure, après quoi nous entrions dans une vaste plaine couverte d'une herbe courte et plantée de quelques arbres isolés; nous y vîmes de nombreux troupeaux de zèbres, de buffles, des girafes et des antilopes, et partout aussi de larges traces du passage d'éléphants.

Après avoir traversé la rivière de Mdabourou qui n'est en somme qu'un bras de la Loufidji ou Roufidji, laquelle se jette dans l'océan Indien en face de l'île Mafia, nous arrivions à Mdabourou, dernier district de l'Ougogo.

Cet endroit paraît puissant, mais les cultures y sont moins abondantes et les habitants, d'humeur guerrière, beaucoup moins hospitaliers qu'à Khonko. Du reste, ces indigènes appartiennent à une race distincte qui déjà fait pressentir le Rouga-Rouga avec lequel les Vouagogos de cette région ont des traits de ressemblance physique et morale ne laissant aucun doute sur les liens de parenté qui les unissent.

Parmi eux, il y a beaucoup de chasseurs d'éléphants dont les fonctions et les exploits sont indiqués par des tatouages aux mains et aux bras. Ils portent presque tous des objets de parure en ivoire; leurs bras et leurs jambes sont ornés de larges bracelets creusés dans la partie la plus massive de la défense et ils les entre-choquent en signe de défi au moment des combats.

A peine étions-nous installés que le sultan du lieu, jeune homme d'allure belliqueuse, se présentait au camp entouré de nombreux guerriers : l'attirail, les parures, les armes de nos visiteurs trahissaient en eux d'affreux bandits; pourtant l'attitude du chef fut en tous points convenable; il nous pria simplement de ne pas tirer un seul coup de fusil, dans la crainte, disait-il, de retarder les pluies impatiemment attendues à Mdabourou. En effet, depuis Khonko nous n'avions plus eu que des jours de soleil : la masika semblait une fois encore s'être attardée en chemin.

Peut-être est-ce à cette circonstance que nous dûmes de trouver l'eau de Mdabourou si mauvaise, voire même un peu nitreuse.

Le hongo fut long à débattre, et, de guerre lasse, nous payâmes quatre-vingts dotis, quoique le village ne fût pas riche en vivres, à telles enseignes qu'en prévision des marches suivantes nous dûmes renvoyer des hommes à Khonko pour y acheter des provisions. Mais le tribut ne se règle malheureusement pas d'après l'importance du district ou les services que l'on peut en attendre : la cupidité des sultans et de leurs conseillers, la force guerrière dont dispose la tribu, telles sont les bases de cet impôt vexatoire et arbitraire.

Nous venions donc de traverser de part en part cette contrée, l'Ougogo, vaste cirque jadis couvert de jungles et qu'aujourd'hui la houe éclaircit çà et là. L'aspect, en somme, en est assez riant pour qui aime les horizons étendus, les steppes arides, les landes à perte de vue que déchirent quelques carrés de cultures et des tembés éparpillés dans les espaces défrichés. On y pénètre par une gorge étroite en quittant Tchouniou, et l'on n'aperçoit plus alors de systèmes de montagnes jusqu'aux frontières occidentales ; là une brusque déclivité du terrain et des affouillements nombreux marquent la ligne de partage où commence l'Ounianzi, dont l'altitude est de beaucoup supérieure à celle de l'Ougogo.

Nous avions été retenus un mois dans cette inhospitalière région, un mois pour parcourir une distance que, sans ces continuelles entraves du hongo, nous eussions franchie en une dizaine de bonnes étapes. Énervés, fiévreux, empoisonnés à diverses reprises par des eaux fétides, nous maudissions ce peuple à qui nous étions redevables de tant de mauvais jours et dont les mains rapaces nous avaient dépouillés d'une partie notable de nos ressources ; il nous semblait que rien de pire ne pouvait nous arriver. Hélas ! en nous rappelant ces colères, que de fois avons-nous absous le Mgogo taquin et exigeant, mais en somme loyal et fier, alors que plus tard nous fûmes en butte aux défections des Vounyamouési et aux cruautés des Rougas-Rougas.

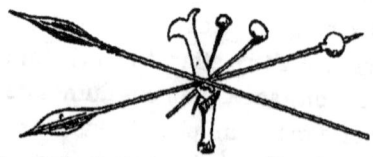

CHAPITRE XVI

Le village de Mounié-Mtuana. — La veillée des armes. — Le Mgounda-Mkali. — Optimisme de Stanley. — Villages disparus. — La tsétsé. — Tirikésa. — La soif et la faim. — Une sanglante épopée.

 PARTIR de Mdabourou, le pays s'élève sensiblement : après les interminables plaines de l'Ougogo, nous rencontrons des affleurements de roc; puis la région montagneuse s'accentue, de hautes collines apparaissent flanquées de tours de granit, et au milieu de ces escarpements se dresse le village de Mounié-Mtuana, comme un nid d'aigle accroché aux anfractuosités du rocher.

Avec leur perspicacité, leur sens pratique, la connaissance parfaite qu'ils ont des lieux, les Arabes ont compris la nécessité d'un relais entre l'Ousagara et l'Ounyanyembé ; or, l'Ougogo étant absolument inhospitalier et le Mgounda-Mkali trop dangereux, ils se sont établis à Mounié-Mtuana qui commande à la fois les principales routes de ces deux contrées. Le chef de l'endroit est un Arabe de Mascate qui a donné son nom au village ; vassal du sultan de Zanzibar, il dépend également du gouverneur de Taborah avec qui il entretient des communications constantes.

On peut apprécier une fois de plus tout le bienfait qui résulterait pour les expéditions européennes d'une alliance sérieuse avec les Arabes ; grâce à leur influence nous pourrions avoir à Mounié-Mtuana une importante station de secours : sorte de forteresse à cheval sur l'Ougogo et le Mgounda-Mkali, ce serait un centre précieux de ravitaillement pour réparer les brèches du hongo et un poste de défense pour affronter les *champs amers* des Rougas-Rougas.

Ce village diffère essentiellement de ceux de l'Ougogo ; alors que là-bas les chefferies se composent de tembés isolés, ici, au contraire, le cachet mnyamouési apparaît déjà : au lieu d'être disséminées, les habitations, qui pourtant revêtent aussi la forme de tembés, sont rassemblées en un enclos fortement palissadé à l'aide de pilotis entre lesquels on a coulé du sable humide, argileux ; en séchant, ce sable a formé un crépissage très résistant ; un toit avec saillie, fait de chaume et de terre, garantit cette muraille des intempéries atmosphériques ; des meurtrières ont été ménagées pour mettre la place en état de défense, et autour de l'enceinte de nombreux crânes d'ennemis surmontant des perches élevées témoignent des assauts repoussés et des exploits des habitants.

A Mounié-Mtuana, les caravanes sont amicalement accueillies : on n'y paye aucun hongo, et le gouverneur arabe comme le mtémi indigène, son vassal, sont des plus affables envers les blancs. On trouve en cet endroit des vivres en abondance, du maïs, des poules, et même des patates douces, les premières que nous ayons rencontrées ; nous pûmes aussi y faire moudre notre grain par les femmes du village qui, moyennant une faible rétribution, — généralement quelques verroteries, — se chargent sans difficulté de ce travail que l'homme ne voudrait entreprendre à aucun prix, fût-il esclave.

Pour cette opération, elles se servent d'une simple pierre plate devant laquelle elles se tiennent à genoux et, tout en chantonnant, souvent même en tenant leur dernier-né sur la hanche, elles écrasent le grain au moyen d'un gros caillou poli qu'elles promènent de toutes leurs forces sur la dalle. Au fur et à mesure de l'opération, la farine est recueillie sur un plateau en paille, sorte de van primitif qui, secoué à tour de bras, laisse échapper la poussière et les enveloppes. Avec cette farine, Mabrouki nous fabriquait des galettes qui nous donnaient l'illusion du pain.

Si, pendant le voyage, le temps ou la mauvaise volonté des femmes indigènes ne nous permettaient point de faire moudre notre maïs, alors nous nous contentions de le concasser, et cette farine grossière, délayée et cuite dans du lait, offre un aliment très réconfortant ; ou bien nous laissions bouillir l'épi entier dans de l'eau, ou nous le faisions rôtir sous la cendre ; seulement, dans ces deux derniers cas, il reste les pellicules que l'on est obligé de manger, quoiqu'elles soient indigestes.

PORTE D'UN VILLAGE.

Il faut ainsi compter avec les localités où l'on ne trouve pas de maïs, mais seulement du moutama ou sorgho qui constitue toute l'alimentation du nègre en marche. Pour l'Européen, cette nourriture n'est pas saine ; mais si l'on a eu l'heureuse idée de se pourvoir de farine de froment, celle-ci, mêlée au moutama dans la proportion d'un tiers, donne une pâte avec laquelle on confectionne d'excellentes galettes que l'on fait cuire dans la poêle.

La privation la plus dure, c'est d'être éternellement sevré de légumes ; aussi avec quelle joie nous accueillîmes les patates douces qui nous furent offertes à Mounié-Mtuana, et, nouveaux Ésaüs, que n'eussions-nous donné pour un plat d'épinards, de chicorée, voire même de lentilles!

Nos porteurs firent à Mounié-Mtuana d'amples provisions de route; ils y festoyèrent aussi en due forme, et le soir, à la couchée, leur babil avait un entrain qui trahissait son pombé d'une lieue. C'est à ce moment-là que, brodant son thème de l'Ougogo, le kirangozi renouvela sa harangue de la veillée des armes :

« Ecoutez ! écoutez ! Nous allons arriver demain au pays de la faim, de la soif, des assassins !

« Remplis ta gourde, porteur, et veilles-y avec un soin extrême, sinon pour cuire ton moutama tu n'auras rien le soir. »

Le bras étendu, d'un ton ferme :

« Il faudra marcher, marcher beaucoup, marcher vite et toujours, car qui s'arrête en tirikésa est perdu : c'est un homme mort.

« Tu l'entends, pagazi ? »

Baissant la voix, et devenant farouche :

« Et ne t'écarte pas de la colonne ! Là-bas, dans le fourré, vois-tu reluire ces armes et briller des yeux noirs qui guettent?

« Rougas-Rougas ! ce sont des Rougas-Rougas ! »

Se courbant et gesticulant :

« Je les vois, les bandits... ils sont là, derrière les arbres... ils vont te tuer, pagazi, si tu t'attardes, ils vont voler ta charge. »

Se redressant, et d'une voix éclatante :

« Hommes blancs, prenez garde ! demain nous serons dans le Mgounda-Mkali ! on y meurt de faim et de soif, on y est lâchement attaqué, assassiné; et pendant cette traversée qui dure douze fois le grand tour du soleil, nous ne verrons plus une hutte, plus un champ, plus rien d'humain.

« Que l'esprit du Mouloungou nous protège ! »

Et le chœur de répéter :

« Oui, protège-nous, Mouloungou, Mouloungou ! »

A ce discours, les rires ont cessé; on se regarde, on chuchote, on commente les dangers de la route, on évoque le souvenir de ceux qui y ont trouvé la mort; les uns font les bravaches, d'autres frissonnent; puis la torpeur s'en mêle, et tous ces grands diables ne tardent pas à s'endormir profondément pendant que le kirangozi continue sa tirade; il parvient à en galvaniser encore quelques-uns : deçà, delà, des torses se redressent, se soulèvent à moitié et l'on entend murmurer faiblement :

« Oui, protège-nous, Mouloungou, Mouloungou ! »

Le lendemain, nous entrâmes dans le Mgounda-Mkali.

Relativement à cette sinistre contrée, nous avions remarqué dans les récits des voyageurs qui nous ont précédés des passages qui nous avaient complètement rassurés ; nous traitions d'enfantillages les appréhensions de nos nègres et, sans tenir compte de leurs conseils, nous ne voulûmes même pas nous encombrer de provisions et d'eau. N'avions-nous pas lu, en effet, que dans cette terre brûlante les citernes ne manquent pas, que les villages y sont nombreux et qu'en un mot « le Mgounda-Mkali n'a plus un nom qui lui convient, car les Vouakimbou s'y sont établis, y ont élevé de solides tembés et y cultivent assidûment le sol (1) » ?

Stanley écrivait ces lignes en 1872. Lorsque, huit ans plus tard, nous arrivâmes au Mgounda-Mkali, le tableau qu'il en avait fait nous parut une bien amère ironie ; ce travail qu'il annonçait, cette jungle vaincue par le bras du Mkimbou, ces défrichements, ces cultures, ces puits, nous cherchâmes en vain tout cela, et en leur lieu et place nous trouvâmes une contrée maudite, déserte, plus dangereuse, plus difficile à traverser que ne l'a dit aucun explorateur.

Il faut ajouter, pour rester dans le vrai, que Stanley n'a parcouru que la route du nord où s'élèvent en effet quelques maigres bourgades dont l'existence toutefois, au dire des indigènes, est des plus éphémères ; mais, dans son optimisme, que n'a-t-il fait quelques réserves au sujet du véritable Mgounda-Mkali, de celui qui englobe le lac Tchaïa et qui est absolument inhabité, inculte ? La plus profonde désolation y règne, et jusqu'à Hittoura, c'est-à-dire pendant six jours de marches forcées, on ne rencontre ni village, ni hutte, ni carré de cultures, pas un seul être vivant. Il y a plus ; lors de mon retour, Hittoura n'offrait qu'un amas de ruines fumantes : quelques jours auparavant les Rougas-Rougas s'étaient rendus maîtres de cette bourgade, l'avaient pillée et incendiée ; d'où il suit que sur tout l'immense parcours qui s'étend de Mounié-Mtuana à Roubougwa, c'est-à-dire pendant huit jours d'étapes doubles, on ne trouve aucun vestige d'être humain, aucun moyen de se ravitailler.

En lisant Stanley si rigoureux envers ses devanciers, envers Burton surtout, nous avions pris au pied de la lettre son appréciation du Mgounda-Mkali ; hélas ! si nous avions tout simplement suivi les conseils de nos nègres, pris des outres et emporté avec nous force grains, nous n'eussions pas enduré les tortures de la soif et de la faim pendant nos vaines recherches des invisibles Vouakimbou et de leurs villages évanouis.

Plus que jamais les *champs d'amertume* méritent leur sinistre renommée :

---

1. H. Stanley, *Comment j'ai retrouvé Livingstone*, page 201.

tous les timides essais de culture entrepris par quelques Vouangouana et Vounyamouési n'ont abouti à aucun résultat utile. Çà et là, ondulant sous la brise, au centre d'une clairière arrachée à cet océan d'arbres rabougris, quelques tiges de sorgho témoignent d'anciens et courageux efforts : là des huttes ont été élevées, la pioche a entamé la forêt, des bras vigoureux ont entr'ouvert et ensemencé le sol ; mais les Rougas-Rougas, seigneurs de ces solitudes, ont détruit l'humble chaume et contraint à la fuite ceux que le massacre avait épargnés : triste tableau du travail vaincu par le brigandage !

Ces hordes de meurtriers et de pillards, tribus errantes que viennent grossir journellement les déserteurs et autres mécréants, sont à juste titre la terreur des caravanes ; elles ont un chef, le Nioungou, dont la puissance est redoutable, dont les richesses sont immenses ; encouragé par l'impunité, le sinistre monarque a étendu l'empire du crime sur toute cette contrée dévastée.

Lorsqu'une expédition traverse le Mgounda-Mkali avec une force numérique imposante, le Rouga-Rouga ne l'attaquera point ; il se contentera de guetter les traînards, de les pousser à la désertion, de les assassiner au besoin, et, en tout cas, il s'emparera de leurs charges. Que si, au contraire, il se croit en mesure d'écraser sous le nombre ceux dont il convoite le bien, sans hésiter, avec impétuosité et sans crainte du danger, il affrontera les chances d'un combat dont presque toujours il sortira vainqueur.

En somme, aux difficultés, aux tracasseries, aux ruineux impôts de l'Ougogo, succèdent ici les fatigues, les privations, les continuelles alertes, les dangers permanents ; là-bas, c'était l'agglomération d'hommes, les exigences des chefs que l'on redoutait ; ici, c'est la solitude, le désert, l'aridité, qui tuent. Jadis on perdait patience en voyant que l'on ne pouvait avancer qu'à pas lents, qu'il fallait consacrer un mois entier à parcourir cette seule contrée ; maintenant on est forcé de franchir en douze ou quinze jours une distance quatre fois grande comme la traversée de l'Ougogo, et pendant une semaine entière on demeure en pleine solitude sans voir un village, un champ, une hutte, sans trouver un peu d'eau au cours des premières étapes.

C'est aussi dans le Mgounda-Mkali que nous eûmes à souffrir le plus cruellement des atteintes de la tsétsé qui jusqu'alors ne nous était apparue que rarement ; j'ai du reste observé que cette implacable ennemie du bétail réside surtout dans les parages inhabités et stériles ; à mesure que s'étendent les cultures, elle recule dans les friches. En maintes circonstances, j'ai constaté la présence de cette mouche dans les jungles avoisinant un hameau, tandis qu'elle ne s'aventurait pas à l'intérieur du village, à telles enseignes qu'on y élevait des bœufs sans qu'ils en fussent incommodés.

Si plus tard mon observation se trouve généralisée, j'estime que ce sera

EN TIRÉKÉSAS.

un point capital pour l'avenir de ces contrées africaines, car lorsque l'on aura acquis la certitude que la tsétsé s'éloigne des lieux défrichés, il sera permis d'espérer que les efforts de colonisation triompheront enfin des deux grands obstacles qui barrent les routes de l'Afrique, et qu'après avoir vaincu la mouche funeste l'agriculture donnera un jour aussi le moyen de remédier au drainage défectueux des eaux.

Dans les bois, dans les plaines du Mgounda-Mkali, partout elle sévit avec rage, la terrible tsétsé. J'avais lu que sa piqûre n'est fatale qu'aux bêtes, mais qu'elle n'incommode point l'homme; tournant en dérision les remarques fort judicieuses pourtant que lui avait faites à ce sujet le docteur Kirk, Stanley raconte même certaines expériences d'où il conclut que la tsétsé nous est inoffensive; il ajoute — et cela m'étonne de la part d'un homme si compétent — qu'à son avis les chevaux résistent parfaitement à ses attaques (1).

Que mon illustre devancier me permette en cela de le contredire absolument: Roger, Cadenhead et moi-même nous eûmes à souffrir cruellement sur nos personnes des atteintes de la tsétsé, plusieurs de nos ânes succombèrent, et il n'est pas un seul voyageur, Européen ou Arabe, ayant traversé ces porrys, qui n'affirme que pour gagner l'Ounyanyembé l'emploi du cheval demeurera impossible aussi longtemps que cette mouche funeste n'aura pas entièrement disparu, car sa piqûre, qui ne tue pas l'animal sur-le-champ, l'affaiblit cependant, lui donne la fièvre, décompose son sang et finit, en somme, par le faire périr. Il n'y a à cet égard aucun doute possible.

Ce fut donc pour nous un triste mécompte que la rencontre de la tsétsé après les illusions que nous nous étions faites sur elle, grâce aux pages que lui a consacrées Stanley; assaillis par cet insecte, nous en fûmes piqués avec une telle violence que même à travers nos vêtements son dard produisait une vive douleur suivie d'atroces démangeaisons et d'un gonflement immédiat de la peau. Parfois, au cours d'une même étape, je fus atteint de la sorte à la figure, aux mains, aux jambes, et j'en éprouvai de telles tortures que la fièvre ne tardait pas à se déclarer. Encore qu'elles soient venimeuses, ces piqûres n'ont, il est vrai, rien de mortel pour l'homme, mais elles sont loin de lui être indifférentes, et il en éprouve de douloureux désagréments.

Rien ne fait lâcher prise à ces mouches voraces: harcelé par elles, souvent je me disloquais le bras pour les disperser, frappant de droite et de gauche, en avant, en arrière, agitant mon mouchoir ou jouant de la canne, m'épuisant en vains efforts pour arriver à les effrayer; elles me laissaient un instant, tournoyaient sur ma tête, et, tenaces, revenaient bientôt se poser aux mêmes endroits. C'est généralement une artère qu'elles choi-

---

1. H. Stanley, *Comment j'ai retrouvé Livingstone*, pages 72 et 80.

sissent, et, une fois en position, elles plongent leur aiguillon, aspirent voluptueusement le sang, et se grisent au point de perdre toute prudence, toute crainte : en ces moments-là rien ne les fait bouger, elles préfèrent mourir sur place, et, bien repues, se laissent écraser au milieu de leur festin.

A première vue la tsétsé est un insecte peu remarquable ; on dirait d'une grande mouche, mais plus svelte, les ailes plus allongées, et le corps brunâtre et zébré de jaune à son extrémité postérieure ; la tête aussi a une

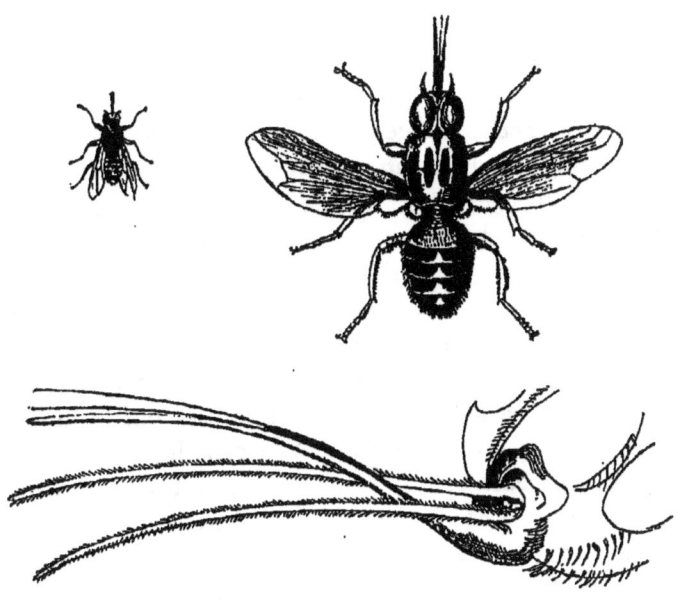

MOUCHE TSÉTSÉ DE GRANDEUR NATURELLE ET GROSSIE, AVEC DÉTAIL DES PIÈCES BUCCALES.

structure particulière, et le dard, vu au microscope, ressemble à la lame triangulaire d'un poignard creusée dans toute sa longueur et dont une des arêtes, celle du milieu, serait mobile et ferait l'office d'une pompe aspirante.

Dans quel état furent mis nos pauvres petits ânes d'Aden ! Ruades, sauts, bonds furieux, rien ne parvenait à faire fuir les implacables mouches qui s'abattaient sur eux ; c'est aux pieds surtout qu'elles s'acharnaient, et à peine leur aiguillon s'y était-il posé, qu'un jet de sang s'échappait de la piqûre. Cela faisait pitié de voir nos braves bêtes arrangées de si cruelle façon ; elles en dépérissaient à vue d'œil, plusieurs en furent victimes ; les porteurs avaient beau remplir autour d'elles l'office de chasse-mouches, les vampires n'en avaient cure et leurs attaques continuaient à torturer bêtes et gens sans repos ni trêve.

Il y avait trois jours que nous marchions dans ces solitudes quand nous arrivâmes à un tonghoni : c'est ainsi que les noirs appellent les endroits où jadis ont été élevées quelques huttes bientôt détruites par les Rougas-Rougas ; des pieux fichés en terre, à demi calcinés, des tiges de sorgho étouffées sous la jungle qui a reparu de plus belle, tels sont les seuls vestiges qui indiquent qu'en ces lieux la pauvre bourgade de Bibéchanda abritait naguère une poignée d'humbles travailleurs qui ont payé de leur vie leurs courageux efforts.

Alentour le silence est profond.

Plus loin, aux abords d'un maigre fourré, des gourdes éventrées, un *lindo* ou panier mnyamouési en pièces, des cordes hachées menu, des papiers lacérés, témoignent d'une lutte récente : c'est ici que deux courriers successifs envoyés de la côte vers l'intérieur ont été lâchement assassinés un mois avant notre passage ; leurs corps ont servi de pâture aux bêtes féroces, et leurs ossements sont là, dans les environs, éparpillés sur le sol.

Les porteurs sont mal à l'aise ; l'effroi les gagne, mais la désertion n'est pas à redouter en ce lieu : ils savent qu'ils ne pourraient que tomber aux mains des Rougas-Rougas, être par eux massacrés ou traînés en esclavaves ; ils préfèrent se serrer autour des hommes blancs dont la puissance peut seule les protéger et les défendre contre les bandits.

Comme les jours précédents, d'ailleurs, nous sommes en ce moment en pleine tirikésa, cette marche forcée dont j'ai déjà parlé dans le Marenga-Mkali et que l'on entreprend dans l'espoir d'atteindre un endroit encore fort éloigné où l'on croit trouver un peu d'eau. On part dès l'aube, on s'arrête quelques instants à midi, on continue le voyage pendant la partie la plus chaude du jour et l'on s'estime heureux si, à la tombée de la nuit, on découvre enfin une petite zihoua, un marais quelconque où l'on établira la couchée.

Pour les Européens pareilles étapes sont douloureuses, mais pour les porteurs elles sont bien autrement terribles, car ils supportent la soif moins aisément que nous. On marche, on marche sans s'arrêter, sans souffler mot, sans même regarder autour de soi ; on traverse ainsi d'immenses plaines, de maigres forêts au sol aride, déchiré, crevassé, des régions rocheuses aux strates puissantes qui émergent d'un terrain nu, calciné, où n'apparaît aucune végétation ; le soleil vous cuit, le sable vous brûle les yeux ; tsétsés, guêpes, moustiques, vous assaillent, s'acharnent à votre peau, vous obsèdent, vous tenaillent, n'importe, il faut marcher ; les tempcs battent, le gosier sc dessèche, la poitrine halette, les yeux se troublent, on suffoque, on chancelle, il faut avancer ou périr. La caravane en tirikésa n'attend jamais, n'attend personne ; qui s'arrête est perdu : le salut commun ordonne la cruauté de l'abandon de ceux qui tombent en route. Et cela arrive.

Mais plus terrible encore est la halte, lorsque l'obscurité entrave la marche avant que l'on ait atteint un village ou découvert un peu d'eau ; on poursuit un instant sa route dans la nuit, puis, tout espoir étant perdu, silencieux et farouches, les porteurs laissent choir leurs fardeaux, s'accroupissent au bord du chemin, et l'on campe ainsi, à la belle étoile, sans élever les tentes, sans même dresser une palissade pour se protéger contre les fauves.

C'est un spectacle réellement navrant de voir souffrir de la faim et de la soif des hommes vigoureux qui toute une journée durant ont transporté sur leurs épaules et sur leurs têtes de lourds fardeaux à travers des immensités désolées ; toute ma vie je me représenterai ces grands yeux noirs hagards qui, à la lueur des feux, se regardaient consternés, muets, désespérés ; les bouches entr'ouvertes découvraient des rangées de dents blanches qui demandaient à manger, tandis que de ces poitrines haletantes sortait un sifflement douloureux et aigu comme la menace du serpent.

C'était déchirant à voir ; pour dévorer quelques bribes de biscuit échappées au naufrage, nous nous cachions, nous autres blancs, comme si nous eussions eu à rougir d'un crime ; et si elles avaient pu soulager ces malheureux, bien volontiers nous les leur eussions données. Car c'est à cause de nous, par suite de l'optimisme de nos devanciers que ces tortures accablent la caravane : nous avons cru trouver en route des villages, des vivres, de l'eau, et nous avons négligé les mesures de prévoyance qui s'imposent quand on aborde la contrée déserte et inculte du Mgounda-Mkali.

Que notre expérience profite aux futurs voyageurs, et qu'ils sachent bien que depuis Mounié-Mtuana jusqu'à Roubougwa, à moins que Hittoura ne se soit depuis relevée de ses ruines, on ne rencontre aucune trace de l'homme, et que les villages et les citernes du Mgounda-Mkali n'existent le long de cette route qu'à l'état de mirages ou de lointaines légendes.

Le lendemain nous continuâmes la marche pour atteindre le lac Tchaïa.

« C'est là-bas, fit un des hommes en me désignant l'entrée d'un bois que nous devons traverser, c'est là-bas que M. Penrose a été assassiné.

— En effet, dis-je, je me souviens d'avoir lu la relation de ce crime qui eut lieu il y a huit mois ; mais comment en connais-tu si exactement l'endroit ?

— Je faisais partie de sa caravane.

— Et tu as fui, lâche !

— Non, maître ; je vous jure que quand je me suis sauvé, l'homme blanc était déjà mort, et moi-même j'avais été blessé à ses côtés.

— Conte-moi donc comment ce massacre a pu se produire. »

Et, tout en cheminant, il me narra cette sanglante épopée.

« Nous avions marché toute la nuit précédente et durant la journée entière afin d'atteindre le lac Tchaïa ; comme aujourd'hui, nous étions sans eau depuis l'étape de la veille. Les porteurs se traînaient le long du sentier, tous nous étions épuisés par la fatigue, la soif et la faim.

« M. Penrose nous montrait ce bois en nous disant : « Courage, mes « amis, nous arrivons au lac ; nous allons pouvoir camper et nous reposer « là-bas ! »

« Et l'on avançait péniblement.

« La caravane venait à peine de s'engager dans le fourré qu'une clameur sauvage retentit, accompagnée de nombreux coups de feu tirés sur nous presque à bout portant ; en même temps nous nous trouvâmes entourés d'une légion de Rougas-Rougas armés de fusils, de lances, d'arcs et de casse-tête.

« Un horrible carnage commence aussitôt.

« Affolés, les porteurs vounyamouési jettent leurs fardeaux en poussant des cris de détresse ; ils cherchent à fuir, mais c'est en vain ; ils se traînent à genoux, demandent grâce, les bandits leur répondent en les clouant à terre à coups de javeline.

« Le sang coule à flot : ce n'est plus un combat, mais une effroyable boucherie ; la mêlée est hideuse : on ne tue pas, on égorge ; les Rougas-Rougas sont ivres de carnage, ils frappent, massacrent tout, en poussant des cris féroces.

« Cependant, entourés de quelques askaris fidèles, M. Penrose tient tête aux assaillants ; il s'est adossé contre un arbre, et, armé de sa carabine, il tire sans cesse. A chacun de ses coups un homme tombe. Cette résistance rend les Rougas-Rougas furieux : ils l'entourent ; bientôt, autour de lui les askaris tombent comme des épis dans un champ de blé mûr ; lui-même, il est atteint de plusieurs flèches, mais, pareil à un lion, il reste debout, il tire encore, il tire toujours, il fait dans les rangs ennemis de larges trouées.

« Ah ! maître, qu'il était superbe ainsi ! J'étais près de lui : un coup de *rungou* m'avait fendu le crâne, et, comme j'étais étendu à terre, chacun me croyait mort.

« M. Penrose resta bientôt seul ; il avait reçu au moins dix flèches dans

CARAVANE DE PENROSE MASSACRÉE PAR LES ROUGAS-ROUGAS.

le corps, et il continuait à tirer; tout à coup sa carabine lui échappe : une balle vient de lui casser le bras.

« Il tombe.

« Oh ! alors, ce fut une scène épouvantable : les sauvages se jetèrent en foule sur lui comme des fauves sur une proie; ils se l'arrachèrent, chacun voulant le frapper d'un dernier coup. Ils s'acharnèrent sur son cadavre : ses vêtements furent enlevés, et son corps, affreusement mutilé, fut jeté nu ici même, au coin du bois, où les hyènes l'ont mangé pendant la nuit; nous en retrouverons tout à l'heure les débris.

— Et toi ? et les autres ? et la caravane ?...

MORT DE M. PENROSE.

— Sauf quelques porteurs qui parvinrent à s'enfuir et moi-même qui restai gisant parmi les morts, tous les hommes furent immolés sans pitié.

« Le pillage commença ensuite.

« Les Rougas-Rougas défonçaient les caisses à coups de hache, éventraient les ballots; en un instant, toutes les richesses de l'expédition sont entre leurs mains. Ils vident les flacons de liqueur et les bouteilles de vin qu'ils trouvent; leur ivresse s'en accroît et les querelles s'élèvent; ils en viennent aux mains, se combattent à leur tour, et beaucoup s'entre-tuent.

« Mais le jour baisse; ils quittent le lieu du sinistre en hurlant des chants de victoire et reprennent la route de Djihoué-la-Singa qui est la résidence de leur chef, le Nioungou, à qui ils ont eu à donner la grosse part du butin.

— Mais toi, comment en as-tu réchappé ?

— J'étais à moitié mort, couché au milieu des cadavres; et, la nuit survenant, j'entendis les cris rauques des hyènes que l'odeur du sang attirait; bientôt les hurlements se rapprochèrent, et des bandes de bêtes féroces accoururent pour dévorer les corps. Alors il me prit une terreur folle; j'oubliai ma blessure et les Rougas-Rougas, tout enfin; je me traînai hors du bois, et marchai sans presque avancer, durant la nuit entière; derrière moi il me semblait entendre hurler les fauves qui me poursuivaient, et cela me donnait la force de fuir.

« Le lendemain, je rencontrai, cachés dans un taillis, deux Vounyamouési qui avaient échappé au massacre; ils prirent soin de moi, et c'est avec eux que je revins à la côte.

— Et les Vouagogo? vous ont-il laissés passer?

— En maints endroits, ils nous ont arrêtés; et, comme nous n'avions rien pour payer le tribut, les chefs nous obligeaient de travailler pendant quelques jours à leurs champs et à leurs puits, après quoi ils nous laissaient partir. C'est ainsi qu'ils perçoivent le hongo sur les pauvres. »

Mais déjà je ne l'écoutais plus : nous venions d'atteindre ce bois néfaste où quelques mois auparavant le massacre avait eu lieu.

CHAPITRE XVII

Au lac Tchaïa. — La sortie du désert. — Les femmes qui fument. — L'Ounyanyembé. — Le docteur Van den Heuvel. — Un glorieux tembé. — Le gouverneur arabe et son frère, le Bana Scheik. — Hospitalité et abondance.

A rencontre d'une tombe européenne au centre de l'Afrique sauvage fait toujours naître au cœur de l'explorateur un mouvement de profonde tristesse; mais ici, cette émotion se double d'un sentiment d'indignation et de révolte à la vue de ces vestiges du crime, gisant sur le sentier et témoignant, à la face du ciel, d'un abominable forfait.

Partout des ossements humains sont épars sur le sol; dans une étroite clairière, un gros miombo, criblé de balles et déchiqueté par les flèches, forme le centre du lugubre tableau : c'est là, derrière cet arbre, abrité par son double tronc, que Penrose, jeune ingénieur anglais au service de la *London missionary Society*, s'est défendu contre une légion de Rougas-Rougas qui avaient attaqué sa caravane.

Nous nous efforçâmes, Roger et moi, de découvrir, de reconnaître les restes de cet infortuné voyageur, afin de les ensevelir pieusement, mais nos recherches furent vaines : il y avait là des entassements d'os et de crânes ; entraînés par les fauves, des débris de squelettes étaient épars jusque dans les halliers.

Partout des caisses défoncées, des effets lacérés, des instruments brisés ; les colis ont été éventrés à coups de hache et de pieu, et ces ouvertures, demeurées béantes, sont là comme si elles voulaient parler.

Ce spectacle emprunte à la sauvagerie du lieu un cachet plus saisissant encore : c'est bien l'endroit du guet-apens, le coin favorable à l'embuscade et à l'assassinat ; le silence y est menaçant ; on sent que de ces profondeurs sinistres aucune voix ne s'élèvera jamais pour dire l'horrible drame et dénoncer les coupables ; complices muets, ces grands arbres, ces obscurs fourrés vous regardent passer, sombres comme le crime qu'ils ont vu se perpétrer.

Aux abords de la clairière, les Rougas-Rougas ont élevé de grossiers arcs de triomphe en branchages pour célébrer leur exploit : on recule d'horreur à l'idée des saturnales qui ont présidé au partage des dépouilles européennes.

Infortuné Penrose ! Succomber ainsi dans un désert lointain, égorgé par des sauvages dont il ne pouvait même pas se faire comprendre ! Agonie terrible, si courte qu'elle ait été ! doux souvenirs de jeunesse, chères images de ceux que l'on aime, projets, espoirs, toutes ces visions durent défiler rapidement devant ses yeux lorsque, sanglant, il est tombé sous le nombre, sans pouvoir crier à ces barbares : « Je ne vous veux que du bien ; laissez-moi vivre pour vous donner la lumière ! laissez-moi revoir ma vieille mère, et mon pays, et les amis qui m'attendent au delà des mers ! »

Cependant, malgré les tristes pensées qui nous assiègent, nous faisons halte en ce lieu, car les hommes sont exténués de fatigue ; on s'empresse de dresser le camp, et chacun court ensuite étancher sa soif au bord du lac Tchaïa.

Quelle nature sauvage et grandiose ! et quel calme dans cette immensité ! Le soleil décline à l'horizon et jette ses derniers feux sur la nappe liquide qui étincelle ; les hommes sont là qui se désaltèrent en silence, sans faire le moindre bruit, de peur de donner l'éveil aux Rougas-Rougas.

LES VESTIGES DU CRIME.

Mais déjà l'obscurité gagne la forêt, et les eaux du lac ont pris une teinte de plomb fondu sur laquelle la brise fait miroiter d'innombrables stries d'argent; la nuit devient complète. Alors, au calme menaçant du jour succède un effrayant concert: le ricanement de l'hyène répond à l'aboiement du chacal; chacun de ces féroces animaux court au même hideux festin; dans la plaine, là-bas, le zèbre hennit de peur et le rhinocéros, rôdant parmi les jungles, essaye son lourd mugissement.

Mais voici le lion qui entonne la bruyante fanfare de la chasse, et bientôt, du sein de cette immensité déserte, s'échappent mille cris de détresse, glapissements lugubres, sinistres plaintes, appels désespérés; à travers la feuillée on entend passer des souffles puissants; la forêt s'agite, elle aussi élève sa voix colossale : c'est un chaos indescriptible, un déchaînement de monstrueux accords; c'est la poursuite irritée, l'effroi, la lutte, l'écrasement ou l'amour; c'est la sève de cette brûlante nature africaine qui s'échappe en clameurs éclatantes et en bonds furieux.

Nous passâmes encore en pleine solitude la journée et la nuit du lendemain, traversant une région merveilleusement féconde : en maints endroits ce ne sont que vastes pelouses, tapis d'herbe grasse semés de bosquets feuillus, et, bien que la saison des pluies nous suive de très près, la végétation est riche, plantureuse, pleine de promesses pour le bras courageux qui ne reculerait pas devant le défrichement de cette jungle.

Le 2 avril, vers 8 heures du matin, nous arrivons dans une vallée fertile qui court entre de riantes collines dont les rampes s'infléchissent vers le nord : là s'élevait jadis un village sur lequel a passé la fureur des Rougas-Rougas; aux alentours on voit encore quelques rares vestiges d'anciennes semailles ; c'est tout ce qui reste d'un district autrefois florissant.

Nous gravissons la pente nord-ouest, et nous rentrons ensuite sous bois. A partir de ce point le terrain, semé de nombreux affleurements de granit, devient très accidenté; il est probable que l'on rencontrerait des nappes d'eau à une faible profondeur si l'on creusait la terre, et les moyens de fertilisation ne feraient point défaut si rien ne venait entraver ou détruire cette profitable transformation du sol par la culture.

Vers 11 heures, nous gagnons enfin le village de Hittoura ou Toura comme l'écrivent plusieurs voyageurs. En langue kinyamouésy, ce nom signifie *à bas*, sous-entendu *fardeau*, et en effet c'est avec joie que l'on pourra goûter quelques heures de repos; pourtant les habitants de ce village ne passent pas pour très hospitaliers, je les crois même fortement enclins à la piraterie, conséquence fatale de leurs rapports constants avec les bandits de la forêt.

L'emplacement du camp regarde la partie méridionale de la bourgade qui consiste en une dizaine de tembés entourés d'une forte muraille comme à Mounié-Mtuana ; le grand Hittoura se trouve, nous dit-on, à une lieue plus loin, au nord-est.

Roger et moi avions formé le projet de nous rendre à Hékoungou, afin d'y visiter la tombe de Vauthier et, au besoin, y faire les réparations nécessaires ; on a vu précédemment que le brave lieutenant, voulant éviter la route centrale du Mgounda-Mkali, particulièrement le lac Tchaïa, avait pris une route qui, de Pongouli, le conduisit par le nord au pays des Vouatatoura, où il mourut. Mais comme ce lieu, situé dans le Toura septentrional, se trouvait à six heures de marche de notre camp, cette pieuse excursion eût nécessité un jour entier de halte ; pour des motifs que nous ne voulûmes pas discuter, M. Cadenhead ayant été d'un avis contraire, le projet dut être abandonné.

L'eau est bonne à Hittoura, les vivres y sont abondants, principalement le maïs dont on peut se procurer cent épis pour une coudée de calicot ; il est prudent d'y faire d'abondantes provisions, car les étapes suivantes se poursuivent de nouveau en tirikésas. A vrai dire, cette indication ne pourra être mise à profit que si le Toura méridional, détruit quelques mois après notre passage, a pu renaître de ses cendres, ce qu'il faut espérer, ce poste étant providentiel et très heureusement placé au milieu de la pénible traversée des *champs d'amertume*.

Pendant la marche suivante, nous eûmes à parcourir une immense plaine marécageuse où nous avions de l'eau jusqu'au-dessus du genou ; nous y vîmes de nombreuses variétés d'oiseaux aquatiques, des grands échassiers, des ibis, des flamants, des cygnes noirs, des marabouts, des grues, des pélicans dont les joyeux ébats, les courses, les lourdes envolées, imprimaient au paysage un cachet de gracieuse sauvagerie et le faisaient ressembler à quelque coin fortuné d'une terre vierge.

En rentrant sous bois, nous rencontrâmes un sol ferrugineux très riche ; puis, vers 2 heures, une forte déclivité du terrain nous mena à une rivière assez forte que nous passâmes à gué, le flot nous montant cette fois jusqu'à la poitrine : c'est un bras du Gommbé méridional ; l'eau en est très bonne, mais blanchâtre, le terrain qu'elle arrose étant, du reste, excessivement riche en calcaire. Par contre, aux alentours s'éparpillent de charmantes petites zihouas auxquelles, trop indolents pour se rendre à la rivière, les porteurs puisèrent imprudemment leur première boisson, ce qui les rendit presque tous malades ; parvenu en ce lieu, le voyageur fera bien de veiller à ce que l'eau qu'il consommera ne provienne jamais de ces étangs perfides.

Après une étape très pénible à travers un pays mouvementé où les marécages alternent avec de hautes collines boisées élevant à une grande hauteur leurs cimes de granit, nous arrivâmes enfin à Roubougwa le 4 avril.

C'est, en somme, le premier village des Vounyamouési; mais à force de s'acoquiner avec les Rougas-Rougas, les habitants de ce district, comme ceux de Hittoura, sont turbulents, tracassiers, même pillards et voleurs : l'un de nos gens s'étant éloigné dans les cultures, ils tentèrent de lui arracher l'étoffe qu'il portait sur lui; mais l'homme fit bravement feu sur ses agresseurs qui prirent la fuite; c'est ainsi que parfois un malheureux peut être tué rien que pour la maigre coudée de calicot dont ses reins sont entourés.

Là, comme à Kouéré qui succède à Roubougwa, nous campâmes encore à l'extérieur du village; c'est un détail ethnographique qui a son importance : suivant la manière dont l'explorateur procède à sa couchée, s'il s'installe au milieu des habitants, dans l'enceinte même, ou s'il demeure à l'extérieur, on peut juger non seulement des sentiments de la population envers les caravanes, mais même de la race à la laquelle ces peuplades appartiennent.

A Kouéré, nous fûmes régalés d'une danse échevelée qu'une dizaine de négresses vinrent exécuter devant les tentes : elles avaient disposé dans leur chevelure une houppe de crin, pareille à la crête d'un flamant; leur vêtement se bornait à une ceinture de verroteries autour des hanches et à quelques anneaux de cuivre aux bras et aux jambes; et pendant deux heures elles se livrèrent à des sarabandes effrénées, au son d'un tambour fait d'une peau de buffle tendue sur une grosse calebasse. Ces créatures paraissaient se mouvoir sur des jarrets d'acier, car la fatigue n'avait aucune prise sur elles; pour les faire déguerpir, il fallut que la nuit survînt, et j'incline fort à croire qu'elles ont continué leurs entrechats dans l'intérieur du village.

Le lendemain, nous nous trouvâmes en pleine région rocheuse : les monts s'abaissaient du côté du sud et couraient, audacieux, vers le pays de Mirambo, au nord-ouest; sur le versant méridional, nous rencontrâmes encore de nombreux vestiges d'anciens camps, et, après avoir franchi une vaste plaine, nous rentrâmes dans un système de montagnes qui forment l'enceinte naturelle de l'Ounyanyembé.

En effet, au pied de la colline, après avoir traversé quelques centaines de mètres de marécages, nous arrivons en face de Kwakwasohé que nos porteurs saluent de coups de feu et de frénétiques hourras.

A notre grande surprise, d'un pas délibéré, le kirangozi s'avance vers la porte d'entrée, la franchit, et toute la caravane s'y engouffre à sa suite; les habitants nous regardent d'un œil curieux, mais avec sympathie et sans effroi ; de notre côté, nous nous mettons en devoir de nous installer au milieu de leur village, absolument comme en pays conquis.

C'est du reste l'usage : les marchandises sont mises en tas et recouvertes d'une bâche ; les trois tentes sont dressées à côté ; après quoi, se répandant dans les demeures environnantes, les porteurs s'en vont fraterniser avec les indigènes.

Nous sommes dans le premier village de l'Ounyanyembé proprement dit.

La plupart des habitations sont encore des tembés, construits en pisé avec des vérandas formées par le prolongement du toit ; elles sont agglomérées, et une forte muraille avec bastions, escarpes et contrescarpes les entoure : déjà ici l'on s'aperçoit du voisinage gênant du redoutable roi-bandit Mirambo.

Cette couchée sur une place publique, alors que depuis plus de deux mois nous n'avions pour camps que les grands chemins, nous sembla un luxe inouï ; au seuil des huttes et des tembés voisins, assises sur des tabourets de bois et fumant dans de longues pipes à foyer noir, les femmes nous regardent, curieuses, attentives, la tête penchée en avant, et, de temps à autre, une exclamation rapide et un rire aigu répondent à quelque remarque de l'une d'elles. Les hommes ne se mêlent pas à ces réunions qui se tiennent à l'heure où le jour tombe : les femmes se reposent, fument, causent entre elles et leur babil est généralement bruyant et animé ; mais aujourd'hui elles nous contemplent, étonnées, muettes : il ne passe pas tous les jours des visages pâles à Kwakwasohé.

Le jour suivant, avant la levée du camp, nous dépêchâmes une estafette à Kouikourou, pour annoncer notre arrivée au gouverneur arabe, suivant, du reste, un usage consacré ; et bientôt après la caravane entière s'ébranla.

Au moment où le soleil émergeait de la cime des monts, nous franchissions la dernière rangée des monotones miombos de la forêt, et, dans un manteau de pourpre et d'or, apparurent à nos yeux ravis Taborah, Kouikourou, Kouihara, qui sommeillaient encore sous la feuillée ; on eût dit d'un mirage enchanteur, tant est brusque la transition qui, du désert d'où nous venions, nous transportait dans la plus ravissante des oasis.

Quel changement soudain dans la nature ! Du haut de ces monts boisés, dont les éperons septentrionaux font à l'Ounyanyembé une frontière naturelle, l'œil se repose ravi sur la « scénerie » charmante qui se déroule à l'horizon. C'est d'abord une vaste plaine couverte de cultures : ici des champs de maïs, de moutama, là de vertes rizières, des carrés de patates, de tabac, de manioc ; plus loin des bananeraies splendides. Puis, essaimés dans la plaine et cachés sous un océan de feuillage, s'élèvent de riants

LES FEMMES QUI FUMENT.

hameaux, entourés d'une ceinture d'euphorbes pareils à d'immenses candélabres de verdure.

Ces euphorbes qui enserrent si heureusement les villages, ne servent pas seulement d'ornement : le suc de ces arbustes renferme un poison subtil dont les guerriers enduisent leurs lances et leurs flèches aux heures des combats.

Car, hélas ! on se bat aussi dans cet Éden où tout semble cependant inviter l'homme au charme du repos et de la paix.

C'est d'abord Mirambo qui tient la campagne au nord, ferme la route d'Oudjidji, et saccage les établissements arabes chaque fois que l'occasion se présente d'enlever à ses implacables ennemis femmes, esclaves, bétail ou caravanes d'ivoire. Mirambo, antéchrist de ces régions, on entend là-bas murmurer ton nom jusqu'au sein des plus humbles demeures !

Puis, c'est le Nioungou, chef suprême des Rougas-Rougas, qui, des profondeurs de ses repaires, lance sur les vertes campagnes ses légions affamées; cet empire des Rougas-Rougas s'étend même au sud-ouest, sur la route du lac Tanganika qui en est infestée, et où, pour notre malheur, nous les rencontrerons plus tard.

En descendant la rampe, nous contournâmes le village de Somoyède où le gouverneur met ses enfants en pension et en apprentissage ; puis, suivant le sentier qui se déroule en plaine, nous arrivâmes en vue de Kouikourou, résidence de ce haut dignitaire arabe ; mais comme il en était absent au moment de notre passage, nous poursuivîmes directement notre route sur Kouihara.

Cependant les askaris ont chargé leurs armes, et, mêlée aux clameurs, aux cris d'allégresse, aux joyeux vivats, une vive fusillade annonça à tous l'approche d'une caravane européenne. Nous vîmes s'avancer alors un homme blanc de haute taille qu'aucun de nous ne reconnut d'abord ; il s'approcha, les mains tendues, et d'une voix joyeuse qui lui concilia d'emblée nos plus cordiales sympathies :

« Salut, messieurs, dit-il ; je suis le docteur Van den Heuvel ; voici ma demeure, entrez-y, vous êtes chez vous. »

Il faut avoir voyagé en Afrique dans les conditions qui ont été exposées plus haut, et pendant deux mois et demi avoir marché chaque jour, campé au désert, couché en pleine jungle sans jamais même se débotter pour dormir, il faut avoir vécu d'une vie aussi dure, pour comprendre le bien-être que l'on éprouve la première fois que l'on s'assied enfin dans la maison d'un Européen, d'un ami. Je n'essayerai pas de peindre cette joie : c'est une de celles qui font oublier au voyageur bien des heures cruelles, bien des mécomptes, bien des souffrances; et je suis heureux de la devoir au sympathique docteur Van den Heuvel.

Sous les dehors d'une franchise un peu rude, nul ne possède plus grand cœur, dévouement plus absolu, sentiments plus élevés; il l'a prouvé, du reste, en Europe comme en Afrique, où à l'heure actuelle encore il poursuit sa noble mission, prodiguant sa vie, honnête et silencieux comme le vrai sage. Je crois d'ailleurs que Van den Heuvel n'a jamais eu que des amis parmi tous ceux qui l'ont connu : puis-je ajouter quelque chose à cet éloge ?

Aussitôt que nous fûmes chez lui, tout un monde de paroles, de nouvelles, se pressa sur nos lèvres, s'échappant en cascades, sans ordre, sans suite, et en quelques mots nous nous efforçâmes tout d'abord de raconter les volumes que nous avions à nous dire; sur ces entrefaites, un messager du gouverneur arabe parut et nous fit savoir que, par ordre de son maître, une demeure allait être mise à notre disposition pour tout le temps de notre séjour.

Puis, nous engageant à venir la visiter, il nous conduisit à un vaste tembé situé à l'extrémité occidentale de Kouihara, et qui eut l'honneur d'abriter Cameron, Stanley, Burton et le grand Livingstone; la chambre qui me fut assignée fut habitée successivement par Livingstone et par Cameron. A vrai dire, cette demeure exige de sérieuses réparations, car, à quelques jours de là, une forte pluie étant survenue pendant la nuit, j'eus la désagréable surprise de voir ma chambre à coucher transformée en un véritable lac.

Je fus réveillé par l'eau qui ruisselait du toit sur mon lit; déjà elle couvrait le sol à la hauteur de plus d'un pied : mes bottes, mes effets déballés flottaient autour de moi dans un lamentable désordre. Dans l'impossibilité où j'étais d'allumer ma bougie, je m'empressai de fermer mes colis en tâtonnant, et me réfugiai dans la chambre de Roger et de Cadenhead qui avait été préservée, la toiture se trouvant renforcée de ce côté par la véranda; dès le lendemain, je quittai cette demeure et m'installai chez le docteur Van den Heuvel.

Notre premier soin, on s'en doute, fut d'aller présenter nos hommages au gouverneur arabe Abdallah-ben-Nassib, pour qui nous étions porteurs d'un firman du sultan de Zanzibar, le prince Saïd-Bargash.

Abdallah-ben-Nassib est un Arabe de la conquête : c'est ainsi que l'on appelle ceux qui vinrent à Zanzibar avec le premier sultan, Saïd, le grand-père de Saïd-Bargash. Tandis que plusieurs de ces hauts personnages se fixèrent à la côte où beaucoup d'entre eux occupent encore aujourd'hui les charges les plus importantes, d'autres, mus par la passion des voyages, par le désir d'accroître leurs richesses et aussi par le sentiment inné chez l'Arabe et qui le pousse toujours en avant dans la voie des conquêtes, d'autres, dis-je, s'enfoncèrent dans l'intérieur du Noir Continent.

Parmi ces derniers, il en est qui s'arrêtèrent au district de la Moukoundoucoa où nous les retrouverons au retour; Mounié Mtuna, qui en était aussi, resta sur la frontière occidentale de l'Ougogo où il implanta sa domination; certains poussèrent à Oudjidji, à Nyangwé, dans l'Ouganda chez Mtésa; Abdallah-ben-Nassib se fixa dans l'Ounyanyembé où il acquit bientôt la situation de gouverneur, et celle de consul de Sa Hautesse le sultan

PAYSAGE DE L'OUNYANYEMBÉ.

de Zanzibar. Et, comme on le verra, ce n'est pas un vain titre : il détient entre ses mains une puissance considérable, une force réelle indiscutée et indiscutable.

Accompagnés du docteur Van den Heuvel, et escortés d'une dizaine d'askaris en armes revêtus d'éclatantes chemises blanches, Roger et moi nous nous rendîmes solennellement à Kouikourou, résidence du sultan; M. Cadenhead avait préféré accomplir seul cet acte de politesse.

Kouikourou est une réunion de plusieurs tembés dont le principal sert de demeure au gouverneur et à son frère, le Bana Scheik ; les autres habitations sont occupées par des Vouangouana, hommes d'affaires, gérants de biens, conducteurs de caravanes au service de ces dignitaires, ainsi que par des travailleurs et des esclaves.

L'accueil le plus bienveillant et le plus cordial nous y attendait. Tous les voyageurs s'accordent, du reste, à reconnaître que ces deux nobles vieillards, le gouverneur et son frère, représentent les types parfaits de gentlemen accomplis. L'hospitalité arabe est proverbiale; mais nous avons rencontré de plus chez eux une politesse native, une courtoisie de bon aloi, une noble prévenance, qui nous charmèrent.

Le gouverneur s'intéressa vivement à nous, à notre expédition; il avait conservé de Cambier, de Popelin, un souvenir des plus agréables qu'entretenait avec soin d'ailleurs l'excellent docteur Van den Heuvel; aussi fûmes-nous véritablement traités en amis; il nous montra sa maison et, non sans orgueil, nous fit visiter, entre autres choses, un petit salon où se trouvaient deux belles glaces ovales dans de riches cadres dorés, les seules certainement qui eussent pénétré jusqu'au cœur de l'Afrique. Enfin, il nous offrit du café et des fruits; et, quand nous le quittâmes, il avait, ainsi que son frère, conquis notre parfaite amitié, de même que nous pouvions dorénavant compter entièrement sur la sienne.

A peine étions-nous de retour dans nos demeures, que des messagers arrivèrent portant dans des paniers et sur des plats d'osier et de faïence des montagnes de crêpes, des œufs, des bananes, des citrons, des grenades, du riz, des poulets dorés, une avalanche d'excellents mets qu'Abdallah-ben-Nassib, ou plutôt son frère, le Bana Scheik, envoyait aux seigneurs blancs pour leur faire oublier les ennuis et les privations du Mgounda-Mkali.

A partir de ce moment, nous reçûmes presque chaque jour de nos illustres amis de semblables présents; c'est devenu chez eux une sorte de règle, et les caravanes européennes, de passage à Taborah, bénissent toutes la générosité des Arabes.

Il faut bien le reconnaître, c'est à eux seuls que ce district doit sa prospérité: ils ont dompté l'indolence native du noir, et, par une énergie et un travail soutenus, transformé la vaste lande en un magnifique jardin potager. J'insiste sur ce point, parce qu'il est évident que l'agriculture est le premier pas et le pas le plus sûr vers la civilisation, comme c'est aussi la clef du problème qui tend à rendre l'Afrique habitable: on ne triomphera de cet insalubre climat que par le défrichement du sol qui, amenant le drainage des eaux, transformera en plaines fertiles les régions marécageuses si fatales aux Européens.

Or, les Arabes sont déjà parvenus à faire du nègre paresseux et pillard un actif laboureur, et le spectacle que nous offre en ce moment l'Ounyanyembé est bien fait pour fixer notre attention sur ces hommes qui par eux-mêmes, sans direction aucune, entreprennent au centre de l'Afrique un travail gigantesque, alors que les efforts des peuples civilisés se brisent incessamment contre l'insuccès. Avec de pareils alliés nous arriverions certainement à un résultat sérieux, à un but éminemment pratique.

A côté de l'industrie agreste, Taborah présente tous les caractères d'un centre important de trafic; les Arabes y possèdent leurs plus grands établissements de l'intérieur, et c'est aussi le relais de toutes les caravanes qui,

INDIGÈNES DE TABORAH.

partant de la côte, ont pour objectif la région des Grands Lacs : elles renouvellent à Taborah leurs denrées d'échange et leur personnel, y congédient les Zanzibarites pour enrôler les robustes Vounyamouési avec lesquels elles se rendront sur les rives du Tanganîka ; tout cela est ordonnancé, prévu, réglé à l'avance, et, en dehors de l'époque du Rhamazan, les expéditions n'éprouvent à Taborah aucun retard dans leur marche vers le lac.

Les installations des Arabes à Taborah sont très confortablement établies: ce sont d'immenses tembés, solidement bâtis, où l'on trouve à toute heure une hospitalité généreuse; certes, à ces attentions on répond par de sérieux cadeaux; mais l'idée première de ces largesses n'en est pas moins appréciée, et avec raison, par tous ceux qui en sont l'objet.

Fins et diplomates par nature, ces Arabes passent en causeries politiques tout le temps qu'ils n'emploient pas à leurs affaires; ce qui se débite en un seul jour sous la véranda de leurs tembés suffirait à défrayer nos plus grands journaux pendant des mois entiers : ce ne sont que plans de campagne à perte de vue, alliances offensives et défensives, pactes conclus, rompus, renoués, et au milieu de ces *barzas* éclate à tout moment, comme une bombe, le nom terrible de Mirambo.

Ah! il a dans l'Arabe un ennemi bien implacable, le grand empereur nègre de l'Ounyamouési!

CHAPITRE XVIII

L'Arabe dans l'Afrique centrale. — Sa puissance d'assimilation. — Saïd-Bargash et l'Angleterre. — La religion de l'Islam. — Missionnaires catholiques et pasteurs anglicans. — L'esclavage chez les Arabes. — Un verset du Coran. — Les bras pour l'agriculture. — L'Arabe pasteur. — Ce qu'il a fait à Taborah.

Il y aurait tout un livre à écrire sur l'Ounyanyembé, et même sur le seul district de Taborah ; aussi, devrai-je forcément me borner parfois à des détails généraux et passer sous silence plus d'une intéressante étude. Pourtant, il est un point sur lequel je tiens à insister, et qui se rattache à une opinion déjà émise dans les précédents chapitres : c'est l'influence heureuse qu'exerce dans l'Afrique centrale la domination arabe si injustement dépréciée, si maladroitement combattue, alors que l'on pourrait en faire le plus précieux auxiliaire de la civilisation européenne au pays des nègres.

Pour moi cette question a une importance si grande, que l'on me pardonnera, je l'espère, la présente digression, qui peut-être paraîtra longue à quelques lecteurs, mais dont l'avenir prouvera, j'en suis convaincu, l'opportunité et la justesse.

Car, il n'y a pas à le contester, à Taborah, à Oudjidji, à Nyangwé, chez Mtésa dans l'Ouganda, l'Arabe constitue une véritable puissance, une force latente, patiente, tenace, qui, par des efforts que rien ne lasse, a conquis la majeure partie de l'Afrique inconnue.

Sans programme, sans but peut-être, sans appui et même sans direction, l'Arabe s'est installé dans l'Afrique centrale en maître et seigneur, sous les yeux des nations civilisées, qui, malgré leurs tentatives, leur science et les puissants moyens dont elles disposent, ne pénètrent dans le mystérieux continent qu'au prix des plus grands sacrifices et jusqu'à ce jour ne sont pas encore parvenues à s'y maintenir.

La domination arabe en Afrique, c'est le triomphe du pionnier en marche sur le penseur de cabinet, c'est la victoire du commerce qui est un fait sur la civilisation qui est une idée; car la civilisation, interprétée comme elle doit l'être, est la réunion de tous ces rouages admirables appelés le commerce, l'industrie, le développement du bien-être et le travail de la pensée. Or, l'Africain est loin d'être pénétré de l'importance d'un pareil programme et de prêter la main à sa réalisation.

C'est ce qui n'a point échappé à la sagacité de l'Arabe et, au lieu de s'attarder aux conceptions et aux rêves, il a débuté par faire du commerce avec le nègre, comme on commence par offrir un appât à l'oiseau : plus tard, on lui apprendra à chanter s'il en est capable; en un mot on fera son éducation.

C'était logique comme idée, ce fut pratique comme résultat.

Aussi son pouvoir est-il grand, beaucoup plus grand qu'on ne se l'imagine ; car si l'Arabe du nord de l'Afrique a déjà prouvé sa puissance, son opiniâtreté, sa valeur, celui de l'Afrique centrale nous réserve à cet égard bien d'autres surprises. Donc, au lieu de s'évertuer à combattre cette force indiscutable, l'Europe civilisée agirait bien plus sagement en mettant à profit l'influence arabe et en s'en faisant un levier énergique pour la réalisation de l'œuvre qu'elle tente dans ces contrées lointaines. En procédant de la sorte, elle s'épargnerait bien des peines et des sacrifices et le succès couronnerait indubitablement ses efforts.

J'ai dit dans les pages qui précèdent qu'une des assises de la puissance des Arabes en Afrique c'est le concert, la simultanéité de leurs efforts. En effet, tels je les ai étudiés au Sénégal, au Niger et au Bénué (1), tels ils sont à Alger, tels je les ai rencontrés à Zanzibar et au centre du noir continent; mais cette homogénéité est le résultat de leur seule nature : ces hommes ne se sont jamais vus, ils ne se verront peut-être jamais, ils n'ont reçu aucun mot d'ordre, nulle tête dirigeante, nul cabinet, ne font mouvoir les fils qui les conduisent, et pourtant tous ils pensent, parlent, agissent comme s'ils obéissaient à une idée arrêtée entre eux à l'avance. Chacun travaille et amasse pour soi, et cependant de ces milliers d'intérêts privés se dégage une puissance compacte, homogène, qui semble marcher vers un but unique. On dirait d'une immense franc-maçonnerie aux mains d'un Jéhovah pour qui le temps n'est rien.

L'invasion arabe en Afrique présente le curieux phénomène d'une sorte d'endosmose morale : en effet, à l'exception de quelques tribus qu'ils ont dû soumettre par le fer et le feu, à part certains drames de l'esclavage qui ont été exagérés avec une mauvaise intention et dont je démontrerai plus loin le caractère spécial, l'Arabe semble s'être fixé au milieu des indigènes plutôt par sympathie, par assimilation, que par force et violence.

Cette assertion est vraie notamment pour la côte orientale, pour le Zanguebar et pour la partie de l'Afrique centrale qui comprend la région des grands lacs. Ces contrées peuvent être considérées comme voisines de la Péninsule arabique, et il est évident que dès la plus haute antiquité l'infiltration du sang nègre s'est effectuée dans les populations arabes au point d'en changer presque complètement la race.

Dans plusieurs textes égyptiens des temps reculés il est déjà question des *nègres du Pays du Poun*, c'est-à-dire de l'Yémen, antique dénomination de l'Arabie primitive, et le héros romanesque de l'Arabie, Antar, était par sa mère un mulâtre. Ce croisement des races a naturellement facilité l'établissement des Arabes dans les régions africaines les plus éloignées et les plus barbares.

Enfin, leur doctrine, leurs usages, leurs coutumes, les mirent de prime saut en communauté d'idées avec le nègre. Étant donné le caractère idéaliste des religions chrétiennes toutes d'abnégation, de renoncement et de sacrifice, il est évident que notre morale religieuse, si belle et si bien appropriée aux races civilisées, se trouve dès d'abord repoussée par le sauvage dont elle heurte à la fois et les appétits grossiers et l'inculte cerveau. La loi de Mahomet, au contraire, contient ce qu'il faut pour captiver l'imagination d'un peuple primitif, en même temps qu'elle flatte ses goûts et

---

Niger et Bénué, par Adolphe Burdo ; E. Plon et Cie, éditeurs à Paris.

ses instincts : déjà, chez le nègre, la polygamie est un honneur, la violence un droit, l'esclavage une loi ; les Arabes n'eurent donc à lutter que contre certaines tendances, contre des détails de mœurs dont ils vinrent aisément à bout.

La raison du plus fort, l'abaissement de la femme, la procréation multiple, le travail imposé, le fanatisme religieux et guerrier, furent autant de points de contact où le barbare se rêconnut lorsqu'il fraya avec l'Arabe ; de là ce commerce facile qui s'est rapidement établi entre les descendants du Prophète et les peuplades païennes de l'Afrique centrale. Ces derniers n'ont pas tardé pour la plupart à adopter les mœurs et la doctrine des Arabes, et aujourd'hui, dans maintes régions du centre, c'est la religion musulmane qui domine.

Après avoir tracé ces points généraux, examinons maintenant quel est, dans la partie de l'Afrique qui nous occupe aujourd'hui, le degré de puissance des Arabes et à quoi se borne malheureusement le rôle qu'ils y jouent.

Sur la côte, ils sont tout-puissants, moralement parlant. De Zanzibar, leur autorité rayonne sur tout le littoral, et, s'ils y étaient autorisés, ils implanteraient rapidement leur domination jusqu'au cœur de l'Afrique. Pourquoi ne le font-ils pas? Est-ce parce qu'ils trouvent plus aisé de se répandre dans l'intérieur grâce au commerce de leurs caravanes et que, se contentant de ce trafic, ils dédaignent et repoussent tout esprit de conquête? Non certes ; car maintes tribus, celles de Mirambo entre autres, sont en lutte ouverte avec eux, leurs causent impunément les plus grands dommages et enrayent la majeure partie de leurs efforts.

D'où vient donc cette étrange apathie si contraire à leur nature, à leur caractère envahissant?

Il faut chercher plus loin, il faut voir au delà, comme je l'ai indiqué déjà à ce propos ; et dans ce désintéressement forcé on trouvera la pression étrangère, la main d'une puissante nation civilisée qui a braqué ses canons devant Saïd-Bargash, et chaque jour ces canons répètent au pauvre sultan : « *non plus oultre!* »

L'Angleterre ne veut pas que les Arabes s'implantent dans cette partie de l'Afrique centrale qu'elle considère peut-être comme devant lui appartenir un jour ; de là le peu d'empressement qu'elle témoigne, la force de résistance qu'elle oppose au développement de la puissance musulmane dans l'intérieur du noir continent ; de là aussi, dans les sphères officielles de Zanzibar, cette absence complète de rigueur contre les chefs indigènes qui pillent, saccagent, incendient parfois les établissements arabes de l'inté-

LE GOUVERNEUR ABDALLAH-BEN-NASSIB ET SON FRÈRE LE BANA SCHEIK.

rieur. Malgré son bon vouloir, Saïd-Bargash ne peut aider, défendre ou venger ses fidèles : il doit se courber et se taire. Certes, lorsque Mirambo ou ses émules commettent quelque retentissant méfait, lorsque trop ouvertement ils massacrent un blanc, on les désavoue; mais, en fait, ces bandes criminelles servent admirablement la politique que l'on poursuit à Zanzibar et qui a pour but l'abaissement de la puissance arabe.

Eh bien, je n'hésite pas à le déclarer, c'est là une politique souverainement déplorable; déplorable au point de vue humanitaire, car elle paralyse les vrais, les seuls moyens de répression contre d'infâmes bandits; déplorable au point de vue des intérêts de l'Europe entière en Afrique, car par son action dissolvante elle stérilise les généreux efforts que l'on tente pour ouvrir à la civilisation ce continent barbare.

Si nous ne nous allions point à l'Arabe dans cette tâche difficile, nous serons fatalement voués à l'impuissance ; lui seul peut nous aider, nous diriger, nous secourir au besoin; lui seul, à un moment donné, pourra lever une armée d'hommes aguerris, acclimatés, connaissant les ruses des nègres et la manière de les combattre; lui seul, grâce à cette force réelle, sera à même de protéger efficacement nos stations commerciales et hospitalières contre les appétits pillards des chefs indigènes.

Et si on le voulait franchement, l'Arabe n'hésiterait pas à nous prêter cet appui; à Taborah, où sont établis les quartiers généraux de son trafic de l'intérieur, nous trouverions des alliés énergiques, braves, dévoués, qui tiendraient vigoureusement en échec Mirambo et ses bandes. Conclure une alliance sérieuse avec les Arabes de Taborah, ce serait créer un centre d'action militaire au cœur même de l'Afrique, et l'influence européenne ne tarderait pas à rayonner jusqu'au delà du lac Tanganika, si pour l'y porter on avait le concours des armes arabes.

Mais ici une difficulté se dresse tout d'abord : l'alliance de l'Europe civilisée avec la puissance arabe dans l'Afrique centrale nous imposerait une grande modération pour ce qui concerne l'évangélisation des nègres. Sur ce point l'Arabe ne transige pas : si l'Européen voyageur laisse entrevoir dans les efforts qu'il tente en Afrique une guerre ouverte à la foi musulmane, il court à un échec certain. Les exemples en sont nombreux.

Au début de l'année 1880, les missionnaires algériens entreprirent une vaste expédition ayant pour objectif la région des grands lacs. Or, j'ai constaté pendant mes divers voyages en Afrique que le Français, prêtre ou explorateur, était, plus que tout autre blanc, aimé et respecté du nègre; l'Algérie et le Sénégal sont là, du reste, pour témoigner de l'erreur dans laquelle sont ceux qui disent que cette grande et belle nation n'a pas l'esprit colonisateur; au contraire, le Français a des qualités précieuses chez l'explorateur, le missionnaire et le colon : nul ne sait remplir comme lui, gaiement, d'une façon intelligente et sensée, son rôle de pionnier; brave sans jamais être cruel, instruit sans pédantisme, il devient rapidement sympathique aux indigènes, et comme il est très ingénieux, il se tire de maints ennuis et de maints mauvais pas où souvent d'autres sombrent lourdement.

Aussi était-on en droit d'espérer et d'attendre de brillants résultats du travail de la phalange algérienne de Mgr de la Vigerie en Afrique. Quelle fut la cause de cet avortement ? Je l'ignore, mais ce que l'on ne peut nier, c'est qu'un des principaux motifs consiste dans les imprudences commises envers les Arabes de Taborah.

Dès leur arrivée dans l'Ounyanyembé, les missionnaires annoncèrent leur intention d'établir le règne du Christ en opposition à celui d'Allah, et sur leur étendard brillait la Croix qu'ils déclaraient devoir partout supplanter le Croissant; c'était un acte de haut courage, mais cette profession de foi était peut-être inopportune: venant des pères d'Alger, elle me surprend à tel point que je ne puis me l'expliquer que par l'élément étranger dont cette expédition s'était entourée, car l'ignorance complète de la chose africaine peut seule enfanter de telles écoles.

Les conséquences ne tardèrent pas à se faire tristement sentir : le gouverneur de Taborah, toujours si bienveillant pour les Européens, leur retira cette fois son appui moral dont l'importance est considérable; ce qu'apprenant, les chefs indigènes, chez qui l'expédition eut à passer, s'enhardirent au point de réclamer des tributs absolument vexatoires: sûrs de l'impunité, les pillards des alentours attaquèrent alors les caravanes dont deux furent complètement pillées; les épaves en vinrent échouer à Karéma et les blancs qui en faisaient partie furent presque tous massacrés ou succombèrent aux fièvres à Taborah, malgré les soins que leur prodigua le docteur Van den Heuvel dont le dévouement fut admirable en ces tristes circonstances. En somme, de cette intrépide phalange, si brillante à ses débuts, aucun membre ne parvint à s'établir aux environs de Taborah, et cela par suite de l'hostilité intempestive que l'on témoigna aux Arabes.

De la part des Français, ce fait est isolé et ne se représentera plus, j'en ai la conviction, car cette nation donne à chaque instant des preuves convaincantes de son tact à manier les indigènes; mais ce sont surtout les missionnaires protestants, les Anglais qui sont l'objet du mécontentement des Arabes; et il faut bien l'avouer, ces pasteurs se mêlent souvent en Afrique de certaines choses qu'ils feraient bien mieux de ne pas heurter de front; ils ne savent pas ménager la susceptibilité de l'Arabe, ni respecter ses mœurs et ses croyances; ils affectent pour lui un souverain mépris et amoncellent ainsi sur leurs têtes un avenir gros d'orages, de sourdes colères, d'implacables rancunes, qui tôt ou tard feront explosion.

Déjà, à Oudjidji, où les missionnaires protestants s'étaient mis en guerre ouverte avec les musulmans, la situation est devenue tellement tendue

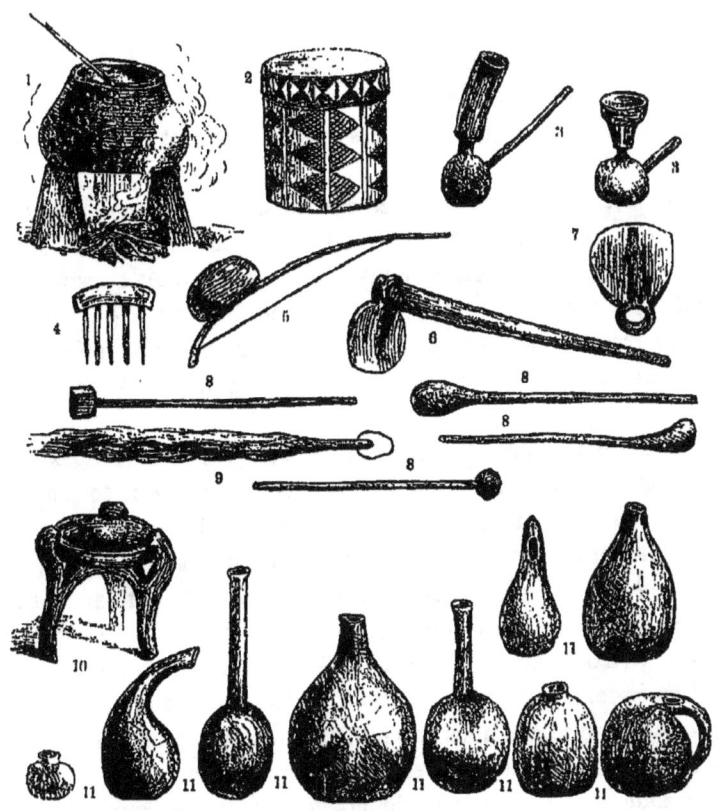

ARMES ET USTENSILES.

1. Foyer et marmite de terre. — 2. Boîte d'écorce. — 3. Narghilés indigènes. — 4. Peigne. — 5. Guitare. — 6. Houe. — 7. Fer d'une houe. — 8. Massues, casse-têtes (armes de guerre et de chasse). — 9. Chasse-mouches. — 10. Escabeau. — 11. Gourdes.

pour les blancs, qu'ils ont dû se retirer devant l'animosité de la population; à un certain moment, les Arabes ont même failli massacrer M. Hoore et ses compagnons à propos du drapeau anglais que ces messieurs voulaient arborer. On sait en effet qu'à Oudjidji, comme à Taborah et partout où la domination arabe existe, il est interdit de planter un autre pavillon que celui du sultan ; c'est une mesure que l'on admet et contre laquelle personne ne s'était encore élevé jusque-là ; sommés d'avoir à enlever leur bannière, les Anglais s'y sont refusés ; alors, les indigènes se sont rués sur les demeures de ces derniers, ont abattu le mât du drapeau dont ils n'ont pas laissé une parcelle sur place et les blancs eussent été eux-mêmes massacrés sans l'intervention des Arabes qui, en ennemis généreux, leur sauvèrent la vie. N'importe, tel est l'état dans lequel ces messieurs ont mis cet Oudjidji où vécut heureux durant de longues années l'illustre Livingstone, entouré de l'estime, de l'admiration, de la vénération des indigènes et des Arabes avec qui il n'eut jamais le moindre démêlé !

Une autre objection qui sera formulée *à priori* contre le projet d'alliance entre l'Européen et l'Arabe, c'est celle relative à l'esclavage. Mais à ce propos il s'agit de s'entendre et d'entrer dans le fond même de la question.

Tout d'abord, il est évident que les horreurs de l'esclavage — pour employer le cliché traditionnel — n'ont pas la portée qu'on leur a trop souvent attribuée, du moins en ce qui touche la part de responsabilité concernant les Arabes.

Au Niger et au Bénué, il est vrai que l'on trouve encore des vestiges frappants de la cruauté avec laquelle se pratiquait la traite, et, sous ce rapport, l'Afrique occidentale est la partie la plus désolée ; mais sont-ce bien les Arabes qui ont commis ces méfaits révoltants ou bien les métis, les Portugais noirs ? Ce qu'il y a de certain c'est qu'à Zanzibar, au Zanguebar, dans la région des grands lacs en un mot, là où l'on rencontre le véritable Arabe, l'esclavage n'offre aucun de ces caractères cruels et inhumains dont on l'a trop généralement gratifié. On dirait plutôt d'une domesticité non payée, telle que le moyen âge nous en a fourni tant d'exemples au bon vieux temps des corvées. Maints esclaves en Afrique sont aujourd'hui plus heureux que le soldat en Prusse, plus indépendants que le journaliste en Russie, plus libres que certains courtisans que l'on connaît.

J'ai même été frappé de la douceur avec laquelle l'Arabe traite ses nègres, et de la liberté de parole et d'allure que je remarquai chez ceux-ci. A diverses reprises j'ai constaté qu'il prendra l'un ou l'autre de ses esclaves pour confident, même pour ami, lui confiera la conduite de ses caravanes et la garde de ses intérêts.

Dira-t-on que, s'il le fait, c'est un produit de la civilisation européenne ? Erreur. C'est à la seule constitution arabe que l'on est redevable de ce bienfait. En effet, ouvrons le *Coran* au chapitre xxiv, qu'y lisons-nous ?

« Art. 32. Mariez ceux qui ne sont pas encore mariés, vos serviteurs pauvres à vos servantes ; s'il sont pauvres, Dieu les rendra riches du trésor de sa grâce ; car Dieu est immense, il sait tout.

« Art. 33. Que ceux qui ne peuvent trouver un parti à cause de leur pauvreté vivent dans la continence jusqu'à ce que Dieu les ait enrichis de sa

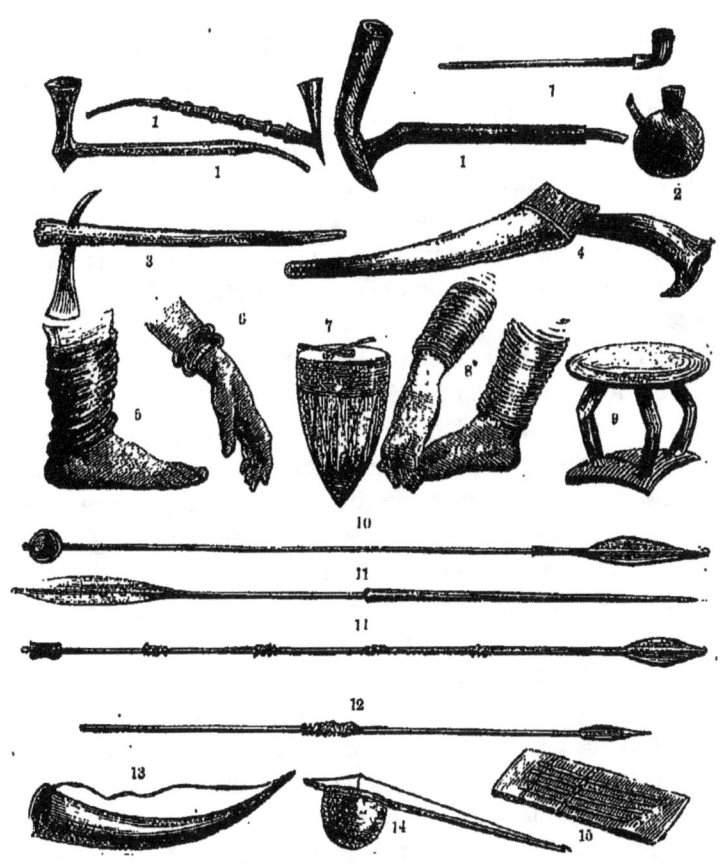

ARMES ET USTENSILES.

1. Pipes. — 2. Narghilé indigène. — 3. Hache d'armes. — 4. Serpe (arme usuelle). — 5. Anneaux de jambe. — 6. Bracelets massifs. — 7. Tambour. — 8. Spirales en fil de laiton. — 9. Escabeau. — 10. Lance des Vouamanyéma. — 11. Lances des Vouajiji. — 12. Asségaye (Javeline). — 13. Corne d'appel du guide. — 14. Guitare. — 15. Instrument de musique.

faveur. *Si quelqu'un de vos esclaves vous demande son affranchissement par écrit, donnez-le-lui si vous l'en jugez digne. Donnez-leur quelque peu de ces biens que Dieu vous a accordés.* »

Certes avec des principes semblables le musulman, qui est pieux jusqu'au fanatisme, ne peut pas être sciemment injuste, cruel, inhumain envers ses esclaves.

D'ailleurs il est malheureusement un fait acquis désormais à l'histoire, c'est que les colons européens ont été généralement les maîtres les plus impitoyables; et si l'on recherche l'origine exacte des négriers les plus fameux, les plus célèbres par leurs crimes et leur férocité, on verra que ce furent les métis qui si longtemps pratiquèrent la traite en Afrique et qu'il convient de ne point confondre avec les Arabes.

Le métis, qu'il s'appelle Pedro Blanco à la côte occidentale, à Gallinas, ou Kisabengo à Simbamouenni, a été sans conteste un vil marchand de chair humaine; il attaquait les villages nègres, les pillait et les incendiait, traînant en esclavage les habitants en âge d'être vendus et égorgeant le reste; il se rendait alors à la côte ou bien aux marchés de l'intérieur où il écoulait sa cargaison.

Tel n'est pas l'Arabe. Il a des esclaves, oui, et c'est conforme à sa religion, à ses mœurs, à ses intérêts; mais il les emploie lui-même, il les fait travailler, et, au lieu de les vendre comme un vil bétail, le plus souvent il les soigne comme d'utiles coopérateurs qui l'aident dans son trafic et dans la culture de ses terres; là où le métis ne voyait qu'une marchandise, l'Arabe cherchait et trouvait un auxiliaire; ainsi considéré, l'esclavage change d'aspect et perd son caractère inhumain et monstrueux.

Aussi, au risque d'encourir un *tolle* général de la part de ceux qui par la puissance de leur parole firent décréter l'affranchissement des noirs sans peut-être les avoir jamais étudiés de près, peut-on affirmer que cette mesure a été fatale en maints endroits, au Sénégal entre autres. Elle a été fatale aux intérêts des Européens qui ont manqué de bras, fatale aussi aux intérêts des nègres, car ce misérable peuple, doué d'une nature indolente et paresseuse, ne travaille plus depuis qu'il a été déclaré libre. Jadis il gagnait son pain, aujourd'hui il croupit dans la fainéantise, le vice et la débauche, préférant mendier et voler plutôt que de se prêter à un labeur honnête et rémunérateur.

Je le dis sans hésiter : il convient d'imposer au nègre l'apprentissage du travail avant de lui révéler les douceurs de la liberté. Dans son affranchissement le noir n'a vu jusqu'à présent qu'une seule chose, c'est qu'on lui reconnaît le droit de ne rien faire; libre trop tôt, il n'a pas compris qu'à côté d'un droit il y a toujours un devoir et que pour tout être humain le premier et le plus sacré des devoirs c'est le travail.

A ce propos, j'ajouterai une autre considération : s'il ne nous est pas permis d'obliger le nègre à travailler pour nous en Afrique, à quels bras ferons-nous donc appel ? à ceux des coolies ? Mais, d'abord, les coolies ne consentiront à travailler que pour eux, non pour nous; et puis, ceci tuera cela : les coolies extermineront les nègres, ou ceux-ci se débarrasseront de ceux-là comme d'intrus; sous prétexte de civilisation, on aura servi sans le vouloir la cause de la destruction.

Dans cette occurrence, ne vaut-il pas mieux faire du nègre lui-même l'artisan de sa régénération, en le forçant à défricher son sol qui serait dès lors habitable pour l'Européen ? Car il est évident que c'est par la culture seule ayant pour conséquence, je l'ai fait remarquer déjà, le drainage normal des eaux, que le continent africain deviendra peu à peu accessible et perdra sa triste renommée d'insalubrité. Or, l'Arabe cultive beaucoup; c'est même sa principale occupation; par nature, il est plutôt pasteur que nomade. Dans l'opinion vulgaire, on le croit fatalement errant, on ne le sépare pas de sa lance, de sa tente et de son chameau, en un mot on ne voit que le Bédouin.

Grave erreur.

L'Arabe nomade n'est qu'une faible fraction de la grande famille qui est foncièrement sédentaire et agricole, ainsi que nous le démontre son histoire la plus reculée.

Sur la rive droite de l'Euphrate s'élevaient jadis des États florissants tels que ceux de Kindana et de Soukhi, des villes populeuses, des territoires où la culture a largement gagné sur le désert. En Syrie, la zone cultivée et les villes, dans l'état de choses que nous décrivent les bulletins des Rois d'Abyssinie, s'étendaient jusqu'aux limites des sables à jamais stériles.

Certes, l'Arabe a conservé les traits caractéristiques communs aux Jectanides et aux Ismaélites : la passion des voyages, la facilité du déplacement, l'esprit de tribu, le goût du trafic. Mais il n'en est pas moins le peuple patriarcal par excellence, jaloux de ses troupeaux et fier du rendement de ses terres. Au sein de l'Afrique sauvage, si l'on rencontre de fertiles rivières, des essais de culture, du froment, des citrons, des grenades, des goyaves, des bananeraies superbes, c'est aux Arabes qu'en revient l'honneur.

La plaine de Taborah est un exemple de ce que j'avance : ils ont défriché cette vaste lande qui confine au désert du Mgounda-Mkali, et ils l'ont transformée en un jardin potager splendide; ils y ont creusé des puits au bord desquels on retrouve, non sans étonnement, le système d'irrigation usité chez les Égyptiens; ils élèvent de nombreux troupeaux, habitent de confortables demeures et vivent dans l'aisance et le bien-être là où jadis s'étendait une morne plaine désolée que traversaient seuls de féroces pillards.

Pour arriver à ce merveilleux résultat, il a fallu des bras; or on sait que faire appel à la bonne volonté du nègre, c'est semer le blé sur la pierre;

l'Arabe s'est donc vu forcé d'imposer le travail comme une loi à ces peuplades dégradées ; il les a obligées à défricher le sol et à devenir ainsi, malgré elles, les auteurs de leur propre fortune et de leur rédemption.

Aujourd'hui, les indigènes de Taborah bénissent les Arabes de leur avoir fait violence, et, chose étrange, le sultan nègre du lieu professe la plus sincère amitié pour le gouverneur arabe qui cependant partage avec lui l'autorité effective et possède en plus un légitime pouvoir moral que le premier n'a point.

Aussi le pays est-il riche, prospère ; et n'était Mirambo, dont on a toujours à redouter les incursions et le pillage, l'Ounyanyembé serait un véritable Éden ; pour le voyageur européen c'est un délicieux endroit de repos, c'est un coin enchanté où il est tout étonné de rencontrer les premiers bégayements de la civilisation à côté de la franche et primitive hospitalité.

On peut dire de Taborah que c'est le témoignage frappant du triomphe obtenu par le travail latent, persévérant, énergique, lorsqu'il s'appuie sur cette grande force : l'agriculture.

CHAPITRE XIX

Les autorités de Taborah — Organisation de notre nouvelle caravane. — Départ de l'Ounyanyembé. — Nos Vounyamouési. — En route vers le Lac. — Notre arrivée dans l'Ougounda.

ÉNÉRALEMENT on désigne Taborah sous le nom d'Ounyanyembé; c'est là une figure de rhétorique, une synecdoche que rien ne justifie : car le premier de ces noms indique seulement une partie, un seul village de cet Ounyanyembé, *Terre de la lune*, qui, depuis la plus haute antiquité, semble avoir été en rapports avec les négociants indous, puisqu'au commencement de l'ère chrétienne on signalait déjà l'existence d'une chaîne appelée *les Monts de la lune* dont parlent les Grecs et dont les Indiens ont fait leurs Soma Giré.

Cet empire, jadis très florissant, touchait au lac Tanganika, s'étendait au sud jusque chez Simba, et par le nord avoisinait le lac Nyanza Victoria. Aujourd'hui que Mirambo s'est taillé un royaume dans cette région, et qu'à son exemple les Vouagara, les Vouaouhha, les Vouatakamba de Simba ont secoué le joug arabe pour retourner à la barbarie, l'Ounyanyembé se trouve bornée au nord par Ouyoui, à l'est par le Mgounda-Mkali, à l'ouest par l'Ouhha, au sud par l'Ougounda; encore cette dernière contrée, bien que vassale de l'empire, n'en est-elle pas moins indépendante de droit et de fait.

Cet abaissement de la puissance arabe a été non seulement funeste au développement intellectuel et moral de ces peuplades indigènes, mais encore nuisible à leurs intérêts matériels. Ce résultat est dû en grande partie aux coupables complaisances que l'on a témoignées sur la côte aux rois-bandits tels que Mirambo dont les États sont honorés de la présence de résidents anglais, alors qu'il n'en existe même point à Taborah; l'avenir se chargera de dégager les fatales conséquences de ces agissements.

Au centre de cette riante et fertile vallée que nous découvrîmes en arrivant du Mgounda-Mkali, se dressent les principaux villages de l'Ounyanyembé : Taborah, Kouihara, Kouikourou, qui forment un triangle équilatéral dont Taborah, l'antique Kazeh, est le sommet. Bien que Stanley ait cru devoir plaisanter Burton à ce sujet (1), plusieurs des notables Arabes de l'endroit m'ont affirmé que Kazeh est réellement le nom sous lequel la contrée a été désignée autrefois; elle le tenait d'une source jaillissante qui s'y trouvait et dont l'importance fut grande pour le défrichement et la culture du pays.

Kouikourou, au nord-est, est la résidence du gouverneur arabe et du sultan indigène; Kouihara, au sud, est le lieu choisi par les Européens pour la halte des caravanes; c'est là que le docteur Van den Heuvel a établi la station qu'il avait été chargé de fonder dans l'Ounyanyembé; la distance de ces divers points entre eux est de quatre kilomètres environ.

Seuls, Taborah et Kouikourou sont palissadés, c'est-à-dire réunis en villages compacts, avec enceinte fortifiée; Kouihara, au contraire, se compose de grands tembés isolés, ce qui n'est pas prudent, car en cas d'attaque ces demeures ne pourraient se prêter mutuellement aucune assistance.

Par contre, à Kouikourou, le gouverneur arabe et le chef nègre, Tsiki, disposent de deux mille fusils au moins et, à l'abri de leurs remparts, ils soutiendraient d'importants assauts. Bien qu'il soit en réalité vassal de

---

(1) H. Stanley, *Comment j'ai retrouvé Livingstone*, page 204.

l'Arabe qui est le véritable souverain de la contrée, Tsiki a néanmoins conservé son pouvoir sur les habitants en ce qui concerne les corvées, redevances, impôts de guerre, auxquels ils sont assujettis.

Ces deux puissances s'entendent fort bien, d'autant mieux qu'il y a pour elles absolue nécessité de s'appuyer l'une sur l'autre : le sultan indigène ne pourrait se passer des Arabes qui lui fournissent les armes, la poudre, les étoffes dont il a besoin, et à qui, en retour, il délègue la suprématie sur l'important trafic d'ivoire, principale richesse du pays. Pour affirmer sa domination, le gouverneur a fait dresser *en terre*, vis-à-vis de sa demeure, un mât de pavillon au sommet duquel flotte le drapeau rouge de Zanzibar, et défense est faite de hisser ainsi toute autre bannière ; il est loisible aux Européens d'accrocher un fanion au toit de leur tembé, mais non de le fixer dans le sol, car aux yeux des Arabes cela indique la prise de possession du terrain.

Bien que le gouvernement ait son siège à Kouikourou, c'est pourtant Taborah, l'antique Kazeh, dont le développement commercial date de 1852, qui est le centre du trafic des musulmans dans cette partie de l'Afrique ; ils y possèdent de grandes et spacieuses habitations, bien emménagées, solidement bâties, agrémentées de larges vérandas où se tiennent les interminables *barzas* commerciaux et politiques qu'affectionnent les Arabes ; ceux-ci, du reste, appartiennent à la haute aristocratie de Mascate, et ont été mêlés, eux, leurs familles et leurs parents, aux divers événements qui depuis quelque trente ans se sont passés là ou à Zanzibar.

Nous eûmes avec tous, je dois le dire, les meilleures relations ; mais nous nous sommes attachés tout particulièrement à cultiver l'amitié du gouverneur, l'excellent Abdallah-ben-Nassib. Personne, aussi bien que lui, ne s'entend à prodiguer des conseils, à donner des avis, à déclamer sentencieusement un verset du Coran ; il écrit beaucoup, attache grand prix aux égards et ne méprise pas les cadeaux.

Chez nous, Européens, cette manie de désirer tout haut ce que l'on voit aux mains d'autrui emprunte un air de mendicité dont à bon droit nous nous gardons avec un soin extrême ; les Arabes ne l'entendent pas ainsi, et vraiment on ne peut leur en faire un grief, car c'est là une conséquence toute naturelle de l'hospitalité comme ils la comprennent et la pratiquent : ce qui leur appartient est à vous ; désirez, demandez quoi que ce soit, ils n'en seront ni étonnés ni choqués ; loin de là, ils se réjouiront de pouvoir vous être agréables, et, quelques instants plus tard, feront porter chez vous l'objet qui a attiré votre attention. De leur côté, sans nulle vergogne, ils solliciteront du papier, des allumettes, du savon, des bougies, tout ce qui les frappera, mais surtout ils insisteront pour obtenir un fusil, un revolver, un beau vêtement brodé d'or, cadeaux princiers qui d'emblée vous acquerront tous droits à leur amitié et à leurs bons offices. En un mot, il faut donner, et mieux, il faut savoir bien donner, donner à propos, au moment psychologique ; on se taille ainsi à leurs yeux une autorité, un prestige, qui vous sont indispensables pour réussir dans ce pays.

En revanche, j'en ai déjà fait la remarque, l'Européen reçoit de ces Arabes des bœufs entiers, des chèvres, et, ce qui est préférable, des fruits et des légumes que l'on ne rencontre que là où ils sont établis. C'est grâce à eux que Taborah produit des citrons, des annones, des grenades, des brinjalles, des tomates, des concombres, des oignons, précieux fébrifuges, du froment et du riz blanc ; ce dernier est également cultivé par les indigènes des alentours, mais l'espèce en est différente : c'est un riz rouge, beaucoup plus grossier.

Cependant peu de temps après notre arrivée dans l'Ounyanyembé, une grave besogne s'imposa à Roger et à moi : on se souvient que voulant se rendre rapidement à Karéma, Popelin avait quitté Taborah avec une caravane très légère, laissant derrière lui aux mains du docteur Van den Heuvel, avec mission de les lui envoyer plus tard, la majeure partie de ses marchandises ; or, d'un commun accord, nous nous chargeâmes de ce soin, et comme conséquence, nous séparant de l'expédition Cadenhead, nous eûmes à en former une nouvelle composée exclusivement de Vounyamouési.

C'est au gouverneur arabe et à son frère, le Bana Sheik, qu'il faut de toute nécessité recourir en semblable occurrence, non seulement pour recruter les porteurs, mais encore et surtout pour s'assurer de la fidélité des nouveaux enrôlés : la bonne entente entre l'Européen et l'autorité du lieu inspirera aux hommes une crainte salutaire, elle servira de frein à leur penchant de désertion, car les fuyards s'exposent alors à être mis aux fers dès eur rentrée dans la patrie. Je dois ajouter que si l'on recrutait des pagazis à l'insu du gouverneur, on le blesserait beaucoup, et son mécontentement, venant à être connu des sultans indigènes chez qui l'on aura à passer, ceux-ci en profiteraient pour se livrer impunément à des vexations de tout genre.

Lorsque Abdallah-ben-Nassib fut au courant de nos projets, il fit d'abord appeler un nyampara, sorte de chef de file qui dispose d'un certain nombre de gens dont il répond, et comme la plupart du temps il possède quelque bien, on peut exercer un recours contre lui en cas de forfaiture de la part de ses hommes. Notre futur nyampara avait nom Mohanda ; ce fut le gouverneur lui-même qui nous mit en rapport avec lui, et nous convînmes du nombre de pagazis qu'il nous fallait, de leur paye, de leur nourriture de route, de la marche à effectuer et du jour où ils auront à se présenter.

De son côté Mohanda, aidé de quelques-uns de ses amis qui devinrent chefs d'escouade se mit en devoir de nous recruter les cent porteurs nécessaires; au jour dit, ils étaient chez le docteur Van den Heuvel où se

RÉCEPTION CHEZ LE BANA SCHEIK.

trouvaient étalés dans la cour intérieure les colis, caisses, ballots que nous devions transporter, et chacun des Vounyamouési put choisir son fardeau, dont le poids réglementaire était de soixante livres environ. Il est de bonne politique de ne pas intervenir dans ce choix et de laisser les hommes se débrouiller entre eux sous l'œil et la baguette du nyampara.

Lorsque les charges furent réparties, chacun arrangea la sienne à sa mode : celui-ci se contente de la poser sur sa tête après l'avoir ficelée ; celui-là la fixe entre trois bâtons en forme de fourche solidement reliés à leur extrémité ; c'est ce dernier mode de transport qui est le plus généralement adopté, surtout pour les ballots d'étoffe.

Mais là encore l'Européen ne doit pas intervenir : le porteur veut avoir la pleine liberté de porter son fardeau de la façon qui lui convient le mieux.

Ces préliminaires terminés, nous procédâmes au règlement de la paye.

Le prix ordinaire du voyage de Taborah à Karéma varie de sept à huit dotis de calicot par homme, plus la nourriture de route qui est d'un demi-doti, soit une shouka d'étoffe par tête, tous les cinq jours. Cette rémunération paraît minime ; mais il ne faut pas oublier que ce calicot, si bon marché à Zanzibar, représente déjà à Taborah six dollars et demi la pièce de neuf dotis, ce qui met le doti à trois francs cinquante centimes environ.

Pour prévenir les désertions, nous ne distribuâmes aux porteurs que la moitié seulement de leur solde ; toutefois, comme ils sont très défiants, le restant fut enfermé en leur présence dans l'intérieur des ballots ou colis qu'ils avaient à transporter ; de cette façon, ils en étaient en réalité possesseurs, mais ne pouvaient en disposer qu'à leur arrivée à destination.

Pour ces émoluments Mohanda reçut trois dioras ou pièces d'étoffe de neuf dotis chacune ; en sa qualité de nyampara, il est exempt de tout fardeau et sa place, en caravane, sera à l'arrière de la colonne pour veiller sur les retardataires.

En tête se placera le kirangozi, élu par les hommes eux-mêmes ; c'est lui qui dirige la marche et qui veille, dès l'arrivée au camp, à ce que les charges réunies en tas et recouvertes d'une bâche soient placées en face des tentes des Européens ; il porte un colis généralement le plus noble de tous, c'est-à-dire des rouleaux de fil de cuivre ; au cours des étapes, il convient de lui donner de temps à autre quelque gratification, car le voyageur a le plus grand intérêt à demeurer en excellents termes avec le kirangozi ; si ce dernier se met du côté des mutins, on peut s'attendre à une débandade générale.

En un mot, le nyampara représente en caravane le parti conservateur, c'est-à-dire que forcément et par état il est toujours de l'avis de l'homme blanc ; dans le kirangozi, élu par les porteurs, s'incarne au contraire l'opposition, l'élément républicain, frondeur, et l'on doit s'efforcer de se l'attacher par des égards, des présents et de bons procédés. Car, je l'ai fait remarquer, on mène aisément les Vouangouana par une discipline de fer accompagnée au besoin de coups de trique, mais avec le Mnyamouési de pareils moyens ne réussissent jamais.

Je n'insisterai pas plus longtemps sur la peine que cette organisation nous coûta : mais s'il est déjà difficile de conduire à bonne fin pareille entreprise à Zanzibar avec des Vouangouana, on peut se figurer la somme de patience et d'énergie dont il faut user pour enrôler et faire partir des Vounyamouési pour qui Taborah est une sorte de Capoue : ils savent qu'une fois en route c'est la vie de privations et de dangers qui commence, et inventent mille ruses pour prolonger leur séjour dans l'Ounyanyembé.

VOUNYAMOUÉSI PRÉPARANT LES FARDEAUX.

A la date fixée, lorsque sonne l'heure du départ, les uns n'ont pas achevé leurs provisions, les autres ont encore du grain à moudre ; ceux-ci sont retenus par un créancier, ceux-là par une course imprévue à faire ; la vérité est que, ne pouvant s'arracher des bras de leur Dulcinée, ils retardent le plus qu'ils peuvent le quart d'heure de Rabelais. Aussi est-on obligé de former un premier camp à proximité de Taborah, et l'on y séjourne deux ou trois jours durant lesquels le nyampara et le kirangozi vont relancer les retardataires au fin fond des jardins d'Armide.

Enfin, le 1ᵉʳ mai 1880, après avoir fait une dernière visite d'adieu au gouverneur, à son frère, ainsi qu'à l'excellent Arabe Asani, de son surnom Kiboundo, dont les établissements se trouvent dans l'Ouroungou où il m'invita à venir le voir, me promettant de me faire trouver là-bas une mine d'or ; après avoir serré une fois encore la main du docteur Van den Heuve, notre caravane quitta Kouihara. Retenu au lit par la fièvre, M. Cadenhead ne put partir ce jour-là avec la sienne, mais nous convînmes de nous réunir plus loin.

Il était midi quand la colonne s'ébranla au son des cors, aux cris, aux chants de nos porteurs, aux détonations des armes à feu, entraînant derrière elle comme dans un sillage une queue d'enfants, d'hommes, de femmes qui piaillaient, hurlaient sur tous les tons, sautaient, dansaient et qui, sous prétexte de nous faire la conduite et de nous souhaiter un bon voyage, se livraient au plus affreux charivari.

Notre expédition comptait cent vingt-quatre hommes, ainsi répartis :

2 Européens (Roger et moi)	2
1 nyampara (Mohanda)	1
Mabrouki et nos 4 domestiques	5
12 soldats (askaris)	12
2 porteurs de bagages	2
101 Vounyamouési, portant 97 charges, dont 4 à deux hommes	101
1 batteur de tambour, n'ayant aucun fardeau, pour remplacer un malade le cas échéant	1
Total	124 personnes

En tête flotte le drapeau bleu à étoile d'or, derrière lequel le tambour mnyamouési fait entendre ses lents et monotones roulements.

On le voit, à part nos domestiques et quelques askaris de M. Carter qui étaient arrivés de Karéma quelques jours auparavant et qui y retournaient, notre caravane se composait exclusivement de Vounyamouési, ce qui lui donnait un cachet tout nouveau, ces porteurs différant des Vouangouana non seulement au physique, mais surtout dans les mœurs et coutumes, dans la manière de vivre, de marcher, de se conduire en route.

Les Vounyamouési forment, en somme, une remarquable race, aux traits moins sémitiques que les nègres du littoral, aux membres beaucoup plus robustes, au caractère plus fier, plus entier ; chez eux, le portage est considéré comme un honneur, comme la constatation, la preuve de la virilité.

Dès l'enfance ils s'y habituent, car c'est leur métier, leur profession, leur carrière; on voit très souvent dans les rangs d'une caravane de tout petits bambins conduits à la main par leur mère, et qui déjà portent sur la tête ou sur l'épaule un léger fardeau, un panier, un ustensile de ménage, une bribe quelconque dont le poids leur inspire un indicible orgueil, car, du coup, ils se sentent hommes.

La marque nationale qui distingue le Mnyamouési consiste d'abord en un vide triangulaire à la mâchoire supérieure produit par l'ablation de l'angle interne des incisives médianes, puis en un tatouage dont il agrémente sa figure, et qui s'obtient à l'aide d'un couteau ou d'un rasoir : ce sont deux cicatrices parallèles qui vont du bord externe du sourcil jusqu'à la mâchoire inférieure, traversant ainsi la joue dans toute sa longueur, et une troisième ligne qui part du sommet du front jusqu'à la naissance du nez; tout Mnyamouési est recouvert de ces incisions et en tire grande vanité, car elles indiquent en lui un homme libre.

A ce sujet, j'ai fait un rapprochement curieux. Sur la côte occidentale d'Afrique, les Croumanes, dont plusieurs m'accompagnèrent dans mon voyage, forment, à l'instar des Vounyamouési, une race laborieuse, robuste, opiniâtre, dont le métier favori est également de s'engager chez les blancs, soit à bord des navires, soit dans les factoreries de la côte; excellents travailleurs, du reste, en dépit de leurs défauts, ils rendent aux trafiquants des services signalés.

Or, de même que les Vounyamouési, ces Croumanes se reconnaissent par un tatouage au visage, une ligne qui part de la naissance du front jusqu'à l'extrémité du nez (1), et pour eux aussi c'est la marque de l'homme libre qui loue son bras sans jamais consentir à devenir esclave. N'est-il pas étrange que ces deux tribus nègres si diverses, séparées par toute la largeur du continent africain, n'ayant jamais eu entre elles aucun rapport, aucune relation, et représentant toutes deux l'élément noir le mieux approprié aux besoins de l'Européen, n'est-il pas étrange, dis-je, que ces races inconnues l'une à l'autre aient précisément adopté un même signe distinctif pour consacrer à la fois et leur vocation au travail et leur amour de la liberté?

Singuliers voyageurs, du reste, que ces grands diables de Vounyamouési, charpentés en Hercules, vigoureux comme pas un, et avec cela pusillanimes comme des enfants et têtus comme des mules ! A l'encontre des Vouangouana, ils affectent en cours de voyage un profond mépris pour toute espèce de vêtement : ils se contentent d'un étroit morceau de calicot serré autour des

---

(1) Adolphe Burdo, *Niger et Bénué*, page 87.

reins, et, dès qu'une goutte de pluie commence à tomber, ils s'empressent de dénouer ce pagne, le plient avec soin, le mettent précieusement à l'abri entre leur épaule et leur charge, et livrent ainsi aux intempéries de l'air leur personne toute nue plutôt que de mouiller le lambeau d'étoffe qui les couvre.

Communément, ils emportent ficelé sur leur fardeau un tabouret en bois ou tout au moins une natte, car ils ont horreur de s'asseoir par terre; au camp, non seulement ils s'isolent des Vouangouana, mais même entre eux ils forment des clans séparés d'après la contrée, le village, auxquels ils appartiennent respectivement.

Chaque groupe prépare la nourriture pour les huit ou dix individus dont il est composé : ce repas consiste uniformément en une bouillie de sorgho cuite dans un pot mnyamouési, et qui forme une pâte épaisse, collant aux dents, mais que ces robustes gars savourent avec délices; ils sont là, en rond, autour de la gamelle commune, sans autre ustensile que leurs doigts qui de la marmite à leur bouche vont et viennent de si preste manière qu'en un clin d'œil le vase est absolument nettoyé.

Les plus affamés s'offrent en outre des rats cuits, des plats d'herbes, des racines grillées, tout ce qu'ils trouvent enfin, car ce n'est pas tant la force qu'ils cherchent dans la nourriture, l'essentiel pour eux, c'est d'être bien remplis; en un mot, la qualité de l'aliment leur importe peu, ils ne se préoccupent que de la quantité. Je me hâte d'ajouter à leur décharge qu'à mon avis ils obéissent en cela à une loi absolue de leur nature, c'est-à-dire que s'ils ingurgitaient moins et s'ils faisaient usage de mets plus fortifiants, il est probable qu'ils perdraient une partie de cette résistance qui fait d'eux le plus précieux auxiliaire des grandes caravanes.

Dès qu'il a satisfait son appétit, le Mnyamouési se met aussitôt en devoir de fumer son chanvre, détestable habitude qui le conduit tout droit à l'idiotisme; on ne peut rien se figurer de plus énervant que les accès de toux provoqués par cette intoxication malsaine: de minute en minute, le fumeur pousse des cris déchirants, des éclats de voix sauvages, des aboiements furieux comme s'il allait rendre l'âme, et cela dure parfois des nuits entières, sans qu'il soit possible à l'Européen de mettre un terme à cette bruyante orgie qui transforme le camp en une véritable chambrée d'épileptiques.

A notre départ de Kouihara, nous traversâmes d'abord une lande inculte, fortement ravinée, qui s'étend au sud-sud-ouest de la plaine de Taborah. A partir de cet endroit le pays s'élève, la contrée est sèche, sablonneuse, et, sous les feux du soleil de midi, la marche se poursuivit assez pénible; mais elle fut courte, et au bout d'une heure nous atteignîmes le village de

LE REPAS DES YOUNYAMOUÉSI.

Maganga où nous formâmes un camp d'attente afin de laisser aux retardataires le temps de nous rejoindre.

On a vu, dans les premiers chapitres de cet ouvrage, ce que Cambier dut déployer de patience et d'énergie pour ébranler sa caravane et décider les hommes à rompre avec les douceurs de l'Ounyanyembé; nous eûmes à supporter les mêmes déboires, et, pendant cinq jours, les étapes furent dérisoires : nous étions forcés de nous arrêter sans cesse, tandis que Mohanda courait dans toutes les directions pour relancer les traînards et les arracher à leur voluptueux bien-être.

Sur ces entrefaites, M. Cadenhead nous rejoignit le 4 mai à Mtimousi; il était rétabli, mais à la fièvre avait succédé une inflammation des yeux dont il souffrait beaucoup et qui ne laissait pas de l'inquiéter sérieusement. Son expédition étant composée exclusivement de Vouangouana qui ne portaient que demi-charge, c'est-à-dire trente livres à peine, il s'ensuivit un certain tumulte parmi nos pagazis qui se prirent de querelle avec les Zanzibarites, les traitant de fainéants, de lâches, allant jusqu'à les appeler des femmes! Pour obvier à cet état de choses qui engendrait de déplorables conflits, il fut convenu que nous formerions des camps séparés, tout en restant à portée suffisante les uns des autres pour pouvoir nous prêter mutuellement main-forte en cas de danger.

Dans les villages voisins de l'Ounyanyembé, nous trouvâmes beaucoup de vivres : on y achetait couramment trois poules et cinq œufs pour une coudée (shouka) de calicot dont en cet endroit le prix représente environ 1 fr. 75, de même un régime de bananes ou un plat de patates douces pour dix pesas, et une pinte de lait pour cinq.

Qu'on ne s'y trompe pas : le pesa n'est pas une pièce de monnaie, c'est un rang de petites perles rouges Samé-Samé, formant collier, dont la valeur équivaut au tiers d'une coudée d'étoffe; s'il arrivait qu'on manquât de pesas, on pourrait en acheter aux habitants contre du calicot, tout comme dans nos pays on échange un chèque de la banque d'Angleterre contre des louis d'or.

Les indigènes de ces premiers districts sont d'humeur douce; nous campons le plus souvent au milieu même des villages, où nous retrouvons les huttes en forme de ruche ou de meule de foin qui sont la caractéristique de l'habitat nègre. Du reste, c'est à peu près de cette façon qu'étaient logés les Gaulois avant la conquête des Romains, comme on peut s'en convaincre à Paris, au musée du Louvre, par l'inspection d'un bas-relief encastré dans le piédestal de la Melpomène.

Jusqu'à Ptéma, les hameaux se succèdent nombreux. A quelque distance de là, nous traversons à gué les deux bras de laWalé qui court du nord-est à l'ouest-sud-ouest, et où nous avons de l'eau jusqu'aux genoux ; ce niveau toutefois va décroissant à partir de ce moment jusqu'en novembre, époque à laquelle commencent les pluies dans cette région.

Cependant, après avoir campé successivement à Kaségérah où mourut le docteur Dillon, compagnon de Cameron, à Kiganda et à Kamarabou, nous arrivâmes le 8 mai en face de la rivière Koale que nous traversâmes et qui nous mena à Ganda, capitale de la puissante et fertile contrée de l'Ougounda.

CHAPITRE XX

Saturnales de nègres. — Les forgerons. — Vounyamouési au repos. — Les séductions de la sultane de N'Disia. — Villages, plaines et porrys. — L'orage gronde. — Désertions. — Vains efforts. — Le kirangozi est mis aux fers. — Seul !

ANDA, la capitale du pays, est une bourgade riche et très peuplée ; son territoire est très étendu, fertile et bien cultivé ; on y voit des rizières, de plantureuses bananeraies, des champs de maïs, de moutama, de patates douces, des bœufs, des chèvres, et l'on y trouve du beurre et du lait.
Le sultan du lieu est un être fort original et d'une physionomie absolument différente de celle des naturels : il porte une moustache noire très fournie, et — chose inouïe chez un nègre — une impériale parfaitement bien dessinée. Lorsqu'il nous a rendu visite, il était coiffé d'un képi de capi-

taine de tirailleurs algériens, bleu de ciel, à galons d'or, provenant sans aucune doute du pillage de l'expédition des missionnaires français massacrés récemment par les Rougas-Rougas des alentours.

Dans mes rapports officiels et dans d'autres travaux relatifs à cette question, j'ai longuement attiré l'attention sur la contrée de l'Ougounda, dont le sol est fécond et les habitants industrieux : ce pays m'a semblé dès l'abord merveilleusement placé pour y établir un poste hospitalier dont l'utilité serait grande pour les caravanes qui se rendent au lac ; les indigènes eux-mêmes, disais-je, verraient volontiers la présence des Européens chez eux,

HUTTE DE L'OUNYAMOUÉSI.

car la venue de ces derniers leur assurerait non seulement un trafic rémunérateur des produits du sol, mais aussi une défense contre les audacieuses incursions des Rougas-Rougas du Nioungou.

J'ai été heureux d'apprendre plus tard que le comité allemand de l'Association internationale africaine a pris mes notes en considération : une expédition sous les ordres de mon ami le baron von Schoeler, que je rencontrai dans l'Ougogo lors de mon retour et à qui je communiquai mes vues à cet égard, s'est rendue dans l'Ougounda, s'y est arrêtée et y a établi une station qui a rapidement prospéré ainsi que je l'avais prévu.

Comme dans tous les centres riches et populeux, à Ganda le libertinage et l'ivrognerie font malheureusement de cruels ravages parmi la population nègre. On sait que les caravanes n'importent aucune espèce de spiritueux dans ces contrées : c'est un des bienfaits de l'influence musulmane ; seulement, en maints endroits, les habitants trouvent moyen de s'enivrer brutalement à coups de pommbé, cette bière indigène obtenue par la fermentation du sorgho.

A certains jours, les principales demeures sont littéralement transformées en brasseries : dans la grande salle intérieure ou dans la cour entourée d'une véranda, sont alignées le long du mur d'énormes jarres de terre renfermant la pétillante liqueur ; sans qu'il soit besoin de lui en faire aucune invitation, le premier venu entre, s'accroupit devant l'auge, y boit à grands traits ou y puise à l'aide de bois en paille tressée ; tout en s'abreuvant, il jase, rit, discute, et, les têtes s'échauffant, bientôt le tumulte et les cris servent d'enseignes vivantes à ces antres où l'on festoie.

Lorsque l'ivresse commence à se répandre dans le village, on voit se produire des intermèdes empruntés aux plus extravagantes folies carnavalesques : affublés d'oripeaux, des hommes vont, viennent, courent en tous sens, en soufflant vigoureusement dans de longs tubes qui rendent des sons

ORCHESTRE MNYAMOUÉSI.

de trombone ; d'autres se déguisent en animaux dont ils s'attachent la dépouille sur le corps et dont ils imitent les cris ; ce tintamare va crescendo et ne tarde pas à devenir un assourdissant charivari qu'accompagnent des contorsions, des grimaces, des scènes comiques qui dégénèrent elles-mêmes en indécentes saturnales.

Toutefois, chez le nègre il n'y a point de fête sans danse : c'est là un accompagnement obligé de toute réjouissance publique ou privée, c'est une nécessité, une passion ; bientôt le bruit du tambour électrise les buveurs étendus auprès des jarres à moitié vides, et qui, la paupière lâche, plissée, et l'air hébété, semblent près de succomber à une lourde ivresse.

L'orchestre mnyamouési se compose le plus généralement de cinq tambours de dimensions diverses, partant de sonorités différentes, appendus en ligne à une potence horizontale ; debout, un grand diable de nègre exécute à lui seul sur ces instruments les variations les plus échevelées.

A cet appel, hommes, femmes, enfants, transportés d'une véritable frénésie, bondissent, sautent, dansent avec fureur, frappant des mains, chantant, hurlant à tue-tête ; parfois de ces noires poitrines nues s'échappe un cri strident, c'est le coup d'éperon : comme une cavale irritée, la sarabande se précipite, le rythme s'accentue, la cadence redouble ; c'est un tournoiement, un vertige, une folie, et ces saturnales se poursuivent ainsi pendant des heures entières, jusqu'à ce qu'épuisés, demi-morts, ces malheureux tombent pêle-mêle, vaincus par la plus grossière orgie.

C'est là un côté bestial de cette race qui, je me hâte de le dire, possède cependant des qualités réelles ; et, je l'ai souligné déjà, peu de nègres travaillent comme le Mnyamouési, non seulement à la terre, mais à à une foule d'industries qu'on est surpris de rencontrer dans ces villages barbares. C'est ainsi qu'ils parviennent à fabriquer de leurs propres mains des outils en fer, spécialement des houes, leurs seuls instruments de labour.

Le forgeron mnyamouési se sert d'une dalle de granit pour enclume, et, comme marteau, il prend une autre pierre ou une masse de fer ; son soufflet consiste en deux peaux cousues lâchement sur des troncs d'arbres creux, et qu'un souffleur élève et abaisse rapidement à l'aide de petits bâtons ; passant par un tuyau en bois, l'air se trouve envoyé de la sorte sur un foyer où le métal est chauffé, prêt à être battu.

Avec ces moyens primitifs le Mnyamouési se forge des lances, des pointes de flèches, maints objets d'ornementation, de ménage et d'agriculture, mais surtout, je le répète, des houes en fer larges et recourbées, ayant la forme d'un as de pique, que l'on enchâsse dans un manche de bois et qui servent à remuer la terre ; c'est même avec ces derniers outils, faits dans l'Ounyanyembé, que les caravanes descendantes acquittent le tribut de passage dans l'Ougogo ; comme les habitants de ce dernier pays cultivent beaucoup le sol, ils ont la sagesse d'exiger de la part des expéditions en retour vers la côte, et qui partant ne sont plus riches en étoffes, ces utiles

SATURNALES DES NÈGRES.

instruments aratoires dont les Vounyamouési de Taborah se sont fait une spécialité.

Cependant, depuis notre entrée dans l'Ougounda, les marches sont redevenues normales, et les distances franchies sont souvent grandes. Avec les Vounyamouési, du reste, il n'est pas d'usage de s'arrêter au bout de chaque heure pour souffler pendant quelques instants, comme font les Zanzibarites; le Mnyamouési fournit aisément en une seule traite des étapes de trois à quatre lieues sans arrêt; seulement, quand arrive le moment de la pose, il tient à la faire durer longtemps : il aime alors à s'asseoir, à se dorloter un peu, à fumer son chanvre, à siffler, chanter, rire, causer, à glapir ou hurler, à imiter le chant des oiseaux, le cri des bêtes féroces, jetant au vent des mots sans suite, se livrant à un babil à jet continu.

« Je suis une girafe !
— Et moi un âne !
— Et moi un zèbre !
— Je suis éléphant !
— Je suis lion ! »

Et du geste et de la voix ils singent à merveille ces animaux, en pouffant de rire comme des enfants.

Le pays que nous traversons est sain ; malheureusement les abords des vilages sont transformés en marécages par les habitants eux-mêmes qui s'efforcent de faire séjourner les eaux le plus longtemps possible dans les sillons de leurs rizières et de leurs champs de moutama ; car ces deux cultures nécessitent de grands soins et une humidité continuelle à la racine ; c'est pourquoi il est tant de régions où on ne les rencontre point, témoin toute la vaste contrée entre le littoral et l'Ounyanyembé ; aussi le voyageur ne doit-il pas hésiter à emporter avec lui d'amples provisions de riz : c'est la providence de l'Européen en Afrique. Quant au maïs, sa culture n'exige aucune préparation : on jette le grain en terre, il germe, croît, s'élève, et donne un bel épi qui n'a besoin pour mûrir que des brûlantes caresses du soleil.

Ces villages sont séparés les uns des autres par un porry : le nègre appelle ainsi la forêt, mais ce n'est point la forêt que l'on pense, avec sa végétation luxuriante, ses sous-bois mystérieux, sa poussée puissante pleine de sève et de jeunesse ; non, non, le porry est planté d'arbres maigres et rabougris, de miombos au tronc double dont la tête seule est garnie de feuilles petites et clairsemées : on dirait d'une suite de parasols chinois versant une ombre avaricieuse, sans fraîcheur aucune, sur un sol que ne réjouissent ni buisson ni hallier, pas même le moindre fourré; c'est une nature sèche, nue, monotone et triste comme un coin de désert.

Deçà et delà, déchirant ces immensités boisées, quelque belle plaine se déroule néanmoins, trahissant le voisinage d'un cours d'eau; alors aussi reparaît le gibier, plus rare cependant que dans l'Ousagara, la vraie patrie des grands troupeaux de buffles et de zèbres, comme l'Ougogo est celle des autruches et le Mgounda-Mkali celle des éléphants.

Le district de N'Disia, où nous arrivâmes le 10 mai, est gouverné par une sultane dont les allures, je dois le confesser, sont réellement surprenantes: peu soucieuse de sa dignité et bien qu'elle jouisse d'un pouvoir considérable, elle affecte un mépris absolu des convenances les plus élémentaires.

Elle vint en personne nous rendre visite, ce dont nous fûmes d'abord flattés, et, pour lui témoigner notre satisfaction, nous lui fîmes sur l'heure quelques gracieux présents qui la mirent en joie; dès lors sa familiarité en connut plus de bornes : se croyant chez elle sous ma tente, elle se coucha par terre, me demanda du tabac, et, causant, riant, gesticulant, oubliant toute décence, elle détruisit en moi ce qui me restait d'illusion sur la valeur de la royauté nègre.

Dans les premiers moments je la laissai faire, car en Afrique on s'habitue aux choses les plus baroques; mais quand elle s'enhardit au point de vouloir toucher à tout, fumer dans ma pipe et boire dans mon verre, quand enfin — le dirai-je ? — je n'eus plus aucun doute sur ses projets de séduction, je levai brusquement la séance et, sans autre forme de galanterie, la poussai par les épaules hors de chez moi. Sa Majesté ne m'en tint pas rancune, elle n'en fut aucunement froissée, et, démasquant deux rangées de dents blanches, sa bouche me sourit gracieusement en m'envoyant un dernier . « Yambo, mousoungou. »

Pourtant elle continua à rôder aux alentours, et il paraît, — on me l'a dit, mais je n'en veux rien croire, — il paraît que, nouvelle Théodora, elle s'en fut vers notre nyampara, Mohanda, qu'elle incendia de ses charmes. Pour préparé que l'on soit en Afrique à tout événement extraordinaire, j'avoue cependant que l'hospitalité comme l'entend la sultane de N'Disia est une originalité un peu excessive, et que pour raconter les fastes de son règne les historiens de l'avenir feront sagement de n'écrire qu'en latin.

C'est à partir de ce district de N'Disia que nous avons abandonné l'itinéraire suivi avant nous par Cambier; la nouvelle route que nous prîmes et qu'aucun Européen n'avait encore parcourue, se dirige d'abord plein ouest; elle est plus courte et devait, nous assurait-on, nous faire éviter le village mal famé de Mrimo.

Au départ de la capitale de N'Disia, le sentier se déroule en plein porry ; nous contournons ensuite les villages de Zimbisi, très populeux et remarquables par leurs fertiles rizières et leurs superbes plantations de bananes ; puis nous gagnons Wakatoundou, après quoi, rentrant sous bois, nous traversons des immensités désolés où apparaissent partout les vestiges de

LA SULTANE DE N'DISIA.

la cruauté des Rougas-Rougas : des huttes incendiées, des ossements humains épars ; on nous signale, en effet, des bandes de malfaiteurs dans le voisinage.

Plus tard, nous passons au grand district de Zimbili qui compte six villages bien fortifiés, avec fossés, estacades, bastions ; décidément le pays où nous entrons n'a rien à envier au Mgounda-Mkali ; comme là-bas, il est visible que l'homme ne voit ici dans son semblable qu'un ennemi féroce dont il se doit garer s'il tient à sa vie et au bien qu'il possède.

Et l'on dit que le sauvage naît avec de bons sentiments au cœur ! Que ceux qui écrivent cela aillent donc passer quelques mois dans les porrys de l'Ougounda, au milieu de ces douces peuplades primitives. ils en reviendront édifiés et convertis, — s'ils en reviennent.

L'étape du lendemain nous mena à Sewakadéfou. Dans ces villages, les vivres sont abondants, les cultures soignées, et les récoltes précieusement remisées dans d'immenses *lindos*, sorte de grands tonneaux faits d'écorce d'arbre qui forment d'ingénieux greniers à grains.

A Kakoma, où nous arrivâmes le 13 mai, une grave effervescence se produisit dans le camp à l'heure de la couchée; déjà, depuis plusieurs étapes, les porteurs avaient paru soucieux, mécontents, craintifs ou effrayés; dans l'air il y avait comme un nuage de révolte. Ce soir-là, pour fêter la lune croissante, les Vounyamouési qui à leur fétéchisme joignent une forte dose d'Islamisme, — ce qui chez eux, du reste, est bien porté et de bon ton, — les Vounyamouési se livrèrent à des chants, à des danses entremêlées de discours incendiaires et de palabres irrités, qui durèrent toute la nuit.

Le lendemain, — il fallait s'y attendre, — ils déclarèrent ne pas vouloir marcher, mais, sur la menace de faire enchaîner les récalcitrants, ils se soumirent et la caravane s'ébranla.

L'étape fut longue ce jour-là. Au début, le sentier contourna les deux petits villages de Kakoma, puis nous rentrâmes pendant une heure sous bois ; nous débouchâmes alors dans une grande plaine plantée de hautes herbes et de quelques rares bosquets touffus. Tout à coup, entendant pousser des cris stridents, je fis arrêter la caravane en tête de laquelle je marchais; je vis alors les askaris bondir dans les herbes et s'emparer d'un homme qui s'y tenait caché. Nous courûmes à eux, Roger et moi, et, arrivant au moment où ils voulaient fusiller le pauvre hère, nous fîmes abaisser les armes et procédâmes à son interrogatoire.

Il déclara avoir eu peur de nous; mais les soldats assuraient que c'était un bandit, un Rouga-Rouga, sans quoi, disaient-ils, il se serait tenu sur le sentier au lieu de se blottir ainsi dans les jungles. N'importe, eût-il été un malfaiteur, sa culpabilité n'était pas suffisamment établie pour que nous pussions permettre cette exécution sommaire, et, sur nos injonctions formelles, l'homme fut mis en liberté. Je me suis souvent demandé plus tard si, par une injustice du sort, notre bonne action ne nous a pas porté malheur, en ce sens qu'elle a peut-être été une des causes indirectes de notre désastre.

Nous mîmes deux heures pour traverser cette campagne désolée; puis, le sentier continua à serpenter tantôt dans le porry tantôt dans les vertes prairies; partout la tsétsé abondait et nous en fûmes affreusement tourmentés. Mais le sol est fertile, l'air salubre, en un mot tout concourt à faire de ce pays un endroit charmant ; pourquoi faut-il qu'ici encore les Rougas-Rougas aient de leur sceau fatal marqué cette belle contrée où pas un village n'ose s'élever, où n'apparaît aucun vestige de culture ?

Au bout de cinq heures de marche, nous atteignîmes Kissindeh où nous décidâmes de séjourner vingt-quatre heures afin d'y faire des vivres ; et, comme nous avions à cœur de tirer au clair les causes de mécontentement que l'on sentait sourdre au sein de la caravane, nous assemblâmes un conseil où furent appelés le nyampara et le kirangozi.

Mohanda, qui depuis quelque temps donnait des preuves évidentes de faiblesse, se mit à bredouiller un discours tendant à nous persuader qu'il était innocent; comme il cherchait à s'excuser alors que nous ne l'accusions de rien, nous pûmes facilement en conclure qu'un complot se tramait et qu'il n'y était certes pas étranger.

Quant au kirangozi, d'un air délibéré il exprima, au nom des hommes, la profonde aversion que tous éprouvaient à traverser une contrée où l'on annonçait la guerre comme étant imminente.

« Le porry est rempli de Rougas-Rougas, ajouta-t-il, et nous allons être assassinés. »

Comme conclusion, logique d'après lui, il demanda le payement de la seconde moitié de solde due seulement à l'arrivée à Karéma; à cette condition-là, les Vounyamouési consentiront à continuer le voyage.

Nous refusâmes net, comme bien on pense; et, déclarant que le premier mutin, fût-il nyampara ou kirangozi, serait mis aux fers, nous levâmes la séance.

Puis j'appelai Mabrouki :

« Tu m'as dit, pendant l'étape d'aujourd'hui, que les Vounyamouési paraissent mécontents ?

— Ils ont peur.

— Peur ! mais de quoi ? bon Dieu ! Sur toute la route on ne rencontre que quelques zèbres et beaucoup de mouches.

— Ils ont peur de la guerre.

— Qui donc parle de guerre ?

— Tout le monde. Vous en riez, maître, mais dans chaque village où nous passons on répète tout bas : « Les hommes blancs vont se faire tuer. »

— Et qui nous menace ?
— Les Rougas-Rougas.
— Encore ?
— Certes ; et ce ne sont plus seulement les homme du Nioungou...
— Ah !
— Il y a aussi les autres... »

Et de la main il me montrait le nord, en murmurant tout bas :
« Mirambo. »

Je me mis à rire, ce qui parut le scandaliser sérieusement ; et, continuant :
« Ainsi, tu crois, fis-je, que Mirambo est en guerre ?
— J'en suis sûr, maître. Dans plusieurs hameaux que nous avons traversés ces jours-ci, déjà ses émissaires avaient passé en avant-coureurs de l'armée.
— Il descend donc vers le sud ?
— On dit qu'il va chez Simba. Mais certainement sur son passage il massacrera tout.
— Et tu as peur, toi, Mabrouki ?
— Oui, maître ; mais moi du moins je resterai près de vous.
— Tu veux dire que les autres...
— Ah ! c'est miracle qu'ils ne soient pas déjà tous partis. Dans une contrée où l'on se tue, n'essayez pas, maître, de marcher avec des Vounyamouési.
— Mabrouki, retourne près des porteurs, et, avec eux, tu m'entends, je t'ordonne de rire de ces frayeurs ; dis-leur qu'ils sont des femmes ; faisleur comprendre surtout qu'avec nos fusils nous n'avons pas à redouter les chances fatales d'aucun combat, et d'ailleurs ces rumeurs sont des contes, rien de plus. »

Cette conversation nous avait révélé l'état des esprits, et il y avait trop longtemps que nous vivions en compagnie des nègres pour ne pas mesurer la gravité de ces événements qui d'un jour à l'autre pouvaient éclater. La nuit fut mauvaise : ni Roger ni moi nous ne prîmes de repos tant notre préoccupation était grande. Au dehors, les Vounyamouési, visiblement démoralisés, s'étaient répandus dans les cases, ou, par groupes, discutaient dans le camp les dangers du voyage. Point de tumulte cependant, nul indice de mutinerie : ce n'était pas l'insubordination, c'était la terreur qui planait dans l'air.

Dès l'aube, nous fîmes plier les tentes, et le tambour donna le signal du départ ; timides, quelques porteurs seulement se présentèrent, quand nous vîmes s'avancer Mohanda qui, balbutiant :

« Maîtres, nous dit-il, une escouade de quarante-six hommes avec Mtuale pour chef de file, a déserté dans la nuit. »

La foudre tombant à nos pieds ne nous aurait pas émus davantage, et, pour ma part, je ne sais comment je m'y suis pris pour ne pas étrangler ce nyampara dont le manque de fermeté nous avait évidemment perdus; nous lui accordâmes une demi-heure de grâce pour ramener les fuyards, après quoi il payerait pour tous.

Entre-temps, Roger et moi nous allâmes chez le sultan du lieu pour essayer d'obtenir des porteurs parmi les gens de son village. Ce chef est âgé; comme la plupart des potentats nègres il est très peureux, et c'est en tremblant de tous ses membres qu'il nous vit entrer chez lui : décidément, ces souverains doivent avoir la conscience terriblement chargée !

Flatteries, promesses, menaces, nous mîmes tout en œuvre pour qu'il nous procurât des pagazis; vains efforts : il nous assura qu'en ce moment aucun de ses sujets ne consentirait à voyager.

« D'abord, ils doivent rester ici pour défendre leurs foyers, nous dit-il; et puis jamais mes hommes ne voudraient se mettre en route lorsque sévit la guerre. »

Nous dissimulâmes de notre mieux le chagrin poignant que ce refus nous causait, et nous regagnâmes le camp; là, notre surprise fut grande en apprenant que M. Cadenhead venait de partir avec sa caravane de Zanzibarites, emmenant avec lui huit des askaris de Carter qui servaient d'escorte à la nôtre; les quatres soldats qui nous restaient étaient malades ou infirmes. Persuadés qu'il y avait là malentendu, nous dépêchâmes Mabrouki derrière lui; il nous répondit alors par écrit qu'il regrettait de ne pouvoir nous être d'aucun secours, car ses instructions lui prescrivaient de rejoindre sans aucun retard son chef Carter, et, partant, il lui était impossible de s'attarder en route à cause de nous.

Sur ces entrefaites, le nyampara Mohanda ne revenant point, nous envoyâmes à sa recherche, et, soit qu'il se fût enfui, soit que, effrayé de la responsabilité qu'il avait encourue, il se tint caché aux alentours, toujours est-il qu'il resta introuvable.

Nous résolûmes alors de scinder l'expédition : Roger resterait à Kissindeh avec la majeure partie des charges et quelques hommes pour la défense; tandis que je me porterais en avant jusque chez Simba, à quatre jours d'étape, pour en ramener des pagazis.

Le lendemain, de bonne heure, accompagné des débris de la caravane, je dis adieu à mon compagnon et continuai seul la marche en avant.

Aux abords de Kissindeh, les cultures sont peu étendues, et nous ne tardâmes pas à entrer dans le porry où nous fîmes la rencontre d'un petit groupe d'indigènes venant de Karéma, porteurs du courrier de Cambier et de Popelin; ils me dirent qu'on nous attendait impatiemment là-bas, et, interrogés sur la distance, ils nous affirmèrent qu'il fallait de dix à douze jours de marche pour atteindre Karéma; avec un peu de bon vouloir chez les hommes, nous étions donc à la veille de toucher au port.

Vers midi, nous entrâmes dans une grande plaine qui borde la rivière du Gombé méridional dont nous effectuâmes le passage à gué en entrant dans l'eau jusqu'à la ceinture. A cette époque, les prairies avoisinantes sont encore submergées, le courant du Gombé est très fort et sa profondeur considérable; mais plus tard, dans la saison sèche, la rivière n'offre plus en cet endroit que l'aspect d'un chapelet d'étangs.

Au delà du passage, nous trouvons des vestiges d'anciens camps formés par des caravanes arabes, mais nulle trace de village aux alentours : c'est ce qu'on appelle un m'toni, et nous y établissons la couchée. Quelques pêcheurs nous apportent des poissons, hors cela, rien à trouver en fait de vivres; ces naturels sont craintifs : il est visible qu'aucun blanc n'a encore passé par là; ils nous parlent d'un grand village que nous rencontrerons demain et qui s'appelle Kabambagouzia.

Dès six heures du matin, le camp est levé et je fais donner le signal du départ; le sentier se déroule de nouveau à travers plaines et porrys et sous la réverbération aveuglante d'un soleil de feu. Les hommes marchent mal, se plaignent de la route, des fardeaux, et manifestent des terreurs que rien n'explique pourtant; mais ils comprennent aussi qu'il n'y a pas à hésiter, que je suis décidé à sévir sans pitié à la première velléité d'insurrection, et l'étape se continue. A dix heures, nous sortons du bois et nous arrivons au milieu des cultures dont Kabambagouzia est entouré.

Nous y campons; et c'est à partir de cet endroit funeste que l'ère des tribulations et des malheurs s'est réellement ouverte pour moi.

C'était jour du pocho, c'est-à-dire de la paye des cinq jours, et, la distribution faite, le kirangozi, chargé de ce soin, me déclara au nom des hommes que, vu les dangers dont la route est semée, ils exigeaient une augmentation de cinq dotis par tête, payable de suite, ajoutant que si cette augmentation leur était refusée ils ne marcheraient pas demain.

Je compris alors ce qu'en pareille occurrence il avait fallu à Cambier de patience et d'empire sur lui-même pour ne point brûler la cervelle à ces nègres impudents; comme lui, je dus me contenir; mais, sur l'avis de Mabrouki qui m'assura que cette demande cachait un plan arrêté de désertion prochaine, je n'accordai pas cette augmentation de salaire que rien

LE KIRANGOZI MIS AUX FERS.

ne justifiait, et je rendis le kirangozi responsable des événements en lui déclarant qu'il serait le premier puni en cas de désobéissance de la part des hommes.

Le jour suivant, aux premières lueurs de l'aube, je fis battre le rappel; mais au même moment Mabrouki vint m'apprendre que quinze hommes avaient déserté pendant la nuit.

Il serait difficile de décrire la colère à laquelle je fus alors en proie; à l'instant je fis appréhender le kirangozi qui fut mis aux fers; puis je me rendis auprès du sultan à qui j'offris des cadeaux princiers s'il voulait me donner des porteurs; mais, à l'instar du chef de Kissindeh, il me prouva l'impossibilité où il se trouvait de me satisfaire. Énervé, vaincu par la fatalité, je rentrai dans ma tente et, sous l'empire d'une réaction produite par un accès de fièvre, pour la première fois je me sentis découragé; et, de fait, tout m'accablait au moment même où j'allais atteindre le but : je me trouvais arrêté à trois jours de chez Simba, à dix étapes de Karéma; alors que j'avais avancé victorieusement pendant quatre mois, marchant toujours, traversant les plus inhospitalières régions, ayant triomphé de tout, je me voyais ainsi arrêté en arrivant au port.

Mais je n'étais pas au bout de mes peines.

Le lendemain arriva un mot de Roger qui me pressait de revenir sur-le-champ à Kissindeh ; mon pauvre ami souffrait d'une ophtalmie et la fièvre était venue compliquer son mal; n'ayant rien pour se soigner, il émettait l'idée de s'en retourner à Taborah, auprès du docteur Van den Heuvel.

Sans hésiter, je partis aussitôt, emportant avec moi autant de charges qu'il m'était possible, laissant le surplus sous la garde de Mabrouki à qui deux jours plus tard je renvoyai mes porteurs afin d'enlever le reste des marchandises pour les concentrer toutes à Kissindeh.

Je fis la route en tirikésa, c'est-à-dire les deux étapes en une seule, et, en arrivant, j'eus le chagrin de trouver en effet mon brave Roger très souffrant; mais, comme mû par le pressentiment des dangers et des ennuis qui me menaçaient, mon fidèle ami hésita longtemps avant de se décider à partir : il lui répugnait de me laisser seul. Je combattis sa résistance et, la raison l'emportant, il quitta Kissindeh le 28 mai, accompagné de quelques hommes, et reprit la route de Taborah. Je le conduisis jusqu'à la limite du porry, et là nous nous séparâmes, le cœur rempli de bien tristes pensers.

De retour sous ma tente, je traçai à la hâte des lettres pour Cambier et Popelin, les informant du désastre et leur demandant de m'envoyer en hâte des gens de la station de Karéma ; pour expédier ce courrier, je dus encore me priver de quelques-uns de mes derniers fidèles, et je leur enjoignis de faire la route sur l'aile du vent.

N'importe, en supposant même qu'ils fissent le trajet en six ou sept jours seulement, et que le renfort attendu n'en mît pas davantage pour arriver, cela exigerait au moins deux semaines d'attente dans ce pays où grondait la tempête, où l'on signalait l'approche des hordes de Mirambo, et où, pour défendre un lot de marchandises représentant d'immenses richesses, je n'avais autour de moi que cinq ou six nègres sur qui je pouvais compter.

Je ne me faisais aucune illusion sur le sort qui m'attendait ; mais cette caravane, avenir de la mission Popelin et son unique ressource, m'avait été confiée, et j'étais bien résolu à la remettre intacte aux mains du capitaine, ou à périr en la défendant.

CHAPITRE XXI

Le projet de Carter. — Préparatifs de guerre chez Mirambo. — L'homme à la lance de cuivre. — Popelin se met en route. — Mon logis à Kissindeh. — Jours d'angoisses. — Les ruses du vieux sultan. — La trompette de Karéma. — Combat contre les Rougas-Rougas.

Le 1ᵉʳ novembre 1879, Carter, chef de l'expédition des éléphants, écrivait la lettre suivante au capitaine Foot, de la marine anglaise, qui venait de faire un voyage au Mpwapwa

« Je vous remercie de votre lettre du 22 septembre que j'ai reçue hier. Plusieurs raisons me font regretter de ne vous avoir pas rencontré au Mpwapwa. Mon voyage a été assez pénible depuis que j'ai quitté cette localité. La nourriture pour les éléphants est mauvaise et peu abondante, l'eau également. Cependant je suis heureux de vous apprendre mon arrivée à Kouihara le 23 octobre, avec les deux éléphants qui me restent en parfaite santé, bien qu'ils aient eu à supporter de quoi tuer n'importe quel animal.

« Dans le cas où Sa Majesté le roi des Belges m'honorerait de sa confiance en me donnant le commandement d'une nouvelle expédition, je répondrais d'atteindre le lac en deux mois de temps. L'éléphant est bien l'animal qu'il faut en Afrique, et j'espère sincèrement que quelqu'un se chargera d'apprivoiser le plus vite possible les éléphants sauvages. Sanderson est l'homme qui conviendrait à cette besogne, si l'on parvenait à se le procurer ; sinon, je serais heureux de l'entreprendre moi-même, pourvu qu'on m'envoie quelques éléphants déjà apprivoisés et deux hommes bien exercés au dressage de ces animaux. Ceux que j'ai avec moi ne s'approcheraient pas d'un éléphant en liberté, et quant à mes misérables « Mahouts de Bombay, » je crois qu'ils n'oseraient se mesurer avec un rat sauvage.

« Je quitte d'ici pour me rendre à Massikembé (Karéma) sur le lac, latitude 7° S., où je dois rester à rien faire jusqu'à ce que la saison des pluies soit terminée ; je retournerai alors à Zanzibar pour y attendre de nouveaux ordres.

« *J'ai l'intention d'essayer une route nouvelle et plus directe en retournant (elle suit à peu près le 7° parallèle de latitude), afin d'éviter l'Ougogo et ses extorsions.*

« A vous sincèrement,
« H. Carter. »

Lorsqu'en avril je passai à Taborah avec Roger, j'entendis également parler d'un itinéraire nouveau que se proposait de suivre Carter pour aller de Karéma à la côte et, ce bruit avait produit dans l'Ounyanyembé une très vive émotion ; on y voyait une menace de détourner le chemin des caravanes et partant de ruiner une partie de la contrée.

L'infortuné chef de l'expédition des éléphants ne pensait pas qu'en ébruitant ses projets à l'avance il allait attirer sur sa tête l'animosité du redoutable empereur de l'Ounyamouési, et que sa route nouvelle le conduirait ainsi à une mort certaine.

C'était à peu près à l'époque où notre caravane venait de quitter Taborah ; des émissaires de Mirambo arrivèrent à Thierra-Magazi et entretinrent leur maître des bruits qui circulaient :

« L'homme blanc qui a conduit au lac ces éléphants merveilleux se propose de créer un chemin nouveau pour se rendre de Karéma à la côte ; il évitera de passer près des États de Mirambo, il n'ira pas non plus par le pays des Vouagogo, il ne touchera même point à la ville du puissant Simba. La route qu'il va prendre se trouve loin d'ici, dans la contrée de Pimboué, et les Arabes assurent que dorénavant aucune caravane ne traversera plus l'Ounyamouési pour se rendre au lac. Mirambo ne verra donc plus arriver chez lui ni poudre, ni fusils, ni riches étoffes, ni aucune de ces merveilles que laissent derrière eux les hommes blancs ; bien plus, ses ennemis, maître, prédisent que son empire, délaissé par les caravanes, sera bientôt abandonné par ses propres sujets, et qu'alors on aura aisément raison de lui et de ses guerriers. »

Mirambo était entré d'abord dans une terrible colère et ne parlait de rien moins que d'une extermination générale des Européens ; mais un de ses conseillers, un de ces Vouangouana renégats qui par leur astuce et leur fourberie exercent un si grand empire sur l'esprit des chefs nègres, s'étant approché de lui :

« Mvami, fit-il tout bas, il faut de la prudence ; ne proclame pas trop haut ni à la face de tous que c'est aux blancs que tu vas faire la guerre. Trouve un autre prétexte pour ton entrée en campagne, car il faut que le massacre de ces Vousoungou ne paraisse pas ton fait. La puissance de ces hommes est grande, et tu sais qu'il faut compter avec eux pour troquer à Zanzibar les ivoires que tes caravanes transportent à la côte. »

Mirambo se rangea à cet avis ; et, avant de rien entreprendre, il s'enquit tout d'abord de la nationalité à laquelle appartenaient ces Européens :

« Ce sont des Français, lui répondit le Mgouana.

— Comment le sais-tu ?

— Le chef des émissaires a vu leur étendard qui se compose de trois couleurs et ne ressemble en rien à la bannière qui flotte ici sur la demeure des Anglais. Or, je me rappelle fort bien le drapeau français qui flotte à Zanzibar : c'est le seul qui soit tricolore ; l'Américain porte des étoiles, et d'ailleurs nous en avons eu l'échantillon dans la glorieuse journée de Zimbiso. »

Lorsqu'il eut l'assurance formelle que le pavillon sous lequel marchait l'expédition des éléphants n'était point un drapeau anglais, Mirambo ordonna sur-le-champ les préparatifs d'une entrée en campagne. Toutefois, afin de détourner les soupçons, il fit répandre le bruit qu'il descendait au sud du lac pour aider son ami Simba à faire rentrer sous le joug certaines tribus insoumises ; sans retard il expédia une ambassade à ce dernier, pour lui faire connaître ses projets et l'avertir qu'il avait à s'allier au sort de ses armes s'il ne voulait se voir attaqué lui-même.

Suivant le récit que m'en fit Mabrouki, cette estafette, dont le chef portait en signe d'investiture la lance de cuivre de Mirambo, avait passé dans les villages de l'Ougounda un jour ou deux avant nous, et ce furent ces bruits de guerre répandus sur la route qui provoquèrent la désertion en masse des Vounyamouési de notre caravane.

Dans Thierra-Magazi tout fut bientôt prêt pour l'expédition projetée; inquiets de ces rumeurs insolites, les deux missionnaires anglais en résidence chez Mirambo, MM. Suthon et Coppelston, s'enquirent du motif de tant de bruit; le sultan leur répondit qu'il allait châtier quelques peuplades du lac qui refusaient de lui payer l'impôt; on était habitué à ces excursions belliqueuses, et la raison invoquée parut d'autant plus plausible que maintes fois déjà les Rougas-Rougas avaient livré bataille pour cette même cause.

Au jour convenu, l'armée s'ébranla; les chefs reçurent l'ordre de prendre des routes différentes, d'abord pour laisser ignorer la force des contingents, ensuite afin de pouvoir trouver en chemin des vivres suffisants pour nourrir les troupes; le point de concentration était la ville de Simba.

Mirambo se mit en personne à la tête de ses guerriers, et les contrées que ces barbares eurent à traverser se virent impitoyablement ravagées : je l'ai dit précédemment, une fois sur le sentier de la guerre le Rouga-Rouga ne connaît plus personne : ami ou ennemi, peu importe, qui possède a tort; là où il passe, il pille, et se nourrit aux dépens du pays qu'il parcourt.

Mais laissons Mirambo poursuivre sa marche vers la ville de Simba, et retournons un instant à Karéma où se trouvent Cambier, Popelin et Carter.

Nos vaillants officiers avaient déjà reçu avis de notre arrivée imminente; Cambier mettait la dernière main à l'achèvement de la station, et Popelin nous attendait, Roger et moi, pour se porter de l'autre côté du lac où l'on devait fonder un nouveau poste; aussi apprit-il avec joie que nous apportions avec nous les marchandises qu'il avait laissées à Taborah et sur lesquelles il comptait absolument pour accomplir sa mission.

La petite colonie ignorait encore les préparatifs menaçants qui se faisaient au nord, chez Mirambo; un jour cependant, comme apportées par un vent d'orage, d'étranges rumeurs arrivèrent; vagues d'abord, elles devinrent bientôt sérieusement alarmantes; des fuyards assuraient que le redoutable empereur de l'Ounyamouési était en campagne, qu'il descendait vers le sud avec une légion de Rougas-Rougas, pillant et détruisant tout sur son passage; plusieurs affirmaient même son intention d'attaquer Karéma. Les commentaires allaient leur train et les bruits les plus contradictoires se succédaient.

Une nouvelle plus précise signala enfin l'approche d'une caravane commandée par un Anglais : c'était celle de Cadenhead ; mais en même temps on annonçait qu'une autre expédition dans laquelle se trouvaient deux Européens venait de se briser à Kissindeh par la désertion des porteurs.

A ce récit, et sans attendre lettres ni estafette, Popelin résolut de voler au secours de ses compagnons en détresse ; il réunit ses hommes armés au nombre de quarante et dès le lendemain se mit en route avec eux.

Il arriva ainsi à la ville de Simba qu'il trouva en pleine effervescence, tandis que le sultan, son chef, donnait des signes manifestes de la plus profonde angoisse. Interrogé par Popelin, il ne put cacher le trouble auquel il était en proie.

« Mirambo descend vers l'Ouvinza, lui dit-il, et, sans doute, il se propose de m'attaquer ; mais je lui résisterai ; j'ai ici Matumula avec ses trois cents chasseurs d'éléphants : ce sont là d'intrépides guerriers qui sauront résister aux Rougas-Rougas du nord. Que Mirambo y prenne garde · s'il me défie, il pourrait bien ne plus revoir jamais l'Ounyamouési. »

Pendant la nuit arriva l'homme à la lance de cuivre, le conseiller de Mirambo, dont le passage à travers l'Ougounda avait causé le désastre de notre caravane ; il eut avec Simba un entretien secret après lequel un changement radical s'opéra chez ce dernier : son visage débordait d'une joie énorme, tandis que d'un ton plein d'orgueil il fit part à Popelin de son alliance avec le très puissant monarque de Thierra-Magazi.

« Nous allons détruire quelques villages voisins, continua-t-il, et subjuguer certaines tribus hostiles ; mais les hommes blancs n'ont rien à craindre : ni Mirambo ni moi ne leur voulons du mal. »

Déjà, dans le village et aux alentours, l'appel aux armes a retenti, l'armée impatiente est sur pied et les bardes entonnent les mélopées sacrées et les chants de combat ; alors Popelin, livré à quelque vague pressentiment, s'éloigna rapidement et, rencontrant près de là les messagers que j'avais expédiés à Karéma, il comprit toute l'urgence du secours attendu et pressa davantage la marche de sa troupe ; six jours le séparaient encore de Kissendeh et il tremblait de ne plus arriver à temps.

Cependant, depuis le départ de Roger, je m'étais occupé sans retard de trouver un abri pour les marchandises de notre expédition que je ne pouvais plus laisser sur la place publique, n'ayant désormais autour de moi qu'un trop petit nombre de gens pour les défendre. Après maints palabres, j'obtins du sultan de Kissindeh l'autorisation de les remiser sous son propre tembé.

Cette habitation, en forme de parallélogramme, était ouverte à ses deux extrémités et servait de demeure au chef, à sa femme et à ses enfants; de plus, en bon père de famille, mon hôte y hébergeait ses chèvres et ses poules; si j'ajoute qu'il n'y avait pas de fenêtres et qu'à différentes heures du jour la maîtresse du logis s'y livrait à des travaux culinaires, on se fera une idée du confort qui régnait dans ce capharnaüm. Tant bien que mal je m'y installai pourtant : le monceau de mes ballots et caisses forma la ligne de démarcation entre le ménage du sultan et le mien, et, afin de veiller moi-même sur mon bien, je me décidai à passer mes nuits sous ce toit plutôt que dans ma tente. Je dois dire qu'au début mon hôte fut plein de prévenances pour moi ; et, à part quelques scènes violentes qui eurent lieu entre le vieux monarque et son épouse, les premières couchées se passèrent sans incidents notables.

Cette installation terminée, je passai en revue les débris de la caravane; neuf hommes étaient demeurés fidèles :

    Mabrouki, à la fois interprète et cuisinier,

    Pilipili et Amessi, mes domestiques,

    Quatre askaris, dont un avait la fièvre pernicieuse et un autre était atteint d'ophtalmie,

    Et deux Vounyamouési porteurs.

Dans Kissindeh, l'agitation était extrême : déjà l'on avait acquis la certitude que Mirambo descendait vers le sud du lac; poursuivra-t-il sa route, ou bien, apprenant qu'à Kissindeh se trouve une riche caravane en détresse, se décidera-t-il à nous attaquer, ou encore chargera-t-il de ce soin l'une ou l'autre de ses bandes? Telles étaient mes alternatives, tandis qu'autour de nous l'alarme allait grandissant.

Chaque jour, ce sont de nouveaux convois d'émigrants, tristes épaves arrachées au foyer; hommes, femmes, vieillards, enfants, ils passent par bandes, par nichées, fuyant devant l'invasion : on dirait d'une envolée d'oiseaux voyageurs. Talonnés par la frayeur, par le désir de mettre le plus de distance possible entre eux et leurs persécuteurs, ils se reposent à peine, et, à la hâte, nous jettent des récits lamentables : derrière eux il n'y a que villages en feu, récoltes saccagées, partout la ruine, la désolation, la mort.

L'approche de l'ennemi m'imposait des mesures de défense, et, dans cette expectative, je transformai en forteresse le tembé ou nos marchandises étaient abritées : j'y fis percer quelques meurtrières et les tonneaux de poudre furent amoncelés de façon qu'à un moment donné, quand tout espoir serait perdu, nous pussions y mettre le feu et nous faire sauter avec nos richesses et ceux qui tenteraient de les prendre.

PASSAGE DES FOYARDS A KISSENDEH.

Sans qu'il osât pourtant se plaindre, le sultan, mon hôte, trouvait évidemment que j'en prenais fort à mon aise chez lui ; en voyant mes préparatifs belliqueux et surtout cette quantité de poudre qui tapissait sa demeure, sa figure s'allongea terriblement, et il crut prudent de ne pas s'attacher à ma fortune : au bout de deux jours, il s'enfuyait à Kakoma, m'abandonnant son tembé et même en quelque sorte son village, car la plupart des habitants déménagèrent avec lui. Ma situation n'en était que plus perplexe : je ressemblais à un naufragé régnant en maître sur quelque île déserte.

Le danger était imminent ; j'en pouvais mesurer l'approche aux rumeurs qui devenaient plus sourdes, mais aussi plus menaçantes, à l'attitude, aux regards profondément navrés de mes quelques fidèles : leur silence avait une éloquence farouche.

Quant à moi, je n'avais au cœur aucun découragement ; mais je trouvais souverainement absurde de périr ainsi sans gloire, brutalement assassiné, ou obligé de me faire sauter en l'air pour ne pas tomber vivant aux mains de ces nègres que nous voulions civiliser ! J'étais irrité surtout, je l'avoue franchement, de n'avoir pas avec moi une trentaine d'hommes armés de façon qu'avant de succomber je pusse du moins livrer un combat sérieux.

En vérité ce fut une période bien triste : la solitude, l'attente inquiète, m'enfiévraient ; les jours me paraissaient des siècles, les nuits étaient interminables ; l'ennui, un dégoût profond, me gagnaient ; cela me mena jusqu'au 7 juin, avec une gradation constante de bruits alarmants aux alentours ; et, tout calcul fait, les gens de Karéma ne pouvaient arriver avant le 15 ; d'ici là, il est clair que la tempête nous aura tous balayés.

Ce jour-là, au matin, arrivèrent à Kissindeh quatre hommes armés dont les coiffures étranges trahissaient des Rougas-Rougas en campagne ; de l'air le plus naturel du monde, ils s'approchèrent :

« Notre maître, le Nioungou, est dans le voisinage, me dirent-ils ; il se rend chez Simba où il va faire alliance avec Mirambo, et, à titre de tribut de guerre, il te réclame quatre charges d'étoffe

— Allez dire à votre maître, répondis-je, qu'alors que je passerai dans ses États je lui ferai volontiers des cadeaux ; mais exiger un impôt lorsque l'on est en marche et dans un pays qui ne vous appartient pas, c'est se conduire en bandit.

— C'est bien. Le Nioungou viendra les prendre lui-même demain.

— Je ne le crains pas ; et dites-lui que s'il se présente ici en ennemi je lui tuerai autant d'hommes qu'il y a de balles dans nos gibernes. Et maintenant, vous autres, partez bien vite, car si dans un instant vous n'avez quitté le village, je vous fais fusiller. »

Sans ajouter un mot, les émissaires s'éclipsèrent; mais avec la finesse qui caractérise cette race de Rougas-Rougas ils surent mesurer d'un coup d'œil les forces dont je disposais, et je demeurai persuadé que tel était, du reste, l'unique but de leur ambassade.

Dans l'après-midi j'étais occupé à écrire, quand se présentèrent à moi quatre autres guerriers; ceux-ci étaient des messagers du sultan, mon hôte, réfugié à Kakoma. Ils m'apprirent que leur maître souffrait horriblement, et me priait de lui envoyer un remède qui le délivrât de son mal.

Le noir monarque était atteint, je le savais, d'une sorte de rhumatisme aigu, suite des excès de tous genres auxquels il s'était livré dès l'âge le plus tendre; maintes fois il m'avait déjà consulté à ce propos, mais je me trouvais naturellement dans l'impossibilité de le guérir : en effet, j'avais bien dans ma pharmacie les quelques médicaments indispensables à l'explorateur européen en Afrique, mais jamais il ne me serait venu à l'idée d'emporter quoi que ce fût pour guérir un vieillard goutteux. J'exprimai donc à ses délégués tous mes regrets de ne pouvoir satisfaire au vœu de leur sultan.

« Écoute, répliquèrent-ils, voici ce que notre roi nous a dit : si l'homme blanc ne m'envoie pas un *dawa* (sortilège) qui me soulage instantanément, dès demain il aura à quitter mon tembé avec toutes ses marchandises et il ira camper dans le porry. »

L'affaire s'aggravait; c'était là, évidemment, une ruse du vieux chef dans la but de me mettre hors de chez lui; avec raison, du reste, il craignait qu'en cas d'attaque les Rougas-Rougas ne missent le feu à sa demeure, mon dernier retranchement, ou bien que je ne la fisse moi-même sauter, et, à tout prix, il voulait m'en faire déguerpir. D'autre part, pouvais-je songer à aller résider dans la forêt? Comment y établir un camp, y élever un rempart contre les fauves et les bandits? comment transporter cent charges et les défendre à ciel ouvert avec six ou sept hommes valides? Ce n'était pas possible, et il fallait absolument gagner du temps : tel fut mon objectif.

« J'ai bien, fis-je négligemment, un remède souverain pour cette affection; mais il est très précieux, il coûte fort cher et il m'en reste bien peu; c'est pourquoi j'hésite à vous le donner. Cependant le sultan a été si bon pour moi, qu'au risque de me priver je vais partager avec lui.

En achevant ces mots j'ouvris ma pharmacie où je pris un peu d'iodure de potassium et, après l'avoir dissous dans de l'eau, médecin malgré moi, j'indiquai aux messagers l'usage que le sultan devait en faire : quatre gorgées par jour jusqu'à ce que la potion fût épuisée; de plus, je préparai un mélange de camphre et de cognac pour frictionner ses membres endoloris, en recommandant bien de ne pas boire ce médicament à usage externe;

quant au premier, j'en avalai quelque peu, afin de rassurer les envoyés qui partirent alors emportant avec eux les deux précieuses fioles.

A tout hasard, cela me faisait gagner un jour ; mais, pour moi, il était évident d'abord que mes drogues ne guériraient pas le vieux monarque, et que, fût-il soulagé, il trouverait un autre prétexte pour me faire sortir de chez lui ; n'importe, c'était un répit, et je m'y raccrochais comme à une planche de salut.

La journée du 8 juin restera profondément gravée dans ma mémoire ; dès l'aube, une bande de fuyards se précipite au milieu du village avec un vacarme d'enfer, annonçant que Mirambo s'avance pour piller la caravane du mousoungou. J'essaye de faire taire ces misérables qui ameutent toute la population ; mais ils crient de plus belle, pleurent, se lamentent, colportent partout la sinistre nouvelle qui bientôt vole de bouche en bouche, portant à son comble la terreur des gens de Kissendeh ; sans le dire ouvertement, ils maudissent ma présence qu'ils croient être la cause de tout ce conflit, et je ne puis me faire aucune illusion sur les sentiments qui les animent : en cas d'attaque, ils se mettront tous contre moi.

Pour comble de misère, dans l'après-midi j'apprends que le sultan du lieu a renvoyé ses guerriers avec ordre de m'expulser ; on ajoute même que le souverain aurait été empoisonné par mon remède ; j'ai su depuis qu'alléché par l'odeur du cognac il avait prétendu boire le contenu de la fiole aux frictions, et, sans mettre ses jours en danger, cela lui avait produit cependant un certain dérangement qui le jeta dans une grande colère.

Tout cela était bien sombre : j'entrais décidément dans la période aiguë, et rien ne pouvait plus conjurer la catastrophe.

Vers le soir, je m'assis à la porte du tembé ; ma santé résistait vaillamment, mais depuis quelques jours cependant je souffrais cruellement à la jambe, à l'endroit où un serpent m'avait piqué jadis lors de mon voyage au Niger ; c'étaient les premiers symptômes d'un mal qui plus tard allait me forcer de retourner en Europe. Tout bruit avait cessé autour de moi, et dans le village tout aussi se taisait ; tapi à la lisière du bois, un de mes hommes veillait ; un autre sommeillait à mes pieds.

On était à cette heure où le silence tombe plus profond du ciel qui s'assombrit, où le soleil, disparu de l'horizon, semble avoir emporté avec lui dans un monde lointain et notre pensée et nos espoirs. En Afrique l'instant du crépuscule est court : on dirait d'une porte qui se ferme brusquement, inflexible comme celle du tombeau. C'est l'instant des rêveries : la vie flotte au-dessus de nous comme une vision, l'on évoque le passé aux heures douces et sans alarmes ; le passé, c'est le beau soleil qui, pareil à un vaisseau enflammé, vient de sombrer au loin; le présent, c'est cette nuit tissée d'ombre et de mystères, avec son inconnu plein de menaces, avec son mur noir pour décor. Alors, le regard se replie en dedans de soi-même, et c'est la patrie que l'on évoque, la patrie et la famille absentes...

L'éclair a sillonné la nuit, un coup de feu a réveillé les échos. Mon brave Mabrouki a bondi près de moi, et, avant que je l'eusse interrogé :

« C'est sans doute un espion, maître, fit-il, Pilipili l'aura arrêté à la lisière du bois : ce coup de feu, c'est son signal. »

En effet, au moment où, ma carabine à l'épaule, je me dirigeais avec Mabrouki dans la direction du porry, Pilipili apparut poussant devant lui un grand diable de nègre dont il avait noué les mains à l'aide de son pagne et qu'il m'amenait triomphalement. Ce n'était pourtant qu'un malheureux fuyard égaré ; mais lorsque, revenu de sa première terreur, cet homme put me répondre autrement que par monosyllabes, quelle ne fut pas ma surprise de l'entendre dire :

« Un chef blanc se dirige de ce côté ; je l'ai vu aujourd'hui même au Gombé où il campe ; il vient de là (montrant le sud), du grand lac. Beaucoup de soldats sont avec lui et il sera ici demain matin, avant que le soleil ait accompli un tiers de sa course. »

Évidemment cette nouvelle ne pouvait être qu'une fable, ou tout au moins elle cachait sans aucun doute une erreur grossière : il était matériellement impossible que le renfort de Karéma fût déjà rendu aux alentours ; pourtant cette assurance, ces détails, ce ton de vérité dans le récit du nègre, tout cela renversait mes raisonnements, et un flot d'espoir m'envahissait.

La nuit s'écoula ainsi, longue comme une éternité.

Enfin les astres pâlissent ; une lueur douce avec un chatoiement plein de caresse se lève là-bas à l'orient ; la jolie brume matinale se ramasse et quitte la cime des arbres que baigne une lumière d'or : l'air est tout vibrant de rayons, et bientôt, dans une orchestration splendide, le soleil nous jette la gamme étincelante de ses feux. Salut à la vie et à l'espérance ! Le sourire de l'aurore, c'est le chant de bonheur des âmes tristes, et pour le lutteur c'est la fanfare du triomphe.

Il était neuf heures du matin ; j'arpentais à grands pas le maigre espace qui court devant le tembé, quand soudain une vive fusillade se fit entendre à la lisière de la forêt ; mes hommes s'armèrent en silence et chacun prit son poste de combat ; mais à ces détonations qui ne me faisaient pas l'effet d'une escarmouche un son étrange succéda ; je crus d'abord être le jouet d'un rêve : il me semblait percevoir une sonnerie de clairon.

ARRIVÉE DU CAPITAINE POPELIN.

« Maître, cria Mabrouki, c'est la trompette de l'homme blanc, la trompette de Karéma ! »

Mais déjà je m'étais élancé vers le bois, car moi aussi j'avais reconnu ce signal ; je franchis un champ de maïs et j'aperçus alors, sortant du porry, une troupe d'askaris, des soldats de Zanzibar, et à leur tête un Européen.

C'était le capitaine Popelin.

Pour juger de l'émotion que je ressentis alors, il faudrait avoir passé par les péripéties douloureuses qui avaient marqué ces jours lugubres ; Popelin la partageait avec moi, et tandis que, muets, nous nous serrions les mains, autour de nous les coups de feu et les acclamations redoublaient.

Je voulus savoir enfin par quel prodige Popelin avait pu arriver à Kissindeh le 9, alors que, d'après mes calculs, une marche forcée même ne l'y pouvait amener que le 15 ; il m'expliqua qu'au lieu d'attendre mon estafette il était parti au premier bruit d'une caravane en détresse ; mon courrier, qu'il rencontra en route, l'avait encore fait se hâter d'avantage. En obéissant ainsi à cette impulsion généreuse, le capitaine venait de nous sauver d'un désastre certain.

En effet, dans l'après-midi, fatigués par les longues marches qu'ils venaient de faire, les soldats disséminés dans les tembés voisins se livraient au repos ; moi-même j'étais assis avec Popelin à la porte de ma demeure, quand accourut vers nous, avec tous les signes d'une terreur mortelle, un malheureux nègre désarmé qui vint s'abattre à nos genoux :

« Sauvez-moi, vousoungou, ils veulent me tuer. »

Et sa main montrait une troupe de Rougas-Rougas armés en guerre qui, menaçants, arrivèrent près de nous.

« Livrez-nous cet homme, cria le chef de la bande ; c'est un déserteur de Mirambo, et nous voulons l'égorger ici à l'instant même. »

Comme en disant cela il faisait mine de s'approcher pour se saisir du malheureux, nous déclarâmes qu'en la présence d'un Européen jamais être humain sans défense ne sera lâchement assassiné, et que, s'étant mis sous notre protection, cet homme était sacré.

A cette déclaration, la bande de Rougas-Rougas se redresse menaçante : les bracelets d'ivoire s'entre-choquent en signe de provocation, le cri de guerre est lancé et, tandis que nous ordonnons à Mabrouki de mettre le fuyard en sûreté, une première balle a sifflé à nos oreilles.

Alors une mêlée sérieuse s'engagea ; les soldats de Popelin qui, à l'approche des bandits, s'étaient armés sans bruit, poussèrent une clameur formidable et sautèrent sur les assaillants. Ceux-ci prirent le large, et le combat continua dans les champs de maïs qui bordent le village. Évidemment, les gens de Mirambo, sachant que je n'avais près de moi que deux ou trois hommes armés, ne s'attendaient à aucune résistance ; aussi leur frayeur fut-elle grande quand ils virent ces quarante askaris, tous munis de fusils à tir rapide dont le feu roulant ne laissait pas que de produire un merveilleux effet moral ; nos braves bondissaient dans les blés comme de jeunes faons, et bientôt les ennemis jugèrent prudent de battre en retraite, abandonnant sur le terrain plusieurs des leurs, entre autres le chef de la bande, celui-là même qui nous avait parlé avec tant d'arrogance et de défi.

Les soldats nous amenèrent immédiatement ces prisonniers, et nous nous mîmes en devoir, Popelin et moi, d'extraire les balles et de panser les blessures, au grand ébahissement de ces malheureux chez qui est inconnu tout sentiment de générosité envers un ennemi tombé.

CHAPITRE XXII

Les gens de Simba. — Marche en avant. — Kabambagouzia. — L'expédition est brisée. — Mœurs et industries des naturels. — Les clubs nègres. — Attaqué par les fourmis. — Le rhinocéros blanc. — Retour de Roger. — Les épaves d'un affreux massacre

'ARRIVÉE des soldats de Karéma et notre victoire sur les Rougas-Rougas changèrent notablement les dispositions des gens de Kissindeh : au début de la bataille, ils s'étaient prudemment tenus cachés dans leurs demeures, mais lorsque les chances du combat tournèrent définitivement en notre faveur, nous les vîmes accourir tous en armes pour nous prêter main-forte ; nous n'eûmes pas à utiliser le beau zèle de ces bouillants carabiniers d'Offenbach, mais en revanche ils ne nous épargnèrent point les chants et

les danses, les réjouissances de toute nature dont ils prétendirent célébrer notre triomphe.

Dès le lendemain arrivèrent aussi des messagers de la part du sultan : il nous faisait féliciter d'avoir vaincu les brigands, et nous assurait de sa complète amitié ; en outre, il mettait à notre disposition non seulement son tembé, mais le village entier, pendant tout le temps de notre séjour à Kissindeh. Nous déclinâmes cette offre gracieuse, car nous étions décidés à partir sans délai ; mais nous envoyâmes à notre hôte divers présents pour reconnaître ses bonnes intentions à notre égard.

Le plan du capitaine Popelin était d'enrôler à son service une troupe de Vounyamouési qui en ce moment passaient à vide revenant de Karéma où, sous la conduite d'un Arabe nommé Saive, ils avaient transporté récemment un approvisionnement destiné à Cambier. Mais, hélas ! les conditions d'un pareil voyage changeaient absolument de face : les bruits de guerre s'accentuaient à tel point, la route, infestée de bandits, était si peu sûre, que tout accord fut impossible avec ces porteurs qui, ayant rencontré chemin faisant des éclaireurs de l'armée de Mirambo, se considéraient comme ayant déjà échappé par miracle aux hordes barbares qui désolaient la contrée.

Nous parvînmes cependant à en engager quelques-uns ; mais cela ne suffisait point, lorsqu'à deux jours de là nous apprîmes l'arrivée à Kissindeh du propre fils de Simba qui se rendait avec une trentaine d'hommes vers le pays de son père ; nous tentâmes immédiatement de traiter avec ces gens de passage.

A vrai dire, ils avaient l'aspect d'affreux bandits : leurs cheveux, tressés en chenilles, formaient sur leurs têtes les coiffures les plus baroques qu'ils s'évertuaient à rendre effrayantes en les agrémentant de dépouilles d'oiseaux et de bêtes féroces ; ils brandissaient des lances, poussaient des cris rauques et des appels guerriers, sautaient en marchant et roulaient des yeux furieux : s'ils n'étaient eux-mêmes des Rougas-Rougas, à coup sûr ils les parodiaient de maîtresse façon. Du reste, en ces temps troublés, pareils travestissements n'ont rien qui doive étonner ; s'il est appelé à voyager au moment où sévit la guerre, le nègre le plus paisible s'armera d'un arsenal complet, s'affublera de toutes sortes d'oripeaux, et s'efforcera, en un mot, de ressembler à quelque redoutable brigand ; plus il se donnera l'air féroce, plus il aura le maintien agressif et les dehors bravaches, et plus aussi sa sécurité sera grande.

Le fils de Simba nous offrit non seulement les épaules de ses compagnons, mais les siennes propres, ce qui, du reste, est un usage consacré dans ce pays : les fils des sultans nègres débutent tous par être plus ou moins pagazis ; peut-être l'exemple de Mirambo a-t-il contribué pour une large part à ennoblir là-bas la carrière de portefaix. Ce qu'il y a de certain, c'est que les rejetons des souverains font tous leurs premières armes dans les rangs des porteurs, meurtrissant leur dos ou leur tête crépue sous la lourde charge qu'on leur donne à transporter en caravane.

Quoique nous fussions loin d'être édifiés sur la moralité des nouveaux venus, nous acceptâmes leurs offices, mais en nous réservant de les surveiller de très près ; les conditions furent lestement débattues, arrêtées, agréées de part et d'autre, et le départ resta définitivement fixé au lendemain, 12 juin. En comptant que chacun des quarante soldats enlèverait un fardeau, le présent renfort ajouté aux Vounyamouési de Saive nous permettait d'emporter les cent charges dont se composait l'expédition.

Dans cette conjoncture, les askaris se montrèrent réellement intelligents et dévoués : bien qu'ils fussent engagés comme soldats, c'est-à-dire exempts de tout transport de colis, en présence de la situation grave où nous nous trouvions, ils n'hésitèrent pas à se transformer en porteurs ; nul d'entre eux n'y mit de mauvais vouloir ; il régnait dans cette petite troupe un excellent esprit de soumission et de discipline, d'autant plus précieux qu'il est fort rare chez le nègre.

Le samedi 12 juin, les marchandises furent extraites du tembé royal, et j'eus la satisfaction de pouvoir remettre intacte au capitaine Popelin la caravane dont on m'avait chargé pour lui ; malgré les déboires de la marche, en dépit des dangers courus et de la désertion des hommes, pas un ballot pas une caisse, pas un rouleau de fil de cuivre, ne manquaient à l'appel.

Nous nous mîmes alors en route, bien décidés à faire tous nos efforts pour atteindre Karéma à bref délai. Avant d'arriver à Kabambagouzia, nous fûmes contraints cependant de camper au bord du Gombé, comme je l'avais fait précédemment ; la couchée fut établie sur la rive gauche de ce gros cours d'eau qui, par suite des inondations, y atteint parfois jusqu'à trois milles de largeur : c'est un des affluents méridionaux de la Malagaradzi ; au milieu des nénufars et des hautes herbes sommeillent de nombreux crocodiles, et lorsqu'on effectue ce passage à gué, il est prudent de faire battre bruyamment l'eau aux alentours, afin d'éloigner ces redoutables monstres.

Enfin, le lundi 14 juin, nous arrivâmes à Kabambagouzia.

Ici je dois faire remarquer que c'est à tort qu'une publication géographique de Bruxelles fait cesser mon voyage dans l'Ougounda ; je regrette d'être forcé de contredire des géographes assurément bien informés, mais l'Ougounda se termine à Kakoma ; Kissindeh et le Gombé méridional font partie de l'Ougara, et Kabambagouzia se trouve déjà dans l'Oukaouendi dont Simba est un des plus importants districts et qui comprend Karéma lui-même.

J'ajouterai une observation à ce sujet : pour atteindre Karéma, c'est-à-dire le point culminant de nos explorations belges dans l'Afrique centrale, il ne me restait à faire qu'une dizaine d'étapes ; les événements qui vont suivre m'ont empêché de les franchir ; mais, en somme, à part cette courte distance, mon voyage d'exploration dans cette partie de l'Afrique a été aussi étendu que celui de tous mes compatriotes partis de Zanzibar pour Karéma.

Le 15 juin au matin, au moment où nous faisions plier les tentes, nous apprîmes que les gens de Simba avaient déserté pendant la nuit ; en même temps les quelques Vounyamouési engagés à Kissindeh vinrent nous rapporter leur paye.

« Nous nous refusons à aller plus loin dirent-ils, car le pays est en feu ; des gens de l'Oufipa sont passés tout à l'heure, annonçant que la guerre sévit avec acharnement dans le sud : Mirambo et Simba sont en campagne, et ce dernier a donné ordre d'arrêter toutes les caravanes qui passent : le porry est infesté par les Rougas-Rougas qui nous attendent pour nous massacrer et pour piller vos richesses. Nous ne voulons pas nous faire tuer là-bas. Voici l'étoffe que vous nous avez donnée pour notre paye d'avance. »

Le premier moment de colère passé, nous fîmes de vains efforts pour enrôler des gens du pays ; pas un qui se fût aventuré à une demi-lieue seulement du village : et bientôt, forcés de nous rendre à l'évidence de la situation, nous résolûmes de camper en ce lieu. Popelin dépêcha alors une estafette à Taborah, demandant au docteur Van den Heuvel d'envoyer dans le plus bref délai possible une centaine de porteurs et quelques bons nyamparas fidèles et énergiques.

Sur ces entrefaites, le sultan vint nous rendre visite. C'était un grand vieillard décharné, anguleux, à la peau noire, huileuse et ridée, mais, en somme, un être bienveillant ; il nous proposa d'entrer dans son village, et, comme l'emplacement actuel du camp était extrêmement défavorable, nous acceptâmes son offre.

Kabambagouzia est sérieusement fortifiée : un chemin de ronde et une double palissade formant des couloirs ombreux l'entourent complètement ; et ces haies touffues, véritables murailles, sont percées de meurtrières et de portes solides qui sont barricadées quand vient la nuit. Nous élevâmes le monceau de marchandises sur la grand'place, nos tentes furent dressées alentour, et les soldats s'installèrent dans les huttes, dans les tembés voisins ou sur des nattes, autour des ballots dont ils avaient la garde.

Dans cette contrée, les demeures indigènes, quelle que soit la forme qu'elles revêtent, sont absolument dépourvues de fenêtres et de cheminées, et comme on y fait la cuisine, il s'ensuit que les murs, déjà tapissés de nombreuses toiles d'araignées, sont en outre revêtus d'une couche d'un noir luisant du plus vilain aspect ; l'air y est rare, vicié, et la vermine y abonde ; l'habitat de la famille est commun à celui des troupeaux : hommes, femmes, enfants, chèvres et moutons reposent sous le même toit dans une touchante promiscuité. Seul, le chef de la famille possède une *kitamba*, couchette qui se compose d'une peau de vache ou de bête quelconque ; quant à l'outillage de la cuisine, il se borne à une marmite en terre sur trois cônes d'argile, dans laquelle se fait *l'ougali*, cette bouillie de sorgho qui forme la base de l'alimentation du nègre.

En dépit de cette absence complète de tout besoin, les habitants sont néanmoins industrieux ou tout au moins laborieux : ils récoltent soigneusement leur grain, le battent avec de longs fléaux légèrement recourbés en forme de rames, et le mettent dans de grands lindos dont j'ai déjà fait mention ; sur les toits des demeures faits de chaume, de broussaille et d'argile, sèchent toutes sortes d'autres provisions, spécialement des courges, des citrouilles et des patates douces.

A Kabambagouzia l'étoffe étant un luxe presque inconnu que peuvent se permettre les chefs seulement, et encore en y apportant une parcimonie féroce, pour se vêtir les indigènes sont forcés de recourir aux moyens les plus primitifs : ils fabriquent certains tabliers ou pagnes avec des feuillets d'écorce ; pour cela, ils enlèvent d'abord la première croûte de l'arbre, trop dure pour être utilisée, puis le tronc étant ainsi écorché, ils l'emmaillotent dans de larges feuilles ou dans des herbes fraîches, en ayant soin d'y entretenir une grande humidité ; lorsqu'elle a subi cette première préparation, la nouvelle écorce est enlevée et ils la font tremper dans l'eau pour que les filets puissent se séparer de la partie ligneuse ; ils l'étendent ensuite et la martellent à l'aide d'une corne de rhinocéros, ce qui l'élargit, l'assouplit et finalement la transforme en une grossière étoffe dont ils s'entourent les reins. Ils fabriquent de la même façon des sacs qui servent à contenir les provisions.

En dehors des travaux champêtres et des industries rudimentaires, ces indigènes s'adonnent à la chasse aux éléphants qui nécessite de leur part de grandes fatigues et une absence prolongée ; aussi l'organisation d'une semblable entreprise prend-elle toujours les proportions d'un événement capital.

Elle débute par une bruyante orgie à laquelle se livrent les futurs Nemrods ; en même temps, imitant la marche de l'éléphant, sa course, ses gestes agressifs, ses cris, ses mouvements, les femmes des chasseurs parcourent le village en file indienne, frappant entre leurs mains ou sur des tiges de fer, poussant des clameurs sauvages, se livrant à des mimiques et à des contorsions hideuses.

Accompagnement obligé de toute cérémonie nègre, le pommbé ne tarde pas à couler, et bientôt aussi le tambour prélude à la danse ; les hommes se mettent à sauter en rond avec une grâce que l'on devine : on dirait d'une échappée d'ours savants. Non moins émues par l'effet de la pétillante bière africaine, les épouses se livrent aussi au charme chorégraphique, mais seulement entre elles ; car c'est là une loi générale chez les nègres : aucune communauté ne règne dans les divertissements publics entre le chef de famille et ses femmes qui sont considérées comme des êtres inférieurs, voire même comme des esclaves.

Quant tout ce monde a bien festoyé, dansé, hurlé, la troupe de chasseurs quitte le village et s'enfonce dans le porry où elle demeure parfois des mois entiers ; à son retour, la moitié de l'ivoire appartient de plein droit au sultan de la tribu, ainsi que toutes les peaux des animaux tués ; le plus souvent, d'ailleurs, c'est lui qui fournit la poudre et les fusils, de sorte que la part du tireur est généralement bien maigre.

Une des originalités de ces peuplades, c'est l'*ihouanza*, sorte de club situé à l'entrée du village et dont la construction ressemble fort, à première vue, à ces grands refuges que l'on construit dans les bois pour que les cavaliers en promenade puissent, en cas de pluie, s'y abriter avec leurs montures. Sous l'empire de cette même loi que je signalais plus haut, il y a l'ihouanza des hommes et celui des femmes ; et rien d'étrange comme ces lieux de réunion qui font absolument partie des mœurs indigènes : on y jase, on y fume, on y traite ses affaires, on y dort, on y discute ses projets, on y vante ses exploits ; d'aucuns s'y rasent mutuellement la tête, ou s'épilent la barbe, les cils, les sourcils.

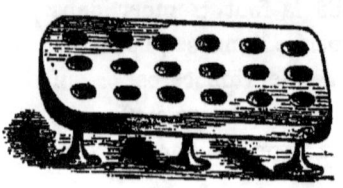

JEU DE BAO.

Dans le club des hommes, on joue ; le jeu le plus en faveur est le *bao*, sorte de trou-madame dont je ne suis pas parvenu, je l'avoue, à bien saisir le mécanisme : c'est une tablette où se trouvent creusées dix-huit cases dans lesquelles les joueurs font évoluer un certain nombre de petites pierres comme les jetons d'un jeu de dames ; je suppose que la victoire reste à

FÊTE DES CHASSEURS D'ÉLÉPHANTS.

celui qui par ses combinaisons adroites et la faveur du hasard réussit à ramasser les cailloux de l'autre. Ce que ce jeu engendre de contestation, de querelles, on peut s'en faire une idée, et maintes parties de bao se terminent par des bousculades, des rixes et même des coups de couteau.

Le club des femmes est moins mouvementé, mais plus bruyant peut-être : elles s'y rendent à la tombée du jour, pendant les courts moments du crépuscule, et là, la pipe aux lèvres et se chauffant au brasier commun, accroupies ou assises sur des tabourets de bois, elles babillent, rient et fument avec délices jusqu'au moment où il convient de réintégrer le domicile conjugal.

UNE FORGE A KABAMBAGOUZIA.

Presque chaque matin, j'étais assis devant ma tente au lever du soleil, car depuis quelque temps le repos m'avait fui : dans l'impossibilité où je me trouvais de soigner ma jambe, le mal empirait à tel point qu'il m'arrachait tout sommeil ; aussi étais-je régulièrement debout longtemps avant les autres, et je pouvais assister au réveil de l'étrange population au milieu de laquelle nous vivions.

Tout d'abord, je voyais les unes après les autres s'écarter les portes en roseau qui ferment les huttes et les tembés environnants ; des têtes laineuses passent dans l'entre-bâillement et interrogent la température, l'heure, le temps ; bientôt les chefs de famille sortent, une peau jetée sur leur épaule, car le matin l'air est vif et souvent glacial ; machinalement, ils se dirigent vers l'ihouanza ou s'arrêtent sur la place, se chauffent quelques instants au soleil et causent avec les voisins.

Puis, les uns vont aux champs, d'autres s'appliquent à divers travaux dans l'intérieur du village ; ceux-ci élèvent des tembés, ou tressent des paniers, des nattes, des ficelles ou des engins de pêche ; ceux-là travaillent le fer, mais moins habilement que les Vounyamouési ; pourtant ils fabriquent des armes, des outils, des ornements grossiers; quelques-uns s'occupent de poterie, ce qui n'est guère compliqué, car leur science consiste à façonner la grande marmite où se prépare l'ougali, et une gourde qu'ils appellent bouyou *(cucurbita lagenaria)* qui sert à tous les usages de ménage. Quant à l'industrie du bois, elle se borne à confectionner des flèches, des massues, des lances, des cuillers, des mortiers, des tabourets.

Quelques-uns vont à la chasse, à la récolte du miel, ou bien encore à la pêche dans les eaux du Gombé, d'où ils rapportent parfois de superbes poissons.

Bon nombre d'entre eux sont aussi troubadours et passent la journée entière à psalmodier de plaintives mélopées en s'accompagnant sur la corde de leur arc auquel est adaptée la moitié d'une calebasse desséchée.

De leur côté, les femmes préparent la nourriture, broient le grain sur la pierre ou le concassent seulement dans un mortier de bois; elles aident aussi aux plus durs travaux des champs, remuant la terre à l'aide d'une houe, le corps courbé en deux, et accompagnant leur besogne d'une complainte nasillarde dont le motif ne varie jamais et qu'elles chantent, rechantent et reprennent encore sans s'arrêter jamais, éternelle élégie qui dure aussi longtemps que l'ouvrage.

Chez le nègre, on le conçoit, l'occupation la plus sérieuse, c'est le repas, moment plein de béatitude et de joie pour ces pauvres déshérités; leurs festins ne sont cependant guère variés : il faut qu'il y ait disette de grain, ou qu'un événement extraordinaire ait compromis les récoltes, détruit les provisions, pour que l'Africain touche à ses bestiaux. Dans ces contrées, du reste, où pullule la tsétsé, il n'y a que des chèvres et des moutons, pas de bœufs; mais, je le répète, l'indigène ne s'en nourrit pas; il se contente de sa bouillie de sorgho et, aux jours de chasse, tout le monde profite de ces chapelets de viande enfilés sur de longues perches, curée odorante que rapportent triomphalement les chasseurs. A part aussi les moments de grande liesse où l'on brasse du pommbé, la seule boisson du nègre, c'est l'eau claire qu'il recueille dans ses gourdes, auxquelles chacun boit à même, à tour de rôle.

Le chef de la famille mange seul ou avec des amis, des voisins, ou encore, s'ils sont grands, avec ses fils, mais jamais avec ses femmes. L'hospitalité la plus large règne à toute heure chez lui : tout passant peut entrer, s'asseoir, plonger sa main dans la gamelle, s'abreuver au bouyou, sans avoir à fournir aucune explication, ni présenter d'excuse, sans être même astreint au moindre remerciement.

Les hommes sont, en général, grands, vigoureux, bien taillés ; leur physionomie s'écarte de celle du Mnyamouési : elle a plus de virilité, de sauvagerie, de décision ; ils tortillent leurs cheveux en chenilles, y ajoutent des fibres végétales, et se font des perruques de cordelettes qui pendent en capricieux dessins jusque sur leurs épaules.

Les femmes, au contraire, ont la chevelure courte et laineuse ; elles s'en servent souvent pour remiser leur pipe, leur couteau ou tout autre objet, absolument comme on poserait sa plume derrière l'oreille.

A l'instar des peuplades nègres en général, chez ces indigènes les bijoux, les ornements font fureur : les femmes feraient des folies pour une poignée de perles ; les hommes tirent grande vanité de leurs tatouages variés et de leurs bracelets d'ivoire qui souvent témoignent de quelque exploit cynégétique ; j'en ai vu qui portaient depuis le jarret jusqu'à la cheville des franges de poils de chèvre avec de petites clochettes aux extrémités et des lamelles de fer et de cuivre ; mais ils venaient de l'Ouvinza septentrional.

D'aussi nombreux détails ennuieront peut-être le lecteur ; mais, je le confesse, ces observations furent mon unique distraction, le seul travail de mon esprit durant ces longs jours d'immobilité à Kabambagouzia ; et quoique nous fussions deux, Popelin et moi, nous trouvions que le temps marchait avec une lenteur désespérante et nous ne savions qu'inventer pour échapper à l'ennui qui nous gagnait.

Parfois nous allions à la chasse ; mais la saison n'était pas favorable pour le noble plaisir du sport : tout était aride, desséché ; un mois encore, et l'Africain mettra le feu à ces herbes, les pluies viendront ensuite féconder le sol, et la faune reparaîtra avec les jeunes pousses.

Dans ces porrys plantés de miombos, où nous cheminions le fusil à l'épaule, on croirait toujours traverser des éclaircies : on est sous bois, mais les arbres s'écartent à mesure que l'on avance, l'ombre s'éloigne et le soleil traverse crûment ces maigres immensités. Deçà et delà, adossées aux troncs des miombos, s'élèvent les constructions audacieuses des fourmis : tours, bastions, poternes, chemins de ronde, rien n'y manque, et l'on voit sur le sol rougeâtre se dérouler en noires spirales des processions innombrables de ces insectes qui vont, viennent, entrent grimpent et sortent, portent, des provisions, entraînent des fétus de paille, des matériaux, s'agitent, jamais ne s'arrêtent et travaillent toujours.

Tout en marchant, je commis un jour l'imprudence d'enfoncer le pied dans une de ces citadelles, et je continuai mon chemin sans prendre garde à l'escadron vengeur qui s'était cramponné à ma botte. Bientôt des fourmillements atroces me révélèrent l'horrible vérité : j'étais la proie d'une myriade de grosses fourmis noires africaines. J'essayai d'abord de m'en débarrasser en m'administrant des coups de poing là où je les sentais remuer; mais en un moment, de la tête aux pieds je fus piqué de si abominable façon que je m'enfuis dans l'épaisseur du fourré; là, j'arrachai en toute hâte mes vêtements et me livrai à une lutte épique contre mes ennemis qui avec férocité enfonçaient leur grosse tête ronde dans la blessure et se laissaient tuer sur place, tout comme l'insatiable tsétsé : à partir de ce jour, je mis un soin extrême à respecter les monuments que ces industrieux insectes élèvent au milieu du porry.

J'ai dit qu'une des occupations des naturels de Kabambagouzia est la récolte du miel; ils la font de deux manières : par voie artificielle et par les moyens naturels. La première méthode consiste à disposer dans les arbres qui avoisinent le village des troncs évidés destinés à servir de ruches aux essaims voyageurs; quant à la seconde, c'est toute une chasse qu'ils font pour ravir aux abeilles leur précieux trésor. Il s'agit d'abord de découvrir l'endroit où il se trouve; en cela, on l'a deviné, ils sont guidés par le petit oiseau à miel, le coucou indicateur qui par ses cris brefs et répétés attire leur attention, insiste pour qu'ils le suivent et, sautillant de branche en branche, les conduit ainsi jusqu'au but; rien d'étrange comme les évolutions de ce petit traître qui pourtant ne bénéficiera en rien de la découverte qui lui a valu tant de peine.

Avec une mâle énergie, les nègres entament alors le combat contre les abeilles : sans prendre garde aux dards vengeurs dont ils sont assaillis, ils élargissent à coups de hache l'orifice de la ruche et s'emparent des rayons de miel que leurs propriétaires défendent cependant avec l'acharnement que l'on sait. Il faut croire que le derme de ces sauvages est autrement dur que le nôtre, car dans ce dangereux travail ils n'apportent absolument aucune précaution pour se préserver des piqûres; ils sont, du reste, très friands de miel, au point de mordre les gâteaux à pleines dents en avalant sans sourciller les nombreuses abeilles mortes qui s'y trouvent. Quant à nous, chaque fois que l'occasion s'en présenta, nous en achetâmes, car depuis longtemps nos provisions d'Europe étaient épuisées et notre table se trouvait réduite à une monotonie désespérante.

CHASSE AU RHINOCÉROS BLANC.

Accompagnés de deux hommes d'escorte, un jour nous nous étions éloignés, Popelin et moi, à une distance considérable, dans l'intention de chasser ; mais le gibier se faisait décidément rare, et c'est à peine si de loin en loin on voyait détaler quelque antilope peureuse, égarée dans ces porrys déserts ; dépités, nous avancions quand même, lorsque tout à coup Popelin me quitta, traversa en courant un fourré et presque simultanément deux détonations retentirent ; mais au même moment, de l'accent d'un homme en danger, je l'entendis appeler :

« A moi, Burdo ! »

Je m'élançai. Le capitaine venait de manquer un superbe rhinocéros blanc qui furieux le chargeait : épauler et envoyer à l'animal les deux balles de mon rifle fut l'affaire d'un éclair ; la précipitation que j'y mis m'empêcha de l'abattre d'emblée ; mais du moins son attention fut détournée de Popelin et, blessé, il regagna en quelques bonds la profondeur du bois.

Guidés par les traces de sang qu'il perdait, nous nous mîmes à sa poursuite, et, pénétrant dans une éclaircie, nous le vîmes à l'autre extrémité, arrêté, le corps appuyé contre un arbre ; il eut encore la force de s'élancer vers nous, mais nous étions préparés à cette attaque, et nos quatre coups de feu l'arrêtèrent en chemin ; il chancela et tomba en beuglant d'une façon effroyable.

« Bismaïllah ! » crièrent nos nègres ; et, après avoir tranché la tête de l'énorme bête, l'un d'eux s'en fut quérir du monde ; nous rentrâmes alors triomphalement au village avec notre gros gibier. Ce fut la seule pièce importante que nous abattîmes en cet endroit où, du reste, zèbres et girafes n'apparaissent guère à cette époque de l'année.

A quelques jours de là, notre existence à Kabambagouzia fut réjouie par le retour de Roger ; c'était le 26 juin : entièrement rétabli grâce à sa robuste santé et aux soins éclairés du docteur Van den Heuvel, notre courageux compagnon vint reprendre sa place à la peine ; il aurait pu rester quelque temps encore en convalescence à Taborah, au milieu du calme et de l'abondance, mais il préférait partager nos privations et nos dangers. Du reste, il avait triomphé vaillamment de son ophtalmie et de sa fièvre, et j'ai rencontré peu de constitutions aussi bien appropriées que la sienne à tous les inconvénients de la vie africaine : il a une santé de fer que la malaria peut secouer parfois, mais que jamais je n'ai vue ébranlée et qui lui permettra d'affronter longtemps encore le redoutable climat équatorial.

Le 30 juin, Popelin, Roger et moi nous étions assis sous la tente, et, tout en causant des événements du jour, pour la centième fois peut-être nous

CHAPITRE VINGT-DEUXIÈME

calculions l'époque où les porteurs arriveraient et où nous pourrions enfin quitter Kabambagouzia ; autour de nous, étendus à terre, nos hommes devisaient, insouciants et joyeux, tandis que les indigènes circulaient, passaient, repassaient, n'osaient s'arrêter par crainte de nous déplaire, mais se trouvaient toujours ramenés vers ce spectacle incroyable : trois hommes blancs assis sous une maison de toile !

Tout à coup, à l'entrée du village un bruit inusité retentit ; les naturels bondissent dans leurs cases et en ressortent transformés en combattants; nous-mêmes, nous saisissons nos carabines, lorsque apparurent six hommes entièrement nus, désarmés, la figure bouleversée, et parmi eux je crus reconnaître de suite deux askaris de la caravane de M. Cadenhead ; ces malheureux se jetèrent à nos pieds, et, sans nous laisser le temps de les interroger :

» O maîtres, crièrent-ils, fuyez, fuyez ! Mirambo arrive avec Simba et le Nioungou, et derrière eux marchent réunies toutes les hordes de Rougas-Rougas que renferme cette région. Ils ont assassiné vos frères, Carter et Cadenhead, massacré leurs hommes et pillé tout leur bien ; c'est par miracle que avons échappé à la mort, mais les bandits nous poursuivent, ils vont arriver, fuyez ! »

A ce discours, comme une flambée de poudre, l'alarme se communique à tout le village : les portes sont fermées, solidement barricadées et les guerriers se postent dans les chemins de ronde; en vain essayons-nous de ramener un peu de calme dans les esprits, la terreur, au contraire est bientôt portée à son comble par le récit émouvant de la sinistre tragédie qui vient d'ensanglanter les champs de Pimboué.

CHAPITRE XXIII

A Karéma. — L'œuvre de Cambier porte ses premiers fruits. — Départ de Carter et de Cadenhead. — Devant Pimboué. — Un sultan perfide. — L'armée de Mirambo et de Simba alliés. — L'attaque. — *Rafiki !* — Mort de Cadenhead. — Lutte héroïque et mort de Carter. — Frayeur et colère de Mirambo.

ci, nous sommes forcés de quitter un instant Kabambagouzia et de nous reporter en arrière, à l'époque où, à Kissindeh, se séparant de notre expédition, Cadenhead accélérait sa marche pour gagner au plus tôt Karéma. Grâce à la composition de sa caravane qui ne comptait que des Zanzibarites dont peu à peu les fardeaux étaient devenus dérisoires, les étapes furent aisément brûlées; et notre ancien compagnon de route arriva à destination

avant même que le bruit de la descente de Mirambo fût parvenu à Karema.

Là, il retrouva son chef Carter; j'ai dit précédemment la profonde amitié qui régnait entre ces deux hommes : longtemps ils avaient vécu ensemble en Angleterre d'abord, puis à Bassora; aussi, lorsque Carter reçut le commandement de l'expédition des éléphants, son ami s'empressa-t-il de solliciter la faveur de lui être adjoint, et ils se réunirent de la sorte à Karéma. D'un commun accord, ils arrêtèrent rapidement les détails du voyage qu'ils allaient entreprendre pour retourner à la côte, mais dont l'itinéraire était malheureusement ébruité depuis longtemps.

Ils passèrent encore quelques jours en compagnie du capitaine Cambier qui alors mettait la dernière main à ses constructions; ce pauvre hameau de Karéma, jadis enfoui sous la jungle, n'était plus reconnaissable : la grande maison de pierre — comme on appelait dans le pays l'habitation des blancs — s'élevait majestueuse en face du beau lac; les Européens, leurs soldats et travailleurs nègres habitaient déjà cette enceinte, et les marchandises y étaient remisées dans les magasins réservés à cette fin; en un mot, la station était fondée.

Ancré dans la baie, on voyait aussi se balancer sur les eaux une coquette embarcation à voile que Cambier avait achetée à Oudjidji et qui provenait de la succession de feu l'abbé Debaize; en cas d'attaque du côté de la terre, et en supposant que le nombre des assaillants fût tel que tout espoir de se défendre dût être abandonné, ce bateau pouvait devenir, à un moment donné, la dernière planche de salut; entre-temps il servait à des voyages d'exploration, et plus tard on le destinait au poste qui devait être établi sur la rive occidentale du lac.

L'exemple de ces laborieux efforts, de ce travail incessant, de ces obstacles vaincus, ne laissait pas que de produire une heureuse influence sur la population indigène; ces pauvres gens eux-mêmes n'étaient plus reconnaissables: au lieu de sauvages absolument nus, pauvres, fainéants, craintifs qui, d'un œil méfiant avaient vu arriver jadis le mousoungou, on trouvait aujourd'hui des hommes dont la plupart portaient un beau pagne blanc autour des reins, et qui marchaient front haut, en saluant le seigneur blanc avec admiration et respect; insensiblement aussi, les besoins grandissant, les cultures s'étaient étendues, et les indigènes travaillaient davantage, car il vendaient aisement tout ce que leurs champs produisaient.

Tous ces déshérités, ne comprenaient rien encore, il est vrai à la grande œuvre qui s'accomplissait sous leurs yeux, qui les enlaçait, qui les transformait; mais à chaque pas ils en touchaient du doigt les innombrables bien-

DÉPART DE CARTER ET DE CADENHEAD.

faits, et, sans le savoir, ils devenaient laborieux, honnêtes, reconnaissants.

Surpris, ils se demandaient souvent ce que venaient chercher, en définitive, ces hommes blancs qui se contentaient de faire le bien, d'être charitables, et d'enseigner aux autres toutes sortes de choses merveilleuses. Jadis, l'arrivée d'un élément étranger dans une tribu était le signal de luttes et de massacres ; tantôt c'étaient les métis, tantôt des voisins jaloux, mais toujours c'étaient des ennemis; alors, hommes, femmes, enfants, tous ceux qui n'avaient pu fuir, étaient traînés en esclavage, et les vainqueurs dérobaient l'ivoire, les provisions, la richesse entière du pays; aussi, n'osait-on pas amasser pour le lendemain.

Maintenant, au contraire, c'est la paix, le bien-être, la sécurité qu'apporte avec lui l'Européen : il dépense ses étoffes, ses perles, sa poudre, son fil de cuivre, il répand tous ces biens dans ce pauvre hameau de Karéma, et, en échange, que demande-t-il, que prend-il? Rien. Parfois il cueille une feuille, il attrape un insecte qu'il pique sur du carton, il regarde le soleil et trace des signes noirs sur des feuillets de papier blanc, voilà tout. Naturellement, cela semblait si inexplicable que tout d'abord les indigènes crurent à quelque sortilège, à un pouvoir occulte et malfaisant ; mais, ne voyant aucun fléau s'abattre sur la contrée, ils se dirent que le mousoungou pourrait bien être, au contraire, un bon génie, un dieu, et, dans l'impossibilité de comprendre le grand mot humanité, ils inventèrent une explication très touchante, la bonté.

L'homme blanc est bon ! Dans la bouche de ces nègres qui de génération en génération ont été martyrisés par l'étranger, ces mots ont la valeur d'un poème ; pour le voyageur, c'est la plus précieuse récompense. Et, de même que la reconnaissance envers le Créateur de toutes choses a été l'origine de la religion, ce sentiment de gratitude envers l'Européen marque aussi là-bas, en Afrique, le premier bégayement de la civilisation, l'entrée d'un peuple barbare dans la grande famille humanitaire.

C'est à Cambier que revient l'honneur de ce résultat merveilleux, obtenu au prix des plus cruelles épreuves et en dépit des plus insurmontables obstacles ; c'est à lui d'abord ; et puis à ceux qui lui succédèrent et à qui il légua la tradition du dévouement et de l'amour du bien : ceux-là ont accompli en Afrique le véritable et grand travail ; aussi est-ce à leur gloire que je dédie ces pages, et que, modeste voyageur, je m'incline respectueusement devant la grandeur de leur œuvre.

Karéma était déjà sortie de la barbarie, le labeur de Cambier portait ses premiers fruits quand, le 12 juin 1880, Carter et Cadenhead prirent congé de notre compatriote pour retourner à Zanzibar où les appelaient leurs nouvelles instructions. La caravane s'ébranla gaiement au son des clairons et aux accents joyeux des Vouangouana qui fêtaient d'avance — les infortunés! — l'heureux retour vers la patrie.

Soucieux, Cambier suivit longtemps du regard ses hôtes qui s'éloignaient; il était en proie à un vague pressentiment. Rien ne faisait prévoir que la route de Pimboué dût être le théâtre d'une guerre quelconque, et pourtant il avait confié à Carter certaines craintes, certaines appréhensions qu'il éprouvait; mais celui-ci était demeuré inébranlable

« Je veux attacher mon nom, disait-il, à la découverte d'un chemin nouveau entre Karéma et la côte; celui que j'ai suivi avec les éléphants est trop long et trop pénible; c'est l'occasion ou jamais de réussir. D'ailleurs, Mirambo et ses armées sont derrière moi, et certainement je serai déjà loin quand elles arriveront, si tant est même que Pimboué soit réellement leur but, car sur ce point les rumeurs sont bien contradictoires. »

Il ignorait, le malheureux voyageur, comment marchent les Rougas-Rougas sur le chemin de la guerre.

La caravane des deux Européens était fort belle, très imposante même, car elle comptait pour sa seule défense cent cinquante fusils; en outre elle transportait de nombreuses provisions de bouche et quantité de riches étoffes destinées à gagner l'amitié des chefs indigènes; enfin Carter s'était fait accompagner de tout l'état-major indien de mahouts et de cornacs qui devait l'aider à ramener de nouveaux éléphants.

On se rappelle que « Pulmalla, » l'éléphant-pilote, seul survivant de cette expédition, était arrivé à bon port à Karéma, où on lui avait construit un abri; il faisait la joie de la petite colonie, il était la *great attraction* des indigènes; aux alentours du lac, on ne parlait que de lui, de ses tours de force, de ses espiègleries; c'était l'enfant gâté de la station. Malheureusement, peu de temps après le départ de Carter, privé de son cornac et de ses mahouts, « Pulmalla, » resté aux mains des six nègres qui pourtant l'avaient soigné en route, refusa toute nourriture, dépérit et mourut de tristesse au cours des événements qui vont suivre.

Je l'ai dit précédemment, bien qu'ils fussent Anglais, Carter et Cadenhead n'avaient point arboré le pavillon britannique; ils ne marchaient pas non plus sous l'étendard de l'Association internationale africaine, azur à l'étoile d'or; cette expédition avait adopté le drapeau belge aux trois couleurs, en l'honneur de S. M. le roi Léopold II dont la générosité avait couvert tous les frais de l'essai des éléphants indiens en Afrique. C'est ce qui fit passer ces voyageurs pour des Français, d'autant qu'à Zanzibar le consulat belge n'existant pas encore, les Arabes eux-mêmes ne connaissaient qu'un seul pays, la France, qui eût un pavillon tricolore ; quant aux indigènes, ils divisent généralement les blancs en deux nations seulement : les Anglais et ceux qui ne le sont pas ; or, ces derniers étaient alors désignés en bloc sous le nom de Français.

C'étaient donc les couleurs belges qui flottaient fièrement en tête de cette

L'ÉLÉPHANT « PULMALLA » A KARÉMA

belle caravane, alors que pour la dernière fois elle salua de ses clameurs et de ses coups de feu la station hospitalière de Karéma.

La route qu'elle suivit court sur le 7° parallèle ; le sentier se déroule d'abord au milieu de terrains plats et marécageux qui avoisinent l'Oufipa et forment la vaste plaine de Rikoua, puis bientôt au sein de régions montueuses et boisées qui marquent l'entrée de l'Oukononngo. Deçà et delà se pressent de jolies collines et de riantes vallées dont l'éternelle verdure est piquée de points gris qui indiquent des villages nègres. Ailleurs, les indigènes ont perché leurs demeures au flanc ou sur le faîte de quelque pic audacieux, et de la plaine on dirait d'une envolée de huttes. Tout ce pays respire le calme, la fraîcheur, l'abondance; il est fertile, et, cultivé avec plus de soin encore, il donnerait de splendides récoltes.

Pendant sept jours la caravane chemina assez prestement sans incident notable; de temps à autre on entendait bien une nouvelle alarmante, mais le théâtre de la guerre semblait si éloigné! Devait-on s'émouvoir de si peu? Pourtant ces rumeurs se répétaient plus intenses, s'accentuaient, se précisaient et devançaient maintenant les voyageurs : c'était comme le sifflement d'un vent d'orage, le grondement precurseur de la tempête.

Le 24 juin on arriva devant Pimboué, chef-lieu du district qui porte ce nom, et, selon l'usage, Carter fit établir le camp en dehors du village, puis s'empressa d'envoyer au souverain des présents de bonne amitié. Celui-ci les lui retourna; au lieu de cadeaux, il réclamait le payement d'un hongo très élevé; ce fut une première désillusion pour nos voyageurs qui avaient pris cette route précisément dans le but d'éviter les tributs arbitraires de l'Ougogo.

Si inique que parût ce droit de passage, i y avait dans l'air un je ne sais quoi d'inquiétant qui conseillait de céder afin de s'éloigner au plus vite; on résolut donc d'en passer par ces exigences. Mais, tandis que Carter choisissait avec ses nyamparas les étoffes nécessaires, envoyés par le sultan du lieu, des indigènes firent soudain irruption dans le camp.

« Notre maître, dirent-ils, t'invite à transporter tes tentes et tes marchandises dans l'intérieur du village; il terminera lui-même le hongo avec toi.

— Mon camp est bien ici, repartit Carter, et j'y reste. »

Là-dessus, les messagers s'en retournèrent porter à leur chef cette fière réponse du mousoungou.

Cependant, au sein de la caravane une sorte d'épouvante gagnait peu à peu tout le monde : porteurs et soldats étaient en proie à un étrange malaise; et, bien qu'il ne leur fût pas possible de communiquer avec les naturels, mahouts et cornacs partageaient eux-mêmes cet indéfinissable sentiment d'effroi. Tous étaient partis de Karéma en chantant, le cœur plein d'enthousiasme, d'entrain et de gaieté, l'esprit hanté par la vision du retour au pays; et maintenant ils se sentaient tristes, mornes, craintifs, comme si un mur noir s'était élevé entre eux et l'avenir qu'ils ne voyaient plus :

dans cette plaine de Pimboué régnait un calme lugubre qui donnait froid dans l'âme, et l'on se sentait oppressé, comme sous le coup d'une catastrophe imminente.

Bientôt les hommes du sultan revinrent au camp; cette fois ils étaient beaucoup plus nombreux, et l'arrogance de leur maintien trahissait quelque mauvais dessein.

LA NUIT AVANT LE COMBAT.

Ils s'exprimèrent ainsi :

« Mousoungou, voici ce que notre maître te fait dire : Mirambo est dans les environs, ses émissaires ont été vus dans la forêt voisine, et peut-être cette nuit même son armée arrivera-t-elle ici. Dans ton intérêt, il est donc préférable que ta caravane soit protégée par la triple enceinte de notre village. Que si, au contraire, tu refuses de venir chez nous, c'est évidemment que tu as l'intention de t'unir à nos ennemis pour nous attaquer ; en ce cas, nous n'attendrons pas que Mirambo soit là, et dès l'instant nous allons te déclarer la guerre. Choisis. »

Pendant qu'ils parlaient, plusieurs bandes de guerriers sortirent du village et s'avancèrent vers le camp dans l'intention manifeste de commencer l'assaut au premier cri d'alarme.

Les deux Européens réunirent alors un conseil où furent admis les nyamparas et les principaux chefs de l'escorte; tous furent d'avis qu'il fallait obéir à cette injonction et s'en aller coucher dans le village, quitte à obtenir du sultan la promesse formelle de laisser partir la caravane le lendemain au point du jour. Carter fit communiquer cette décision aux envoyés et ordonna de lever le camp; la colonne s'ébranla ensuite et pénétra dans la ville, sans un cri, sans un chant : ces portes barricadées faisaient l'effet d'une grille de prison qui se refermait à jamais sur cette brillante expédition ; et pour les Européens, ils franchissaient en ce moment le seuil de leur tombeau.

Le monceau de marchandises fut élevé sur la grand'place, en face des tentes et non loin d'une source d'eau thermale qui coule en cet endroit. Cette opération terminée, le hongo fut débattu, consenti, payé, et le chef s'engagea à faire ouvrir les portes dès l'aube pour permettre aux voyageurs de continuer leur route.

Cependant, succédant aux émotions produites par la nouvelle de l'arrivée de Mirambo, une effervescence extraordinaire s'empara des habitants lorsque l'ombre du soir eut envahi la contrée; dans chaque case on avait brassé de larges quantités de pommbé qui partout répandit bientôt l'ivresse brutale et un affreux désordre : ce ne furent que chants et cris de guerre, danses et simulacres de combats, au point que les infortunés voyageurs ne purent goûter un seul instant de repos durant cette interminable nuit d'orgie qui pour eux devait être la dernière.

Aux premières lueurs du jour, Carter fit sonner le réveil et ordonna le départ. Mais à ce moment-là le sultan se présenta lui-même à la tête de ses guerriers, tous ivres et menaçants, et, s'adressant à lui :

« Écoute, homme blanc, lui dit-il, dans quelques instants Mirambo sera sous nos murs et attaquera notre village; tu es mon hôte, donc tu dois me seconder dans la défense. Les hommes armés qui t'accompagnent aideront mes soldats à défendre nos enceintes, et, par ta présence, tu peux toi-même arrêter Mirambo dans ses projets sanguinaires. Je prétends donc que tu restes ici, et si tu fais mine de vouloir quitter ces lieux, je t'en empêcherai par la force. »

Carter comprit alors la faute qu'on lui avait fait commettre en lui conseillant de camper chez ce traître monarque qui maintenant le tenait à sa merci; car, vu le nombre d'indigènes armés dont il se voyait entouré, toute tentative de départ lui parut impossible et il décida d'attendre dans Pimboué l'issue des événements qui se préparaient. Toutefois, il enjoignit à ses hommes d'avoir à conserver une neutralité absolue pendant l'attaque du village.

« Mirambo vient ici, leur dit-il, pour vider une querelle avec le sultan de ce lieu; nous n'avons pas à nous immiscer dans cette affaire : vous resterez spectateurs impassibles de la lutte sans tirer un seul coup de feu; que si même on vous provoque, évitez de répondre. Mirambo est notre ami; vous savez que deux Anglais, mes frères, sont en station chez lui, n'ayez donc aucune crainte, il ne nous attaquera pas et ne permettra point qu'il nous soit fait le moindre mal. »

Ayant ainsi donné ses ordres, Carter rentra sous sa tente avec son ami Cadenhead, et tous deux attendirent, anxieux, le prologue du drame qui allait se jouer.

Tandis que la caravane des deux Européens marchait vers Pimboué, Mirambo, on l'a deviné, avait fait diligence. Accueilli à bras ouverts par son nouvel allié Simba, à la hâte il avait rassemblé ses bandes qui de toutes parts accouraient au rendez-vous; de son côté, Simba fournit les guerriers dont il disposait, et le fameux Matumula lui-même prêta l'appoint de ses trois cents chasseurs d'éléphants, les plus intrépides tireurs du pays; tout cela forma un contingent énorme que l'on évalua à plus de trois mille hommes, ce qui représente en Afrique une armée respectable. Lorsqu'elle fut prête, Mirambo se mit à sa tête et il força Simba qui hésitait, à l'accompagner en personne; celui-ci remit à Matumula le gouvernement de ses États pendant la durée de la campagne.

Afin d'éviter tout soupçon, les alliés laissèrent glisser devant eux la caravane Carter qu'ils ne suivirent d'abord qu'à une certaine distance; leur objectif évident était d'empêcher qu'elle pût recevoir aucun secours de Karéma; insensiblement ils se rapprochèrent alors, et, grâce à la célérité de leur marche, l'atteignirent au moment où elle arrivait devant Pimboué. Le soir même où les Européens pénétrèrent dans le village, Mirambo avait fait arrêter ses troupes à deux lieues de là; son avant-garde alla occuper le camp même que Carter venait de quitter, et l'attaque fut ordonnée pour le lendemain.

C'était le 25 juin. A l'heure où tout s'éveille, où la nature se baigne souriante dans la lumière argentée du matin, où chaque être vivant entonne un hymne de grâce au Créateur, où dans ces immensités africaines surtout, l'homme est saisi d'admiration devant les splendeurs qui l'entourent, insensibles à tout ce qui est noble, ces misérables Rougas-Rougas s'avancent à pas de loup et bientôt entourent Pimboué d'un redoutable cercle de fer.

Puis, brusquement, une troupe de gens de Mirambo et un détachement des chasseurs d'éléphants de Matumula sont lancés en avant pour ouvrir le premier feu.

Pimboué, je l'ai dit, est protégé par une triple enceinte faite à l'aide de pilotis sur lesquels s'entre-croisent des haies vives où, en maints endroits, on a même coulé un solide crépissage formant muraille; dans les chemins de ronde et sur les toits de chaume sont massés les guerriers qui criblent de flèches les assaillants; la résistance fut d'abord opiniâtre et plusieurs assauts furent victorieusement repoussés. Alors Mirambo, — qui pourtant ne donne que rarement en personne, — Mirambo s'approcha de la palissade, excita ses hommes et jeta même, dit-on, son turban par-dessus l'estacade, promettant les plus grandes richesses à ceux qui le lui rapporteraient.

Une poussée formidable s'ensuivit, l'enceinte fut forcée, et une terrible mêlée s'engagea: ce fut une tuerie générale, inexorable, un vacarme d'enfer, une orgie de sang; le sultan de Pimboué tomba mort l'un des premiers, et Mirambo courut sur-le-champ avec Simba établir le quartier général dans la propre demeure de l'ancien chef; de là, ils présidèrent au pillage qui est la récompense de l'assaillant vainqueur : la moitié du butin appartient au soldat, l'autre moitié, il la doit apporter à son roi.

Cependant, fidèles aux instructions qui leur ont été données, les Zanzibarites de Carter n'ont pris aucune part à l'action; debout devant le front de leurs tentes, les deux Européens écoutent la crépitation de la fusillade et peuvent mesurer d'après elle l'intensité et les diverses phases du combat; bientôt les clameurs triomphantes leur indiquent que le village est pris. Indiens et soldats vinrent alors se grouper autour d'eux, et chaque homme reçut l'ordre de tenir à la main un lambeau d'étoffe blanche et de l'agiter en signe d'amitié lorsqu'apparaîtront les reîtres de Mirambo.

Une première escouade de Rougas-Rougas ivres de sang et de carnage débouche devant le camp; elle s'arrête.

« Rafiki (amis)! rafiki! rafiki! » crient les hommes de la caravane en faisant flotter le symbole de paix.

Les assaillants se regardent étonnés; ils ne comprennent rien au drapeau blanc, mais le mot *rafiki* les surprend ; ils passent sans attaquer et s'en vont chercher des ordres, ou bien piller quelque tembé voisin.

Croyant à la réussite de leur stratagème, les deux Européens agitent à leur tour mouchoirs et chapeaux, en criant : « Rafiki ! rafiki ! » tandis que de nouvelles bandes de guerriers accourent vers eux. En tête de l'une

« RAFIKI ! RAFIKI ! »

d'elles marche un de ces Vouangouana renégats dont s'entourent les sultans nègres et qui sont leurs mauvais génies et leurs âmes damnées ; il s'arrête, et, s'adressant aux Rougas-Rougas qui l'accompagnent :

« Que signifie ceci ? s'écrie-t-il, et pourquoi épargnez-vous ces hommes de la côte et ces Vousoungou ennemis ? Allons ! sus à eux et à leurs richesses ! »

Un premier coup de feu est tiré, une balle a sifflé dans la direction des tentes ; deux autres lui succèdent : l'infortuné Cadenhead a poussé un cri, un seul, et il tombe. La balle est entrée par le nez dans le cerveau.

Carter s'est élancé, il reçoit dans ses bras son malheureux compagnon et, d'un bond, le porte dans sa tente, sur son lit ; là, il ne peut que constater, hélas ! que Cadenhead n'est plus : la mort a été instantanée.

Le serviteur de Carter, Mahomed, s'est approché ; d'autres fidèles, Abdallah, le chef des éléphants, sont là aussi ; Carter se redresse tout à coup terrible :

« Maintenant qu'ils ont tué mon ami, rugit-il, malheur à eux ! Prenez vos armes, vous tous, et en avant ! feu ! feu ! sur ces misérables ! »

Lui-même, il a saisi son winchester à dix-sept coups ; il remet à Mahomed une cassette contenant des papiers, et, baisant une dernière fois le front ensanglanté de son ami

« Je vais te venger, Tom, » murmura-t-il dans un sanglot.

Et il s'élança hors de la tente.

Mais là encore un spectacle navrant l'attendait : en voyant tomber Cadenhead, les soldats zanzibarites avaient été saisis d'une lâche terreur ; jetant leurs armes pour échapper plus aisément, la plupart s'étaient débandés, cachés, enfuis ; autour des marchandises il ne restait que quelques vaillants et aussi les Indiens, les mahouts, les cornacs, qui ne pouvaient pas chercher le salut ailleurs ; mais successivement ils tombaient tous, les uns après les autres, sous le feu des assaillants dont le nombre allait toujours croissant.

Carter se vit alors perdu. Réunissant à ses côtés Abdallah, Mahomed et les rares survivants fidèles, il essaya de gagner une des extrémités du village ; déjà il avait franchi la première palissade et allait escalader la seconde, lorsqu'une balle atteignit Abdallah en pleine poitrine ; ce courageux serviteur tomba raide mort. De l'autre côté de la muraille, Carter aperçut alors une légion de Rougas-Rougas entre les mains de qui il allait tomber s'il s'avisait de vouloir fuir par là.

Il rebroussa chemin, escorté de sa petite troupe qui diminuait à chaque pas ; mais, parvenu à la hauteur de son camp, une balle l'atteignit qui lui brisa les reins. Il s'affaissa.

« Soldats, dit-il alors aux derniers braves qui l'entouraient, tout est perdu, et je vais mourir. Je vous délie de vos serments ; que chacun ne songe plus qu'à sa propre vie, fuyez tous, je vous l'ordonne ! Toi, Mahomed,

LUTTE HÉROÏQUE ET MORT DE CARIER.

regagne Karéma au plus vite, et tu remettras au capitaine Cambier cette boîte qui contient mes papiers. »

Pendant qu'il parlait, les Rougas-Rougas s'étaient rapprochés, et il se trouva bientôt seul au milieu d'un cercle de feu ; alors eut lieu une scène terrible, un combat digne des anciens héros : sanglant, les reins brisés, blessé à mort, couché à terre, râlant, cet homme tint en respect la bande de forcenés qui se ruaient vers lui : sa carabine à l'épaule, dix-sept fois il fit feu, et chacune de ses balles tuait un homme ; quand le canon fut vidé, il se défendit encore avec son revolver; mais à ce moment plusieurs coups successifs l'atteignirent, sa tête se renversa, sa main lâcha les armes, et ses yeux se fermèrent à jamais, tandis que, pareils à des bêtes féroces, les Rougas-Rougas s'acharnaient sur son cadavre, qu'ils mutilèrent avec la plus révoltante cruauté.

Dans le tembé royal, Mirambo et Simba attendaient l'issue de l'horrible drame. On vint enfin leur annoncer que tout était fini : les deux Européens venaient de succomber, et avec eux avaient péri les Indiens, mahouts, cornacs et les Arabes qui les accompagnaient ; un seul de ces derniers n'était pas mort · c'était Mahomed, le porteur de la cassette, et on venait de le faire à l'instant prisonnier.

Mirambo ordonna qu'il lui fût amené. Mais quand, l'ayant interrogé, il apprit que les deux blancs massacrés étaient des Anglais, sa frayeur et sa colère ne connurent plus de bornes; tournant alors son ressentiment contre Simba

« Chien de Simba, hurla-t-il, c'est toi qui es cause de tout ceci ; tu devais savoir que ces hommes étaient des Anglais !... Que vais-je devenir, moi qui ai en station dans mes États les frères de ces Vousoungou assassinés?... Que va dire leur grand vizir de Zanzibar?... Je suis perdu !... Vil Simba, je ferai retomber tout ceci sur ta tête !... »

Simba restait atterré. A partir de ce moment, son féroce allié le traita en otage et se complut à le rendre seul responsable du crime commis. Mirambo ordonna que l'on rassemblât toutes les dépouilles et les richesses des deux Européens, et lorsque Simba éleva la voix pour réclamer sa part de butin, il le fit taire et déclara que tous ces biens allaient être renvoyés à Zanzibar pour prouver que cet assassinat était le résultat d'une méprise dont lui, Mirambo, n'était pas coupable et dont il éprouvait le plus amer regret.

Cet antagonisme entre les deux puissants chefs et la terreur qui s'empara de leur esprit, telles furent les causes qui sauvèrent Karéma et nous-mêmes d'un désastre certain. Cambier s'attendait à être inquiété, et comme le bateau dont il disposait n'était pas assez grand pour lui permettre de gagner le large avec tous ses fidèles, le vaillant capitaine avait résolu de se défendre dans la station et de la faire sauter quand il jugerait que tout était perdu.

Mais il n'eut à subir aucune attaque. En quittant Pimboué, Mirambo n'eut plus qu'un objectif : regagner au plus tôt ses Etats pour conjurer la crise qu'il redoutait. Au préalable, il exigea de Simba un lourd tribut consistant en bétail, en esclaves et en riches étoffes ; de son côté, Simba désigna un nouveau chef pour gouverner le pays de Pimboué qui, à dater de ce moment, dut lui payer l'impôt de vasselage.

Sans plus tarder, Mirambo remonta alors prestement vers le nord, tandis que ses bandes saccageaient les fertiles villages de l'Ougara qu'elles avaient à traverser et où nous nous trouvions en ce moment enfermés dans Kabambagouzia.

CHAPITRE XXIV

Retraite sur Taborah. — Le feu aux jungles. — Mirambo nous renvoie les papiers de Carter. — Le Rhamazan. — Un chef de l'Ouhha. — Causeries politiques chez le gouverneur arabe. — Les ânes vounyamouési. — Ma caravane de retour. — Mon départ de l'Ounyanyembé.

N apprenant les événements qui venaient de se passer, le premier soin de Popelin fut d'envoyer des éclaireurs aux alentours pour s'informer s'il y avait possibilité de gagner Karéma en longeant le lac. Tous affirmèrent unanimement à leur retour que la tentative était impraticable le pays entier se trouvait aux mains des Rougas-Rougas qui occupaient même plusieurs villages voisins de Kabambagouzia ; on ajoutait qu'enivrés de leurs exploits Mirambo et Simba projetaient d'attaquer Taborah et d'y installer

Matumula comme gouverneur. Si absurde qu'elle pût paraître, cette nouvelle donnait la mesure de l'épouvante qui régnait dans les esprits.

Le lendemain, arrivèrent les Vounyamouési porteurs envoyés par le docteur Van den Heuvel; mais sur les cent hommes qu'il nous annonçait et qui avaient été enrôlés, une cinquantaine seulement se présentèrent à nous; craignant qu'on ne les obligeât à marcher vers le sud, les autres s'étaient esquivés en route.

Au nom des pagazis fidèles qui l'accompagnaient, le nyampara nous déclara qu'en présence des événements et de l'état dans lequel se trouvait la contrée, l'engagement qu'ils avaient contracté à Taborah devait être annulé, et que ni lui ni aucun de ses hommes ne consentiraient à se porter vers la ville de Simba.

Entre-temps, de nouvelles épaves de la caravane Carter-Cadenhead arrivèrent à Kabambagouzia et confirmèrent la catastrophe de Pimboué; il demeurait évident que les routes étaient fermées pour longtemps peut-être, et que le village où nous nous trouvions servait actuellement de point de mire à l'armée de Mirambo qui remontait vers le nord.

Dans une pareille conjoncture nous n'avions à prendre que l'un des deux partis suivants : ou une retraite en bon ordre sur Taborah, en emmenant avec nous toutes les marchandises de l'expédition, ou bien un coup d'audace du côté du lac. Dans ce dernier cas, n'ayant pas de porteurs pour enlever les charges, nous nous trouvions dans l'absolue nécessité de les brûler; car les laisser à Kabambagouzia dans quelques conditions que ce fût, c'était les abandonner d'avance aux Rougas-Rougas.

Le capitaine Popelin décida qu'on se replierait sur Taborah. A cette fin, il engagea les Vounyamouési qui venaient d'arriver et dont le nombre, ajouté à celui des askaris et des épaves de Pimboué, permettait d'emporter tous les fardeaux que l'on possédait. Cette résolution ne fut pas prise sans débats ni sans un sentiment de profonde tristesse de notre part; mais nous nous inclinâmes devant la volonté de Popelin qui lui-même ne cédait qu'à la force des choses.

Escomptant peut-être l'appoint de nos fusils pour défendre son village, le sultan du lieu manifesta une vive contrariété à la nouvelle de notre départ; toutefois aucun mouvement hostile ne se produisit, et, en somme, du premier jusqu'au dernier jour, nos relations avec les indigènes de ce district ont été empreintes d'une grande cordialité, et je me plais à rendre justice aux bons sentiments dont ils ont toujours paru animés à notre égard.

Nos marches vers l'Ounyanyembé furent réellement pénibles et se poursuivirent presque toutes en tirikésa : sur nos talons venait l'armée de Mirambo et il n'eût pas été prudent d'affronter les chances d'un combat avant d'avoir atteint tout au moins le centre de l'Ougounda.

De plus, la saison elle-même ajoutait certaines difficultés nouvelles aux ennuis de ces étapes précipitées c'était en effet la fin de la sécheresse, et à cette époque les naturels mettent le feu aux jungles ainsi qu'à la paille de leurs champs ; l'incendie gagne alors de proche en proche et s'étend jusque dans le porry ; seulement, comme ces contrées ne renferment pas d'arbres résineux, le tronc seul des miombos se trouve un peu roussi, mais les forêts ne flambent jamais.

C'est au sein des nuits surtout que ce spectacle revêt un aspect saisissant : on se croirait au milieu d'un pays désolé par quelque immense catastrophe ; aussi loin que peut porter la vue, on distingue de longues traînées de feu ; sur le flanc des collines, les herbes brûlent en formant des serpents lumineux qui vont, viennent, montent, descendent, remontent et se tordent en lançant des gerbes de flammes, tandis qu'affolés les fauves fuient de toutes parts en poussant des rugissements sinistres ; on dirait d'une féerie gigantesque, et ce tableau est rempli à la fois de majesté et d'horreur.

Souvent nous eûmes à traverser de longues étendues qui flambaient, ce qui ne laissait pas que d'être dangereux à cause des nombreux tonnelets de poudre que nous transportions et qui nous obligeaient à une surveillance continuelle ; aussi, à diverses reprises, fûmes-nous contraints de faire des détours considérables, d'autant qu'allant pieds nus les porteurs ne pouvaient s'aventurer dans les endroits où le feu couvait encore sous un océan de braises incandescentes.

Chaque district désigne plusieurs hommes chargés d'allumer de la sorte les jungles avoisinantes et de veiller en même temps à la sécurité des villages. A diverses reprises nous rencontrâmes ces exécuteurs armés de brandons qu'ils promenaient de droite et de gauche dans la plaine et dans le porry, allumant les hautes herbes, attisant partout l'incendie, et criant, chantant, hurlant comme s'ils goûtaient une folle ivresse dans l'accomplissement de cette œuvre de destruction.

Toutefois, je m'empresse de le signaler, c'est là une mesure dont la portée est des plus utiles : dans ces contrées où il n'y a ni neige, ni frimas, ni inondations, il faut évidemment recourir à un moyen quelconque pour tuer les insectes qui pullulent et qui atteindraient, sans cette précaution, un développement inquiétant pour l'avenir des récoltes ; tel est le but que poursuit le nègre en mettant le feu à la jungle qui avoisine son village : il détruit ainsi dans leurs repaires la terrible tsétsé et la grosse fourmi noire dont l'envahissement est si préjudiciable à l'élevage des bestiaux et au rendement des cultures ; de plus il a remarqué qu'en brûlant la paille de son champ au moment où les pluies vont survenir, ces détritus forment en se décomposant, une sorte d'engrais qui fertilise la terre en même temps que le feu l'a purifiée des insectes et des herbes parasites.

Nous arrivâmes ainsi dans l'Ougounda où régnait une véritable panique. le gouverneur de Taborah avait essayé d'y faire une levée de boucliers afin de porter la guerre chez Mirambo et chez le Nioungou ; mais, bien qu'elle fût vassale de l'Ounyanyembé, l'Ougounda avait refusé, prétextant de la nécessité absolue qu'il y avait de conserver tous ses hommes valides pour la défense de son propre territoire. Aussi l'agitation était-elle grande dans tous les villages que nous eûmes à traverser, et partout l'on n'entendait parler que de combats.

Ces marches forcées furent pour moi un véritable supplice ; j'ai dit précédemment le mal dont je souffrais par suite d'une piqûre qu'un serpent m'avait faite au Niger ; au cours de ces étapes, il empira d'une façon inquiétante, et comme je n'avais rien pour y porter un soulagement quelconque, ce furent bientôt des tortures sans nom. Je les surmontai cependant, mais elles étaient si intolérables que plus d'une fois j'aurais préféré rester en chemin et mourir au coin d'un bois ; enfin la fièvre aussi se mit de la partie, et quand je revins à Taborah mon état était sérieusement alarmant.

Grâce aux bons soins du docteur Van den Heuvel, je ne tardai pas à aller mieux, sans parvenir toutefois à me débarrasser de ma douleur à la jambe : les remèdes étaient impuissants, et bientôt je ne pus presque plus marcher. C'est alors que le capitaine Popelin et le docteur Van den Heuvel m'engagèrent vivement à retourner à la côte. Mais je ne voulus point partir dans un pareil moment, alors que le sort de mes compagnons semblait menacé ; je résolus d'attendre dans tous les cas d'abord un courrier de Karéma qui nous rassurerait sur le sort de Cambier, puis le retour de Mirambo dans ses États et enfin la certitude que Taborah ne serait pas attaqué ; je priai donc mes compagnons de ne pas insister, et je leur fis part de ma résolution bien arrêtée de ne me séparer d'eux que quand la route du lac leur serait rouverte.

On était alors au 9 juillet, et mon départ ne s'effectua que le 24 août, alors que la paix était en effet rétablie dans tout le pays avoisinant le lac Tanganika ; depuis longtemps aussi nous avions reçu d'excellentes nouvelles de Cambier dont la santé était restée parfaite, et qui n'avait été inquiété, nous écrivit-il, ni par Mirambo ni par ses alliés.

Du reste, dès la seconde semaine de notre retour à Taborah, les esprits

LE FEU AUX JUNGLES.

étaient redevenus beaucoup plus calmes; aux exagérations de la première heure avait succédé une réaction favorable, tant chez le gouverneur arabe que parmi les indigènes eux-mêmes; les bruits de guerre allaient s'éteignant, et bientôt l'on apprit que Mirambo était rentré avec toute son armée dans Thierra-Magazy, sa capitale, et que de ce côté-là l'Ounyanyembé n'avait plus à redouter aucun conflit.

C'est en ce moment-là que nous reçûmes également les premières lettres de Cambier; dans le principe, on l'avait dit en fuite sur le lac. A en croire ce que rapportaient les nègres, la station était détruite et pillée; ils avaient été jusqu'à donner des détails précis: Mirambo, disaient-ils, avait de sa main tué l'éléphant Pulmalla, et distribué la chair à ses Rougas-Rougas; autant de contes enfantés par l'imagination et auxquels avaient donné naissance les récits fantastiques qui furent tout d'abord faits par quelques fuyards de Pimboué.

Le massacre de Carter et de Cadenhead était déjà une réalité assez triste par elle-même pour qu'il fût besoin d'y ajouter encore; j'en pus recueillir les détails les plus circonstanciés de la bouche même de Mahomed à qui Carter avait confié, on se le rappelle, la précieuse cassette contenant ses papiers. Sur le conseil des missionnaires anglais établis dans ses Etats, Mirambo rendit la liberté à cet homme et nous le renvoya à Taborah; peut-être espérait-il par là désarmer le courroux du consul, docteur Kirk, et du sultan de Zanzibar; il y parvint en effet, car rien de sérieux ne fut entrepris contre ce roi brigand qui put jouir tout à son aise des dépouilles des deux Européens qu'il avait assassinés. Seuls, les cahiers de notes et les papiers furent restitués, et c'est avec moi que Mahomed les rapporta à la côte. C'est aussi pendant ce long voyage de retour que je pus réunir les plus menus incidents de cette sanglante épopée : journellement j'en arrachais quelques bribes à la mémoire de ce brave serviteur, et les entretiens fréquents que j'eus avec lui me permirent de reconstituer dans son ensemble le drame sanglant de Pimboué.

Le 8 août, au coucher du soleil, une vive fusillade salua de toutes parts l'apparition de la lune croissante; ce bruit toutefois n'avait rien d'inquiétant: il indiquait le commencement du Rhamazan, le jeûne musulman, qui dure vingt-sept jours durant lesquels les Arabes ne peuvent manger qu'après le coucher du soleil. Rarement aussi ils se mettent en marche à cette époque, mais cela ne change rien à leurs autres habitudes, du moins à Taborah; je veux dire que les visites qu'ils nous faisaient et que nous leur rendions n'en étaient ni moins fréquentes ni moins agréables.

J'avoue même que ces entrevues avec l'excellent gouverneur Abdallah-ben-Nassib et son frère, le Bana Scheik, furent pour moi une heureuse distraction, et comme je marchais difficilement, je me faisais porter chez eux par un de nos ânes arabes, seules montures, du reste, dont on use dans cette contrée. Pareillement, si courte que soit la distance et quel que soit l'endroit où elles se rendent, jamais les autorités du lieu ne vont à pied ; elles arrivent, au contraire, en somptueux équipage, au trot de leurs mulets, escortées, précédées et suivies de cinq ou six nègres qui courent, crient et bousculent les pauvres diables qui se trouvent sur le passage de ces hauts dignitaires.

Pendant une de mes visites au gouverneur, je le trouvai un jour, a ma grande surprise, vêtu avec une recherche qui me rappela le cérémonial de la réception qu'il nous avait faite : ses vêtements, d'une fraîcheur irréprochable, étaient parfumés d'huile de jasmin et de bois de santal, il portait un turban immaculé et des babouches neuves ; autour de son habitation aux portails élevés régnait une grande animation, et dans les cours spacieuses on pouvait voir grouiller de nombreux esclaves et des allants et venants affairés ; bientôt arriva son frère, le vieux Bana Scheik non moins éblouissant ; et, après lui, le chef indigène, Tsiki, fit son entrée. Cela présageait, à coup sûr, un événement important ; en effet, ces autorités réunies se disposaient à recevoir un puissant sultan de l'Ouhha.

On a vu plus haut que l'Ouhha est un riche pays situé au nord-est de Taborah et qu'il faisait autrefois partie de l'empire ; quoique son peuple ne fût pas en excellents termes avec les Arabes, ce jour-là le souverain de l'Ouhha leur envoyait solennellement un prince de sa famille accompagné d'une brillante escorte, pour traiter une question de la plus haute importance, un fort achat de poudre. Sur les instances du gouverneur, j'assistai à l'audience.

INDIGÈNE DE L'OUHHA.

Ce chef de l'Ouhha était vraiment un étrange personnage ; son corps, d'une teinte beaucoup plus pâle que celui des autres nègres, était à peu près nu, car, à l'exemple des plus puissants potentats indigènes, celui-ci professe un évident mépris pour le vêtement. En revanche, il était littéralement couvert de tatouages : losanges, lignes droites, courbes, dessins de toute nature peints ou obtenus à l'aide d'incisions, lui constituaient un véritable maillot ; ses reins, étaient ceints d'une peau de fauve, et autour de sa tête une pièce d'étoffe blanche s'enroulait en forme de turban ; au cou, aux bras, aux jambes pendaient

CHEF GUERRIER

de l'Ouhha.

une multitude d'amulettes en verroterie et en ivoire; pour armes, il avait un arc et une poignée de javelines. C'était, au demeurant, un homme de belle prestance, mais sans grande énergie dans la physionomie malgré la peine qu'il se donnait pour paraître féroce.

Comme lui, ses compagnons avaient le corps criblé de tatouages, et portaient la lance des Vouagogo qui rappelle si exactement le *pilum* des légions

LES ARABES EN VISITE.

romaines; leur aspect était plutôt cruel, perfide, que sauvage ou farouche; d'ailleurs, ce peuple est très remuant, tracassier, cupide, et c'est dans le but d'éviter le territoire de l'Ouhha que les caravanes en direction d'Oudjidji font aujourd'hui un crochet vers le sud au lieu de pousser droit au lac.

L'affaire qui amenait cette ambassade à Taborah fut conclue au gré de tous, et je pense même qu'elle dépassa les espérances du chef de l'Ouhha si j'en juge par les superbes défenses d'éléphant dont il fit don au gouverneur avec une munificence royale.

Souvent aussi j'eus avec Abdallah-ben-Nassib et son frère des entrevues personnelles qui toujours me charmèrent, je dois le dire : ces dignes vieillards possédaient au plus haut degré le don de plaire, ils avaient l'esprit d'observation et d'à-propos, le jugement droit, les opinions vivaces, et, à côté de certains détails un peu enfantins, leurs idées, leurs appréciations, leurs discours revêtaient un grand fond de justesse et témoignaient d'une saine philosophie.

C'est ainsi qu'à ce moment-là leur préoccupation dominante était de savoir si dans nos pays d'Europe il existe une seconde nation comme l'Angleterre, aussi forte, aussi redoutable qu'elle, car à Zanzibar, avec ses vaisseaux de guerre et son consul vice-roi, notre voisine d'outre-Manche apparaît aux Arabes et aux indigènes comme la dominatrice du monde entier. Je rassurais pourtant mes hôtes et leur expliquais comme quoi il y a chez nous plus d'un peuple aussi puissant qu'elle.

« Mais alors, disaient-ils, pourquoi règne-t-elle exclusivement chez nous? Et pourquoi de sa main de fer tient-elle enchaîné notre prince Saïd-Bargash ? Pourquoi dit-on aussi qu'avant peu l'Afrique appartiendra aux Anglais et que nous, Arabes, nous en serons chassés par eux ? »

A cela je m'empressais de faire observer à mes interlocuteurs qu'ils préjugeaient de l'avenir un peu à la légère, et que, du reste, l'Angleterre ne manifestait aucun sentiment hostile à leur égard.

« C'est vrai, répliquaient-ils, on ne nous attaque pas de face, mais partout on nous suscite des ennuis. Croyez-vous que Mirambo fût parvenu à se tailler cet empire, à édifier une telle puissance à notre porte s'il n'eût été soutenu par quelque pouvoir étranger ? Si réellement on voulait détruire ce bandit qui tue vos frères et pille vos caravanes, il suffirait de lui couper les vivres, de cesser surtout les envois de poudre et de fusils, de confisquer les caravanes d'ivoire qu'il expédie à la côte ; alors, son peuple mécontent se soulèverait contre lui, Mirambo pauvre n'aurait plus d'alliés, et quant au reste nous nous en chargerions volontiers, nous pourrions le combattre avec avantage, et de lui, de son empire, de ses légions de Rougas-Rougas, il ne resterait bientôt plus rien. »

Une fois lancés sur ce terrain, le gouverneur et son frère ne tarissaient plus.

« Voyez-vous, continuaient-ils, avec notre appui vous pourriez si facilement réussir en Afrique; si jusqu'à ce jour nous avons été réduits ici à l'impuissance, si nous avons été forcés de subir le voisinage de Mirambo, du Nioungou, c'est que tacitement on nous défendait de les combattre ; il y a là-bas, autour du sultan, un courant étranger dont les bandits nègres font admirablement bien le jeu; que si, au contraire, la diplomatie européenne creusait à Zanzibar une contre-mine pour paralyser cette protection par trop évidente que certains accordent à Mirambo, alors nous resterions seuls en présence, Arabes contre Rougas-Rougas ; ainsi circonscrite, la lutte aurait le résultat désiré : l'affranchissement de ces contrées, la destruction d'une race de bandits, la sécurité des blancs et le triomphe de leurs efforts civilisateurs. Quant à nous, il sera toujours de notre intérêt de vous voir arriver ici et de trafiquer avec vos pays sur la plus large échelle possible. »

Telles étaient, en substance, les conversations qu'à diverses reprises j'eus avec le gouverneur et son frère; évidemment elles revêtaient une forme plus rude, plus hachée, et ce n'est que graduellement qu'ils en sont arrivés à me faire des confidences aussi catégoriques ; elles indiquent nettement la situation présente et les conséquences qui en découlent; elles montrent certains moyens à employer pour affermir l'œuvre que l'on a entreprise en Afrique.

A cette fin il importe d'abord que les nations européennes maintiennent énergiquement l'indépendance du sultan Saïd-Bargash, dont le pouvoir — ayons la franchise de le dire — est sérieusement menacé et tend à disparaître bientôt; il faut que les résidents étrangers combattent ces menées occultes qui consistent à déchaîner l'élément nègre bandit contre la puissance arabe, à l'encourager, à le protéger au besoin; cette politique détestable qui prévaut actuellement dans ces contrées n'a qu'un but : c'est d'entretenir au centre de l'Afrique des ferments de désordre, d'y créer une situation intolérable, de façon qu'à un moment donné la proclamation d'un protectorat à Zanzibar soit présentée comme une mesure indispensable à la sécurité des Européens.

Lorsque l'on est convaincu, comme je le suis, des immenses services que les Arabes peuvent rendre à la civilisation européenne en Afrique, on ne peut s'empêcher de protester contre les visées qui tendent à annihiler leur pouvoir à la côte et détruire à jamais leur influence dans l'intérieur.

Cependant l'on était arrivé au 20 août, et rien ne s'opposait plus à mon départ : le calme était rétabli dans la contrée, la route de Karéma se trouvait libre et l'on annonçait même une nouvelle expédition qui s'avançait vers Taborah pour relever Cambier et renforcer la station. En conséquence, je réunis une cinquantaine d'hommes, débris des caravanes Carter et Cadenhead et fixai mon départ. Le gouverneur me conseilla d'attendre quelques jours encore la fin du Rhamazan. « A cette époque, de fortes colonnes arabes partiront d'ici, me dit-il, et ce sera pour vous une protection dans le Mgounda-Mkali qui est infesté de bandits. » Mais cela eût retardé mon voyage jusqu'au 2 septembre ; je remerciai donc mon digne ami en l'assurant que si faible que fût mon escorte j'espérais bien me tirer avec son aide des mains des Rougas-Rougas et des Vouagogo si quelques-uns d'eux s'avisaient d'entraver ma route.

Une question importante pour moi était de faire emplette d'une monture dont les services m'étaient indispensables, car, en aucuns cas, je ne voulais m'exposer à devoir être porté à bras d'hommes. A ce propos, je ferai remarquer que l'essai que nous entreprîmes avec les ânes d'Aden ne rendit, en fin de compte, aucun résultat pratique, ces animaux n'étant nullement rompus aux difficultés que l'on rencontre dans les régions équatoriales du fait des inondations, marécages, cours d'eau, dont les routes sont semées. Pareillement il est fort inutile de s'embarrasser de ces beaux mulets que l'on trouve à Zanzibar et qui viennent de Mascate ; ils sont, il est vrai, grands, bien faits, d'une allure leste et coûtent fort cher ; mais s'ils paraissaient vaillants à la côte, où ils trouvent écurie et litière, mangeoire bien garnie et abreuvoir frais, en revanche, une fois en route, sevrés de ces bonnes choses, ils souffrent beaucoup et ne tardent pas à dépérir.

Je ne parle pas du cheval, car, quoi qu'en dise Stanley, je maintiens absolument mon opinion à cet égard, à savoir qu'aussi longtemps que la tsétsé régnera dans ces contrées, l'emploi de ce noble animal sera tout à fait impossible ; et, je le répète, il n'y a pas un seul Arabe qui ne soit de mon avis ; or, si le cheval pouvait vivre dans l'Ounyanyembé, il y a longtemps que le gouverneur en aurait fait venir de Zanzibar, et, pour s'épargner les fatigues de la route, les riches trafiquants arabes en useraient certainement au lieu de s'en tenir à leurs pauvres baudets.

Mais ce qu'on a oublié de dire jusqu'à présent, c'est que l'Ounyanyembé même produit une race d'ânes parfaitement appropriés aux besoins du voyage et que l'on peut se les procurer non seulement à Taborah, mais également à la côte. L'âne mnyamouési n'a pas l'extérieur d'un fringant coursier : avec son ventre trop rond, ses jambes courtes et grasses, il représente même fort mal ; en caravane, au contraire, c'est un précieux serviteur ; habitué aux rudes labeurs, aux privations, né et élevé dans un pays où on le fait travailler beaucoup, sevré dès son bas âge des douceurs dont jouit à Zanzibar son frère mascate, il trottine doucement, parfois pesamment, mais il va loin et longtemps. La pluie ne l'incommode pas, il endure sans broncher et la faim et la soif, dort debout, en plein air, au milieu du camp, tout comme il ferait dans une moelleuse étable.

Aussi ne puis-je assez conseiller au voyageur, au lieu de l'âne mascate qu'il payera quatre ou cinq cents francs, d'acheter un ou deux baudets vounyamouési qui lui reviendront chacun à cinquante ou soixante francs tout au plus. Celui que j'achetai à Taborah me coûta douze dotis d'étoffe satini, valeur correspondant à deux livres sterling, et il me porta coura-

Espèce bovine de l'Oudjidji. — Espèce bovine de l'Ounyamouési. — Chien paria. — Mouton à large queue.

geusement jusqu'à la côte où j'en fis don aux Pères missionnaires du Saint-Esprit, à Bayamoyo.

Avant de quitter Taborah j'eus à me munir également de ces houes en fer dont j'ai parlé, qui servent à acquitter le hongo dans l'Ougogo; mes hommes battirent les huttes des forgerons vounyamouési et recueillirent cent cinquante de ces outils qui formèrent la charge de sept pagazis; en outre, j'emportais une douzaine de ballots d'étoffes diverses, puis venaient les porteurs de ma tente, de mes effets personnels, des ustensiles de cuisine, enfin mes domestiques.

CHAPITRE VINGT-QUATRIÈME

Comme passagers, figuraient dans ma caravane Mahomed, le serviteur de Carter, chargé des papiers de son maître, et un Indien, Bockeit, le seul survivant du brillant équipage de mahouts et de cornacs qui composaient l'expédition des éléphants et qui tous furent massacrés à Pimboué.

Ainsi composée, ma petite troupe s'ébranla le 24 août; ce fut pour moi un moment très douloureux, et il fallait l'implacable torture de mon mal pour me résoudre au retour; mon ami Roger m'accompagna jusqu'au bout de la plaine de Taborah, et là nous nous dîmes adieu.

Je ne conduirai point le lecteur au milieu des péripéties et des misères dont fut semé ce long voyage vers la côte; bien que la route que je suivis diffère en tous points de celle par où j'étais venu, je me bornerai à en noter quelques traits principaux qui se rattachent aux nouvelles expéditions dont maintenant il me reste à parler.

CHAPITRE XXV

Expédition Ramaeckers, De Leu, Becker, De Meuse. — La *Brabançonne* à Zanzibar. — Les nègres blancs. — Premières fièvres. — L'expédition allemande. — Alerte à Roubougwa. — Les ruines de Hittoura — Attaque des Rougas-Rougas. — Les éléphants au lac Tchaia. — Partout des têtes de morts.

E 7 juin 1880, au moment même où allaient se dérouler au centre de l'Afrique les événements dont je viens de retracer l'historique, une nouvelle expédition belge quittait Brindisi pour se rendre à Zanzibar.

C'était celle de Ramaeckers.

Le capitaine Ramaeckers appartenait au corps du génie ; il était alors aide de camp du lieutenant général Brialmont, et antérieurement avait été envoyé en mission par le roi des Belges à Tripoli, ce qui lui avait valu la croix de l'ordre de Léopold. C'était un officier de grand avenir, instruit, travailleur, et cependant modeste et tranquille; aussi était-il sympathique au plus haut degré; il avait un tempérament très fin, délicat même, qui le portait de préférence aux choses de l'étude, aux raffinements de l'esprit et du goût; comment se décida-t-il a entreprendre ces voyages qui paraissaient à priori si contraires à sa nature ? C'est une de ces antithèses comme l'histoire des voyageurs africains nous en offre plus d'un exemple.

LE CAPITAINE RAMAECKERS

Deux officiers lui furent adjoints : Albert De Leu, lieutenant d'artillerie, sorti tout nouvellement de l'École de guerre, et Jérôme Becker, alors sous-lieutenant dans la même arme.

Un quatrième Belge fit partie de cette expédition; ce fut Robert De Meuse, attaché à l'Institut cartographique militaire, section de la photographie, où depuis cinq années il travaillait de la façon la plus méritante, ainsi que l'attestent les éloges de son chef hiérarchique, le capitaine Hannot. Comme Ramaeckers, De Meuse avait déjà visité le nord de l'Afrique, l'Algérie et la

Tunisie et, à la suite de ce voyage, avait reçu de S. A. le bey de Tunis la distinction du Nichan-Iftikar.

Arrivé à Zanzibar et tandis qu'il y organisait sa caravane, Ramaeckers eut vent de certaines alarmes qui dépeignaient la situation de l'intérieur comme étant très agitée; en conséquence, il renforça son groupe d'askaris d'une escouade de Béloutches que le sultan Saïd-Bargash lui octroya avec la plus grande courtoisie; du reste, sa colonne était destinée à devenir for-

LE LIEUTENANT A. DE LEU.

midable, car deux éléments nouveaux allaient successivement se joindre à elle.

En effet, nos compatriotes se rencontrèrent à Zanzibar avec les délégués du comité allemand de l'Association internationale africaine, lesquels avaient pour mission de fonder une station entre Taborah et Karéma; l'expédition se trouvait sous les ordres d'un officier distingué, le baron von Schöler, ayant pour assistants le docteur Böhm et MM. Keiser et Reichard. Cette caravane chemina de conserve avec celle de Ramaeckers à partir du Mpwapwa

Mais une autre entreprise était également en préparation à la même époque : c'était l'essai commercial que tentait M. Sergère, de Marseille, attaché antérieurement à la maison Roux de Fraissinet, de Zanzibar. Associé avec Sewa, un riche Indien de la côte, Sergère se proposait d'établir à Taborah un centre de ravitaillement pour les stations, missions et postes scientifiques établis dans la région des grands lacs.

Cette colonne fit route avec nos compatriotes depuis leur départ de

LE LIEUTENANT J. BECKER.

Bagamoyo, et les deux expéditions réunies formaient par là un effectif de cinq Européens voyageant ensemble, ce qui était un fait presque sans précédent, car il ne se présenta même pas, je pense, pour les Pères d'Alger qui, bien que fort nombreux, s'étaient divisés en plusieurs caravanes et suivaient des itinéraires différents afin de ne point s'exposer à trouver la famine en route.

Une pareille éventualité n'était pas à redouter pour l'expédition Ramaeckers : elle emportait avec elle des provisions et des vivres suffisants pour envisager sans crainte la traversée de n'importe quel pays, si désert fût-il.

Accompagnés du consul belge, M. Émile de Ville, qui venait d'arriver à Zanzibar, nos compatriotes furent reçus, suivant l'usage, en audience solennelle par le sultan Saïd-Bargash ; pour la première fois aussi les échos de Zanzibar redirent à cette occasion les refrains de la *Brabançonne*, que les voyageurs s'étaient évertués depuis quelques jours à faire entrer dans

ROBERT DE MEUSE.

l'oreille des musiciens goannais.

Le 15 juillet, l'expédition quitta Zanzibar pour Bagamoyo où elle demeura jusqu'au 21 ; elle franchit alors le Kingani et forma son premier camp au petit Bigiri, au sud de Kikoka, où elle dut s'arrêter pendant cinq jours pour donner aux porteurs retardataires et aux Béloutches le temps de la rejoindre.

Aux environs de Kingati où ils arrivèrent ensuite, le sentier se déroule au milieu d'une contrée magnifique qui, à cette partie de l'année surtout où les pluies fécondaient la terre, offrait l'aspect d'une série de parcs splendides : on y voyait d'immenses prairies parsemées d'arbres variés, beaucoup de chênes-lièges, des forêts de haute futaie, des palmiers, des plantes grasses qui atteignaient sept ou huit mètres de hauteur, de nombreux oiseaux de toutes sortes, en un mot, pour les voyageurs ce fut un début enchanteur, bien fait pour les captiver, pour les illusionner surtout, car ils ne pouvaient se douter de ce qui les attendait plus loin.

Pendant la marche qui les mena à Bigiri, ils rencontrèrent pendu à une branche le corps d'un homme de la tribu des Vouadoé, accusé sans doute par quelque sorcier d'avoir causé la mort d'un chef puissant ; une des mains avait été coupée et gisait sur le sentier, à demi dévorée déjà par les grosses fourmis noires. Successivement ils touchèrent au petit et au grand Saagali et arrivèrent à M'soua dont le chef leur fit mille politesses et les gratifia entre autres choses agréables, d'une chèvre et d'un mouton. Une des particularités de cet endroit, c'est la façon dont se coiffent les femmes : elles se taillent les cheveux par cercles qui vont en se rétrécissant et forment ainsi une sorte de pyramide au sommet de la tête ; aux bras et aux jambes s'enroulent quantités de bracelets et autour du cou pendent une foule de fétiches et d'ornements si chers aux naturels de ces districts, et qui marquent chez eux le degré de la fortune et de la puissance.

A Kisemé, l'entrée du village fut interdite aux soldats de l'escorte : on y festoyait amplement, et comme le pommbé faisait des siennes, avec une sagesse surprenante chez un nègre, qui craignait à bon droit que des rixes ne survinssent et ne missent la bourgade en péril, le chef du lieu avait fait défense aux gens de la caravane d'y pénétrer sous quelque motif que ce fût.

Insensiblement, on le voit, nos compatriotes se familiarisaient avec les mœurs et les usages des indigènes, s'accoutumaient aux ennuis, aux dangers, et supportaient vaillamment les fatigues et les difficultés du début, témoignant d'une santé robuste et d'une intrépidité absolue.

A Vianzi-Saati, ils rencontrèrent un de ces nègres blancs dont parle Stanley, et qui ne sont, en somme, que de simples cas d'albinos : chétifs, les membres grêles, les yeux clignotants, la peau d'un blanc rosé, la barbe et les cheveux crépus et roux, ces êtres-là voient à peine et supportent difficilement la lumière ; ils ont, au demeurant, l'aspect profondément misérable, ne se trouvent qu'à l'état isolé, mais ne forment pas plus une race à part que ne le feraient chez nous les lépreux.

L'expédition arriva ainsi à la rivière Makata qu'elle franchit sur un pont de lianes ; véritable chemin aérien qui nécessita de la part des voyageurs de véritables qualités d'acrobates, tandis que les ânes et ceux qui en avaient la garde effectuaient le passage à gué.

Ce fut en atteignant la Moucondocoua, où se trouvait le capitaine Bloyet de la mission française, que Ramaeckers apprit les événements de Pimboué; mais les gens qui en apportèrent les premières nouvelles ne pouvant fournir aucun détail précis, longtemps nos voyageurs doutèrent de l'authenticité de ce lugubre récit qui ne leur fut confirmé que plus loin. Jusqu'alors aussi aucun d'eux n'avait encore été malade, mais, hélas! cet état de santé ne devait plus avoir une longue durée pour eux.

Le 15 août, Ramaeckers et De Leu éprouvèrent les premières atteintes des fièvres pernicieuses, dont le capitaine surtout fut cruellement secoué; mais leur énergie était si grande qu'elle eut raison du mal et ils purent gagner le Mpwapwa; malheureusement, un de leurs compagnons dut céder devant les attaques réitérées de la malaria. arrivé à la Moucondocoua, De Meuse se trouva dans l'impossibilité de poursuivre sa route et le chef de l'expédition le fit reconduire à la côte.

Au Mpwapwa, nos compatriotes qui déjà avaient avec eux Sergère, se réunirent à la caravane du baron von Schöler afin de se trouver en nombre imposant pour effectuer la traversée de l'Ougogo: effectivement, ils étaient de la sorte huit Européens voyageant ensemble, ce qui constituait un cas si extraordinaire que la nouvelle nous en arriva dans l'Ounyanyembé à l'égal d'un événement des plus surprenants.

Au moment où l'expédition Ramaeckers pénétrait dans l'Ougogo, j'affrontais en sens inverse la traversée du Mgounda-Mkali.

Dans son pessimisme, le gouverneur de Taborah avait eu raison: ces parages étaient décidément très mauvais; les chefs étaient tracassiers, arrogants; les indigènes, turbulents et querelleurs; on sentait qu'un rien pouvait déterminer des orages.

En demeurant impuni, le massacre de Carter et de Cadenhead avait produit dans tout le pays une impression désastreuse et porté un grave atteinte au prestige des blancs. Jadis, lorsqu'une tribu osait assassiner un Européen, tous les alentours étaient plongés dans la consternation; il semblait que la voûte du ciel allait s'entr'ouvrir pour laisser tomber le feu vengeur sur les peuplades homicides; on s'attendait à voir manquer les récoltes et mourir les nouveaux-nés; on croyait que des légions sortiraient de terre pour punir les meurtriers du mousoungou, et il n'était calamité que l'on ne redoutât comme conséquence d'un si noir attentat.

Mais aujourd'hui il n'en était plus ainsi: le vol, l'assassinat, quoi de plus naturel? Après avoir massacré deux hommes blancs, décimé leur caravane et pillé leurs richesses, Mirambo, Simba, le Nioungou, s'en étaient retournés tranquillement chez eux jouir en paix du fruit de leur crime, et nulle protestation, pas le moindre simulacre d'intervention ne vint troubler leur quiétude. Je me trompe : on a envoyé à quelques lieues de la côte une compagnie de ces pantins rouges de Zanzibar pour marcher contre Mirambo; arrivée à Mamboïa, cette milice fit demi-tour et regagna ses foyers aux éclats de rire de tout l'Ounyanyembé qui savait bien, d'ailleurs, qu'elle n'affronterait jamais l'Ougogo ni le Mgounda-Mkali. Si l'on avait voulu réellement tenter une répression, on aurait chargé de ce soin les Arabes de Taborah, et, en les aidant un peu moralement, on eût obtenu, grâce à eux, satisfaction et réparation de ces méfaits.

Mais qu'importe à certains les tribulations des voyageurs et des missionnaires qui sillonnent le centre africain? Que leur font les questions d'humanité et de civilisation? Ce ne sont là, en somme, que vains mots dont on se sert à l'occasion, quand la politique le demande ou lorsqu'il s'agit de chercher chicane à son voisin; alors le plus petit outrage sert de prétexte à une répression violente bientôt suivie d'un protectorat; que si toutefois le moment est inopportun, les crimes les plus révoltants pourront s'accomplir sans punition aucune.

Aussi, dans tous les villages voisins du Mgounda-Mkali, je trouvai les populations dans un état qui de bien près touchait à l'hostilité. A Roubougwa, où je dus m'arrêter un jour pour faire des vivres, un fait presque insignifiant faillit amener une catastrophe : un de mes hommes avait dérobé une patate douce et, sans se daigner lui faire quelques observations, préalables le propriétaire lui porta un coup de lance et jeta le cri de guerre. En un instant le village est en armes, de tous côtés partent des détonations, et vers ma tente je vois bientôt accourir mes malheureux porteurs que poursuivent une nuée d'indigènes furieux.

Nous étions campés au centre du village et une attaque en règle aurait été le signal d'un massacre général; mais je n'étais pas d'humeur à parlementer et j'ai lieu de croire que mon énergie nous sauva : prenant ma carabine et mon revolver, je me portai au-devant des assaillants en criant à mes hommes de faire feu sans hésiter ; moi-même je brûlai une dizaine de cartouches qui eurent pour résultat de mettre en fuite tous les naturels, et, quelques instant après, le chef du village m'envoyait une ambassade que je reçus fort mal, déclarant que j'étais décidé à punir moi-même les coupables si réparation ne nous était donnée à l'instant.

En réponse à cet ultimatum je vis arriver au bout d'un moment dix femmes marchant à la file et portant chacune sur un plat en paille tressée des patates, des arachides, du miel et du grain; de plus, le sultan me faisait don d'un mouton en me demandant de devenir mon ami.

Je fis la paix, mais cette sévérité eut un excellent résultat, et lorsque le lendemain nous reprîmes la marche, c'était à qui des indigènes nous enverrait le plus gracieux *kwahéri*, adieu.

Du reste, je dois à la vérité de dire que j'étais à tel point agacé, irrité par les événements qui s'étaient succédé, et aussi par le mal dont je souffrais, que je me sentais incapable de grande patience; me trouvant seul au milieu d'un pays en ébullition, j'étais fermement résolu, au premier acte d'hostilité ou de brigandage, de sévir impitoyablement; je n'avais pas d'autre parti à prendre, et le lecteur qui a suivi les péripéties de mon voyage me pardonnera cet état de surexcitation nerveuse dont je trouve la trace à chaque ligne de mon journal; il verra aussi plus loin que Ramaeckers lui-même, malgré son grand esprit de modération, a dû user de violence à Mdabourou, tant ces parages étaient alors infestés de criminels et de bandits.

En arrivant à Hittoura, ou plutôt sur l'emplacement où s'élevait jadis ce village, nous nous trouvâmes en face d'un grand monceau de ruines fumantes : deçà et delà, noircis par l'incendie, quelques pans de murailles en sable durci se dressent encore au milieu des décombres; le sol est jonché de squelettes, d'ossements humains épars; sur des pieux ont été hissés les crânes des vaincus qui ouvrent leurs grands yeux vides sur ce qui fut le village de Hittoura; le jour tombait lorsque nous gagnâmes ce lieu désolé, et force nous fut d'y camper.

A la faible lueur d'une nuit claire d'Afrique, au sein de cette immensité déserte, ces murs renversés, ces têtes de morts qui grimaçaient horriblement, l'odeur des cadavres, le cri des fauves qui chaque soir accouraient festoyer en ce lieu, tout cela formait un ensemble saisissant : c'était l'image brutale de la dévastation et du meurtre se profilant audacieusement en sinistres trophées sur un ciel pur, limpide, étoilé.

Ah! elles sont bien coupables les puissances européennes qui proclament leur protectorat sur les portes de l'Afrique sans avoir la force ou la volonté de défendre dans l'intérieur les droits du faible contre les appétits du bandit! Mieux vaudrait qu'elles se désintéressassent entièrement de cette grande œuvre humanitaire. Alors, du sein de ces peuplades mêmes ou parmi leurs alliés naturels, les Arabes, surgirait peut-être un pouvoir réel qui implanterait le règne de la justice dans ce malheureux pays en butte à toutes les convoitises, pomme de discorde des plus inconcevables jalousies.

Comme nous allions affronter le Mgounda-Mkali, le kirangozi nous fit, ce soir-là, son discours solennel, et c'était vraiment un grand spectacle de voir cet homme debout, pérorant et gesticulant à la lumière des brasiers, et de sa main montrant les crânes des suppliciés comme pour nous prévenir qu'un sort pareil nous attendait au centre de la contrée terrible, *les champs d'amertume.*

Le lendemain, en effet, nous entrâmes dans le Mgounda-Mkali

Depuis notre départ de Hittoura j'avais remarqué un petit groupe d'indigènes qui suivaient obstinément notre caravane; ayant envoyé Mabrouki aux informations, il m'apprit que c'étaient des naturels de Djihoué la Singa qui se rendaient à Mounié-Mtuana; vu l'état du pays, je n'y attachai pas plus d'importance, bien que leurs coiffures révélassent de véritables Rougas-Rougas.

Dès le second jour cependant, un de mes chefs d'escouade, Simba, vint me prévenir à la couchée que le nombre de ces étrangers s'était notablement accru depuis notre entrée en forêt, et qu'ils formaient à proximité de nous un camp aussi considérable que le nôtre. J'ordonnai une surveillance plus active autour des marchandises, sans toutefois laisser percer aucune anxiété dont le résultat pouvait démoraliser mes gens.

A la troisième étape, levé dès l'aube, j'étais occupé à ranger mes derniers effets avant de faire abattre ma tente, lorsque j'entendis soudain un grand brouhaha au dehors; je sortis, et, au même instant, Simba et Mabrouki parurent poussant devant eux un robuste nègre qu'ils venaient de surprendre en flagrant délit de vol. En l'interrogeant, j'appris qu'il appartenait à la caravane de Rougas-Rougas qui nous suivaient, mais sur ces entrefaites une clameur violente retentit et mes hommes accoururent affolés en criant :

« Ils nous attaquent! Les voilà! »

A l'affût d'un prétexte pour commencer les hostilités, les Rougas-Rougas s'étaient, en effet, présentés à la lisière du camp et, d'un ton impérieux et menaçant, avaient exigé la mise en liberté de leur compagnon. Sans hésiter, je fis attacher solidement celui-ci au piquet de ma tente, puis, saisissant mes .mes, en quelques mots je fis comprendre à mes hommes que leur salut dépendait de l'attitude qu'ils allaient opposer aux bandits; ceux-ci avaient déjà escaladé notre retranchement et leurs flèches et leurs balles sifflaient dans l'air.

Aussi, sans aucun scrupule, je commençais contre eux un feu nourri; un de mes hommes, Khamis-ben-Daoud, reçut un coup de lance au flanc droit; un autre, Mséna Seliman, eut une balle dans la cuisse, mais tous se conduisirent admirablement; les assaillants étaient supérieurs en nombre, néanmoins, lorsqu'ils virent qu'on tenait bon, qu'à la faveur du tumulte ils

RUINES DE HITTOURA

ne parvenaient à rien dérober chez nous, et qu'au contraire plusieurs des leurs roulaient déjà dans la poussière en poussant des cris déchirants, ils battirent en retraite, se dirigeant vers le sud, pour regagner la capitale de leur chef, le Nioungou.

Je soignai les ennemis tombés, car dans leur fuite précipitée les vaincus n'avaient pu les emporter, et je leur laissai quelques provisions et un peu d'eau, persuadé, du reste, que leurs compagnons reviendraient plus tard pour les chercher; aussi était-il près de dix heures lorsque nous levâmes le camp, emmenant avec nous notre prisonnier que je condamnai à porter les fardeaux des hommes blessés dont l'un heureusement pouvait encore marcher, tandis que l'autre dut être porté jusqu'à Mounié-Mtuana; là, je le confiai plus tard aux soins du chef arabe à qui je laissai aussi mon Rouga-Rouga voleur.

Le lendemain, le camp fut établi aux environs de Tchaia et, n'ayant pu fermer l'œil par suite du mal que j'endurai, devançant la caravane, je me rendis à dos d'âne aux bords du lac pour y voir le lever du jour. La saison était avancée et les alentours se trouvaient transformés en marigots que recouvraient de hautes herbes où l'on entendait fuir de nombreux serpents, je parvins néanmoins à atteindre la rive, mais au prix des plus grandes difficultés et non sans avoir risqué à diverses reprises d'être englouti dans des marais; là, immobile et caché, j'observais cette splendide nature à son réveil, lorsque soudain ma vue fut attirée par une procession d'ombres massives qui descendaient la berge en face de moi; bientôt je distinguai une kyrielle d'éléphants qui s'en venaient nonchalamment se désaltérer et se baigner au lac.

Ce fut une scène réellement majestueuse, un des plus imposants spectacles que m'ait offerts la sauvage nature africaine : ces énormes pachydermes étaient là au nombre de plus de cent, se bousculant, se dandinant, jouant comme des enfants, peureux comme des antilopes, massifs comme des murs d'airain; ils folâtraient joyeusement et leur trompe, allant, venant, s'abaissant, se relevant, aspirait l'eau et la déversait dans un gosier énorme abrité par de superbes défenses d'ivoire, tandis que leurs larges oreilles se dressaient au guet et que leurs yeux intelligents luisaient comme deux étoiles au front d'un colosse de marbre noir.

Pour acquit de conscience et poussé par l'instinct du chasseur, laissant mon âne aux mains de Mabrouki, je me glissai dans la jungle le fusil en arrêt, et contournai le lac dans l'espoir de m'approcher des éléphants; ce fut peine perdue j'avais été vu, flairé ou entendu, et, avec l'agilité de la gazelle, ils se dérobèrent à ma vue. Ne pouvant que très difficilement marcher, je ne songeai pas un seul instant à les poursuivre et, ma caravane m'ayant rejoint, je continuai l'étape, non sans regret de n'avoir pu livrer bataille à ce magnifique gibier.

Pendant la nuit suivante, un incident survint qui aurait pu tourner encore au tragique : un de mes soldats s'étant endormi auprès d'un brasier,

TROUPE D'ÉLÉPHANTS AU LAC TCHAÏA.

l'amorce de son fusil prit feu et le coup partit; à l'instant, tout le camp fut en émoi et des détonations éclatèrent de toutes parts; se croyant attaqué, chacun se mit à tirer au hasard, à tel point qu'une de mes caisses qui se trouvait devant ma tente fut traversée de deux balles. Rétablir l'ordre en pareille occurrence n'est point chose aussi aisée qu'on le pourrait bien croire, et je fus longtemps avant de pouvoir leur faire entendre qu'il n'y avait absolument aucun ennemi dans notre voisinage.

C'est miracle qu'ils ne se soient pas mutuellement blessés et tués; car, avec une présence d'esprit dont je ne les croyais pas capables, leur premier soin avait été de bouleverser et d'éteindre les feux pour que la lueur ne servît pas de point de mire aux assaillants. D'autre part, à ces pauvres hommes qui venaient d'assister au massacre de Pimboué, qui deux jours auparavant avaient essuyé un nouveau combat et se voyaient en plein Mgounda-Mkali exposés à de continuelles alertes, pouvais-je, en vérité, montrer beaucoup de rigueur et faire un si grand reproche de leurs terreurs?

Pourtant, lorsque le calme fut rétabli, je leur déclarai qu'à l'avenir quiconque sans nécessité tirerait un coup de feu, soit involontairement, soit à dessein, serait à l'instant désarmé pour le restant du voyage. Cette menace, d'ailleurs, était absolument nécessaire : beaucoup de ces pagazis portent très mal leur fusil, d'une façon négligente, et commettent en outre l'imprudence de relever le chien pendant la marche, de sorte que la moindre branche à laquelle ils s'accrochent peut faire partir subitement l'arme; la caravane se trouve ainsi dans un danger permanent, et plus de dix fois pendant mon voyage j'entendis de la sorte siffler des balles à mes oreilles; la mesure que je pris à l'égard des maladroits produisit un excellent effet, et dorénavant chacun veilla davantage à la sécurité de son voisin.

Le 13 septembre, nous sortîmes enfin du Mgounda-Mkali et nous gagnâmes Mounié-Mtuana où régnait une grande effervescence; on s'y était battu à outrance, mais ici les Rougas-Rougas avaient eu le dessous, et contrairement à ce qui avait eu lieu à Hittoura, à Mounié-Mtuana c'étaient les têtes de ces bandits eux-mêmes qui, fraîchement coupées et juchées sur des perches autour du village, redisaient les exploits des gens de la tribu.

Le sultan m'invita à camper dans l'intérieur des murailles, ce qui eut lieu, et je pus juger ainsi de la force réelle que cette place peut opposer aux assauts des détrousseurs du Nioungou : véritablement, c'est une sorte de forteresse. Mounié Mtuana me conseilla aussi de demeurer quelque temps chez lui.

« N'allez pas à Mdabourou, me dit-il, c'est rempli de Rougas-Rougas; de plus, je compte attaquer un de ces jours ce jeune chef remuant, brûler ses tembés et détruire à jamais sa puissance, car il a commis récemment des extorsions indignes au préjudice des Arabes. »

Mais si j'avais dû me laisser arrêter par tous les racontars qui depuis Taborah pleuvaient sur ma route, je n'aurais même pas franchi, je pense, le Mgounda-Mkali.

Cette fois, pourtant, je commis une imprudence qui faillit provoquer le massacre de toute ma caravane; seulement, je ne croyais pas que l'attaque dont me parlait Mounié Mtuana fût aussi proche, et, d'ailleurs, pouvais-je supposer que Ramaeckers se trouvait de l'autre côté de la montagne et qu'il allait être forcé de prendre part lui-même au combat?

CHAPITRE XXVI

Toujours la guerre! — A Mdabourou. — Des anciennes connaissances. — Le rêve d'un sultan nègre. — Khonko. — Neuf Européens réunis. — Une superbe caravane. — Bamboula. — Attaque et destruction de Mdabourou. — Jonction des expéditions Popelin et Ramaeckers.

E franchis en une seule étape la distance qui sépare Mounié-Mtuana de Mdabourou, et je conseillerais à tous les voyageurs qui suivront cet itinéraire d'en faire autant, car la guerre a détruit les quelques tembés qui jadis s'élevaient le long de cette route, où, maintenant, on ne rencontre plus qu'une morne solitude. Le sentier se déroule par monts et par vaux, tantôt au milieu de vastes étendues verdoyantes, le plus souvent sur le flanc de montagnes abruptes qui marquent la limite occi-

dentale de l'Ougogo et dont les éperons septentrionaux font de Mounié-Mtuana une forteresse naturelle.

A peine avions-nous atteint les cultures de Mdabourou, que dans la campagne retentit autour de nous le cri lugubre des Vouagogo.

« C'est la guerre ! » murmurèrent mes hommes.

Néanmoins ils poursuivirent leur marche mais d'un air sombre, comme résignés à l'implacable fatalité qui les vouait au combat à perpétuité ; et l'appel sinistre se répétait au loin, tandis que dans la caravane régnait un silence de mort.

Tout à coup une clameur redoutable s'éleva et des coups de feu éclatèrent tout près de nous ; presque en même temps des hordes de Vouagogo qui se tenaient cachés parmi les tiges de maïs et de sorgho surgirent de tous côtés en poussant des hurlements furieux ; les balles sifflèrent, flèches et lances fendirent l'air au-dessus de nos têtes, et, comme une légion de démons, les assaillants dansaient en tirant sur nous, et se livraient à mille contorsions, soit pour nous effrayer davantage, soit pour s'exciter eux-mêmes à l'attaque.

« Maître, me dit Mabrouki, ils croient que nous sommes des gens de Mounié-Mtuana venus pour leur déclarer la guerre ; écoutez ! »

En effet, ils criaient en nous visant :

« Waraboul Waraboul » nous prenant pour des Arabes dont en ce moment ils redoutaient le châtiment, parfaitement mérité du reste.

Malgré le conseil de Mabrouki, je me portai en avant de ma petite troupe et me dirigeai seul vers la plus forte bande de ces forcenés, afin de leur faire voir qu'ils se trompaient, et que c'était un homme blanc qui commandait cette caravane dont ils s'effrayaient tant.

Un mouvement de surprise se manifesta sur-le-champ et se traduisit par cette exclamation que mes oreilles finissaient par si bien connaître :

« Mousoungou ! Mousoungou ! »

Comme j'avançai toujours, plusieurs guerriers se détachèrent à leur tour et vinrent à moi.

« C'est l'homme blanc qui a déjà passé ici ! s'écrièrent-ils en me regardant curieusement. Et leur gros rire démasquait des rangées de dents blanches presque aussi menaçantes que leurs flèches et leurs lances.

« Pourquoi m'attaquez-vous ? demandai-je d'un ton fort irrité.

— Nous avons cru que c'étaient les gens de Mounié-Mtuana : depuis plusieurs jours déjà ils ont annoncé qu'ils allaient nous déclarer la guerre et détruire notre village.

LES VOUAGOGO EN CAMPAGNE.

— Oui, répliqua un autre, et ils ont même ameuté contre nous nos voisins de Khonko, de sorte que nous sommes entourés d'ennemis.

— Mais vous voyez bien que mon but n'est pas de me battre, répliquai-je ; laissez-moi passer ; je retourne dans mon pays qui est bien loin d'ici, et ce soir je me reposerai au milieu de vous. »

En disant ces paroles je continuai ma route, et nous arrivâmes ainsi à l'emplacement du camp, escortés par les guerriers qui s'informaient anxieusement auprès de moi et de chacun de mes hommes de l'état de Mounié-Mtuana, de ses dispositions, de sa force armée, de ce que nous avions vu et entendu là-bas. En un mot, une agitation extrême et la plus grande inquiétude régnaient dans cette tribu qui se voyait menacée par ses deux puissants voisins.

Je fis dresser ma tente, établir un retranchement et, bien que la journée fût avancée, j'envoyai Khamsini auprès du sultan pour débattre le hongo le jour même, si cela se pouvait ; je pressentais un orage, et ne tenais guère à me mêler des querelles qui allaient se vider entre ces peuplades ; je savais que les troupes de Mounié-Mtuana livrant un assaut à Mdabourou pendant que je m'y trouvais, immanquablement les indigènes m'eussent gardé comme otage ou forcé de prendre part au combat, en tout cas m'eussent fait pâtir de leur échec. Quoi qu'il en soit, se trouver dans un village nègre lorsqu'un conflit y éclate, c'est toujours pour l'Européen une position critique ; mais si les Vouagogo du lieu avaient su qu'à cette heure même une forte expédition comptant huit hommes blancs se dirigeait vers Khonko et allait quelques jours plus tard détruire la puissance de Mdabourou, certainement je ne serais pas sorti vivant de leurs mains.

Le hongo ne put être débattu ce jour-là. Pour entretenir ses troupes dans un état de surexcitation qui leur tenait lieu de courage réel, depuis plusieurs jours le sultan faisait brasser force pommbé, et tous les hommes du village, lui compris, se trouvaient dans un état d'ébriété complète dont ils ne sortaient pas ; et, à en juger par les têtes fraîchement coupées qui entouraient sa demeure, le jeune chef avait eu à soutenir récemment de sanglantes luttes. Bref, il ne voulut même pas recevoir mes présents d'usage et me fit dire qu'il viendrait me rendre visite en personne le lendemain.

Pendant toute la nuit son tembé résonna de mille bruits assourdissants : on y dansait, on y chantait à tue-tête, des appels guerriers, des coups de feu, des gémissements plaintifs s'en échappaient comme d'un antre infernal : on y festoyait et l'on s'y battait tout à la fois. J'essayai de veiller, mais ma fatigue était telle que le sommeil l'emporta et je m'endormis au milieu de mes hommes épouvantés qui, pour la première fois depuis le début du voyage, restèrent sur le qui-vive, écoutant le vacarme de cette orgie à laquelle le silence et l'ombre donnaient un aspect sinistre et menaçant.

Dans la matinée du jour suivant, le sultan se présenta au camp; il était ivre et s'était fait accompagner d'une vingtaine de guerriers, tous dans le même état que lui et en proie à la folie furieuse des combats. Mounié-Mtuana avait eu raison : ces indigènes ne ressemblent guère aux Vouagogo, mais par contre ont tous les traits particuliers aux Rougas-Rougas; comme ces derniers, ils se tressent les cheveux en chenilles, s'affublent d'oripeaux effrayants qu'ils fixent sur leur tête dans le but de paraître d'autant plus redoutables et repoussants; ils vont nus ou à peu près, portent aux poignets de larges bracelets d'ivoire et sur les bras le tatouage distinct du chasseur d'éléphants.

Le chef s'accroupit à terre, en face de ma tente, et ses compagnons firent cercle autour de lui, il me questionna principalement sur Mounié-Mtuana, et sa préoccupation évidente était de s'assurer que je n'étais point allié aux Arabes pour lui faire la guerre; il me répéta d'ailleurs sur tous les tons qu'il ne craignait pas ses ennemis et qu'il se proposait de n'en faire qu'une bouchée dès qu'ils franchiraient le territoire de Mdabourou.

Il s'intéressa ensuite d'une manière toute spéciale à mes habits, à ma coiffure, à mes chaussures et, conséquence embarrassante, me demanda avec insistance de lui donner tout ce que je portais sur le corps. Je lui déclarai que c'était impossible, mais que je lui ferais présent d'un vêtement européen s'il se hâtait de terminer les débats du hongo. Il autorisa alors mon nyampara à entamer les pourparlers dès qu'il serait rentré lui-même au tembé royal; puis il me quitta, non sans avoir mené grand tapage dans le camp, sautant, riant, criant au plus fort avec ses guerriers qui faisaient chorus.

Lorsqu'il fut de retour chez lui, il m'envoya un bœuf, cadeau princier qui fit grand plaisir à mes hommes et dont je fus moi-même très satisfait; il y eut toutefois une ombre au tableau : dans la journée cet étrange monarque me fit demander un peu de cette viande pour son repas, puis, allant plus loin encore, il autorisa ses compagnons endiablés à venir réclamer leur part de festin; elle leur fut donnée, et devant nous ils se mirent à dévorer cette chair presque crue, puis se retirèrent bruyamment.

Pendant ce temps le hongo restait toujours à débattre.

Enfin, le surlendemain de notre arrivée, on parvint à se mettre d'accord; e chef exigeait sept houes en fer et six dotis de coton mérikani, ce qui n'était pas un tribut exagéré, si j'en juge par ceux qui suivirent; en

VISITE DU SULTAN DE MDABOUROU

revanche, il insista pour avoir une de mes défroques : son rêve était décidément de se voir habillé comme moi.

Fort heureusement, j'avais plusieurs costumes hors d'usage et des chaussures de rebut, de sorte que je pus satisfaire le capricieux potentat sans risquer de me voir réduit moi-même à sa toilette primitive ; il reçut donc de moi une jaquette, des pantalons, des chaussettes, des bottines et une chemise ; le casque seul lui fut catégoriquement refusé : je n'en avais qu'un seul de rechange.

Néanmoins il fut ravi.

« Tu le comprends, fit-il, cela me portera bonheur, et dans les combats que je vais avoir à livrer je serai vêtu comme toi, mousoungou ; aussi, en me voyant, mes ennemis s'enfuiront terrifiés. »

Le malheureux ! cette défroque qu'il ambitionnait tant fut pour lui la tunique de Nessus : contraint de fuir, puis tué plus tard, il fut vaincu à quelques jours de là, et vit ses guerriers massacrés et ses tembès incendiés ; le baron von Schöler m'a raconté depuis que, parmi les objets trouvés dans la demeure de ce redoutable chef après la prise du village, on découvrit non sans surprise une paire de bottines marquées à mon nom ! Dans sa retraite précipitée, le monarque avait oublié de les emporter, ou peut-être a-t-il trouvé, avec raison, que sans elles il avait le pied bien plus léger.

Le 16 septembre au matin je levai le camp ; mais, avant de partir, il me fallut donner encore à cet insatiable tyran une vieille chemise et un double doti kaniki pour ses femmes ; alors il me laissa aller, m'exprima le plaisir qu'il aurait de me voir revenir bientôt et m'assura que j'étais son ami. Pauvre sultan ! il n'avait plus que quelques jours à régner et à vivre, et je fus le dernier Européen qui lui paya tribut.

Je mis quatre heures pour atteindre Khonko dont les cultures sont si étendues qu'elles rejoignent presque celles de Mdabourou ; durant le peu de temps que nous restâmes sous bois, j'eus pourtant l'occasion à trois reprises différentes de voir détaler tout près de moi de superbes girafes auxquelles malheureusement je ne pouvais pas songer à donner la chasse, mais vraiment ce pays de l'Ougogo est merveilleux sous le rapport du gros gibier, et à la frontière occidentale, où nous étions alors, c'est par troupeaux nombreux que l'on rencontre les zèbres, les buffles et même les éléphants.

De même qu'à Mdabourou mon arrivée produisit à Khonko un violent émoi : était-il possible que l'on m'eût laissé passer là-bas ? et dans quel état se trouve Mdabourou ? les Rougas-Rougas y sont-ils nombreux, excités à la guerre, bien armés ? et Mounié-Mtuana disposait-il de beaucoup de fusils ? était-il bien décidé à seconder Khonko ? et quand allait-il arriver ?

Bref, de la part du sultan et des grands dignitaires du pays ce fut une suite non interrompue de questions qui trahissaient une bien vive inquiétude ; du reste, la situation était assez grave pour qu'ils s'en préoccupassent : c'était, en somme, un duel à mort entre eux et leurs dangereux voisins, et que Mounié-Mtuana vînt à manquer de parole, dès lors la chance pouvait évidemment tourner fort mal pour Khonko.

J'ai déjà fait observer précédemment la divergence de race qui existe chez maintes peuplades de l'Ougogo ; entre Khonko et Mdabourou, cette différence est frappante : alors que les naturels que je venais de quitter sont plutôt forts, trapus, très foncés en couleur et présentent tous les dehors du Rouga-Rouga, ceux de Khonko, au contraire, sont élancés, minces, nerveux et ont la peau relativement claire ; dans les détails de leurs coiffures, dans leurs allures et même dans leurs armes ils offrent de telles dissemblances avec leurs frères de Mdabourou, que tout naturellement l'on est porté à croire que ceux-ci ne sont pas de véritables Vouagogo, mais plutôt le produit de quelque tribu errante et pillarde qui se sera implantée par la force dans ce pays où elle n'aura pas tardé à frayer avec les bandits du Nioungou et à adopter leurs mœurs et leurs coutumes au point de s'identifier complètement à eux.

Le hongo fut lestement débattu à Khonko ; mais, sous prétexte qu'il était forcé d'étendre constamment ses cultures pour subvenir aux besoins des caravanes, le sultan m'imposa un tribut de vingt et une houes en fer, le triple de ce que j'avais laissé plus haut ; encore ne fût-ce qu'au prix des plus grands efforts que l'on parvint à le satisfaire de la sorte. Bref, j'allais partir, lorsqu'on m'annonça l'arrivée d'une grande expédition d'Européens.

« Vousoungou saba, disaient les uns.

— Vousoungou coumi, » exclamaient les autres.

Sept à dix blancs, cela me parut une exagération évidente, d'autant que sur maints autres détails on brodait des récits des plus incroyables ; d'un autre côté, privé de nouvelles d'Europe depuis longtemps, j'étais dans l'ignorance complète de ce que l'on tentait en Afrique ; toutefois, sachant que Ramaeckers ne devait pas être loin de nous, et, si c'était lui, craignant qu'il ne prît une autre direction, j'envoyai au devant de la caravane signalée une estafette qui, le soir même, me rapporta une réponse. C'étaient bien, en effet, mes camarades qui se trouvaient dans le voisinage et ils me faisaient demander de retarder mon départ de Khonko pour qu'ils pussent s'y trouver quelques heures avec moi.

C'est ce que je fis.

Le 17 septembre, j'étais assis devant ma tente lorsque vers neuf heures un bruit inaccoutumé s'éleva dans le village; quelques instants après, je vis arriver deux Européens vers qui je m'élançai joyeux : c'était le capitaine Ramaeckers et M. Sergère. Tandis que leur caravane s'installait sous les grands figuiers-sycomores qui sont la caractéristique de Khonko, ils s'étaient mis à ma recherche, car mon camp était établi à l'autre extrémité du village.

Ce fut pour moi une bien grande joie de revoir ces visages amis, et elle s'accrut encore quand, rejoignant l'expédition, je retrouvai Albert De Leu que j'avais connu antérieurement et le brave lieutenant Becker, d'Anvers; en cette occasion aussi, je fis la rencontre du baron von Schöler et de ses compagnons. Il y avait longtemps que je n'avais vu autant d'hommes blancs réunis, et ce fut comme un coin de l'Europe qui m'apparut pendant cette agréable journée que je passai avec les nouveaux arrivants.

Ramaeckers me parut un peu souffrant, tout au moins très-fatigué.

« Vous devriez, me dit-il, recommander à l'Association africaine de ne pas laisser ses voyageurs plus de deux ans dans ces contrées; c'est réellement dur, et au bout de ce laps de temps il est nécessaire de retourner en Europe pour se reposer un peu. »

Plus tard, je transmis ce vœu à l'Association qui, je n'en doute pas, y donnera suite quelque jour.

De Leu était très bien portant à cette époque et rien ne faisait prévoir le triste sort qui l'attendait plus loin; seul, Becker souffrait un peu des fièvres, mais il ne tarda pas à se rétablir complètement; en un mot, l'expédition entière se trouvait dans les conditions les plus favorables et les plus heureuses après la longue distance qu'elle venait déjà de franchir.

Ramaeckers avait expédié, me dit-il, un messager à Taborah pour avertir Popelin de son arrivée prochaine; mais ce courrier avait pris sans doute une route détournée, car je ne l'avais rencontré ni au Mgounda-Mkali ni dans l'Ounyanyembé.

Vu l'état des esprits à Mdabourou, je conseillai à Ramaeckers de n'y point passer et de prendre plus au nord un chemin qui le conduirait presque aussi vite à Mounié-Mtuana; lorsque je le quittai le lendemain, il était décidé à suivre mon avis, et dans aucun de nos entretiens il n'a jamais été question qu'il passerait par la force des armes ou s'allierait au sultan de Khonko pour attaquer Mdabourou. Je puis l'affirmer ici, c'est forcé par la nécessité et pris à l'improviste que Ramaeckers a dû se décider plus tard à ouvrir des hostilités contre ce village ; mais il n'en avait pas arrêté le plan d'avance, sinon il m'en aurait infailliblement parlé.

Ai-je besoin de dire que nous fêtâmes joyeusement notre rencontre à Khonko ? Mes heureux camarades étaient amplement approvisionnés en vin et en une foule d'excellentes victuailles qui pour moi n'existaient plus qu'à l'état de vague souvenir et que je fus charmé de retrouver au milieu de l'Afrique centrale.

L'expédition Ramaeckers était d'ailleurs aussi complète que possible; elle avait été organisée de main de maître et rien absolument n'y manquait : chaque Européen possédait une belle et forte tente doublée en reps vert, un excellent lit et des sièges commodes, ce dont je les félicitai de tout cœur en leur narrant ce que nous avions eu à endurer par suite de notre départ précipité qui avait eu pour conséquence la privation totale de tout espèce de comfort, à telles enseignes que pendant tout mon séjour en Afrique je n'ai jamais eu pour m'asseoir autre chose qu'un maigre pliant, un ballot ou une caisse, sans qu'il m'ait été permis de m'adosser jamais.

Je vis aussi auprès de Ramaeckers le fameux nègre Bamboula dont plus d'un, sans doute, se rappelle l'histoire. Lors de son voyage à Tripoli, le capitaine avait engagé comme domestique un indigène du nom de Bamboula; sa mission terminée il récompensa généreusement ce serviteur dont il avait été très satisfait, et s'en revint en Europe. Un an environ s'était écoulé depuis son retour à Bruxelles, lorsqu'un beau jour il vit arriver chez lui son Bamboula qui, se jetant à ses pieds :

« Maître, dit-il, sans toi j'étais si malheureux que je ne pouvais plus vivre là-bas; j'ai travaillé jusqu'à ce que j'eusse amassé ce qu'il fallait pour faire la traversée et venir en Europe; j'ai eu ton adresse par le consul; je me suis embarqué et me voici; reprends-moi pour ton domestique, pour ton esclave si tu veux. »

Cette touchante histoire ne renferme-t-elle pas le plus sincère éloge que l'on puisse adresser à cette sympathique nature de Ramaeckers?

Quand il quitta Bruxelles pour Zanzibar, il emmena naturellement Bamboula avec lui, et en fit à la fois son serviteur et son intendant; mais le brave nègre était en outre un redoutable chien de garde, et malheur à qui aurait osé s'attaquer au capitaine !

Le 18 septembre, je me séparai de mes amis, emportant pour leurs familles, pour leur patrie, tout un monde de pensées, de souvenirs et un paquet de lettres. Hélas! j'étais loin de me douter que de ces trois compatriotes à qui je serrais la main à Khonko il y en avait deux que je ne devais plus jamais revoir.

Beaucoup plus tard, alors que j'étais presque sorti de l'Ougogo, j'appris

UNE HEUREUSE JOURNÉE A KHONKO.

successivement les épisodes divers qui suivirent mon départ de Khonko et qui amenèrent les événements tragiques dont Mdabourou fut le théâtre à quelques jours de là.

Dans le but de retenir Ramaeckers le plus longtemps possible à Khonko, le sultan essaya d'abord de faire traîner en longueur les débats du hongo; il espérait ainsi pouvoir profiter de la force considérable dont disposait la caravane des Européens et décider ceux-ci à s'allier au sort de ses armes.

N'y parvenant point, il persuada au capitaine de traverser le territoire de Mdabourou sans s'y arrêter, sinon, « dit-il, vous devrez vous y éterniser, et les habitants y sont si hostiles que vous serez contraint ou de vous battre, ou de leur livrer la plus grande partie de votre bien. » Bref, il offrit de bons guides et une escorte pour mener l'expédition à Mounié-Mtuana.

Ramaeckers partit dans ces conditions-là ; mais, comme bien on pense, une colonne de cette importance ne pouvait en aucun cas passer inaperçue à travers le pays des Vouagogo, l'alarme fut donnée, et les naturels de Mdabourou s'opposèrent à son passage. Dès lors les hostilités commencèrent, et les gens de Khonko entamèrent une lutte à outrance; pendant que l'on guerroyait de la sorte à l'est, les hommes de Mounié-Mtuana gagnèrent le village du côté de l'ouest; ces trois corps d'armée lancés sur Mdabourou représentaient une force écrasante; pourtant les indigènes résistèrent avec bravoure et un grand nombre d'entre eux furent tués.

Le chef parvint à s'enfuir avec quelques compagnons, mais les autres périrent, les tembés furent pillés, incendiés, les troupeaux enlevés; le sultan de Khonko partagea le butin avec Mounié-Mtuana qui remit le gouvernement de Mdabourou aux mains de l'un de ses nyamparas et, a partir de ce moment, le hongo fut aboli dans le district.

Sur ces entrefaites, ayant appris qu'une expédition belge s'approchait de Taborah et sachant, d'autre part, que la guerre menaçait de sévir du côté de Mdabourou, Popelin et Roger s'étaient mis en route avec leurs askaris pour prêter éventuellement main-forte à leurs compatriotes; ils opérèrent leur jonction avec eux à Mounié-Mtuana.

Les Européens se trouvèrent donc réunis au nombre de dix pour traverser le Mgounda-Mkali, et avec eux marchait une force armée considérable; aussi nul Rouga-Rouga ne se risqua-t-il à leur portée, et l'arrivée de cette magnifique caravane à Taborah fut un épisode dont le souvenir restera gravé à côté de la féerique apparition des merveilleux éléphants de Carter.

Nos amis y demeurèrent jusqu'au 1ᵉʳ novembre ; à cette date, ils se remirent en route, sauf De Leu qui resta avec Van den Heuvel à Taborah; Ramaeckers et Becker se rendaient à Karéma pour y relever Cambier, et, un peu plus tard, Popelin et Roger comptaient se porter à la côte occidentale du lac pour y fonder une nouvelle station.

C'est aussi a la même époque que l'expédition allemande s'arrêta dans l'Ougounda où elle créa un poste hospitalier.

CHAPITRE XXVII

Les roches d'Ousekhé. — La magie noire. — L'homme blanc a des soleils dans les yeux. — Le vieux sultan avare. — Un modèle de roi nègre. — Ruiné par les hongos. — Nuits glaciales. — Les marches au clair de lune. — Lassitude. — Au Mpwapwa.

A PARTIR de Khonko, je suivis un itinéraire tout à fait différent de celui que j'avais pris à l'aller, et, s'il fut plus court, je ne le crois pas moins onéreux que le précédent sous le rapport des tributs à payer.

La première étape me conduisit à Ousekhé, un des plus pittoresques endroits de l'Ougogo : qu'on s'imagine une vaste plaine découverte où l'on arrive par une brèche de la montagne et, deçà et delà, semblables à des tourelles de granit, d'énormes blocs solitaires d'un aspect saisissant et de formes bizarres et imprévues ; éclairées par les pâles reflets de la lune naissante, et profilant leurs silhouettes fantastiques sur le bleu sombre du firmament, ces masses rocheuses toutes nues, éblouissantes de blancheur, paraissaient dans la nuit comme des sentinelles gigantesques ou des fantômes drapés dans de larges suaires aux plis marmoréens.

Quelques-unes atteignent des proportions considérables, au point que les indigènes racontent la mort d'un éléphant qui, disent-ils, se serait noyé dans un étang situé sur la crête d'un de ces colosses de pierre. Assurément c'est là une légende, car en admettant même l'existence possible d'un immense réservoir au sommet d'une de ces colonnes, les parois à pic en sont si glissantes que l'escalade, déjà fort malaisée pour un homme, voire pour un singe, en serait impossible pour un lourd quadrupède, quel qu'il fût.

On n'y rencontre que des damans ou *hyrax*, sorte de rongeurs dont la fourrure est précieuse et qui, grâce à la curieuse conformation de leurs pieds, parviennent à s'accrocher aux surfaces les plus polies, à s'y maintenir et à y circuler facilement, aussi élisent-ils volontiers domicile sur ces rochers isolés où ils trouvent un rempart assuré contre l'incursion des hôtes de la forêt qui leur font une chasse acharnée : de fait, leur chair est bonne et ressemble beaucoup à celle du lapin.

Mon camp se trouvait adossé au pied d'une de ces audacieuses formations granitiques ; et, pendant les loisirs que leur donnèrent les débats du hongo, mes hommes battirent les environs pour recueillir des œufs d'autruche dont ils me rapportèrent plusieurs douzaines ; ces volatiles sont nombreux dans la plaine d'Ousekhé, et presque tous les guerriers de ces districts possèdent de somptueuses coiffures faites de la précieuse dépouille de ces oiseaux ; ignorant la valeur de ces plumes, jusqu'à ce jour les indigènes n'en ont encore fait aucun trafic.

Au demeurant, cet endroit est des plus fertiles et excessivement giboyeux ; jadis Ousekhé était même un des villages les plus prospères de l'Ougogo, mais ses habitants émigrèrent en 1871, lors de la tentative des Arabes qui voulurent traverser de force le pays des Vouagogo ; Ousekhé fut la limite extrême qu'ils atteignirent : arrivés là, mourant de faim, de soif, de maladie, ils succombèrent en si grand nombre que le lieu fut considéré comme maudit, et pendant longtemps les naturels le désertèrent complètement. Aujourd'hui la confiance renaît, peu à peu la population est revenue, et tout fait supposer qu'Ousekhé reverra bientôt sa splendeur passée.

Son sultan toutefois est absolument dépourvu de décorum : c'est un vieux petit nègre, ridé, ratatiné comme une pomme sèche, le corps enduit d'une couche de graisse nauséabonde, les reins couverts d'un étroit pagne bleu crasseux et tout en loques. Généralement les chefs des villages ne se rendent pas aux camps des étrangers, mais à Ousekhé on ne voit pas chaque jour passer des hommes blancs, et, la curiosité l'emportant sur l'étiquette, je me vis favorisé de la visite de ce bonhomme qui, tout en mâchonnant du tabac, me fit sur les moindres choses les questions les plus saugrenues ; cependant, lorsqu'il s'agit de traiter le hongo, ce masque de niaiserie ne tarda pas à faire place à une rouerie de fin matois, et je fus obligé de lui

CAMP A OUSEKHÉ.

laisser à titre de tibut quatorze houes en fer et un peu de poudre, sans compter la part de son vizir qui vint encore me mendier un doti d'américani comme gage de bonne amitié. C'est effrayant le nombre d'amis africains que renferme dans ses plis une balle de cotonnade ! Il n'y eut pas jusqu'au sorcier de l'endroit qui ne se crût autorisé à quémander un bout d'étoffe pour la peine qu'il s'était donnée de faire parler les esprits.

Le pays entier est voué du reste à la plus grossière superstition, et la magie blanche aussi bien que la magie noire y font la pluie et le beau temps

La première est relativement inoffensive : elle consiste à préparer des remèdes pour soulager ou guérir les malades, et ce métier de simple empirique peut être exercé par les femmes.

Tout autre chose est la magie noire qui entraîne l'idée d'une communion incessante avec les êtres surnaturels : elle éloigne ou appelle le bon et le mauvais sort, recherche et condamne les criminels, compromet le succès des récoltes, décide du triomphe des armes, le tout à l'aide d'incantations, d'exorcismes, de terribles mystères, dans lesquels les hommes seuls sont admis à pontifier.

La crédulité de ces peuplades est telle que, pour peu qu'ils soient habiles, les magiciens ne tardent pas à conquérir sur elles un ascendant et un pouvoir redoutables; eux-mêmes finissent par prendre leur rôle au sérieux, et il s'est présenté des cas où les sorciers ont fait preuve d'un fanatisme convaincu qui allait jusqu'à la bravoure et au sacrifice même de la vie.

Le fétichisme, ce culte abject de la peur, est bien d'ailleurs celui des races demeurées dans l'enfance et qui peut-être sont à jamais incapables de s'élever au déisme : il consiste à faire de l'esprit nuisible une puissance, il suppose la matière perverse, le monde entier mauvais ; le fétichiste voit partout des ennemis, non pas à combattre, mais à détruire ; dans sa pensée, se guérir d'un mal signifie le transférer à un autre ; il en arrive ainsi non pas à détester le démon, mais à le flatter, le cajoler, pour qu'il se porte chez le voisin; de là, cette tendance vers les moyens surnaturels, cette recherche du commerce infernal, et, conséquence fatale, l'influence illimitée des sorciers, détenteurs de cette science et de ses abominables pratiques.

Une des plus fréquentes incantations est celle qui consiste à lire dans les entrailles d'une poule à laquelle on a tordu le cou après lui avoir fait avaler au préalable un philtre magique. Accroupi au centre des cercles qu'il a tracés sur le sable, le mganga ou magicien étudie l'intérieur de la bête et, d'après cet examen, indique la personne coupable du crime ou du mauvais sort dont est frappé le roi, ou dont se plaint l'un ou l'autre puissant chef de la tribu. Si la chair palpitante noircit à la queue, c'est l'épouse qui est accusée ; à l'échine, c'est la mère ou la grand'mère; aux cuisses, les autres femmes ; aux ailes, les enfants ; aux pattes, les esclaves. Ce premier arrêt rendu, tous les individus de la catégorie incriminée sont amenés autour du sorcier qui jette alors la poule en l'air, et le malheureux ou la malheureuse sur qui elle retombe est à l'instant mis à mort. Les supplices varient suivant le goût du magicien : tantôt c'est le bûcher, souvent aussi l'écrasement de la tête entre deux morceaux de bois qui sont resserrés progressivement jusqu'à ce que la cervelle ait jailli.

LA MAGIE NOIRE.

D'autres fois, quand éclate une guerre, ces barbares écorchent un jeune enfant, déposent le cadavre en travers du sentier et, avant de voler au combat, chaque guerrier enjambe ce talisman sanglant qui doit lui procurer un cœur ferme devant l'ennemi et le conduire sûrement à la victoire.

C'est surtout au Kanyéné où j'arrivai ensuite que la superstition a pris un développement inquiétant; et, bien que les esprits interrogés à mon sujet se fussent prononcés dans un sens favorable, je faillis avoir maille à partir avec les devins de l'endroit. Voici comment.

Pendant qu'on installait le camp, je me servis, suivant mon habitude, de la lentille de mes lorgnettes pour allumer mon tabac à l'aide des rayons du soleil; je ne pris pas garde aux indigènes qui me regardaient ébaubis et qui, déjà fort intrigués du lorgnon que je portais sur le nez et des jumelles que je braquais sur les environs, s'enfuirent épouvantés lorsqu'ils virent la fumée s'échapper de ma pipe. Le bruit s'en répandit aussitôt dans le village, et, l'effroi grossissant l'importance de la chose, on raconta au sultan que l'homme blanc avait des soleils dans les yeux, à telles enseignes qu'il mettait le feu à son tabac en le regardant.

De là à une prise d'armes générale il n'y avait qu'un pas, et mon étonnement fut grand lorsque, au lieu de pouvoir débattre le hongo, mes envoyés s'en revinrent bredouilles et me racontèrent la panique qui régnait au sein de la tribu.

Je fis de vains efforts pour convoquer les notables à seule fin de leur démontrer l'insanité de leur folles terreurs; personne n'osa s'approcher du camp, ce jour-là. Tous les sorciers des environs furent mis en réquisition pour se prononcer sur cet épouvantable phénomène : on égorgea force poules et moutons, on interrogea leur foie, leur chair, leurs spasmes d'agonie, on traça sur le sable des cercles cabalistiques dans lesquels, possédé par les esprits, le devin sautillait sur un pied en poussant des appels gutturaux, des *aouh! aouh!* diaboliques; bref, tout fut mis en œuvre pour savoir si l'homme blanc qui avait des soleils dans les yeux n'allait pas s'entendre avec l'astre du ciel pour jeter un mauvais sort sur Kanyéné, arrêter les pluies, faire manquer les récoltes, causer la mort du roi et la ruine du pays. Ces farces, dont le dénouement pouvait me causer de sérieux embarras, se prolongèrent toute la nuit et, comme de juste, donnèrent lieu à des chants, des danses, des criailleries sans fin, et à une consommation extraordinaire de pommbé; mais il faut croire que l'oracle ne m'accusa pas d'avoir le *mauvais œil*, car le lendemain le sultan me fit savoir qu'il me rendrait visite.

O l'étrange monarque! Celui d'Ousekhé n'est pas beau, mais Kanyéné peut se vanter d'en posséder un qui est tout bonnement horrible : comme le premier, c'est un affreux petit vieux, mais plus repoussant, plus malpropre et plus déguenillé encore que son collègue d'Ousekhé ; sa tête est rasée, à l'exception de petits tortillons blanchis qui tombent en cordelettes le long des tempes ; sur son corps nu, huileux, ridé comme la cuirasse d'un rhinocéros, s'enroulent aux bras et aux jambes quelques anneaux de cuivre, et le lobe des oreilles, distendu d'une façon abominable, pend et ballotte jusque sur son épaule.

Appuyé sur un bâton, il arriva au camp, accompagné d'un ministre aussi dépenaillé que lui, hésita un instant en m'apercevant, s'enhardit, s'accroupit devant moi, tremblotant, et, portant à son front une main maigre et décharnée, m'adressa un respectueux yambo que son compagnon souligna avec servilité ; puis ils se regardèrent en riant d'un air bête, et aucun d'eux n'osa d'abord parler.

On eût dit d'une échappée de la Cour des Miracles.

Enfin après avoir ri, toussé, craché et vingt fois promené sa main de son pied à son genou, ce roi crasseux débuta par une série de jérémiades : c'est dans son village,—on se le rappelle—que Carter avait enterré nuitamment un des éléphants indiens, et il paraîtrait que les pluies ayant manqué cette année-là les sorciers en ont conclu à un maléfice jeté par les hommes blancs ; n'osant me regarder en face mon visiteur aborda ensuite avec des précautions infinies la question de mes yeux, de mon lorgnon, de la lentille avec laquelle j'avais allumé ma pipe aux rayons du soleil ; je voulus renouveler devant lui ce phénomène qui le bouleversait à ce point, et lui en démontrer les causes toutes naturelles ; mais pris de terreur, le vieillard se leva aussitôt me voulut quitter ; je n'insistai pas et, le priant de demeurer, j'ouvris par quelques présents d'usage les négociations du hongo.

Avec son collègue d'Ousekhé, ce chef est un des seuls sultans de l'Ougogo qui soit venu débattre en personne, sous ma tente, le tribut de passage ; mais il paraît que le rusé compère se défie à tel point de ses ministres et nyamparas que jamais il n'ose s'en rapporter à eux du soin de gérer ses affaires ; dès qu'il n'opère pas lui-même, il se croit volé ou frustré ; en un mot, il tient à se rendre compte *de visu* de la force et de la richesse des caravanes et ne craint rien tant que de laisser glisser aux mains de ses subalternes quelques bribes dont il pourrait profiter. De plus, il évite de dévoiler à son entourage l'importance du hongo qu'il perçoit, et, aux yeux de son peuple, il cache soigneusement sa richesse.

Aussi, rien d'étrange comme la façon inquiète, mystérieuse, dont il empila sous son misérable pagne troué les étoffes que je lui remis ; il se glissa alors timidement hors de ma tente, sortit du camp en inspectant d'un œil effaré tous les alentours, et, dissimulant de son mieux ce qu'il emportait, regagna son logis comme un malfaiteur qui fuirait le regard du gendarme.

Naturellement, ce vieil avare est très riche : dans son tembé s'entassent des monceaux d'étoffes qui pourrissent ou que rongent les fourmis blanches, et ce regard terne, hébété, brille sans doute de fauves éclairs lorsqu'il contemple tous les trésors étalés sous son humble toit.

Les gens âgés ne sont pas communs en Afrique . en maints endroits on les considère commes des bouches inutiles dont il est bon de se débarrasser, et lorsqu'un chef surtout n'est plus apte à manier la lance et à donner à tous l'exemple de la débauche et de l'orgie, on le fait disparaître sans autre forme de procès. Celui-de Kanyéné a réussi jusqu'à présent à déjouer toutes les embûches, mais Dieu sait à quel prix! et comme l'avare il vit dans une contrainte perpétuelle, se défiant de tout ce qui l'entoure.

En somme son village est prospère, florissant, très étendu ; les troupeaux y sont superbes, les cultures bien soignées, mais aussi on me fit acheter l'eau à un prix exhorbitant, et pour hongo je dus payer trente-trois houes et dix dotis d'étoffes de couleur; à ce compte-là, rien d'étonnant que le sultan de Kanyéné soit le Crésus de l'Ougogo.

Le sultan de Pembé, dont le village est situé à cinq heures de marche de Kanyéné, au sud-est de Pembé-Lampéra, me réconcilia fort heureusement avec l'Africain en général et les rois vouagogo en particulier : c'est, je me plais à le reconnaître, le chef nègre le plus bienveillant que j'aie rencontré.

Lorsque j'ouvris avec lui e palabre pour l'eau, il me déclara qu'il ne voulait rien en échange, et qu'il se trouvait heureux et honoré de pouvoir donner à boire à un homme blanc. Ma surprise fut grande, mais mon étonnement redoubla quand, abordant la question du hongo, il me dit qu'il recevrait volontiers de moi quelques houes en fer parce qu'elles sont indispensables à la culture de ses champs, mais que je devais conserver mes étoffes et autres articles pour le grand voyage que j'avais encore à faire jusqu'au pays des blancs.

« Quand un jour vous reviendrez de la côte, me dit-il, vous me donnerez alors quelques-unes de ces belles choses. »

Comme il ne me fixait pas de chiffre, je lui remis une demi-douzaine de houes; il me remercia avec effusion et me fit don d'un mouton.

J'étais confus et à tel point saisi devant tant d'urbanité qu'un instant je doutai de son autorité et de sa puissance; mais, au contraire, sa chefferie est considérable et son pouvoir s'étend très loin ; seulement, *rara avis*, c'est un sultan nègre bienveillant, juste et bon, une sorte d'anachronisme vivant, égaré au sein de l'Ougogo.

Ne voulant pas toutefois lui rester inférieur en générosité, je le forçai d'accepter quelques riches étoffes et d'autre menus présents, lui faisant comprendre combien ses voisins seraient plus heureux si, au lieu d'exploiter indignement les caravanes, ils se contentaient de prélever un droit de passage modéré que nul ne leur contesterait.

A Mtita, je n'eus pas non plus trop à me plaindre ; mais à Kommyanzaga, où j'arrivai le 24 septembre, règne un chef des plus intraitables. Il commença par exiger deux cents houes, puis cent cinquante, s'arrêtant à cent, le double de ce que je possédais, et se plaignit des hommes blancs, les traita de magiciens, leur reprocha de porter malheur partout où ils passent ; bref, pendant les deux premiers jours il n'y eut moyen de rien conclure, et, les naturels étant venus faire du tapage dans mon camp, je fus obligé de les jeter à la porte en les bousculant un peu ; dans cette échauffourée, un de mes hommes fut blessé, et le sang ayant coulé sur son territoire, le sultan voulut m'imposer une amende. Cette fois ma patience fut à bout et je lui déclarai que je partirais le lendemain sans rien lui donner ; il s'en émut, et finalement me laissa aller non sans m'avoir délesté de quarante-quatre houes en fer et de six dotis d'amérikani.

On le voit, mon bien s'éparpillait peu à peu entre ces mains rapaces, sans avoir jamais la satisfaction de donner de bon gré.

Pendant l'étape qui me mena ensuite à Mawala, je traversai trois grands noullahs desséchés, puis des plaines arides où croissaient quelques rares baobabs et des néfliers épineux dont le feuillage n'offrait aucune ombre protectrice contre les ardeurs d'un soleil de feu ; mais dès que la nuit arrivait, aussitôt une bise âpre et violente parcourait ces vastes étendues découvertes, et le froid était si intense que je grelottais sous ma tente au point de ne pouvoir dormir ; enveloppé dans d'épaisses couvertures de laine, je m'asseyais alors auprès des grands feux où mes hommes se chauffaient en claquant des dents. Plusieurs d'entre eux gagnèrent des fluxions de poitrine durant ces nuits où le thermomètre descendait à douze et même à neuf degrés, alors que pendant la journée il en avait marqué quarante-cinq et même cinquante.

Ces brusques variations de température me causèrent de fortes fièvres et mon mal s'aggrava cruellement : fournaise aux heures de soleil, glacière dès que l'ombre s'étendait sur nous, l'Ougogo présentait en ce moment l'image d'un entonnoir où s'engouffraient alternativement les rayons brûlants des tropiques et les vents froids qui passent au-dessus des crêtes brumeuses de la frontière orientale.

Le 26 septembre, à Mawala, je croisai une forte caravane montante conduite par un Arabe de Zanzibar, qui transportait à Karéma un approvisionnement et un petit bateau à vapeur démonté ; le sultan exigeait un hongo fantastique que le malheureux conducteur était dans l'impossibilité de payer ; aussi se voyait-il immobilisé depuis dix jours dans cette inhospitalière chefferie ; heureusement, mon arrivée modifia l'attitude du tyranneau

LES ÉTAPES DE NUIT DANS L'OUGOGO.

à qui je déclarai que cette caravane appartenant à mes amis, je la prenais sous ma protection ; il fut alors beaucoup moins exigeant dans ses prétentions et la colonne put partir, mais non sans y laisser quand même un lourd tribut.

Quant à moi, il me restait vingt-cinq houes que j'abandonnai à ce chef, bien déterminé à n'y pas ajouter un doti. En fait, d'ailleurs, non seulement je n'avais plus aucun de ces outils en fer qui sont la base du tribut, mais l'étoffe même menaçait de me manquer . je n'en avais pris à Taborah que juste ce qu'il fallait pour gagner le Mpwapwa où je savais pouvoir me ravitailler; or, la rapacité des Vouagogo aidant, j'étais ruiné avant même d'avoir quitté leur pays : c'est à peine si j'avais encore à ma disposition quelques mètres de calicot.

A Debwé, que j'atteignis ensuite, règne la mère du sultan de Mawala, à qui il est interdit toutefois de percevoir aucun hongo; ce qui ne l'empêcha pas de venir solliciter un cadeau, et je la comblai de joie en lui donnant un peu de tabac en feuilles acheté dans l'Ounyanyembé; je conseille fort aux caravanes descendantes d'en être toujours munies, car les chefs vouagogo, hommes et femmes, en sont extrêmement friands.

En cet endroit de l'Ougogo la scénerie est réellement splendide : au nord et au nord-est courent des rangées de montagnes à la teinte rubigineuse qui vont s'infléchissant vers le sud, tandis qu'essaimées dans la plaine d'énormes masses rocheuses surgissent deçà et delà comme des colonnes gigantesques, et qu'au loin apparaissent déjà les éperons septentrionaux des monts Roubého.

Prévoyant le moment où notre dernier doti allait être dépensé, j'ordonnai des étapes de nuit afin d'atteindre au plus vite le Mpwapwa; la lune était précisément dans son plein et, en partant vers trois heures, nous pouvions avancer jusqu'au moment où le soleil devenait brûlant, c'est-à-dire vers huit ou neuf heures du matin.

Bien qu'elles fussent très fatigantes et même douloureuses, ces marches nocturnes m'ont laissé un souvenir ineffaçable; à la douce lueur de l'astre d'argent, ces dédales rocheux prenaient des aspects fantastiques : parfois nous cheminions entre des rangées de strates puissantes qui faisaient l'effet d'une procession de revenants, ou bien dans une brèche étroite où à nos pieds il faisait nuit noire, tandis que les rayons de la lune mettaient aux crêtes des monts des bourrelets étincelants comme de la neige; ailleurs, la lumière tombait à cru sur des amoncellements de dalles blanches couchées ou rejetées les unes contre les autres : on eût dit d'un lieu de sépulture de Titans, d'où les morts se seraient relevés en éparpillant le granit qui les étouffait depuis des siècles. Plus loin, atteignant un plateau élevé, nous dominions la plaine avec ses plis d'ombre, ses buissons, son moutonnement infini; elle fuyait derrière nous, immense, silencieuse, poursuivie par l'astre d'argent, et devant nous les monts Roubého faisaient comme une trouée noire dans la voûte céleste qui ruisselait de clarté.

La caravane cheminait ainsi courageusement, mais nul ne chantait, on respirait à peine, car c'est le pays des féroces Vouahomba, et, d'ailleurs, l'angoisse de la faim est là qui talonne ces pauvres gens : notre dernière coudée de kamiki s'en est allée aujourd'hui, et nous n'avons rien pour demain.

On marche, on marche toujours, avec ce coup d'épaule qui trahit l'effort de la volonté sur le corps brisé de fatigue ; parfois un des hommes s'endort, son pied butte contre une aspérité de roc ou s'embarrasse dans une liane : il tombe lourdement avec sa charge, se reveille et pousse un gémissement : un instant arrêtée, la colonne repart aussitôt, et, de loin en loin, on entend encore le bruit sourd d'une chute et la plainte qu'elle arrache, sombre et étouffée comme un râle.

Moi-même, pendant ces étapes, je souffris beaucoup. il m arriva d'être a tel point accablé de lassitude que je m assoupissais en selle, et soudain je rouvrais le yeux pendant que mon corps roulait sur le sentier. Qui n'a connu cette lutte contre le sommeil, alors qu'appesanties les paupières se ferment forcément que tous les membres se détendent, qu'on s'agite en vain pour dompter l'engourdissement et que malgré soi la tête alourdie tombe comme une masse sur la poitrine oppressée? C'est une véritable torture, mais elle est bien autrement cruelle lorsqu'elle vous étreint pendant ces marches forcées, au centre de l'Afrique inconnue, à la tête d'une caravane de nègres, au milieu des rochers déserts et dans une contrée de bandits ! Il faut que la fatigue soit arrivée à sa dernière limite pour vous vaincre au sein de tant d'émotions, de tant de préoccupations et d'angoisses.

« Mabrouki, crois-tu que nous arriverons ce matin au Mpwapwa?

— Non, maître, ces grands pics sombres là-bas, c'est seulement Tchouniou je pense. »

La clarté de la lune décrut insensiblement, et bientôt l'obscurite se fit complète; cet instant surtout est douloureux, c'est celui où la matière se révolte le plus contre la privation du repos dont elle a besoin, et il semble alors que la volonté elle-même veuille suivre dans sa couche le bel astre des nuits. Mais bientôt à l'orient apparaît indécise d'abord une nouvelle lueur : à sa blancheur d'opale succède un rose tendre qui lui-même se dore. se raie de stries pourpres, flamboie et incendie l'espace, et au-dessus des monts le jour paraît avec sa symphonie magistrale des couleurs les plus vives et les plus chatoyantes à la fois.

Tandis que tout s'éveille autour de nous, l'oiseau dans la ramure et l'insecte sous l'herbe, les reins brisés, transis de fièvre, l'œil farouche, les dents serrées et la gorge sèche, nous nous arrêtons dans ce pittoresque défilé de Tchouniou, et, sans élever de retranchement, sans avoir même la force d'aller puiser de l'eau, chacun se jette à terre et s'endort, vaincu par la fatigue et par un impérieux sommeil de plomb.

De toute ma caravane, Simba était l'homme le plus intrépide et le plus résistant à la fois; je l'appelai, et lui montrant ses compagnons dont les grands corps jonchaient le sol :

« Tu le vois, lui dis-je, ils ne pourront jamais atteindre le Mpwapwa aujourd'hui; or, nous n'avons pas de vivres, veux-tu en aller chercher là-bas? Mes frères blancs t'en donneront. »

Il prit avec lui un de ses compagnons et partit aussitôt; à trois heures de l'après-midi il était de retour et, grâce à ce courageux effort, chacun put se rassasier; le camp fut alors établi et nous passâmes la nuit en cet endroit.

Enfin, le lendemain 1er octobre, nous arrivâmes au Mpwapwa où, au lieu de séjourner sous la tente, je logeai dans un tembé faisant partie de la Mission, et pendant deux jours je restai cloué sur un lit, sous le poids d'une fièvre implacable qui m'enlevait jusqu'à la perception des choses : les nerfs m'avaient soutenu pendant ces derniers temps et la réaction s'opérait.

J'en triomphai pourtant, et au bout du troisième jour je fus sur pied, prêt à me remettre en marche; mais comme c'était un dimanche et que le docteur Baxter semblait éprouver une certaine répugnance à traiter ce jour-là la vente des étoffes dont j'avais besoin pour achever mon voyage, respectant ses scrupules, je n'insistai pas et remis l'affaire au lendemain; le lundi fut consacré à ces achats et à réunir quelques provisions de route, et le mardi 15 octobre je quittai le Mpwapwa avec toute ma caravane.

CHAPITRE XXVIII

Les Vouasagara. — Un paradis terrestre. — Famine et petite vérole. — La station française du capitaine Bloyet. — Débuts pénibles et légitime succès. — Mes Vouangouana. — Pont sur le Vouami. — Nous revoyons la mer. — Le Kingani. — Bagamoyo. — La Mission des Pères du Saint-Esprit. — Retour en Europe.

Uelle splendide contrée, l'Ousagara, et combien je fus émerveillé de la route nouvelle que je suivis en quittant le Mpwapwa! Ce massif montagneux appartient évidemment à la grande chaîne qui forme le bourrelet oriental du plateau de l'Afrique centrale dont la conformation est assez semblable à une assiette renversée : une forte dépression à sa partie septentrionale a donné naissance à la région des grands lacs, et les eaux se sont ensuite frayé passage à travers leurs barrages naturels, creusant ainsi les

grandes voies du Nil au nord, du Congo à l'ouest, de la Revouma à l'est; ces monts Ousagara sont, en somme, un anneau de cette ceinture qui, à sa partie orientale, se rattache au Kilima-Njaro, au Kenga, au Madi du nord et peut-être au Lokinnga du sud en s'y réunissant par le Konndi du Nyassa.

Les Vouasagara constituent une belle race, d'aspect divers toutefois, car la nuance même de leur peau varie du noir au brun clair sans qu'il soit besoin de quitter un même district; beaucoup d'entre eux ont adopté l'ancienne coiffure des Égyptiens, les cheveux partagés en une multitude de torsades chenillées, composée chacune de deux mèches tressées; cet arrangement capillaire leur fait sur la tête une sorte de calotte qui couvre tout le front et descend sur le cou.

Leur vêtement préféré est une pièce de cotonnade bleue, kaniki, qu'ils s'attachent sur l'épaule en guise de manteau, soit à l'aide d'une corde, soit en nouant simplement les deux bouts; ils se drapent là dedans avec une mâle prestance qui fait ressortir mieux encore la vigueur de leurs membres.

Pour tout costume, les femmes n'ont guère qu'un étroit fourreau d'écorce, fait de fibres de dattier sauvage ou de baobab et qui va des reins jusqu'à mi-cuisses : c'est une sorte de jupon ou *kilt* écossais.

Comme marques nationales, les Vouasagara se font des incisions entre le sourcil et l'oreille, et quelques-uns aussi, du côté de la Moukondocoua, se liment les dents en pointe.

En quittant le Mpwapwa, notre nouvel itinéraire nous mena d'abord au lac Matamombo dont les environs combleraient l'idéal du chasseur le plus passionné, tant le gros gibier y est varié et nombreux; puis, auprès de Kirassa, nous franchîmes la rivière Téhtéh pour arriver à Mounié-Msagara, la capitale du pays, et à la superbe vallée où coule la Moukondocoua dont nous suivîmes le cours.

C'est une véritable image du paradis terrestre. cette grosse rivière serpente au sein d'un pays enchanteur, roulant ses flots tumultueux tantôt entredes rives resserrées que bordent de hautes et vertes montagnes, tantôt au milieu de vastes plaines où elle atteint une largeur imposante; partout c'est la fraîcheur, la vie et la fertilité qu'elle porte avec elle; étagés sur les rampes, pendent de jolis villages et d'immenses forêts, et, se mirant au bord de l'eau, croissent des bouquets de palmiers nains, des bois mystérieux et ombragés, des ricins énormes, toute une végétation grasse et luxuriante. Autour de soi, comme balancée par quelque éventail aérien, une brise délicieuse s'épanche en ondes embaumées; en bas, la vie déborde, la sève se répand à flots; en haut, le ciel est d'une sérénité parfaite, d'un bleu net, transparent, que rayent matin et soir des lignes éblouissantes de pourpre et d'or.

Deux ennemis redoutables affligent pourtant cette poétique contrée : sur les hauts plateaux, la famine, dans les fonds, la petite vérole.

La famine est due à l'imprévoyance de ces malheureuses peuplades : ne cultivant qu'au jour le jour, juste ce qui leur est indispensable pour répondre aux nécessités du moment, ne se préoccupant jamais du lendemain, ne réservant aucunes denrées en prévision de l'avenir, le moindre accident, récolte manquée ou guerre un peu longue, les prend au dépourvu ; telle est alors la misère que des populations entières accourent souvent en foule pour se vendre aux Arabes dans leurs établissements de Guata.

N'est-ce pas là encore une preuve de l'exagération de certains récits touchant les atrocités commises par les Musulmans dans la vallée de la Moukondocoua ? En voyant ces pauvres nègres affamés venir eux-mêmes supplier les Arabes de leur donner la subsistance en échange de la liberté de leurs bras, on se rend mieux compte de ce que j'ai toujours soutenu, à savoir que, dans ces régions principalement, l'esclavage est plutôt une domesticité non payée, et, l'Africain, bien nourri et vêtu par ses maîtres, arrive souvent à des emplois élevés, tandis que livré à lui même il devient la proie des négriers, qui, à l'instar le métis Kisabengo, trafiquent d'eux comme d'un vil bétail.

Si parfois la famine désole ces salubres plateaux, dans les vallées fécondes et si riantes un autre fléau sévit, plus terrible peut-être, la petite vérole. Autant dans les parties élevées du pays les hommes sont forts, beaux, bien découplés et de figure intelligente, autant dans les fonds ils paraissent souvent crétinisés et abêtis; c'est que les ravages des maladies de la peau y sont réellement effrayants : on y rencontre même des villages déserts dont la population entière a disparu, enlevée par la cruelle épidémie.

A Quahénéko que j'atteignis le 8 octobre, la petite vérole régnait avec une telle violence que je fis défense expresse à mes hommes d'entrer dans la bourgade où, le corps couvert de pustules, les indigènes grouillaient comme une légion de pestiférés. Un de mes porteurs, Amadi, enfreignit mes ordres, et paya cher sa désobéissance : pour ne pas compromettre la santé de ma caravane, je fus forcé plus loin de le laisser, malade, dans un hameau paisible où moyennant un salaire équitable, le chef me promit d'en avoir grand soin.

Il est des endroits ou les habitants prennent des mesures préventives contre de la terrible invasion : dès qu'un individu est atteint, on lui construit un abri en dehors de l'agglomération et il y reste isolé de tous ;

chaque jour, au seuil de la demeure, on dépose quelque nourriture et de l'eau, mais sans que jamais personne entre en contact avec le malheureux; enfin, quand on s'aperçoit que les provisions ne sont plus enlevées par lui, supposant qu'il est mort, on laisse sa hutte ouverte, les hyènes et les chacals viennent à la nuit enlever le cadavre et on brûle la cabane.

Malheureusement, le fléau s'acharne souvent avec une intensité telle que ces précautions deviennent illusoires alors toute la population y passe, y succombe même, car ces pauvres gens ignorent absolument tous remèdes ou soins en pareil cas; en s'installant pendant quelque temps au sein de cette région, en y introduisant, en y pratiquant la vaccine, le docteur européen accomplirait un acte de haute humanité dont les conséquences seraient incalculables pour le bien-être de ces belles contrées si cruellement éprouvées.

Pendant l'étape qui nous mena à Quahénéké, nous traversâmes la Moukondocoua, dont nous longeâmes alors la rive gauche sur le versant d'une pittoresque montagne. à nos pieds, dans un riant vallon, la rivière serpentait en gracieux détours, et le sentier se déroulait à travers des forêts touffues auxquelles succédaient des parcs splendides ; là paissaient des troupes de buffles, et partout des girafes, des antilopes, des zèbres s'ébattaient joyeusement au milieu de ces immensités dont ils semblaient être les véritables maîtres.

Nous arrivâmes ainsi à Kwa-Mgoungou ou Mounié-Mbogo comme s'appelle son chef, village connu aussi sous le nom de Kondoa, abréviation de Moukondocoua ; toutefois, cette dernière appellation est fautive, car on désigne par là non pas un seul hameau, mais tout le pays situé entre le mont Nyangara, y compris Mbourni et Cafaranhi.

A Kwa-Mgoungou, la rivière se partage en deux bras, la Moukondocoua-Mdogo, ce qui veut dire petite, et la Mrogoro, que domine un plateau ou s'élève le district de Guata dont les Arabes ont fait un centre important et qui se compose de quatre villages. Mbourni-Mdogo, Chakoui, Saive-ben-Seliman, et Saïd-ben-Omar. Le petit hameau, Mrogoro, où Cambier passa en 1878 n'existe plus : une crue de la Moukondocoua l'a enlevé.

En suivant cet itinéraire, mon désir était de visiter ces lieux où je savais rencontrer le vaillant explorateur français, le capitaine Bloyet, fondateur de la station française de Kwa-Mgoungou.

C'est mû par une idée pleine de sagesse que le comité français décida d'établir son premier relais dans l'Ousagara, à une faible distance de la mer, au lieu de courir dès l'abord les chances hasardeuses des aventures lointaines. De cette façon, du moins, pareil établissement est pratique, sérieux,

LA VALLÉE DE LA MOUKONDOUCA

plein d'avenir; ses communications avec Zanzibar, partant avec l'Europe, deviennent possibles, fréquentes, voire même aisées; la station peut se ravitailler facilement, recevoir sans trop grands retards les instructions de la mère patrie et, au besoin, être promptement secourue par elle; en un mot, elle répond à son but.

C'est en échelonnant ainsi les stations à partir de la côte, en marchant du connu vers l'inconnu, que l'on peut espérer faire de bonne et utile besogne sans compromettre et les efforts pécuniaires et les existences précieuses qui se dévouent à cette grande œuvre africaine.

L'Ousagara est bien certainement l'endroit le mieux choisi pour répondre aux exigences d'une telle situation; lorsque l'on quitte Bagamoyo pour s'engager dans l'intérieur du continent, un pénible apprentissage s'impose tout d'abord au voyageur: il lui faut traverser d'immenses régions insalubres et, novice encore, il ignore et les dangers qu'il va courir et les précautions qu'il doit prendre. Dans ces conditions-là il arrive à la Makata qui fait de tout le pays qu'elle baigne un vaste et pestilentiel marais où, suivant la saison, on barbote plus ou moins profondément pendant un minimum de huit à dix jours de marche. Le sol submergé s'enfonce sous les pas: d'en haut tombe parfois un déluge glacial, d'en bas sortent des exhalaisons mortelles, devant soi rien, l'infini boueux pour horizon.

La caravane avance péniblement, les porteurs laissent choir leurs fardeaux; et quand on atteint le lieu du campement, tout est trempé et la tente est dressée au milieu d'un lac fétide. Vainement on fait appel au sommeil; la peau devient moite, les muscles se lâchent, les reins sont brisés; c'est la fièvre qui monte, l'implacable fièvre avec son cortège de délires, d'abattements, de mornes désespérances.

C'est alors que, pareils à un phare sauveur, surgissent dans le lointain les pics ambitieux des monts N'Gourou qui semblent promettre au voyageur souffrant la santé et le repos au sein des belles régions de l'Ousagara. La nature a, en effet, richement doté ce district: tandis qu'en deçà, vers la côte, on se heurte aux difficultés du passage de ces marais, et qu'au delà, dans l'Ougogo, tout est sable, aridité, désert, ici l'air est salubre, la terre féconde et les eaux, drainées par la ligne des montagnes, y apportent partout la fraîcheur et la fertilité.

C'est là aussi que les Arabes ont établi leur première succursale de Zanzibar et, comme conséquence, l'Européen y trouve toutes sortes d'excellents produits que le nègre ne prend pas la peine de cultiver: la patate douce, les haricots de diverses sortes, le riz, le sésame, les arachides, la canne à sucre, la banane et la papaïe, outre le maïs, le moutama et le manioc qu'on rencontre plus généralement.

Malheureusement des difficultés, des querelles même ont surgi à diverses reprises entre ces Arabes et les missionnaires anglicans de Mpwapwa, et le lecteur n'a probablement pas oublié l'histoire de Saive-ben-Seliman qui faillit attaquer la Mission anglaise parce qu'elle favorisait, disait-il, la désertion de ses gens. Cet homme étant un des notables de l'endroit, sa cause fut bientôt épousée par tous les chefs des alentours et le capitaine Bloyet qui arriva chez eux sur ces entrefaites en supporta le contre-coup fatal.

Il venait d'être violemment secoué par les fièvres en traversant la Makata et, lorsqu'il se présenta à Kwa-Mgoungou, il était pâle, amaigri, se soutenait à peine et avait été forcé de se faire porter sur un lit de camp.

Il demanda à être introduit auprès du chef. Or, je l'ai fait remarquer déjà pour Taborah, dans ces districts où les musulmans ont conquis une grande importance, il y a deux pouvoirs : le gouverneur arabe et le sultan nègre ; c'est devant le premier que Bloyet fut tout d'abord conduit et à qui il exposa brièvement le motif de sa venue, c'est-à-dire son désir d'établir un poste européen en ce lieu. Mis en défiance par les ennuis que Saive-ben-Seliman avait subis à Mpwapwa, l'Arabe déclara que le pays n'avait pas besoin de blancs et que, du reste, il n'y avait pas de terrains à concéder. Bloyet renouvela sa tentative auprès d'autres personnages, mais en vain : les imprudences des Anglais avaient fermé toutes les portes aux Européens.

La situation était pour lui des plus critiques lorsque intervint le chef nègre du district, Mounié-Mbogo, qui offrit à Bloyet sa propre habitation dont il ne voulut rien recevoir à titre de loyer ; il en fit immédiatement déloger ses femmes, ses enfants, ses troupeaux, et Bloyet se trouva en possession du plus beau tembé de l'endroit ; de plus, son hôte se chargea d'amener un revirement dans l'esprit des Arabes et de lui obtenir les concessions qu'il ambitionnait.

C'est dans cette demeure que le capitaine Bloyet me reçut quand j'arrivai à Kwa-Mgoungou, et ma surprise fut extrême quand il me raconta cet épisode si grand dans sa simplicité : les rois ne nous habituent plus guère au spectacle de la générosité, et Mounié-Mbogo mérite d'être cité comme un modèle d'autant plus précieux qu'il est rare.

Bloyet me narra aussi tout ce qu'il avait dû mettre en œuvre pour vaincre l'antipathie des Arabes à l'égard des blancs, après les événements de Mpwapwa ; se mettant courageusement au travail, il connut bientôt assez de swahili pour tenir avec les chefs de longs *barzas*, conversations interminables dans lesquelles il fit comprendre à ses hôtes que sa station ne tomberait pas dans les errements de sa voisine; qu'au contraire, pour mener à bien son œuvre de civilisation, de science et d'humanité, il s'appuierait sur l'influence des Arabes. Bref, par sa présence d'esprit et son tact, il dissipa toute méfiance, conquit les bonnes grâces générales, obtint la concession d'un vaste territoire situé sur le sentier des caravanes et passa un contrat pour la fourniture du bois et la confection des adobes dont il avait besoin.

En effet, depuis deux mois à peine que les travaux étaient commencés, quand j'y passai le terrain se trouvait déjà déblayé, les madriers étaient coupés et, sur les quinze mille briques nécessaires, les deux tiers environ étaient là qui grillaient au soleil; pour qui connaît la paresse et l'indolence du nègre, pareil résultat est surprenant et il fait honneur au courage et à l'activité de Bloyet.

C'est bien là d'ailleurs l'homme qu'il faut pour faire réussir semblable entreprise : ancien capitaine au long cours, Bloyet est instruit, énergique, intelligent et travailleur; nul mieux que lui ne sait se débrouiller; d'une activité peu commune, il électrise ses hommes en mettant lui-même la main à la pâte, et il en obtient ainsi le *summum* de ce que peut donner un noir. Doué d'un esprit pratique et clairvoyant, il distingue nettement son but, mesure ses moyens d'action et fait à l'avance la part des bonnes et des mauvaises chances; rien ne l'émeut ni ne l'étonne : son idée est là, devant ses yeux, et il la pioche avec une ténacité qui lui en garantit le triomphe; en un mot, sobre, patient, déterminé, il est de la trempe de ceux qui font grand en Afrique.

Mais, ainsi qu'il me le répétait lui-même, c'est à l'amitié des chefs arabes établis dans le pays qu'il a dû son succès : ce sont eux qui ont pris à forfait la fourniture de toute la besogne qu'ils ont confiée à leurs propres travailleurs, car pour toute escorte et pour auxiliaires Bloyet n'avait conservé auprès de lui que deux nègres dont l'un faisait la cuisine et l'autre s'occupait du logement et des armes.

En quittant Kwa-Mgoungou, je suivis une direction au nord de la route de Simbamouenni qui me mena à un large affluent du Vouami, tel est le nom que prend la Moukondocoua à partir de cet endroit jusqu'à son embouchure à Saadani, et le lendemain j'atteignis Mvoumi où régnait une abondance extrême : non seulement nous y trouvâmes des poules, du grain, des œufs et du bétail, mais aussi des cannes à sucre, des tomates; l'eau courante y est très bonne, et je n'hésiterais pas à recommander chaudement ce point pour y établir une station scientifique ou religieuse, un poste de santé ou de ravitaillement : à condition de ne pas imiter les errements des Anglais, l'Européen serait heureux, tranquille et respecté à Mvoumi, témoin la Mission de Monda que les Pères du Saint-Esprit ont fondée dans les monts Ousagara, au pied de Kidoudwé, et dont le père Machon, que je rencontrai près de là, me fit ressortir les avantages précieux.

Depuis que nous nous trouvions dans cette contrée où ils n'avaient plus autant à redouter les combats, les fatigues et les privations, mes Zanzibarites n'étaient plus reconnaissables, et leur nature capricieuse, facile aux impressions gaies, se donnait libre carrière.

Étranges créatures que ces Vouangouana chez qui l'attachement dévoué, la bonté, la bravoure, coudoient sans motif la froide trahison et la plus révoltante infidélité! Sans famille ni demeure fixe, sans frein ni loi, tout à l'heure présente, à l'impression du moment, ils n'ont aucune suite dans les idées et dans leurs actes aucune logique.

Doués d'une merveilleuse loquacité, ils mentent, exagèrent, amplifient avec une facilité toute gasconne et tirent vanité de la moindre facétie souvent inepte, qu'ils préparent de longue main et à la réussite de laquelle ils apportent des soins extrêmes. Le premier désir éclos les entraîne, une sotte remarque suffit à les mettre en joie, ils sont, dans toute l'acception du terme, des êtres légers.

Aimant le pommbé, le chant, la danse, ils courtisent activement aussi la femme, et se préoccupent au plus haut degré de leur mise qu'ils modifient de la façon la plus baroque, heureux quand par une singularité de leur coupe de cheveux ou par un chiffon d'étoffe ils parviennent à arracher à leurs compatriotes un cri de surprise ou un rire bouffon.

On ne peut pas compter sur eux : pour un rien ils vous glissent des mains, se laissent entraîner par une lubie et séduire par le hasard, la nouveauté, le goût du changement; et il est étrange d'observer combien leur nature primitive, un instant comprimée en face du danger, et devant les dures nécessités des heures de sacrifices, reparaît à mesure que l'on se rapproche de la côte.

Kidétéh, où nous fûmes le 12 octobre, n'est cependant pas un pays des plus paisibles : nous y apprîmes qu'un blanc, M. Stokes, venant de Saadani pour se rendre à Mamboïa, s'y trouvait l'avant-veille, quand les naturels d'un village voisin assaillirent son avant-garde et blessèrent un de ses hommes; refusant toute satisfaction, l'Anglais était parti furieux en annonçant qu'il reviendrait avec du renfort pour mettre le pays entier à la raison; aussi l'émoi était-il grand à Kidétéh; toutefois je ne pense pas que l'affaire ait eu aucune suite sérieuse.

Le long de cette route, qui est celle de Saadani, nous eûmes à traverser plusieurs porrys où la tsétsé abonde; mais nous n'y demeurâmes guère, et le lendemain, à M'Choropa, nous reprîmes l'itinéraire de Bagamoyo : c'est près de ce village, à la rivière Mawé, que les deux chemins bifurquent ; ce lieu est excessivement pittoresque : un gros arbre, jeté en travers des rives, sert de pont ; en amont et en aval, l'eau jaillit par cascades et, courant au milieu du roc, se brise deçà et delà contre des dalles de granit qui surgissent du sein de l'onde.

Nous campâmes sur la rive droite, en dehors de tout village, et la caravane se baigna avec délices dans la Mawé ; retiré à l'écart, j'en fis autant, pendant que Mabrouki et Pilipili battaient les alentours pour me préserver de la gueule des crocodiles ; en cette circonstance, je fus surpris de constater

HUTTES DES VOUAGOUANA.

chez le nègre une sorte de pudeur craintive à l'égard de l'Européen : aucun de mes gens ne s'approcha, et ceux que j'avais près de moi évitèrent de me regarder jusqu'à ce que j'eusse repris mes vêtements ; eux qui sans vergogne vont nus comme le père Adam, ils semblaient effrayés ou éblouis de voir un blanc dans cet état-là, au milieu de ce sauvage décor.

Rentré au camp, je vis revenir Amessi de la course aux provisions : cet homme-là était un sujet constant d'étude pour moi ; il rapportait au bout d'une perche deux poules liées par les pattes et qui, secouées par la marche, poussaient des cris lamentables ; il fallait le voir ensuite jeter la bête à terre, la maintenir entre ses deux orteils, prestement lui plumer le cou, puis, avec un énergique *bismaïla*, lui trancher net la tête ; c'était un bien original serviteur, et je n'avais guère plus d'une dizaine d'observations à lui faire journellement, soit qu'il se raclât les bras nus avec mon couteau de table, ou qu'il égouttât mes légumes à travers dix doigts, ou qu'il essuyât mon verre avec son pagne.

Vrai type de Mgouana d'ailleurs, avec toutes les qualités et les vices, des noirs de la côte : tournant autour de vous pendant une heure avant de se décider à vous parler, il s'accroupit, rit, bâille, étend les bras, ce qui est le signe évident qu'il a quelque grave communication à vous faire.

« Eh bien, Amessi, qu'y a-t-il ? »

Nouveau rire, second bâillement ; puis, sans vous regarder, il creuse le sable, se gratte les pieds et finit par demander un doti d'avance sur sa paye, ou la permission d'aller une heure au village, ou bien encore il réédite une plainte, une crainte qu'il a entendue des porteurs ; mais tout cela haché menu, et avec des tournures de phrases à lui propres.

Il ne m'a jamais volé ; pourtant il était gourmand et vaniteux, adorait la viande et le sucre, et se serait vendu pour un mouchoir de couleur ; mais, je l'ai fait remarquer déjà, cette race est un composé étrange de bien et de mal, d'enfantillages et de réflexions profondes, à la fois crédule et sceptique comme ces jeunes gens qui n'ont pas d'enfance et n'auront pas de vieillesse, fruit pourri avant d'être mûr, en un mot ce que les Égyptiens appelaient avec raison en parlant des Berbères et des nègres · les tribus perverses de Kous.

Au delà de Lukindo où nous passâmes le lendemain, nous franchîmes le Vouami sur un pont aérien, suspendu au-dessus de l'abîme, et fait de lianes et de branchages ; l'oscillation, la hauteur, l'étroitesse, le peu de solidité apparente de cette construction primitive, n'avaient rien de rassurant, je l'avoue, et le vertige vous prenait immanquablement au beau milieu du périlleux passage ; en cet endroit pourtant le fleuve dont la largeur atteint une vingtaine de mètres, roule avec fracas entre des rampes de granit, et une chute occasionnerait une mort instantanée ; or cette passerelle n'est, en somme, rattachée aux arbres de la rive que par des fibres végétales qui peuvent se décomposer, pourrir et, malgré le soin que l'on met à ne pas s'y aventurer en nombre, il arrivera certainement qu'un beau jour pont et passants seront précipités dans le gouffre.

Qu'importe d'ailleurs aux gens du pays ? Ils n'en usent guère et, s'ils ont à traverser le fleuve, ils connaissent les parties guéables ; c'est aux caravanes seules qu'incombent la construction et l'entretien de ces chemins suspendus ; or, quand elles ont franchi le mauvais pas, peut-être se disent-elles égoïstement : tant pis pour les survivants ! Et chacun raisonnant de la sorte, une catastrophe est imminente ; alors, devant le vide, il faudra bien que l'on se mette à réédifier une nouvelle voie de communication.

Ce pays aussi est merveilleusement fécond et le gibier y abonde : cerfs, girafes, buffles, zèbres, sangliers fuient de tous côtés, et le sentier révèle le passage d'éléphants et de rhinocéros dont les trois sabots courts et

PONT SUR LE VOUAMI.

arrondis laissent sur le sol une empreinte bien caractéristique ; les villages y sont populeux, mais en longeant le Vouami, à Kingowé, je fus obligé d'engager une escarmouche avec les naturels qui tentèrent de nous voler des objets dans l'intérieur même du camp ; du reste, le village jouit d'un fort mauvais renom.

Deux jours après, en atteignant Poungwé, je remarquai au loin une bande bleuâtre qui scintillait aux feux du soleil levant.

« Hourra ! hourra ! » exclamèrent mes Zanzibarites ravis, en saluant d'une vive fusillade cette apparition qu'ils se montraient en levant les yeux au ciel comme pour bénir la Providence, et, tout en criant, ils sautaient et dansaient de joie.

C'était la mer qui reparaissait à nos regards.

Le surlendemain, par une pluie battante, nous arrivâmes au Kingani que nous traversâmes sur un batelet, et d'où nous vîmes de nombreux hippopotames qui se promenaient flegmatiquement, émergeaient un instant de l'eau leur large tête, reniflaient bruyamment et se replongeaient dans leur élément, sans paraître se soucier des balles que je leur envoyais à une distance, il est vrai, par trop considérable.

Nous laissâmes ensuite la fertile plaine de Chamba-Gonera dont les superbes manguiers, les carrés d'ananas, les citronniers, les cocotiers nous annonçaient la fin de nos fatigues, et nous atteignîmes Bagamoyo où les Pères du Saint-Esprit m'offrirent aussitôt l'hospitalité dans leur superbe établissement.

Il y aurait un volume entier à écrire sur les travaux magnifiques que les missionnaires français ont édifiés à Bagamoyo ; j'en suis resté émerveillé et je dois déclarer n'avoir rien vu de semblable ni même d'approchant dans mes divers voyages en Afrique : ils ont réellement fait grand, et c'est avec étonnement et respect que j'ai salué leur œuvre.

La Mission forme toute une série de constructions très belles, fort bien emménagées, habitations, église, asile, écoles pour les enfants du pays ; là toute une génération de petits noirs étudie, prie Dieu, se civilise, s'élève à la hauteur d'hommes libres. Ce sont de véritables pensionnats, avec classes, dortoirs, réfectoires et cours de récréation ; puis des ateliers où le nègre apprend à devenir charpentier, maçon, forgeron habile, tailleur ou cordonnier, pépinières d'où sortent de précieux auxiliaires pour les expéditions qui affrontent l'intérieur du continent.

Plus loin viennent les établissements des sœurs ; je regrette de n'avoir pas sous ma plume le nom de la supérieure que j'y ai vue, une héroïne qui déjà avait parcouru le Sénégal et le Gabon, semant partout sur sa route la charité, arrachant des centaines de pauvres créatures à la misère, à l'esclavage, accomplissant en un mot, dans le silence et l'obscurité, une de ces œuvres admirables dont l'humanité devrait perpétuer le souvenir sur le bronze et le marbre, car elles sont l'honneur de notre siècle.

Cette Mission des Pères du Saint-Esprit est toute une colonie, et les cultures y ont été entreprises et menées avec un soin tout particulier; les plantations de cocotiers, dont le rendement est si fructueux, on le sait, forment de véritables forêts; le caféier, le cannellier, le giroflier, y donnent aussi de superbes résultats, et l'acclimatation des fruits, des légumes européens, y est conduite de la façon la plus intelligente.

Je passai trois jours à Bagamoyo pour y prendre un peu de repos dont j'avais réellement besoin, puis je m'embarquai sur le boutre de Sewa, le riche Indien, qui me mena à Zanzibar. Là, profitant de la première malle en partance, après avoir touché à Aden, traversé rapidement l'Égypte, le 18 décembre je revis enfin l'Europe; j'y retrouvai la guérison, la santé.

CHAPITRE XXIX

La station de Karéma. — Honneur à Cambier ! — Mort de De Leu. — Les Missionnaires. — Guerriers vouatouta. — Les martyrs chrétiens. — Popelin et Roger sur le lac. — Les rives du Tanganïka. — Naufragés. — La barque providentielle.

N arrivant à Karéma, le capitaine Ramaeckers fut frappé d'admiration devant le spectacle qui s'offrit à sa vue.

« Ce que Cambier a fait ici est réellement remarquable, écrivit-il, et prouve chez ce brave camarade un caractère fortement trempé; il a bien mérité de l'Association; il peut se retirer, car son œuvre est finie et il a le droit d'en être fier. »

C'est en effet un travail colossal que notre vaillant compatriote a accompli là : sur ce monticule arrondi qui s'avance dans l'intérieur du lac et qu'envahissait naguère une jungle épaisse, tout un ensemble de constructions abrite aujourd'hui notre colonie belge de Karéma.

Par sa disposition générale, le plan de la bâtisse rappelle, je l'ai dit, le tembé de l'Ougogo, mais avec l'amplitude, le confort, l'emménagement que l'expérience de Cambier y a su apporter ; les murailles sont en adobes, c'est-à-dire en briques séchées au soleil, et les toits débordants protègent de larges vérandas qui courent le long du bâtiment. A l'extérieur, une forte estacade en pisé et briques, précédée d'un fossé et percée de meurtrières, permet à la station de supporter et de repousser victorieusement, si le cas se présentait, les assauts du dehors.

Au centre de la cour intérieure s'élève l'habitation des Européens, très intelligemment distribuée et dont la forme est celle d'un chalet suisse ; autour, et formant ainsi une seconde enceinte, sont échelonnés les logements des Zanzibarites et des travailleurs indigènes, les magasins, ateliers, écuries et étables ; car, à l'époque où Ramaeckers arriva à Karéma, la colonie possédait des troupeaux de soixante-quinze têtes de bétail, principalement des chèvres, et possédait, en outre, des ânes de selle et de labeur, ainsi qu'une basse-cour qui chaque jour prenait un plus grand développement.

Aux abords de la station, un vaste terrain avait été entièrement débarrassé des roseaux et des herbes parasites qui le couvraient, et les travaux agricoles déjà commencés promettaient les plus heureux résultats.

En quinze mois, de cet humble village de l'Oufipa Cambier avait fait un site charmant où l'Européen retrouvait l'écho lointain de la civilisation, où il pouvait se reposer, travailler, étudier et vivre ; où surtout, aux heures de détresse, il était assuré de rencontrer un port de salut, une affable hospitalité et le plus intelligent appui.

J'ai raconté dans un précédent chapitre que l'abbé Debaize s'y réfugia quand l'adversité le frappa de ses coups redoublés ; attaquée et pillée par les Rougas-Rougas du Nioungou, une des colonnes de l'expédition des Pères d'Alger vint s'y abriter également pendant plusieurs mois, et l'on peut dire que la jeune station faisait ses preuves même avant d'avoir atteint son développement ; aussi fut-elle bénie par tous ceux qui y passèrent et de chaleureux remerciements lui furent adressés par Mgr de la Vigerie, promoteur de l'Œuvre des missionnaires algériens.

Parmi les Européens que Cambier secourut, je dois noter encore le jeune Anglais Thomson qui, dévalisé par les naturels de la côte occidentale du lac, et n'ayant pas trouvé à se ravitailler chez ses compatriotes de Mtowa et d'Oudjidji, vint à Karéma où il se pourvut de tout ce dont il avait besoin

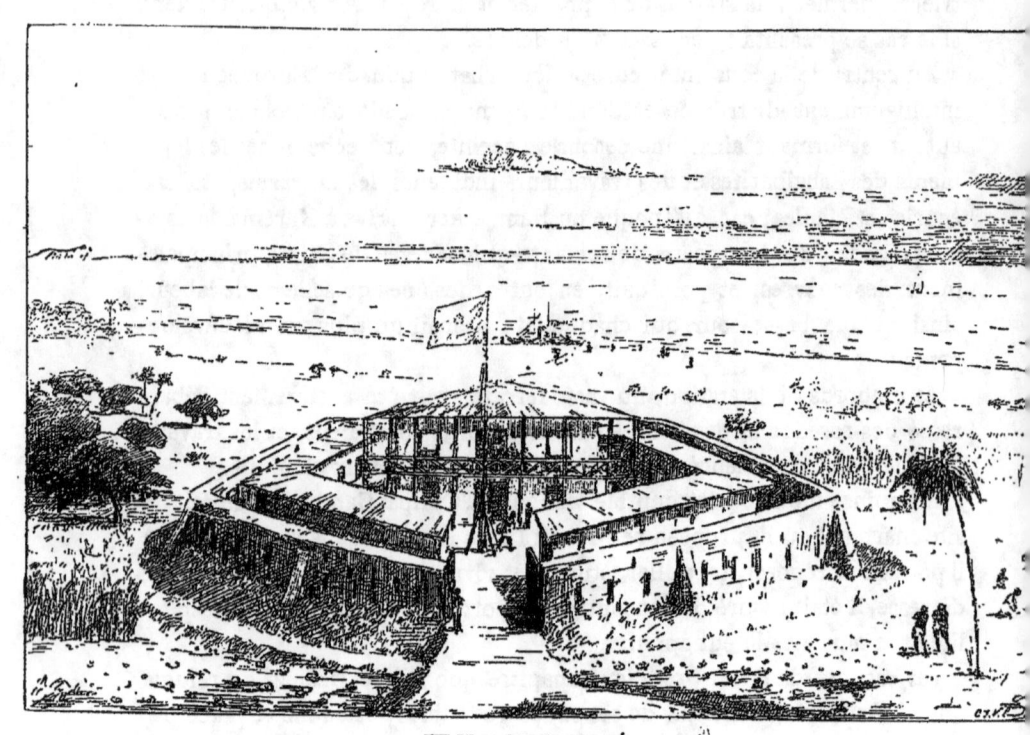

VUE DE LA STATION DE KARÉMA.

pour la continuation de son voyage; par un oubli inexplicable, ce gentleman a omis de mentionner ce fait dans son journal et d'en témoigner sa gratitude à qui de droit; reconnaître chez d'autres quelque chose de grand, ou contracter envers eux une obligation morale, est-ce donc chose si lourde pour l'orgueil britannique? Il a fallu l'intervention du brave docteur Van den Heuvel à Zanzibar, pour convaincre le jeune Anglais d'ingratitude envers ses bienfaiteurs.

Cambier remit donc le commandement de la station à Ramaeckers et se disposa à reprendre le chemin de la côte; tout fut bientôt prêt et le 10 décembre 1880 le fondateur de Karéma pressait une fois encore la main de ses quatre compatriotes, dont deux ne devaient plus jamais le revoir; sous la rude écorce noire des poitrines nègres il y eut certainement aussi plus d'un serrement de cœur, et si ces pauvres déshérités n'ont pu définir l'émotion qui les agitait en voyant s'éloigner celui

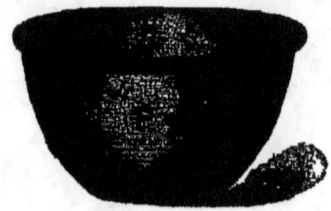

POT DE TERRE.

qu'ils appelaient leur père, un jour peut-être ils comprendront que ce sentiment indéchiffrable pour eux était le plus noble mouvement de l'âme humaine, le privilège des natures droites, la reconnaissance.

Et pour lui-même, pour Cambier, ce fut un moment bien cruel que celui où, du haut des vertes collines de l'Oukaouendi, il jeta un dernier regard sur cet avant-poste de la civilisation fondé par lui au prix des plus dures fatigues, du plus admirable courage, et où il envoya un adieu suprême au beau Tanganika dont les flots bleus avaient bercé ses espoirs, reposé sa pensée et sa vue aux heures des déceptions et des cruelles angoisses.

Il mit deux mois pour revenir à Zanzibar qu'il atteignit le 10 février 1881, et, après un court séjour en Égypte, il revit enfin sa patrie. Chacun se rappelle la réception enthousiaste dont il fut l'objet et les témoignages d'admiration qui lui arrivèrent de toutes parts; aussi modeste devant le succès qu'il avait été brave à l'action, il semblait ne vouloir prendre de ces honneurs que ce qu'il pouvait reporter sur ses compagnons qui, moins heureux, étaient morts au champ d'honneur, et dont les noms se pressaient à tout instant sur ses lèvres.

Pendant que Cambier poursuivait sa route vers la côte, un bien triste événement se préparait à Taborah. Depuis quelque temps déjà De Leu y était souffrant; le passage du Mgounda-Mkali où les voyageurs avaient à peine trouvé un peu d'eau, lui avait été funeste, le typhus s'était déclaré et les soins constants et dévoués du docteur Van den Heuvel et de Sergère ne parvinrent pas à conjurer l'arrêt fatal. Son courage fut du reste admirable et ne se démentit pas un seul instant; en vain ses amis lui parlèrent-ils de retour, il n'y voulut point consentir, persuadé, disait-il, qu'il guérirait bientôt. Mais, peu de temps après le passage de Cambier, la maladie fit des progrès inquiétants, et le 25 janvier 1881 De Leu expirait en brave et en soldat, ajoutant un nom de plus à la liste déjà si longue de notre nécrologe africain.

A plusieurs reprises j'ai eu l'occasion de parler ici de l'expédition des missionnaires d'Alger entreprise sous les auspices de Mgr de la Vigerie, et dont firent partie plusieurs de nos compatriotes; le récit de leur héroïque martyre, qui s'accomplit dans le voisinage de Taborah quelques mois plus tard, a droit à une place glorieuse dans cet ouvrage.

VAISSELLE DE L'OUGANDA.

Dès le début les Pères algériens furent cruellement éprouvés, et, avant même que j'arrivasse à Taborah, cinq membres d'une de leurs caravanes y avaient succombé malgré les soins du docteur Van den Heuvel dont le dévouement en cette circonstance encore fut réellement admirable.

L'expédition se scinda en différentes colonnes : l'une, dont faisait partie Félix Staes, de Melsele, s'établit à Mdabourou après que les hordes de Rougas-Rougas en eurent été chassées à l'époque du passage de Ramaeckers ; se dirigeant vers le lac Tanganika, une autre fut attaquée et dévalisée par les bandits du Nioungou, et les Européens qui s'y trouvaient se réfugièrent à Karéma ; une troisième enfin, la moins tourmentée de toutes, prit le chemin de l'Ouganda, pays du célèbre Mtésa, où elle fonda une mission catholique dont les résultats furent très brillants; toutefois, elle-même eut à payer un tribut au malheur : attaquée par les Vouatouta, la caravane perdit un de ses missionnaires, le père Stuart, sur la route du lac Nyanza-Victoria.

Ces Vouatouta, que Livingstone appelle les Cafres-Zoulous, sont des peuplades nomades, vivant de chasse et de rapine, n'ayant ni frein ni loi, obéissant à leurs seuls instincts de déprédation et de vol ; à certains moments, ils tombent sur les villages les plus prospères, s'y installent temporairement, y consomment les vivres, puis s'en vont emmenant avec eux femmes, enfants, bétail, en un mot tout ce qu'ils ont pu y trouver.

Ils semblent originaires des environs du lac Nyassa, et c'est sans doute

STATION DE
KARÉMA
———
Habitation
DES
Européens.

ELÉVATION DE LA FAÇADE
de l'habitation centrale.

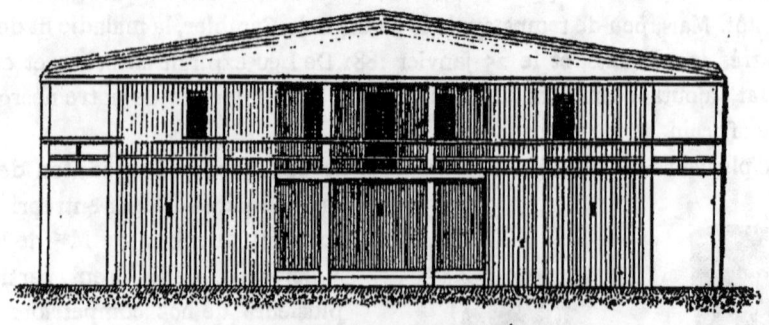

PLAN DU REZ-DE-CHAUSSÉE

N ←

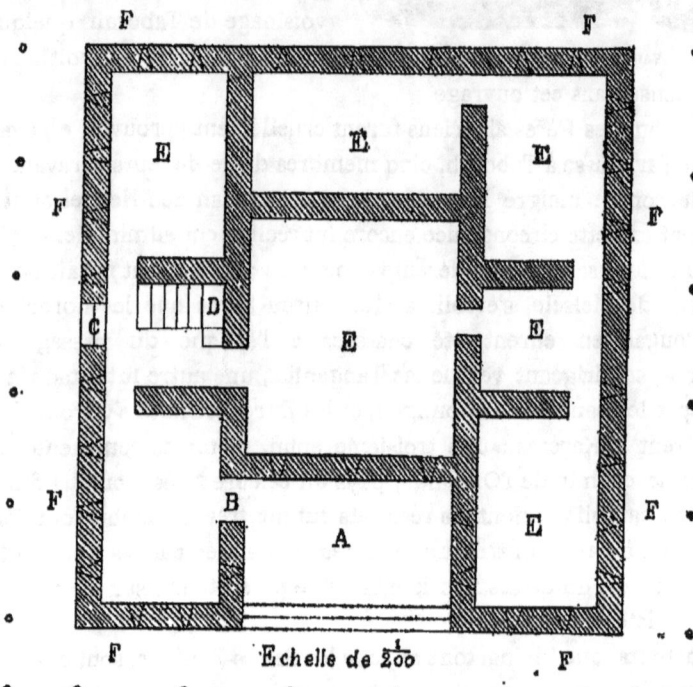

Echelle de 1/200

A Veranda.
B Porte principale.
C Porte de service.
D Escalier.
E Magasin.
F Galerie couverte.

la particularité de leur costume qui leur a fait attribuer une patrie plus lointaine, comme pensent Livingstone et Speke en les apparentant aux indigènes de l'Afrique méridionale. Pour coiffure, ils portent un bouquet de plumes de hibou ou de grue, ou bien encore la dépouille d'un singe ou d'un chat sauvage qui leur retombe sur les épaules et dontils s'entourent même la gorge, à l'instar des Rougas-Rougas que j'ai rencontrés à Kissindeh ; souvent aussi ils s'adaptent la queue d'un animal quelconque et la laissent pendre derrière eux pour faire croire qu'elle tient à leur personne; leurs armes, sont l'arc, les flèches, les sagaies surtout, et un bouclier de forme ovale bariolé d'ocre rouge-brique et de chaux ; comme ornements ils ont aux bras et aux chevilles des anneaux de cuivre, autour du cou, sur la poitrine, et au-dessus du genou des amulettes dont les plus caractéristiques sont des brochettes de fer décorées de perles, des griffes de lions, des grelots, de petites gourdes contenant leur tabac, des simples et des charmes.

Lors de son voyage au Zambèze, au moment où il arriva à Chinsamba, Livingstone apprit qu'une bande de ces maraudeurs désignés sous le nom de Vouamazitou, qui signifie hommes des bois, s'était précipitée sur le pays, avait enlevé les provisions et traîné en esclavage tous les habitants qui n'avaient pu fuir ; avant de se retirer, les brigands avaient coupé les oreilles d'un des captifs pour les envoyer en guise de lettre de créance au chef de Chinsamba en lui faisant savoir qu'il ait à bien soigner les approvisionnements de grain, car le mois suivant ils comptaient lui rendre une nouvelle visite.

Tels sont ces audacieux Vouatouta, détrousseurs de caravanes, hordes pillardes et sanguinaires qui, sans avoir de patrie bien déterminée, résident pourtant plus particulièrement dans la vaste et fertile contrée située au nord de Taborah sur la route qui mène du lac Tanganika au Nyanza-Victoria, où ils répandent la désolation et la terreur sans que personne ose leur opposer la moindre résistance.

Mais si les missionnaires qui se dirigeaient vers l'Ouganda eurent à subir les attaques de ces bandits, un sort bien plus fatal encore était réservé à leurs infortunés compagnons.

Le père Deniaud, que je rencontrai deux fois à Taborah vers le milieu de l'année 1880, m'avait entretenu alors de son projet d'établir une mission à la partie septentrionale du lac Tanganika ; à cette fin, il reconstitua la vaillante phalange qui avait été brisée dans l'Ougala et dont une partie se trouvait à Karéma ; je le vis à l'œuvre à cette époque, et c'est avec émotion que je rends hommage a l'indomptable énergie qu'il déploya dans ce rude labeur.

Ses efforts furent couronnés de succès : avec les débris de la caravane si cruellement éprouvée il fonda à Roumoungué, dans l'Ouroundi, au nord du Tanganika, un vaste établissement qui était en pleine prospérité lorsque éclatèrent les événements tragiques que l'on va lire.

Cinq Européens occupaient ce poste les pères Deniaud, Auger et Dromaux, le frère Jérôme et notre brave compatriote, Félix D'Hoop. Ils avaient inauguré leur œuvre d'apostolat par le rachat et l'éducation de jeunes noirs arrachés par eux à l'esclavage, et leur salutaire influence amena bientôt dans tout le pays un vent de bien-être et de bonheur qui rendit jalouses les tribus voisines, principalement celle des Vouabikari, établie de

COIFFURE DES VOUATOUTA.

l'autre côte du lac et qui, du reste, était en hostilité continuelle avec les naturels de Roumoungué.

Ces Vouabikari sont voisins de l'Oubembé dont à juste titre les habitants sont accusés d'anthropophagie : fainéants par nature, ils ne cultivent point la terre et se nourrissent de charogne, de larves, d'insectes et même, trop paresseux pour la faire rôtir, ils vont jusqu'à manger crue la chair de l'homme.

A diverses reprises les Vouabikari avaient prié les missionnaires de venir résider sur leur territoire, mais ceux-ci avaient dû refuser, car l'Oubikari est un pays bas et marécageux, partout très insalubre, ne répondant nullement à l'appropriation et aux besoins d'un orphelinat; déçus dans leur espoir cupide, les naturels de ce district témoignèrent dès lors aux Européens une froideur et une inimitié qui se traduisaient par des tentatives fréquentes de rapt sur les enfants noirs dont les pères faisaient l'éducation et que les barbares essayaient d'enlever de force ou par surprise pour les réduire à nouveau en esclavage.

Quelque temps avant la catastrophe qui va suivre, les missionnaires avaient racheté un jeune esclave de quinze ans au prix de deux rouleaux de fil de cuivre d'une valeur totale de cinquante francs; or, un jour qu'ils étaient aux offices religieux, on vint les avertir que les Vouabikari s'étaient emparés de cet enfant. A l'instant D'Hoop se mit à leur poursuite, les

COIFFURE D'UN NATUREL DE ROUA.

rejoignit au moment où ils allaient prendre le large, et, telle fut leur frayeur à la vue de l'homme blanc armé et entouré des gens de la Mission que, non seulement ils lâchèrent le petit nègre, mais qu'ils se débandèrent et abandonnèrent leur bateau chargé de sel.

Lorsqu'ils se présentèrent le lendemain, on leur rendit l'embarcation et la marchandise, mais en leur déclarant qu'à l'avenir de nouvelles incursions de leur part seraient chèrement payées.

A peu de jours de là pareil fait se reproduisit, mais, cette fois, le salut arriva trop tard . les ravisseurs voguaient sur le lac hors de toute portée, emmenant avec eux le jeune esclave racheté.

D'abord les missionnaires recoururent à tous les moyens de conciliation qui étaient en leur pouvoir : ils envoyèrent une ambassade au sultan de l'Oulikari, réclamèrent le malheureux enfant et allèrent jusqu'à offrir un léger cadeau en signe de bonne entente ; ces loyales tentatives ayant été repoussées, les pères manifestèrent l'intention de le faire reprendre par la force au moyen des noirs adultes qui se trouvaient sous leurs ordres dans la mission.

A peine les Vouabikari furent-ils instruits de ce dessein que, conduits par leur roi, ils envahirent le territoire de Roumoungué et se portèrent en masse sur l'habitation des Européens.

Voulant se rendre compte du bruit affreux qu'ils entendaient au dehors, les pères Deniaud et Auger sortirent aussitôt accompagnés de D'Hoop en armes, et tous les trois s'avancèrent au-devant des ennemis qui poussaient des clameurs furibondes.

Avant même qu'une seule parole eût été prononcée par les blancs, une grêle de traits meurtriers s'abattit sur eux, et le père Auger s'affaissa mortellement atteint; D'Hoop qui, tenait tête comme un lion, fut bientôt assailli, criblé de coups, et tomba bravement à côté du prêtre; alors comme un héros antique, percé de huit flèches, mais debout dans sa longue soutane blanche tout ensanglantée, et de son regard arrêtant les assaillants, le père Deniaud étendit les mains au-dessus de ses compagnons mourants, prononça les paroles sacrées de l'absolution suprême et tomba à son tour, assassiné par ces barbares dont il voulait la rédemption.

Comme épouvanté de leur horrible forfait, les Vouabikari prirent aussitôt la fuite, tandis que le père Dromaux et le frère Jérôme accouraient au secours de leurs amis. Hélas ! le mal était irréparable lorsqu'on les releva, le père Auger et D'Hoop n'étaient plus que deux cadavres; transporté dans la mission et perdant tout son sang, le père Deniaud reçut l'absolution de son collègue et, faisant à Dieu l'entier sacrifice de sa vie pour le salut des noirs, il expira au bout de quelques instants.

Les trois martyrs de la charité chrétienne furent pieusement ensevelis le lendemain sous le grand arbre qui abritait la station de Roumoungué, au milieu des prières de leurs compagnons et des amers sanglots des pauvres petits nègres pour qui ils s'étaient dévoués jusqu'à la mort.

Ce jour-là même, effrayé de ce qui venait de se passer, le chef de Roumoungué vint supplier les Européens survivants de quitter la tribu au plus vite, se déclarant incapable de les protéger contre de nouveaux attentats de la part de ses redoutables voisins. Sur ces entrefaites aussi, prévenus du malheur qui frappait leurs confrères, les missionnaires établis chez les Vouamazangué, à l'ouest du lac Tanganika, accoururent aussitôt, frétèrent

GUERRIER VOUATOUTA

(Détrousseur de Caravanes.)

une grande pirogue indigène et emmenèrent chez eux le père Dromaux et le frère Jérôme ainsi que tout le personnel et les orphelins de la mission.

Presque à pareille époque, notre autre compatriote, Félix Staes, succombait à Mdabourou sous les atteintes d'une fièvre violente qui l'emporta en sept jours.

N'oublions pas ces deux valeureux Belges qui dorment là-bas à Roumoungué et à Mdabourou, et que les noms de Félix D'Hoop et de Félix Staes restent gravés dans notre martyrologe africain, à côté de ceux de nos plus vaillants héros !

VUE DU PIC KONNGOUÉ.

Cependant, à l'heure où Cambier rentrait en Europe, Popelin et Roger, qui se trouvaient à Karéma, mettaient la dernière main aux préparatifs de leur expédition nouvelle dont le but était de fonder une station sur la côte occidentale du lac Tanganîka. Toutefois, les askaris de Popelin étant indispensables pour veiller à la sécurité de Karéma, le départ fut retardé jusqu'au 6 avril, date à laquelle arrivèrent enfin les nouveaux soldats que Ramaeckers avait demandés à la côte.

Popelin, Roger et leurs hommes d'escorte s'embarquèrent donc ce jour-là à bord du bateau dont j'ai déjà parlé et que Cambier avait acheté après la mort de l'abbé Debaize qui en était possesseur; leur objectif était d'atteindre d'abord Oudjidji et, de là, s'avancer dans l'Ougouha pour y chercher un emplacement favorable.

L'expédition quitta la baie paisible au fond de laquelle s'élève Karéma, et, laissant derrière elle le grand pic Mpimboué, elle se dirigea vers le nord du Tanganika.

Contrairement à ce que l'on pourrait croire, cette navigation est des plus dangereuses, car ce lac immense, véritable mer intérieure, présente tous les risques de l'Océan : tantôt c'est le vent qui, gonflant les eaux, les soulève en lames pressées et les jette avec furie contre les flancs légers du canot; tantôt c'est la pluie torrentielle qui inonde tout, ou les rafales, ou l'orage accompagné d'éclairs et de tonnerre, ou enfin la tempête brutale dans toute son horreur. Le péril s'accroît encore du fait de la couardise des rameurs qui, au lieu de pousser bravement vers le milieu du lac où les difficultés seraient certainement moindres, s'obstinent, au contraire, à toujours rester en vue des côtes, se traînent d'une baie à l'autre et longent même les bords au point d'effleurer à chaque instant le roc.

Jusqu'à la hauteur des îles Kabogo, puis au delà du cap Oulammbola jusqu'au pic Konngoué, la rive orientale que nos voyageurs suivaient offre à la vue une chevauchée de monts gigantesques du plus pittoresque aspect : parfois les murailles de grès et de porphyre, de marbre noir ou d'argile tombent à pic dans l'eau, et le travail incessant de la lame y creuse des cavernes immenses, des grottes fantastiques; ailleurs, à l'embouchure de Kassouma par exemple, des bois touffus tapissent les flancs de ces monts audacieux, et, le long des rampes verdoyantes, les eaux des torrents dégringolent tumultueusement en étincelantes cascades.

Aux abords des îles Kabogo, où se trouve la résidence de l'opulent Ponnda, la scénerie change sensiblement : peu à peu les falaises disparaissent, les montagnes s'éloignent du lac, sur la plage miroite un sable fin où roulent des cailloux anguleux, des fragments de quartz, de minerai de fer, et, baignant leurs racines dans l'eau, apparaissent des palmiers *(borassus flabelliformis)*, des roseaux, des nénufars, toute une végétation au milieu de laquelle on voit sautiller des singes, voltiger de jolis oiseaux au manteau brun, à la tête et au cou blancs, tandis que dans les jungles à demi submergées errent de nombreux crocodiles et des kyrielles d'hippopotames.

Aux îles Kabogo, où croissent de superbes figuiers-sycomores qui ombragent les habitations, le sol est fécond, bien cultivé, et la population qui y est très dense, est aussi beaucoup plus intelligente que celle des plages rocheuses dont l'effroi que lui causent les razzias d'esclaves rend difficiles au voyageur l'étude et même l'accès de ces tristes régions.

Plus au nord, à l'embouchure des rivières Loubougoué et Lououlouga, les villages de Karynzi sont particulièrement intéressants : la préoccupation dominante des habitants semble être évidemment de se prémunir contre les incursions guerrières de leurs voisins et des chasseurs d'hommes ; aussi chaque bourgade est-elle un véritable fort : sur la palissade extérieure formée de gros troncs d'arbres, de lianes et de branchages à l'épreuve du mousquet, sont entassées des pierres destinées, en cas d'attaque, à écraser les assaillants ; en outre, un fossé profond entoure le village dont les huttes

EMBOUCHURE DU M'SCHAZY PRÈS DU CAP KABOGO.

ont la forme conique : on le traverse sur une étroite planche qui se retire à volonté, toute communication avec le dehors se trouvant alors détruite.

En poursuivant sa route, l'expédition arriva en vue du cap Koungoué qui s'avance dans la partie la plus étroite du lac et qui, aux époques lointaines, rejoignait peut-être la rive occidentale par une chaîne de monts qui formaient l'ancienne limite du vieux Tanganika septentrional, l'autre partie étant alors terre ferme ; au-dessus, une baie large et profonde s'étend jusqu'au pied du mont Kivannga et, tandis que par le versant oriental de nombreux ruisseaux apportent leur contingent à l'immense réservoir, en face, creusant leur barrière occidentale, les eaux s'échappent en donnant naissance à la rivière Loukouga dont je parlerai plus loin.

Nos explorateurs longèrent ensuite les riantes collines qui, dans la baie, descendent en pente douce jusqu'au rivage, et ils s'avancèrent ainsi vers le terrible pic Kabogo qui forme avec le Konngoué les deux extrémités d'une corne dont les indigènes ont grand'peur : dans leur esprit, c'est la résidence d'un démon jaloux à qui l'on ne doit jamais manquer de faire une offrande propitiatoire, en jetant en cet endroit une poignée de perles dans les eaux du lac.

Sans doute nos amis négligèrent ce devoir et, comme pour donner raison à la croyance populaire, dès ce moment ils commencèrent à être cruellement éprouvés.

On était alors au 15 avril, et le voyage s'était poursuivi fort heureusement jusque-là lorsque après avoir tourné la pointe méridionale du promontoire double que forme le cap Kabogo, l'expédition arriva dans un joli petit hâvre que quittait précisément une flottille de quatorze grandes pirogues arabes en route pour l'Ougouha où elles allaient chercher un chargement d'ivoire.

Le lendemain matin on leva l'ancre à l'heure habituelle, mais le temps était menaçant et le vent, qui soufflait par brusques rafales, n'annonçait rien de bon ; après avoir nagé pendant une heure environ, la brise fraîchit et l'on hissa la voile ; toutefois, l'embarcation dérivant trop, on jugea prudent de longer la côte autant que possible. A cette fin, on tira des bordées et, dans une des manœuvres, la vergue se brisa net comme un fétu de paille, tandis qu'autour de la barque les lames grossissaient et se frangeaient d'écume comme à l'approche d'une tempête.

Popelin ordonna de gagner le rivage au plus vite ; les rameurs redoublèrent d'efforts et, les encourageant de la voix et du geste, les deux Européens se mirent eux-mêmes à la besogne ; on était près d'atteindre la côte lorsque tout à coup plusieurs vagues talonnèrent furieusement le flanc du bateau et une voix affolée s'écria :

« Une voie d'eau ! »

C'était vrai. Aussitôt deux hommes furent commandés pour aveugler l'avarie pendant que, stimulés par l'imminence du danger, les noirs reprenaient leurs pagaies plus vigoureusement encore en invoquant avec angoisse le nom d'Allah.

Enfin on parvint à relâcher dans une petite baie ; mais là nos voyageurs s'aperçurent que, malgré le travail incessant de six hommes qui s'appliquaient à vider la barque, l'eau continuait à s'y engouffrer en bouillonnant, tant l'ouverture était grande.

Popelin ordonna alors un débarquement général ; il était temps : sous les attaques incessantes du flot, une heure plus tard la chaloupe de Karéma se renversa comme une cavale blessée, s'agita un moment comme pour résister à la mortelle étreinte, puis s'enfonça et disparut complètement dans le gouffre béant.

L'expédition Popelin et Roger se trouvait naufragée sur les côtes du Tanganika, au sud de la rivière Rougoufou, en plein inconnu.

Le lendemain 17 avril, jour de Pâques, Popelin annonça que tout espoir étant perdu du côté du lac, on allait essayer de gagner Oudjidji par voie de terre; là-dessus les hommes de l'escorte conseillèrent de chercher plutôt aux alentours et d'affréter, si on le pouvait, une pirogue indigène pour se rendre au moins au delà de la rivière Malagaradzi que sans cela on ne pourrait franchir à son embouchure.

Le capitaine se rangea à cet avis et envoya quatre soldats à la découverte de quelque village, s'il s'en trouvait aux alentours. Dans l'après-midi, les messagers revinrent accompagnés de deux indigènes qui, moyennant une avance qui leur fut remise, promirent d'amener sans retard une ou deux pirogues de la tribu voisine.

GRAND CANOT INDIGÈNE.

A vrai dire, ces naturels n'inspirèrent aux explorateurs qu'une très médiocre confiance, et loin de se bercer d'un vain espoir, ils redoublèrent de vigilance toute la nuit, pensant avec raison que ces hommes pouvaient fort bien être des traîtres.

Enfin, au jour naissant, un cri joyeux retentit.

« Un bateau! un bateau au large! »

Et aussitôt tous les hommes de la caravane se mirent à pousser de hautes clameurs, tirèrent des coups de feu, battirent le tambour avec frénésie et soufflèrent dans les cors pour attirer l'attention des navigateurs; ces efforts urent récompensés, et bientôt il virent s'avancer vers la plage une forte barque conduite par seize vigoureux Vouadjidji qui accostèrent et s'enquirent de la raison de ce tapage insolite.

Mis au courant de la situation, ils offrirent leurs services; le prix du passage fut débattu et fixé finalement à une valeur d'environ trois cents francs en étoffes; moyennant quoi ils s'engagèrent à mener toute l'expédition a Oudjidji.

L'arrivée de cette embarcation fut véritablement providentielle, car, au moment où elle prenait le large, attirés par l'appât d'un riche butin et conduits par les deux traîtres venus au camp des blancs la veille, une nuée de guerriers accouraient de toutes parts pour tenter le pillage de la petite troupe naufragée.

CHAPITRE XXX

Tempête sur le Tanganika. — Arrivée de l'expédition à Oudjidji. — Le marché. — Le gouvernement. — Le peuple. — En route vers l'Ougouha. — Étranges coiffures. — Mort du capitaine Popelin. — Une tombe belge au cap Kimomo.

VEC ses eaux puissantes et son sauvage décor, le lac superbe offrait en ce moment aux regards des voyageurs un spectacle au-dessus de toute description : les formes variées et pittoresques des montagnes tranchaient sur l'azur resplendissant qu'empourprait la rougeur du matin ; l'onde avait une éclatante transparence et scintillait au soleil comme des flots d'indigo ; alentour, les hautes falaises de Kabogo, d'un gris d'acier, coiffées de vapeurs légères, détachaient leurs crêtes déchiquetées et laissaient voir entre leurs déchirures marquées d'une teinte plus sombre toute une che-

vauchée de collines qui s'étendait au loin. Plus bas, dans les plis des gorges boisées, le sentier rampe et se déroule avec peine, tandis que sur la rive une ceinture d'un vert d'émeraude, qui ne se flétrit jamais, court et s'incline vers un ruban de sable aux reflets d'or, garni de roseaux et rongé par les vagues.

Ce fut une ivresse pour l'âme et pour les yeux; aussi, sans s'inquiéter des hurlements furieux qui du rivage saluèrent le départ de la pirogue, les deux Européens sous le charme de cette éblouissante nature, oublièrent un instant et les dangers, et la fatigue, et l'incertitude menaçante de l'avenir pour s'isoler dans le ravissement où les plongeait ce merveilleux tableau.

Grâce aux vigoureux efforts des seize Vouadjidji, la barque ne tarda pas à gagner le large, et le cap Kabogo s'effaça peu à peu dans la nue; on se trouvait alors dans la plus grande largeur du lac Tanganika, à l'endroit où la grosse rivière Malagaradzi lui apporte le tribut considérable de ses eaux.

Tout autre était cette navigation que celle des jours précédents : les fils de l'onde — comme se nomment eux-mêmes les Vouadjidji — connaissent leur métier et, d'une main ferme, d'une impulsion assurée, conduisent leur long bateau avec une aisance qui dénote chez eux l'expérience du flot et l'habitude d'affronter le danger.

Évidemment on se sent peut-être moins maître d'un pareil équipage, et souvent on est forcé de subir des caprices, des velléités d'indépendance que l'on ne pourrait combattre sans de graves inconvénients; c'est ainsi qu'avec les Vouadjidji jamais on ne passe devant un village sans qu'une dispute s'élève : les uns opinent pour qu'on aborde, et par esprit de contradiction les autres s'y opposent; la querelle va son train, elle s'envenime, prend les proportions d'un combat, tout au préjudice de la marche de la pirogue, qui se trouve ainsi arrêtée et s'en va à la dérive; si d'aventure on atterrit, aussitôt les rameurs s'élancent sur la rive et volent à leurs plaisirs sans consulter autre chose que leur seule inclination. Les haltes ne se font en effet ni à heures fixes, ni dans un but déterminé : après le débarquement, chacun s'écarte, celui-ci pour chercher de la nourriture, celui-là pour conter fleurette aux noires beautés du pays.

Fort heureusement nos amis n'eurent guère à se plaindre de la conduite de l'équipage : l'engagement étant à forfait, et le payement n'en devant être effectué qu'à l'arrivée, il était de l'intérêt des Vouadjidji d'imprimer à la marche la plus grand célérité possible; aussi la chaloupe filait-elle prestement, enlevée à coups redoublés de pagaies dont le mouvement était scandé par les accents nasillards d'une complainte monotone qui ne discontinuait pas.

A la nuit, un orage se forma vers le nord : des nuées menaçantes s'amoncelèrent à l'horizon, allant, venant, tourbillonnant et s'épaississant à vue d'œil, tandis qu'une houle furibonde montait des profondeurs du lac dont la surface se frangeait d'écume.

La dernière lueur du jour ne tarda pas à disparaître; en même temps

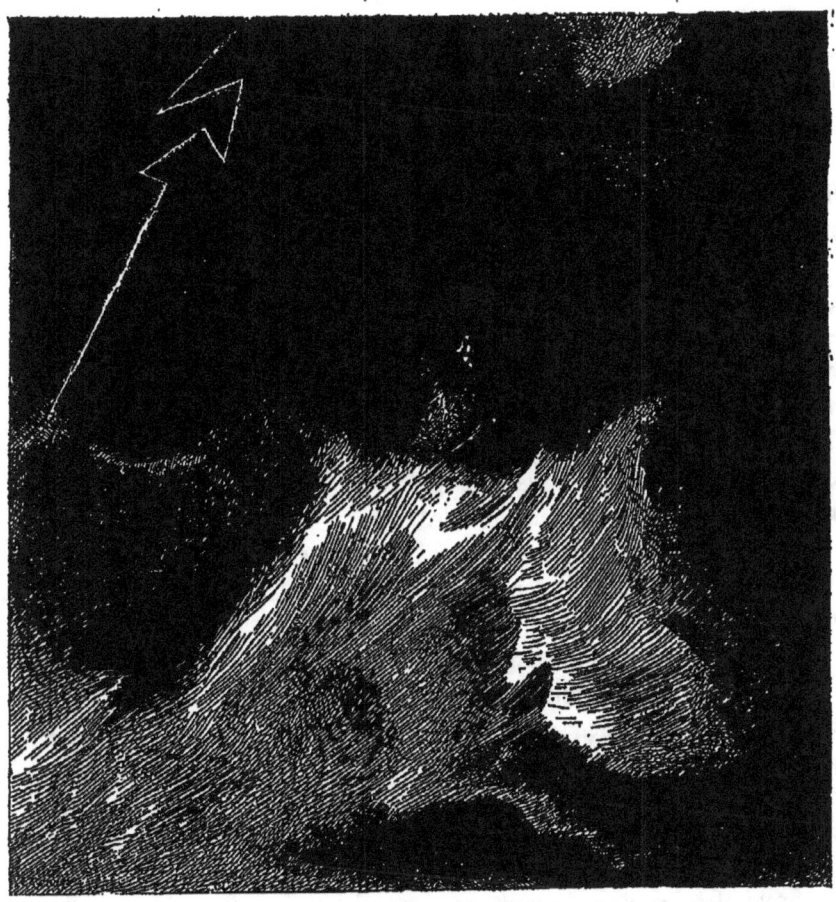

LA TEMPÊTE.

les cataractes du ciel s'ouvrirent et des paquets d'eau inondèrent l'embarcation que la lame secouait sans relâche. Alors l'orage éclata en plein : d'éblouissants éclairs sillonnaient les gros nuages violacés qui couraient dans l'air avec rapidité, et dont le moutonnement semblait ne faire qu'un avec les vagues puissantes qui s'élevaient à des hauteurs vertigineuses, les coups de tonnerre retentissaient dans l'espace et se succédaient rapidement, alternant avec la lumière aveuglante de la foudre.

Remplis de terreur, les Vouangouana marmottaient leurs prières, tandis que, tenant tête à la tourmente, la main sûre et du regard sondant les ténèbres, les Vouadjidji maintenaient leur coquille rebelle qui se cabrait comme une gazelle blessée.

Exposés aux intempéries de l'air et trempés jusqu'aux os, Popelin et Roger contemplaient ce déchaînement horrible des éléments ; par intervalles tout l'horizon était en feu · c'était un embrasement subit, comme une féerie gigantesque; l'éclair plaquait des clartés fugitives jusque dans les profondeurs des eaux, et pendant une seconde on entrevoyait des flots d'encre au ciel et devant soi une muraille liquide qui se brisait et retombait en blanches éclaboussures.

Mais, conduite par des nautoniers hardis et expérimentés, la solide pirogue résista aux efforts de la tempête; bientôt l'orage se calma ; pendant quelque temps encore il gronda avec un fracas lointain de chariots roulants, puis, lasse de ses mugissements et de ses soubresauts convulsifs, l'onde elle-même redevint paisible, la pluie cessa, et lorsque le jour parut enfin, les chants et les joyeux quolibets reprirent leur cours parmi ces noirs pagayeurs dont le dos avait ruisselé toute la nuit sans qu'ils en gardassent le moindre souvenir déplaisant.

A l'arrière du canot traînait une nasse qu'ils ramenèrent alors et, d'un air de triomphe, ils secouèrent dans le bateau une foule de poissons qui s'y trouvaient pris, mais dont la plupart étaient morts cette pêche n'en constitua pas moins pour eux un savoureux régal.

Tout autre était la disposition d'esprit de nos deux explorateurs : dans ce canot où ils ne pouvaient ni s'étendre ni même s'appuyer, où ils avaient de l'eau jusqu'aux genoux, transis de froid, les habits percés et la majeure partie de leurs effets inondés, ils durent attendre les rayons du soleil pour se sécher un peu ; n'importe, ils bénirent la Providence de les avoir tirés de ce péril, car, aux mains de rameurs maladroits et s'ils s'étaient tenus trop à proximité des côtes, la tourmente les aurait jetés sur les rochers où ils se seraient infailliblement brisés sans aucun espoir de salut.

Cependant la nage a été reprise et, quoiqu'il ne soit pas exécuté avec la régularité et le silence désirables, ce jeu de pagaies n'emprunte pas moins à la sauvagerie des rameurs un cachet des plus curieux : pendant qu'à l'avant cornets, tam-tams et tambours font rage, des solistes préludent au chant par un houloulement prolongé et mélancolique auquel répond la voix gémissante du chœur; puis le bateau s'arrête un instant c'est l'heure

VUE D'OUDJIDJI.

de manger, de boire, de fumer du chanvre, et, sous l'excitation de ce détestable narcotique, tout en reprenant la marche, ces noirs bateliers toussent, éternuent et crient comme s'ils étaient en proie à une crise de *delirium tremens*.

Arrachés du rivage par les morsures de la bourrasque, flottent deçà et delà des îlots couverts d'herbes, de buissons, de grands arbres même; à les voir ainsi, de loin, s'avancer lentement en profilant sur l'horizon les larges feuilles de leurs palmiers, on dirait des navires sous voiles qui glissent majestueux, abandonnés au caprice de l'onde.

Mais le canot s'est rapproché de la côte, et déjà l'œil peut distinguer tout un écroulement de pentes vertes, des parasols feuillus, des huttes en forme de ruche, des pirogues échouées, et sur la plage un va-et-vient incessant d'où s'échappe un concert de beuglements, de cris suraigus, de chants criards; alors, découvrant leurs larges mâchoires dans une grimace qui est un rire joyeux, les rameurs frottent leurs pagaies contre les flancs du canot : c'est leur façon de salut maritime; les fils de l'onde ont rempli leur promesse, ils ont conduit les deux hommes blancs en face d'Oudjidji.

Les dimensions de cet ouvrage, et surtout la matière considérable que je dois y renfermer, ne me permettent pas d'entrer dans tous les détails que comporte cette remarquable contrée, l'Oudjidji, ni de rappeler les odyssées dont a été témoin le village africain que la rencontre de Stanley avec le grand Livingstone a rendu à jamais mémorable.

J'en esquisserai néanmoins quelques particularités, laissant pendant ce temps Popelin et Roger aux mains bienveillantes du vieux et gros gouverneur arabe, Mounié-Héri, natif de Mrima, qui par son expérience et ses conseils les aide à préparer leur voyage dans l'Ougouha.

Sans avoir l'importance de Taborah, l'Oudjidji n'en est pas moins un centre de grand trafic : les Arabes y ont des bazars fort bien achalandés, des demeures confortables, de belles plantations qui prospèrent; le commerce d'ivoire surtout y atteint un chiffre imposant, et des vingt-deux mille dents d'éléphants qui arrivent annuellement à Zanzibar une grande partie passe au préalable par les maisons arabes de l'Oudjidji.

Un des plus intéressants spectacles qu'offre la contrée, c'est, sans contredit, le marché, et du reste, dans tous les grands centres africains arrosés par un gros cours d'eau navigable, ces halles en plein vent, fréquentées par les naturels riverains, sont généralement une source féconde d'observations.

Dans l'Oudjidji, ces assises mercantiles se tiennent deux fois par jour. Dès le matin, accourant de tous les points du lac, on voit poindre des nuées de pirogues chargées de provisions, de bétail, de fruits, de légumes, d'ivoire et d'huile de palme ; sur le rivage, les Vouadjidji sont au poste, accroupis devant leur pacotille d'articles européens, perles et cotonnades, qu'ils étalent sur des nattes tressées ou dans de grandes calebasses.

Les canots abordent, sont échoués sur la plage ou solidement amarrés, et chacun en sort armé en guerre, paré et attifé selon la tradition de son lieu d'origine : les Vouagouha sont reconnaissables à leurs étranges coiffures, aux idoles de bois qu'ils portent sur la poitrine ; les Vouaroundi, à leur peau huileuse et bronzée ; puis viennent les Vouabembé qui sont cannibales, les Vouavira qui vendent des poteries et des objets en fer, les Vouavinza qui apportent du sel. Tout ce monde parle, crie, gesticule, discute et dispute suivant le tempérament, les goûts et les instincts de chaque individu, aussi n'est-il pas rare de voir une offre de vente ou d'achat dégénérer en querelle et les coups pleuvoir en guise de payement ; alors l'une ou l'autre chaloupe est détachée précipitamment de la rive et, détalant au plus vite, le vaincu gagne le large au milieu des imprécations indignées de ceux qu'il a voulu filouter.

L'unité monétaire du trafic est une enfilade de sofis, perles cylindriques d'un blanc laiteux, ayant l'aspect de fragments de tuyaux de pipes ; tout objet mis en vente étant évalué de la sorte, il s'ensuit que l'acheteur doit être muni de cet appoint rudimentaire, comme cela se pratique d'ailleurs dans mainte autre région, au Delta du Niger, par exemple. A Bonny, l'étalon est un morceau de bronze en forme de fer à cheval, tandis que sur les fleuves Niger et Bénué il consiste en chapelets de coquillages appelés cauris.

Cet appoint a donné immédiatement naissance à l'industrie du changeur : des indigènes circulent entre les divers groupes, portant dans de grands sacs des provisions de sofis qu'ils cèdent aux trafiquants contre d'autres articles ; à l'issue du marché, ils rachètent la monnaie dont les vendeurs sont encombrés et qui, partant, a baissé de prix, et de ce chef ils réalisent un second bénéfice.

Sans le savoir, ces sauvages se livrent à de véritables opérations de bourse ; ce n'est pas encore de la haute banque sans doute, mais n'y a-t-il pas là une tendance évidente à devenir financier ? Quoi qu'il en soit, on voit que même dans ces contrées barbares le commerce de la monnaie est celui qui est le plus florissant, en même temps qu'il enrichit le plus rapidement ceux qui s'y livrent.

Isolé, ce petit morceau de verroterie s'appelle *massaro* ; on enfile les massaros par vingtaines qui forment le *khété*, de sorte que le mot sofi est le terme générique pour désigner l'argent courant. Un khété représente une valeur suffisante pour payer la nourriture d'un noir pendant deux jours si c'est un esclave, pendant un seul si c'est un mgouana, homme libre. Une livre d'ivoire coûte dans l'Oudjidji douze mètres de calicot écru que j'ai désigné sous le nom d'amérikani, et la potée d'huile de palme revient à peu près au même prix.

Une jeune fille de treize à vingt ans se paye en moyenne quatre cents mètres d'étoffe, alors que pour moins de cent on trouve à acheter un garçon du même âge. Cette dépréciation est due à la difficulté que l'on éprouve à assouplir les races africaines dont les spécimens sont offerts aux marchés d'Oudjidji; l'acheteur n'ignore pas qu'il rencontrera chez l'esclave mâle une insurbordination, un levain de révolte permanent et, partant, de graves inconvénients naîtront pour lui, ses affaires en pâtiront, alors que la femme, au contraire, courbée docilement sous le joug, soignera les habitations et fera valoir les terres, car en Afrique les travaux des champs sont exclusivement accomplis par elle.

FEMME DE L'OUGOUHA.

De même que nous l'avons vu à Taborah, où le mtémi ou chef indigène règne à côté du gouverneur arabe, dans l'Oudjidji les naturels ont aussi leur sultan qui prend le titre de *mtémé* et qui habite un village séparé, situé dans la montagne, tandis que les Arabes sont installés sur la plage, au milieu de toute une population de Vouangouana et de Vounyamouési qui dépendent d'eux.

De plus, dans chaque district il y a le *moutoualé*, sorte de préfet dont les fonctions se transmettent de père en fils et qui, assisté d'un conseil de trois ou quatre anciens appelés *vouakéto*, rend la haute et la basse justice, règle les différends, et perçoit le tribut qu'il remet à son supérieur hiérarchique, le mtémé, après en avoir distrait toutefois une certaine portion pour ses appointements personnels et ceux de ses collègues.

Comme signe distinctif, ces fonctionnaires ont de lourds bracelets d'ivoire armés de pointes; quant à ce qui regarde le costume, ils ne sont pas plus habillés que le plus vulgaire de leurs administrés; parfois, et c'est là tout leur luxe, ils remplacent le pagne d'écorce par une bande de calicot qu'ils placent autour de leurs reins.

En somme ces peuplades ont un caractère doux; elles sont hospitalières et entretiennent constamment avec leurs voisins de très bons rapports. Dans les régions basses les hommes sont aussi adroits à la pêche qu'à conduire les canots; bien qu'ils aient, comme leurs autres frères noirs, un déplorable penchant à la paresse, à l'ivrognerie, même au vol, ils sont cependant beaucoup plus traitables que les riverains d'alentour et, devant le danger, font preuve d'une bravoure qu'ils doivent à l'habitude contractée par eux de s'aventurer sur les eaux du lac.

Mais si la fréquentation des Arabes leur a donné des mœurs plus douces et les a rendus plus hospitaliers, les Vouadjidji n'en ont pas moins conservé le caractère et les signes distinctifs de leur race : nègres avant tout, ils mettent leur orgueil à s'enduire le corps d'une épaisse couche d'huile, à disposer leurs cheveux en petites houppes, spirales, zigzags, crêtes, touffes, sillages variés plantés à droite, à gauche ou sur le faîte d'un crâne soigneusement rasé; pour ornements, on leur voit des anneaux d'ivoire aux bras, des rangées de fil de cuivre aux chevilles, des cordelettes de verroterie autour des reins; pour se couvrir il mettent un tablier d'écorce semblable à ceux dont j'ai donné la description en parlant des naturels de Kabambagouzia, c'est-à-dire qu'il est fait du liber macéré de divers arbres, notamment du mrimba et du sagoutier raphia.

Comme particularité, n'oublions pas la façon dont prise le mdidji : il est toujours porteur d'une gourde mi-plate et d'un pot minuscule en terre noire contenant du tabac frais dont il laisse macérer quelques feuilles, pour en obtenir le jus; il verse ensuite cette décoction dans le creux de sa main, la renifle et, pour l'y conserver le plus longtemps possible, se pince le nez à l'aide d'un petit instrument en bois ou en fer construit dans ce but et qu'il ne quitte jamais; sa marque nationale enfin se compose d'un croissant en ivoire d'hippopotame suspendu au cou.

Là où deux nègres sont réunis, on peut être certain de trouver au moins un troubadour; aussi, comme tout village africain qui se respecte, l'Oudjidji a-t-il ses musiciens et ses danseurs. A vrai dire, la caractéristique de leurs instruments est assez banale et fort rudimentaire : ce sont des courges desséchées contenant quelques cailloux et qui, agitées fébrilement, rendent un son de crécelle fort monotone, tandis que, pareils à des ours plus ou moins savants, les artistes sautent avec une gravité solennelle, pirouettent sur les talons, bondissent et s'accroupissent avec le plus grand

LE MARCHÉ D'OUDIDID.

sérieux, le tout aux encouragements d'une foule émue qui ne perd pas un seul de leurs mouvements.

Cependant, malgré l'accueil hospitalier qu'ils y reçurent et les fruits, les poissons et le laitage dont ils se virent comblés par les Arabes, Popelin et Roger ne s'éternisèrent pas à Oudjidji. Leurs plans arrêtés et leurs mesures prises, ils frétèrent un daou et se munirent des articles qui leur manquaient et qu'on leur indiqua comme étant indispensables pour un voyage dans l'Ougouha, principalement de calicot en petite largeur et de simyomazzis, énormes perles de verre opale, de la grosseur d'un œuf de pigeon. Enfin, après les retards et les ennuis inévitables que subit toujours une expédition à la veille de quitter une localité où la vie est facile et la nourriture abondante, nos amis laissèrent Oudjidji et, mettant le

COIFFURES DES VOUGOUHA.

COIFFURES DES VOUGOUHA.

cap sur l'ouest-sud-ouest, cinglèrent vers la rive opposée, pour gagner l'Ougouha.

Arrivés en vue des îles Katennga, ils doublèrent le cap Kahangoua et gagnèrent l'embouchure de la Loukouga où ils relâchèrent. Ce point est un des principaux relais de l'itinéraire que suivent les caravanes allant à Nyangwé ou en revenant et qui, traversant le lac en cet endroit, atterrissent au cap Kabogo sur la rive opposée, d'où elles se rendent à Taborah, ce qui leur permet d'éviter le pays de l'Ouhha qu'elles devraient suivre si elles passaient par l'Oudjidji.

Popelin se proposait de fonder une station qui reliât Karéma au poste de premier ordre que l'on sera forcé tôt ou tard d'installer à Nyangwé si l'on veut mettre le Congo en communication avec la côte orientale; malheureusement ce projet fut mis à néant par la triste catastrophe qui frappa le chef de l'expédition avant même qu'il eût jeté les bases de son œuvre.

Les naturels de l'Ougouha dont l'humeur est douce et pacifique, sont néanmoins des plus primitifs et très intéressants à étudier au point de vue ethnologique.

A diverses reprises déjà j'ai eu l'occasion de faire remarquer l'étrange manie des riverains du lac Tanganika qui se taillent les cheveux, se rasent et se parent la tête de la façon la plus burlesque; mais à cet égard les Vouagouha méritent une mention toute spéciale. Ils mettent au service de leur art capillaire tout ce que l'imagination peut enfanter en dessins, courbes, agréments de toute sorte, ornementations postiches : tantôt c'est une calotte faite de fibres végétales tordues en chenilles, tantôt des cornes solidement bâties, ou des coussinets, des fausses nattes, des chignons, des bandeaux soutenus par de grandes épingles de fer, de bois ou d'ivoire, des brochettes, des rangs de coquillages, de petites flèches ou des couteaux.

Les femmes portent autour des reins un vêtement en forme de courte jupe ouverte par devant, mais au-dessus de laquelle pend un étroit tablier, le tout en liber, liane, herbage, arrangés et tressés avec soin ; les hommes vont presque entièrement nus, bornant leur costume à un petit pagne en écorce.

Chez les Vouagouha, notamment parmi les habitants de Louliké où s'arrêtèrent Popelin et Roger, on voit beaucoup d'idoles en bois ayant forme humaine, et souvent les indigènes les suspendent à leur cou en guise d'amulettes ou de dieux lares ; la plupart des Vouagouha sont en outre munis d'un sifflet très rudimentaire, dont ils se servent pour s'appeler et se rallier au besoin.

Je reviendrai plus loin sur ces peuplades et sur leur territoire où coule la Loukouga, cet important déversoir du Tanganika; pour le moment nous devons nous occuper de Popelin et de Roger, trop tôt arrêtés, hélas ! dans le cours de leurs explorations.

C'est en effet pendant la nuit du 17 au 18 mai 1881, alors qu'il se trouvait depuis quelques jours à peine dans l'Ougouha, à quatre heures du village de Louliké, que Popelin éprouva les premiers symptômes du mal qui devait l'emporter · en peu d'heures l'épiderme et surtout les conjonctives prirent une teinte jaunâtre prononcée, et l'infortuné voyageur ressentit en même temps de violentes douleurs dans la région du foie ; dès lors il ne put supporter aucun aliment, ni prendre aucune boisson.

Avec un dévouement qui ne s'est pas ralenti une seule minute, Roger veilla son compagnon et lui prodigua les soins les plus attentifs ; mais bientôt il fallut renoncer à tout espoir. La nuit du 23 au 24 mai fut sans repos pour le mourant : le hoquet, qui depuis deux jours ne discontinuait plus, alla en s'affaiblissant, et le capitaine, dont les idées se troublaient, entra dans une douce rêverie, poussant des éclats de rire et refaisant dans son imagination les scènes joyeuses de la vie civilisée.

Le 24 mai, tandis qu'à son chevet le brave Roger suivait anxieusement

DERNIERS MOMENTS DE POPELIN.

les irrésistibles progrès de l'implacable maladie, Popelin, dont la respiration devenait de moins en moins perceptible, laissa échapper quelques larmes, poussa un soupir de regret et s'éteignit doucement, sans un spasme, sans un cri.

La douleur de Roger fut sans bornes ; mais devant la responsabilité du pouvoir qui lui incombait il se releva et, rassemblant ses hommes, il leur annonça la fatale nouvelle. En apprenant cette fin imprévue, l'affliction fut générale parmi eux. Ils vivaient depuis deux ans avec Popelin qui, tout en les disciplinant, s'était toujours montré bienveillant et juste à leur égard; aussi ses serviteurs et ses soldats, qui lui étaient très attachés, furent-ils sincères et unanimes dans leurs regrets.

Ne voulant pas que les restes de son ami fussent ensevelis dans ce coin perdu de l'Ougouha, Roger prit la généreuse résolution de transporter le corps de son compagnon jusqu'à la plus proche station européenne; il se rembarqua avec toute l'expédition et se dirigea vers Mtowa où se trouvaient deux missionnaires anglais, MM. Griffith et Hutley. Il fit avec eux, auprès du sultan de l'endroit, les démarches nécessaires pour obtenir la concession d'un lieu de sépulture; ils en choisirent l'emplacement sur le cap Kimomo, situé au sud de Mtowa.

C'est là, au sommet des falaises à pic qui dominent les eaux du grand Tanganika que repose, bercé par le murmure éternel de la vague, le capitaine Émile Popelin.

CHAPITRE XXXI

Retour de Roger et de Van den Heuvel à Zanzibar. — Becker chez Mirambo. — Succès de l'ambassade Becker. — Les femmes de Mirambo. — La mort de Mirambo.

PRÈS avoir rendu les derniers devoirs à la dépouille de son infortuné compagnon, Roger se sépara des missionnaires qui avaient mis le plus grand empressement à l'aider dans cette pénible tâche, et il reprit le chemin de Karéma avec tout le personnel de l'expédition.

Là, il fut convenu que l'établissement d'un poste à la côte occidentale du lac serait ajourné jusqu'à la réception des ordres que l'on attendait de Bruxelles; de plus, l'engagement des soldats de Popelin étant sur le point d'expirer, Ramaeckers confia a Roger le soin de les ramener à Zanzibar pour les licencier.

Roger quitta Karéma à son tour et, après un voyage exécuté avec promptitude, il atteignit, le 10 septembre 1881, Zanzibar où l'attendait une nouvelle mission : sur sa demande, mon infatigable camarade, qui brûlait du désir d'aller au Congo, fut chargé de recruter une escouade de Zanzibarites et de s'embarquer avec eux pour rejoindre l'entreprise Stanley à Banana ; nous l'y retrouverons lorsque, toujours vaillant et intrépide, prodiguant sa vie et ses efforts, il commanda une baleinière sur le grand fleuve et rendit à la Société du Congo d'éminents services.

Au moment où Roger s'embarquait à Zanzibar pour gagner par mer le Congo, le docteur Van den Heuvel, dont l'engagement était terminé, arriva dans la ville de Saïd-Bargash ; toutefois, au lieu de retourner en Europe, il ne quitta point la côte où l'Association internationale africaine le chargea de la représenter.

C'est au mois d'août 1881 que Van den Heuvel s'éloigna de Taborah, ou il fut remplacé par le lieutenant Becker, tandis que Ramaeckers restait à Karéma.

Jérôme Becker est appelé sans nul doute à occuper une large place dans l'histoire de nos explorations africaines, car il possède a un très haut degré les qualités indispensables pour réussir dans ces contrées, et ce qu'il a déjà fait est d'un bon augure pour l'avenir. Dès qu'il eut surmonté les premiers désagréments de la vie dans les pays équatoriaux, dès qu'il en eut compris les difficultés et accepté les exigences, il devint l'un des meilleurs pionniers de la grande œuvre humanitaire en Afrique. Il ne tarda pas à se familiariser avec la langue indigène, le swahili, se fit aux goûts, aux tendances, au caractère des nègres parmi lesquels il vivait, mesura ce que l'on pouvait en tirer, et aborda courageusement sa tâche, d'abord à Taborah où nous allons le voir à l'œuvre, puis à Karéma qu'il commanda plus tard.

Pendant son séjour à Taborah, dans les premiers jours de février, Becker apprit que Ramaeckers était menacé à Karéma par des bandes de Rougas-Rougas qui se disaient des gens de Mirambo. Dans l'impossibilité de voler au secours de son chef, aucun homme ne voulant s'aventurer sur la route du lac, et comme il doutait que Mirambo dirigeât lui-même ces attaques, il résolut de se rendre en personne chez le redoutable chef de l'Ounyamouési, afin d'être édifié sur ce point.

Nous allons donc, pour suivre Becker dans sa marche et pour enregistrer fidèlement ici les phases de son voyage chez Mirambo, emprunter à son cahier de notes les diverses impressions qu'il y a consignées.

3 février. — Reçu par courrier spécial une lettre du capitaine Ramaeckers m'informant qu'il s'attend à être inévitablement attaqué par les troupes victorieuses de Mirambo. Le vice-roi du Nouvel-Ourambo (1), agissant en vertu d'ordres formels, ou s'inspirant seulement de ses visées particulières, manifeste de plus en plus l'intention d'assiéger la station.

Les indigènes s'y réfugient en masse sans s'être pourvus de vivres, et créent a notre chef une situation intolérable. A chaque instant, il s'attend à être assailli.

M. Ramaeckers est décidé à une défense héroïque. Fidèle à l'engagement qu'il a pris dès les premiers jours de son arrivée à Karéma en constatant l'hostilité des tribus environnantes, il mourra plutôt que de se rendre.

Le courrier d'Europe, chargé des lettres du mois de décembre, est arrivé hier à Taborah; mais je me trouve dans l'impossibilité de l'envoyer a M. Ramaeckers, les hommes refusant de traverser une région terrorisée par les armes. Plus que jamais je voudrais me porter au secours du capitaine; mais, ainsi que Scheik ben Nassib (2) me l'a dit, je ne trouverai pas un homme pour tenter l'aventure.

Dans ces circonstances critiques, je viens de prendre le grave parti de me rendre chez Mirambo pour l'engager, s'il y a moyen, à retirer sa menace de détruire la station de Karéma et à autoriser le départ de la caravane de ravitaillement.

4 février. — Parti le soir par un beau clair de lune, n'emportant comme présents qu'une pièce de brocart, un fusil et une centaine de cartouches. Vingt-trois lieues me séparent de Konongo, nouvelle résidence du Bonaparte noir. Point de repos pour moi avant d'avoir franchi cette distance.

7 février. — Réception chez Mirambo. Mirambo touche à la cinquantaine; il est grand et maigre et porte entière une barbe assez clairsemée; son visage, empreint d'une froide et calme énergie, rayonne d'intelligence, malgré de fortes incisives ressortant en saillie sur la lèvre inférieure.

Ce terrible lutteur, dont les succès légitimeraient jusqu'à un certain point l'orgueil si naturel aux monarques africains, n'a recours à aucun apparat; il affecte même par son costume négligé le mépris complet du *paroistre*. Un vieux kitambi (3) ceint sa taille, et il porte une jaquette blanche, toute rapiécetée, qui lui fut offerte jadis par le docteur Southon (4).

---

(1) Nom donné à Simba, depuis qu'il est devenu vassal de Mirambo.
(2) Bana Scheik, frère du gouverneur.
(3) Pagne.
(4) Missionnaire anglais en résidence chez Mirambo.

Un lambeau d'étoffe bleue, négligemment noué sur le front, lui tient lieu de turban. Cependant Mirambo possède une grande quantité de brocart magnifique et des djahos (1) arabes d'un haut prix. Mais il dédaigne de s'en parer, abandonnant même les bracelets de cuivre rouge et le disque de coquillage, emblèmes de la royauté (2). A le voir s'appuyer sur une simple gaule, on le prendrait pour un vulgaire m'touzi (gardien de bétail). La cartouchière et son fusil Martiny-Henry qui ne le quittent jamais, sont portés par un Mgouana, jeune esclave au teint d'ébène et à la chevelure crépue.

Les nyamparas, au nombre de quinze ou seize, se pavanent, eux, dans leur costume de gala. Ainsi le veut probablement Mirambo. Le rouge domine dans les étoffes amplement drapées, qui les enveloppent et qui font valoir leur haute stature et leur physionomie à la fois rusée et martiale. Des spirales de laiton et des bracelets en ivoire ornent leurs membres musclés et portant en guise de tatouages, de nombreuses cicatrices, marques de leurs campagnes. Plusieurs ont parmi leurs cheveux étirés en mèches des dents de lion et des griffes de léopard.

« Oangalouka (bonne matinée)! »

C'est par ces paroles engageantes que Mirambo nous accueille en me présentant la main et en secouant cordialement celle du docteur Southon. L'entrevue a lieu dans la vaste salle de réception occupant tout le bâtiment. Deux chaises y ont été disposées à notre intention. Quant au mwami, il s'accroupit, le dos appuyé contre le mur, et toute sa cour fait comme lui.

Mirambo, roulant dans sa bouche une large chique et crachant indifféremment sur l'aire en terre battue ou sur les murailles d'adobes, crépies d'argile, s'adresse d'abord à ses nyamparas qui, drapés dans leurs étoffes bariolées et frappant dans leurs mains à la fin du discours royal, forment un groupe on ne peut plus pittoresque. Ma connaissance imparfaite du dia-

---

(1) Manteaux de drap.

(2) Ce mépris du costume arabe ne paraît cependant pas être une règle absolue pour ce redoutable sultan. Voici, à ce propos, quelques lignes tracées par Stanley lorsqu'il fit, à son second voyage, l'échange du sang avec Mirambo.

« Katchétché le *détective*, sur l'intelligence de qui je pouvais compter, m'apporta d'intéressantes nouvelles :

« Mirambo, dit-il, n'est pas vieux, il est jeune ; je dois être plus âgé que lui. C'est un homme d'une belle prestance et revêtu du costume arabe. Il porte le turban, le fez, l'habit de drap des Arabes, et un cimeterre. Il est chaussé de babouches ; la robe que recouvre l'habit de drap est très blanche. »

Plus loin, après l'avoir examiné attentivement, Stanley ajoute : « C'est un homme de grande taille, cinq pieds onze pouces, et d'environ trente-cinq ans, sans une once de chair superflue. Il est beau, a les traits réguliers, la voix douce, la parole grave, le cœur généreux, la main ouverte.»

lecte kinyamouési m'empêche de saisir tous les détails de cette allocution. Mirambo prescrit sans doute à sa cour le respect et le silence pour le visiteur étranger.

C'est à mon tour de prendre la parole en kiswahili.

« Je suis venu pour voir Mirambo, commençai-je en prenant le taureau par les cornes ; on m'a dit qu'il a l'intention de détruire Karéma. On prétend encore qu'il veut piller la station européenne et tuer mon frère blanc qui la commande. C'est mon frère lui-même qui me l'écrit... Le mwami me dira-t-il si cela est vrai ?... »

Un « hi-i-i-i ! » d'étonnement, prolongé d'une façon interminable, me rassure tout d'abord. Ou bien Mirambo ignore l'attaque dirigée contre Karéma par son moinaugou (grand vassal), ou bien il lui convient de feindre l'ignorance. Dans l'un comme dans l'autre cas, je puis considérer ma démarche comme couronnée de succès.

Après un moment de silence :

« Je suis ami et frère de sang de Cambi (Cambier), dit-il simplement ; comment pourrais-je en vouloir à ses frères et les combattre ?...

— Je savais cela, répondis-je ; aussi n'ai-je pas cru que Mirambo oublierait ainsi ses engagements : Mirambo est fidèle à ce qu'il promet. Mais tout le monde n'a pas sa noblesse d'âme. Les gens de Karéma et les Arabes disent que c'est par l'ordre du mwami que ses grands vassaux et ses Rougas-Rougas inquiètent mon frère blanc, et personne n'est là pour les contredire. Lorsqu'ils menacent d'assiéger la station, c'est au nom de Mirambo. Lorsqu'ils annoncent qu'ils prendront nos marchandises, qu'ils nous massacreront et qu'ils mettront le feu à la *maison de pierre* (1), c'est toujours au nom du mwami. Je sais bien que cela est faux, néanmoins mon frère mousoungou ne peut juger que par ce qu'il voit et par ce qu'il entend... Mais Mirambo nous réitérant l'assurance qu'il est notre ami, nous n'aurons que du dédain pour les bravades ridicules de ses soi-disant envoyés, et nous nous garderons bien de soupçonner notre puissant ami, dont nous connaissons la vaillance et la loyauté. »

Mirambo s'agite impatiemment et interpelle avec volubilité ses nyamparas, comme pour leur demander des renseignements. En ce moment, j'en ferais le serment, sa bonne foi est absolue.

Enfin, les colloques prennent fin.

« Je sais ce que c'est, fit-il ; depuis le dernier séjour de bana Cambi (maître Cambier), les hommes blancs qui vont à Karéma ne passent plus

---

(1) Nom donné à la station de Karéma par les nègres du pays.

sur mon territoire. Les chefs de l'Oukawendi que j'ai soumis, croient probablement que vous êtes devenus mes ennemis et ils agissent en conséquence. Mais peu m'importe ce qu'ils pensent, ils n'ont pas le droit d'agir sans mes ordres. Ils ont forfait à leur devoir de vassal et je les en punirai. Oui, s'écrie-t-il avec force et décision, je couperai leurs têtes pour apprendre aux autres que Mirambo est seul maître de déclarer la guerre et de conclure la paix ! »

Et, se tournant vers deux de ses nyamparas

« Vous partirez immédiatement pour Karéma avec vos hommes, pour savoir au juste ce qui s'est passé. Puis vous irez au Nouvel-Ourambo (ancien Ousavira), et si le moinaugou est coupable, vous me rapporterez sa tête. Le fils de ma sœur qui vous accompagnera, prendra le commandement de ce poste si notre hôte blanc n'a pas été trompé par quelque Arabe à la langue sans os (c'est-à-dire souple au mensonge). »

Lors même qu'il me serait resté quelque arrière-pensée de défiance, il me devenait impossible de douter plus longtemps des excellentes intentions de Mirambo à notre égard. Cependant j'avais encore à aborder un autre point scabreux.

Devenu maître de l'Oukawendi dont Karéma fait partie, Mirambo n'a point à s'inquiéter des conventions arrêtées avec Matumula de qui nous tenons la propriété de nos terrains suivant contrats passés avec Cambier. Or, à l'issue des événements de Pimboué, lorsque Mirambo et Simba se disputèrent, Matumula prit fait et cause pour ce dernier et fut vaincu. En conséquence, la station belge se trouve bel et bien expropriée et, en refusant tribut à Mirambo, nous violons la loi africaine. Nouveau monarque, charges nouvelles. Nous prévaloir du contrat périmé passé avec Matumula qui avait pris les armes contre Mirambo, ce serait folie. Cette négociation était périlleuse.

Mais Mirambo est bon prince. Lorsque, avec les plus grandes réserves diplomatiques, je le sonde au sujet de la confirmation de notre traité, il se met à rire.

« C'est très vrai, dit-il, vous êtes maintenant établis sur mes terres, à Karéma. En vous demandant tribut, mes officiers ont agi à votre égard comme avec tous les chefs de l'Oukawendi. Seulement, ils ne devaient pas vous menacer sans mon ordre, car ils savent que je suis favorable aux blancs. »

Je tente d'expliquer que d'après notre contrat avec Matumula nous n'avions pas de tribut à payer ; or, en Europe, les conventions faites avec une personne sont exécutables pour celle qui lui succède dans ses droits...

BECKER CHEZ MIRAMBO.

« Hi-i-i-i! reprend ironiquement Mirambo ; parce que Matumula a donné à Cambi un terrain qu'il venait de prendre et où il avait mis un sultan à sa façon, vous me croyez tenu à confirmer ses volontés ? Est-ce que vous lui avez enjoint de vous montrer le papier en vertu duquel il disposait de ce terrain ?

— Les hommes blancs, dis-je avec calme, se confient en la solidarité des sultans africains. Chez nous, tout écrit est sacré.

— Les sultans africains ne doivent accomplir que leurs propres promesses, et un mwami comme moi n'a pas à tenir compte de celles d'un Matumula. Mais rassure-toi. Si je vous croyais mes ennemis, je serais déjà venu en personne vous assiéger comme j'ai fait pour Simba.

— Nous pouvons donc espérer que Mirambo ratifiera ?

— Je n'ai rien à ratifier... Entends-moi bien : je vous donne le terrain que vous occupez, sans condition de tribut... Mais c'est parce que je le veux ainsi.

— Puis-je alors demander un nouveau contrat ?

— Hi-i-i-i!... Encore un papier ?... A quoi celui avec Matumula vous a-t-il servi ? Si je meurs ou si un autre chef *mange* ma terre, ce serait à recommencer. Ma parole vaut mieux qu'un papier. Lorsque Mirambo promet, il tient. Si les hommes blancs ont leurs usages, les rois africains ont les leurs aussi... Écrivez à votre frère blanc qu'il n'a rien à craindre de moi... Mais je châtierai les gens de Karéma qui ont refusé le hongo. Ils n'ignoraient pas, eux, que le véritable maître, c'est celui qui a la force... c'est moi... Et je détruirai leur village... »

Voyant Mirambo de si facile composition, je me permets d'intervenir en faveur de nos pauvres voisins, les indigènes de Karéma.

« Nous avons besoin d'eux, lui dis-je, pour nous procurer des vivres. Ils sont si pauvres, d'ailleurs ; et, leur sultan étant mort, ils ont cru pouvoir se dispenser de payer tribut.

— Eh bien, dit Mirambo, je vous les abandonne. Seulement, soyez sévères pour eux et ne laissez rien passer. Je les ferai informer *que les hommes blancs sont devenus leurs maîtres et qu'ils doivent leur obéir.* »

Mon espoir était dépassé. Nous voici non seulement confirmés dans notre ancienne et fragile concession par l'autorité d'un des plus puissants chefs de l'Afrique, mais investis encore d'une espèce de suzeraineté sur une population qui, jusqu'ici, affectait vis à vis de nous des attitudes suspectes ; à présent, plus que jamais, nous sommes certains d'un résultat !

La conversation continue ensuite sur différents sujets. Je demandai au mwami la signification de son surnom de Mirambo.

« *Faiseur de cadavres*, me répondit-il. Lorsque j'eus pris d'assaut ma première *ville*, mes hommes étaient tellement fatigués de tuer, que le soir pas un ne pouvait rester debout. Seul, je continuai d'aller et de venir au milieu des soldats couchés sur les corps morts. C'est alors qu'ils m'ont appelé Mirambo. »

Ceci est dit avec un farouche orgueil. Les nyamparas qui approuvent de la tête, jettent sur le conquérant des regards d'admiration.

8 février. — Le lendemain soir, Mirambo vint me rendre visite. Il avait passé toute la journée à la chasse, trompant l'ardeur guerrière qui fait le fond de son tempérament. Souvent aussi il dépense quelques heures au cottage où sont instruits ses enfants. Cette fois, il ne resta que quelques minutes et se retira après nous avoir offert une antilope tuée par lui.

Je retournai le voir pour lui faire mes adieux. Il me reçut dans une hutte circulaire, n'ayant pour tout mobilier qu'un fauteuil pliant à dossier de toile, couvert de crasse, et nombre de petits tabourets sur lesquels il s'assit avec ses nyamparas.

Je pris place à ses côtés en portant les yeux vers le haut des murailles en torchis, entièrement tapissées de flèches empoisonnées, comme celles employées dans les chasses à l'éléphant.

Aussitôt, voyant la direction de mon regard :

« Je n'ai plus de poudre, dit-il avec un sourire ambigu qui me donna à penser que, grâce à ses campagnes, la dernière notamment, il n'en était pas si complètement dépourvu qu'il l'annonçait ; il faudra bien revenir à l'ancien système des lances et des flèches. C'est d'ailleurs excellent pour la chasse. La détonation du fusil effraye le gibier, et déjà il me faut aller bien loin pour en trouver. »

Cependant, je ne vois pas que ses soldats aient déposé le rifle qui, quant à lui, ne le quitte jamais.

Un marmot de quatre ou cinq ans, nu comme un ver, pénétra dans la hutte et grimpa sur ses genoux. C'était un de ses enfants. Mirambo se mit à jouer avec lui, et sur sa rude figure passa comme un rayon de souveraine douceur.

Puis, brusquement, le mwami me dit :

« Veux-tu voir mes vouakima (femmes) ?

— Volontiers, » répondis-je, mais sans empressement de mauvais aloi.

Nous pénétrâmes tous deux seulement dans la seconde *banda* du palais impérial, coupée de larges corridors et divisée en pièces spacieuses. Je vis une demi-douzaine de jeunes et fort jolies négresses, agenouillées devant la pierre à écraser le sorgho et se livrant avec entrain à cette pénible besogne.

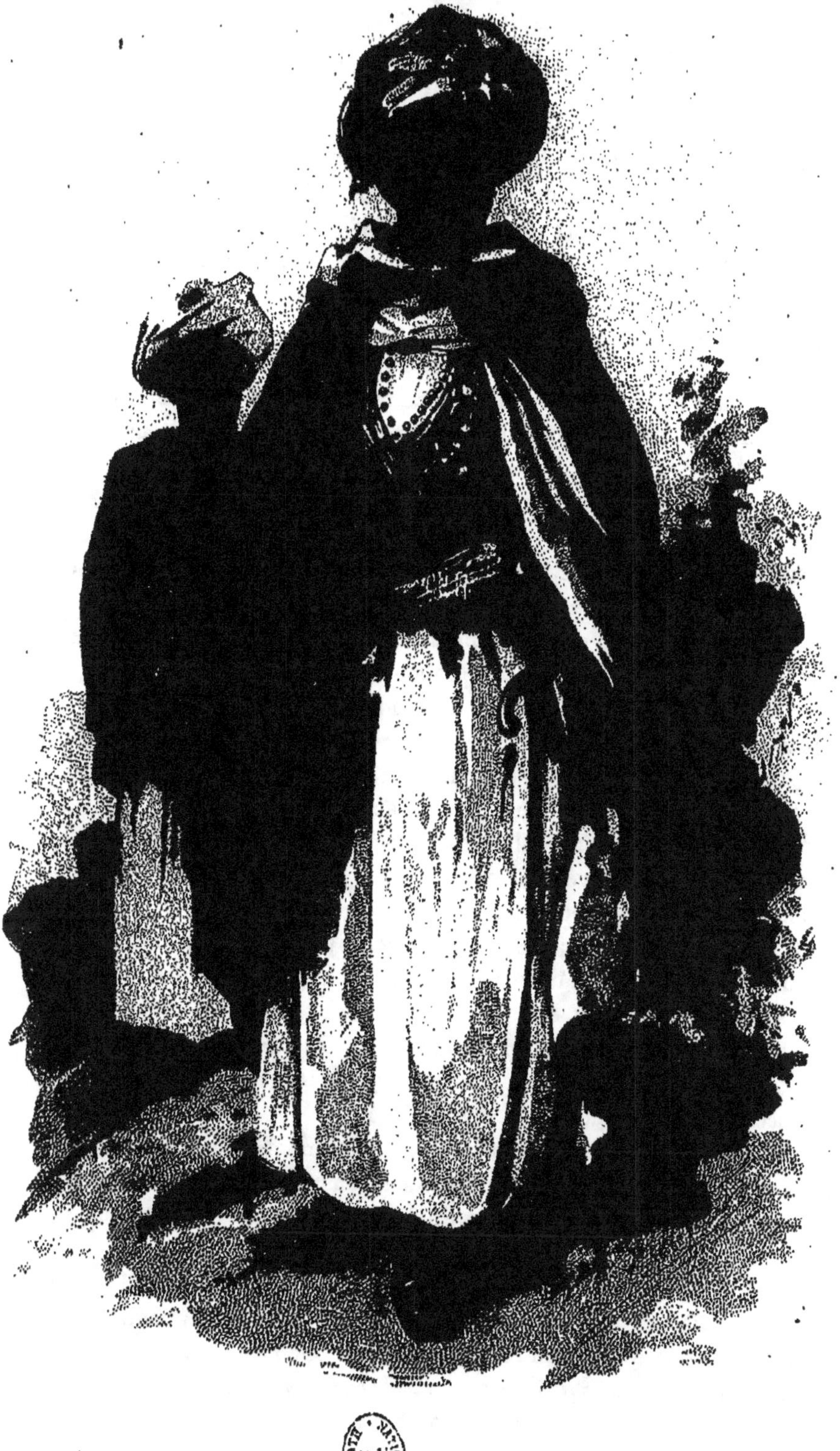

P. Maes Éditeur Bruxelles

Imp. A. Mertens, Bruxelles

MIRAMBO

Empereur des Rougas-Rougas.

Le mwami les regarda d'un œil complaisant, et certes il aurait pu se targuer de bon goût. La gentille brigade, selon la coutume africaine, chantait les louanges du maître, rappelant ce qu'il avait fait ou dit la veille, exaltant les marques de sa royale faveur. A chaque instant, le nom de Mirambo revenait sur les lèvres relevées avec un mouvement de naïf orgueil.

Mirambo, après leur avoir adressé quelques mots d'encouragement, me conduisit dans sa chambre à coucher, munie d'un superbe lit européen à baldaquin et à ressorts, doublé d'une couchette indigène étendue sur le sol.

« Je préfère encore ceci, me dit-il d'un ton bonhomme; c'est moins haut et moins chaud. »

Tout un arsenal de fusils, anciens et nouveaux systèmes, armes arabes ou anglaises, ornaient les murailles. Il en choisit un et me l'offrit.

« J'ai fait envoyer au consul d'Angleterre, dit-il, les objets ayant appartenu aux malheureux blancs de Pimboué. Ce fusil ne m'a été remis que plus tard par mes Rougas-Rougas. Il est à toi. »

J'acceptai.

« J'aurais voulu les sauver, continua Mirambo; mais pourquoi, sachant que mes troupes allaient donner l'assaut au village de Pimboué, n'ont-ils point pris part à la défense ? Ils auraient peut-être réussi à repousser mes hommes et je serais arrivé à temps. »

Je le regardai avec stupéfaction.

« Comment! m'écriai-je; mais c'est justement pour ne pas être considérés comme des ennemis de Mirambo qu'ils n'ont pas voulu faire usage de leurs armes.

— Ils ont eu grand tort, répondit le mwami : *chacun doit se défendre*. Ils m'auraient tué la moitié de mes hommes, que je leur aurais encore donné une escorte pour continuer leur voyage. »

En fait d'artillerie, Mirambo est un peu mieux monté que le gouverneur arabe de Taborah. Il me fit voir, abrités sous un hangar, cinq petits canons de fer montés sur affûts de mortiers. Puis il me reconduisit poliment jusqu'à la porte du village.

« Dites à vos frères blancs quel homme je suis, me répéta-t-il en me secouant cordialement la main. Jamais Mirambo ne sera leur ennemi. Qu'ils passent sans crainte par mon royaume, ils n'auront rien à payer et seront bien accueillis,... *même s'ils ne m'apportaient pas de poudre.* »

Quatre jours après, je rentrai à Taborah, de nuit, comme j'en étais sorti

Lieutenant JÉRÔME BECKER.

On le voit, dans son ambassade Becker remporta un succès complet : il obtint de Mirambo le désaveu des hostilités dont Karéma était l'objet et — chose plus importante peut-être — la ratification de l'acte de propriété du territoire de Karéma, acte tombé en désuétude par suite de la chute de Matumula. Ce triomphe fait honneur à la présence d'esprit et au tact avec lesquels Becker conduisit les négociations.

Mais il me permettra d'être moins optimiste que lui au sujet du sultan de l'Ounyamouési, et surtout de ne croire aux protestations d'amitié de Mirambo que sous bénéfice d'inventaire, car, pendant toute sa vie, ce chef n'a été, en somme, qu'un meurtrier et un pillard.

Fort heureusement, aujourd'hui, la mort de Mirambo est annoncée et confirmée (1). Or, d'après ce qui précède, cet événement que le mwami lui-même avait prévu dans sa conversation avec Becker, placerait Karéma dans de nouvelles mains, les troisièmes depuis le jour où Cambier acheta le territoire de Matumula. Mais, à mon sens, cela n'a rien d'inquiétant pour l'avenir : Mirambo mort, c'est un soulagement universel pour toute la région des grands lacs; certes, quelques voisins guerroieront un peu pour se disputer les bribes de son empire; mais les Arabes de Taborah sauront mettre leur épée dans la balance, et leurs excellentes dispositions à notre égard nous promettent de ce côté un sérieux appui : le développement, la vitalité, l'avenir de notre œuvre humanitaire, en dépendent.

---

(1) Janvier 1885.

CHAPITRE XXXII

Mort du capitaine Ramaeckers. — Les travaux de Becker à Karéma. — Expédition Storms. — Voyage à la côte occidentale du lac Tanganika. — Chez les Vouaroungou. — Création d'une station à Mommpara. — Le sultan Mpala. — L'échange du sang.

E 25 février 1882 fut un jour de deuil pour Karéma : victime de son grand dévouement, ayant voulu résister jusqu'au bout, le capitaine Ramaeckers avait fini par succomber au mal implacable qui le minait : il mourut courageusement sur le sol même auquel il avait voué toute son énergie.

En apprenant cette mort, l'impression fut si profonde, si cruelle, que plus d'un en Belgique laissa échapper un cri d'indignation, de colère, contre l'hydre africaine qui ravissait ainsi la vie de ceux dont nous nous enorgueillissons le plus.

Ce cri de légitime colère, réprimons-le. Les grandes œuvres ont toujours eu leurs martyrs. Si, dans un jour de péril, la patrie avait demandé leur vie à ces nobles victimes de l'Afrique centrale, ils la lui eussent donnée avec joie ; mais si ce n'est point le salut, c'est la gloire que la patrie leur doit : échelonnées sur la grande voie de l'humanité à travers le pays des nègres, ces tombes rappelleront le nom de la Belgique aux postérités les plus reculées.

Mû par une pieuse pensée, Becker éleva un mausolée à la mémoire de son chef regretté : sous le ciel africain, au bord du lac Tanganîka et à l'ombre de notre station, se dresse un petit monument dont l'intérieur figure une crypte tendue d'étoffe noire ; le portrait photographié de Ramaeckers s'y trouve encadré et, comme en un sanctuaire, notre sympathique compatriote repose là non pas en exil, mais au milieu de ses amis, de ses collègues qui poursuivent son œuvre, et au sein de cette population noire remplie de respect pour le tombeau de l'homme blanc, son bienfaiteur.

Après la mort de Ramaeckers, Becker prit le commandement de la station de Karéma et, dans ces fonctions, il sut doubler encore cette énergie qu'il apporte dans tout ce qu'il fait.

C'est à lui que l'on doit le groupement de ces nombreuses familles indigènes qui sont venues s'abriter autour de l'établissement belge, augmentant ainsi dans de notables proportions la population laborieuse de notre colonie africaine. Chacune de ces familles se construisit une case autour de laquelle on lui concéda assez de terrain pour qu'elle pût y trouver sa subsistance. Cette colonie atteignit promptement le chiffre de soixante ménages qui tous se trouvèrent par le fait sous la dépendance de l'Européen dont ils suivaient les conseils et les lois.

On peut se figurer sans effort les difficultés qui ont entouré cette entreprise : inculquer le sentiment de la famille à ces pauvres déshérités pour qui le mariage n'est qu'un accouplement, une affaire, enseigner en même temps leurs devoirs mutuels à ceux qui ne connaissent qu'un seul droit, la force, c'était là un travail qui nécessitait une patience admirable, de la douceur, de l'énergie, et surtout une reconnaissance absolue de la part du nègre dont l'étude déconcerterait plus d'un habile psychologue. Il faut avoir vécu avec les noirs, il faut parler leur langue, connaître leurs enfantillages, leurs raisonnements, leurs aspirations, pour pouvoir les manier, pour oser tenter leur régénération.

Becker entreprit cette tâche et il y réussit, grâce a ces deux moyens infaillibles, la volonté et la persuasion.

Becker s'appliqua également a compléter les installations de la station. il fit construire un vaste *boma* de deux cent cinquante mètres de longueur, et creuser un puits où le personnel de la colonie trouve aujourd'hui l'eau qui lui est nécessaire et qu'autrefois il devait aller chercher au lac; de nombreux chemins furent ouverts pour faciliter le défrichement de la campagne environnante, et permettre tous les essais agricoles que l'on y voudra faire. Becker dota encore Karéma d'un superbe bateau à voiles qu'il obtint

LE LIEUTENANT STORMS.

en transformant à cet usage une grande pirogue indigène jadis achetée par le capitaine Popelin.

A l'heure même où Ramaeckers succombait, une expédition nouvelle s'organisait à Zanzibar pour venir relever celle que le sort éprouvait si cruellement et dont Becker fut le seul survivant. Elle se composait du lieutenant d'état-major Émile Storms qui en avait le commandement, et du lieutenant aux grenadiers Camille Constant; malheureusement, ce dernier ne put supporter le climat, et, malade à Zanzibar, il fut obligé de revenir en Europe.

Le 9 juin, Storms quitta la côte et son voyage s'accomplit dans des conditions très heureuses, car il ne lui fallut que trois mois et demi de marche pour franchir la distance énorme qui le séparait de Karéma. L'époque était favorable, en ce sens que la saison pluvieuse avait pris fin; et cependant l'intensité des pluies avait été telle, que dans la région de l'Ousagara, du 6 novembre au 24 avril, il était tombé 1ᵐ 826 d'eau ; la Moukondocoua avait débordé et, dans son cours impétueux, avait entraîné avec elle des villages entiers.

La guerre sévissait alors dans l'Ourori et, fuyant de tous côtés, les populations accouraient en foule vers la station française du capitaine Bloyet, dont la présence les rassurait. Au demeurant, ces Vouarori ou Nassangous sont laborieux et bons cultivateurs, et leur arrivée ne pouvait qu'être profitable au pays. Là aussi le défrichement était poussé avec activité et, comme à Karéma, des villages et des champs nombreux remplaçaient les fourrés et les broussailles.

Les fauves et les fourmis blanches, les *mtchouas*, désolaient malheureusement la contrée : lions, panthères, hyènes, venaient nuitamment visiter les enclos du capitaine Bloyet, dont ils dévorèrent même un âne de selle qu'il venait d'acheter; dans sa demeure, les termites émiettèrent en une seule nuit un parapluie suspendu à la muraille; à bout d'expédients, Bloyet recourut au cyanure de potassium pour purger les alentours de ces hôtes destructeurs.

Storms ne fit que passer en quelque sorte à Taborah : nous n'y avions plus de poste, et la maison du docteur Van den Heuvel était alors occupée par les missionnaires catholiques faisant partie de l'ancienne expédition du père Guyot.

Storms atteignit Karéma le 27 septembre 1882, et, dès son arrivée, il se répandit en éloges sur les travaux que Becker venait d'y exécuter; tous ceux, d'ailleurs, qui passent par Karéma, missionnaires ou explorateurs, témoignent la même admiration, ressentent la même gratitude, car notre station est aussi hospitalière que prospère et confortable.

Becker retourna alors à Zanzibar où il licencia le personnel des askaris de la caravane Ramaeckers. Au même moment partait d'Europe, comme futur adjoint de Storms, un autre Belge, Émile Maluin, qui ne put supporter le climat et ne dépassa pas la côte; l'Association le remplaça par notre compatriote Victor Beine, qui remplit actuellement les fonctions du sous-chef de la station de Karéma.

Cependant les instructions de Storms lui prescrivant d'aller établir sans retard un nouveau poste à la côte occidentale du lac Tanganika, il se décida à recourir aux services de ses voisins de Ganda, les Allemands Böhme et Reichardt, et confia au premier le commandement provisoire de Karéma pendant son absence et jusqu'à l'arrivée de son adjoint belge.

Alors, accompagné de M. Reichardt et de vingt-quatre askaris, Storms s'embarqua, le 27 avril 1883, à bord du bateau à voiles que Becker avait si heureusement emménagé, et il cingla vers Mommpara, sur la côte occidentale du lac Tanganîka.

Les extraits suivants du propre journal de Storms feront connaître aux lecteurs, mieux que je ne pourrais le faire moi-même, le pays qu'il a par-

MONT MOUROUMBI (TANGANÎKA).

couru, ainsi que les mœurs et coutumes observées par lui chez les Vouaroungou qui peuplent ces contrées.

1er mai 1883. — Je reprends mon voyage vers le nord, à 6 heures et demie du matin. Nous sommes poussés par un vent favorable, mais les vagues sont fortes et étalent fréquemment sur le bateau. Nous traversons un golfe. La distance qui nous sépare de la côte nous empêche d'en distinguer les détails; toutefois, aucun accident de quelque importance ne pourrait nous échapper. L'aspect de la côte ne varie pas.

A 11 heures, nous jetons l'ancre sur les rives du Lofoukou. A la pointe d'un cap, situé un peu au sud du fleuve, se trouve un petit village dont les habitants se précipitent vers la côte en nous voyant arriver. Nulle part je n'ai constaté la pusillanimité dont on accuse les gens du Maroungou. Partout, dès notre arrivée, les indigènes, loin de fuir, sont venus à nous, en offrant de nous vendre des vivres.

Ici le site est magnifique, et une vaste plage s'étend entre le lac et le pied des montagnes. Je ne veux pas m'éloigner avant d'avoir exploré ce lieu en détail. Si cet emplacement convient à l'établissement d'une station, je m'y installerai. Je ne tiens pas à pousser plus au nord, parce que les Anglais y sont (1) et qu'il est bon de laisser un certain espace entre les établissements européens.

Le temps est superbe, la chaleur très supportable. Vers trois heures, mon thermomètre marque 28 degrés.

2 mai. — Dans la matinée, j'envoie de petits présents aux sultans des deux rives du Lofoukou.

L'après-midi, accompagné de M. Reichardt, j'essaye de remonter le fleuve avec mon cutter, mais au bout d'une heure je suis obligé de renoncer à l'entreprise. Le courant est très violent; malgré l'effort de dix rameurs, nous perdons du terrain et nous reculons. Le fleuve, dans la petite partie que j'ai parcourue, coule au milieu d'un terrain d'alluvion très fertile; aussi les cultures sont-elles très développées sur les deux rives.

Au retour de mon excursion, je trouve chez moi le principal sultan de la contrée, venu pour me rendre visite avec une de ses femmes. C'est la première fois que je constate un fait de cette nature.

Je lui communique mon intention de m'établir dans son voisinage. Il accueille cette ouverture avec beaucoup de plaisir, et me dit qu'il doit préalablement en référer aux autres sultans. Avant de prendre congé de lui, je donne un kitambo d'étoffe à sa femme.

Cette visite, dont le récit n'occupe que quelques lignes, a néanmoins été assez longue; on ne peut s'imaginer jusqu'où l'on pousse ici le besoin de parler pour ne rien dire, ou pour ne dire que peu de chose.

Voici à peu près le cérémonial suivi :

Lorsqu'un indigène veut s'adresser au sultan, il se met à genoux. Quand le sultan parle, on l'écoute en silence; toutefois, si pendant son discours on veut marquer son adhésion sur certains points, on fait entendre un léger claquement de mains, de manière à ne pas couvrir la voix de l'orateur, mais de façon cependant que ce mouvement attire son attention. Lorsque le sultan a fini de parler, il en prévient l'interprète par un claquement de mains que ce dernier répète.

(1) A Mtowa.

MONTS KATÉYÉ ET KABEMMBOUA.

Les Vouaroungou portent le costume des autres tribus de la rive occidentale du lac. La plupart des indigènes sont couverts d'une étoffe d'écorce; quelques-uns sont revêtus d'un tissu fait avec des herbes; d'autres, et c'est le plus petit nombre, se fabriquent une étoffe grossière avec le coton qu'ils cultivent.

Le tatouage est fort usité; quelques indigènes en ont le cou complètement couvert; d'autres ont deux bandes croisées en sautoir. Les diverses tribus se distinguent entre elles par les dessins.

Les femmes sont également tatouées; elles ont ordinairement autour du nombril tantôt une espèce de soleil, tantôt une série de petits carrés qui montent jusqu'au sternum et vont toujours en diminuant vers les flancs. Deux séries de lignes partent en outre des épaules et descendent jusqu'aux seins.

Les dents supérieures sont limées comme chez les indigènes de la rive orientale du lac. Les traits du visage sont réguliers, les lèvres sont peu épaisses et le nez est légèrement épaté. La race est belle, et je crois que la taille moyenne est plus élevée que dans notre pays.

Les indigènes mettent leur principal luxe dans la coiffure dont les formes sont très variées; cette grande variété m'en rend la description impossible.

COIFFURE DE L'OUGHÉYÉYA.

La coiffure la plus suivie est loin d'être agréable, du moins aux yeux d'un Européen; les cheveux, couverts d'un corps gluant, sont réunis par touffes, puis ces touffes sont roulées en boules graisseuses assez symétriquement espacées. Les cheveux ainsi disposés sont teints en rouge, et de l'huile versée à profusion complète cette coiffure que tous les corps gras qui l'enduisent sont loin de rendre propre. Les cheveux du front et de la nuque sont rasés.

Un autre genre de coiffure consiste à laisser croître les cheveux et à en faire des tresses qui sont réunies au sommet de la tête par de grandes épingles en fer et des plumes.

Les armes des indigènes du Maroungou sont l'arc, la flèche, la lance et la hache. Ils n'ont pas d'armes défensives. Les flèches sont faites avec des petits roseaux terminés par une pointe de fer dont la forme varie beaucoup. La plupart sont empoisonnées.

La langue des Vouaroungou paraît différer presque complètement de celle des peuplades de la rive orientale du lac ; plusieurs de mes askaris qui parlent quelques-uns des dialectes usités dans cette dernière contrée, ne parviennent à en comprendre que fort peu de mots.

Au point de vue de l'industrie, les Vouaroungou peuvent être placés sur la même ligne que les habitants du Ravendi et du Fipa. Ils travaillent le fer plus habilement que ces derniers ; ils cultivent le coton et en font des tissus ; ils fabriquent en outre une sorte d'étoffe avec certaines herbes. La poterie est plus ornementée que sur la rive orientale du lac, et la vannerie n'a pas grand'chose à envier à l'art européen.

La culture est la même aussi que sur la rive orientale du lac, mais ne s'étend guère au delà des besoins de la population, par une raison bien simple : c'est qu'il n'y a aucun débouché commercial, si ce n'est de temps à autre une petite caravane venant d'Oudjidji pour faire le commerce des esclaves.

Le terrain ne manque pas ; la culture prendra de l'extension dans les mains des Européens. Les produits du sol consistent principalement en maïs, viazies (patates), arachides, fèves, ricin. La canne à sucre et le moutama sont peu cultivés.

Le bétail fait complètement défaut, comme aux environs de Karéma et pour le même motif. C'est un butin très convoité par les peuplades guerrières et qui attire les pillards. Les seuls animaux domestiques sont les poules et d'affreux roquets auxquels mon chien Djek fait la guerre. Des trois chiens que je me suis procurés à Zanzibar, Djek est le seul survivant.

Les Vouaroungou sont d'un caractère doux, mais paresseux et très bavards.

3 mai. — Continuation de la reconnaissance de la contrée. Beaucoup d'emplacements conviennent pour y construire une station, mais il n'y en a qu'un qui offre un abri pour notre bateau : c'est le petit cap de Mommpara.

Cet endroit seul m'arrête définitivement, et voici ce qui m'y détermine :

Si je m'établis au sud du Songoué, je m'éloigne de la direction que je compte prendre ultérieurement lorsque je me dirigerai vers le Loualaba. Entre Songoué et Mommpara, j'ai visité toute la côte, et je n'ai trouvé aucun autre lieu qui puisse convenir aussi bien que Mommpara. Si je me porte plus au nord, d'une part je m'écarte de Karéma, et d'autre part je me rapproche trop de la station des Anglais.

Mommpara offre des avantages sérieux. Si la Loukouga devient navigable, j'en profiterai, car je n'en suis distant que de trois ou quatre journées de marche ; à Mommpara, il y a un grand espace le long du rivage pour le campement des caravanes ; enfin c'est un centre populeux où l'on trouvera facilement à se nourrir. La culture s'étendra selon les besoins.

Le point où je compte établir la station est situé près du 7° parallèle sud.

Dans l'après-midi, j'ai reçu la visite du sultan, accompagné cette fois d'un autre sultan de la contrée, ce dernier suivi de deux de ses femmes.

Après la cérémonie d'usage, nous abordons la question de l'établissement

ARRIVÉE DE STORMS A MPALA.

d'une station sur son territoire. Je vois que les fusils de mes hommes ont inspiré quelque crainte. Le sultan me dit que ses gens sont pacifiques, doués d'un bon caractère et qu'il espère que la paix ne sera pas troublée par ma présence.

J'affirme mes bonnes intentions, je leur déclare que je désire me faire l'ami de tous les habitants, et que, loin de les inquiéter, je les défendrai au besoin s'ils sont attaqués.

Cette déclaration est reçue par une salve d'applaudissements de toute l'assistance. J'achève de me rendre les deux sultans favorables en leur donnant quatre petits kitambis et huit dotis de satini, dont ils sont enchantés.

Enfin ils me demandent le point que j'ai choisi : j'indique le petit cap de Mommpara. Nous nous y rendons ensemble et je prends possession du terrain.

Vers le soir, le sultan m'envoie son nyampara pour me demander si je veux me faire son frère de sang. Je lui fais répondre que nous procéderons plus tard à cette cérémonie.

Ainsi se clôture la journée. J'ai obtenu ce que je désirais.

Cependant, depuis mon arrivée dans le Maroungou, Mpala, le chef de la contrée qui porte son nom, n'avait cessé de manifester le plus vif désir de se faire mon frère de sang. De mon côté, j'avais hâte de répondre à ses sollicitations, car ma présence dans les environs de son village commençait à inspirer à ses sujets une telle panique, que plusieurs petits hameaux étaient déjà déserts.

L'échange du sang était le seul moyen de faire renaître la confiance dans les esprits, et j'attendais avec impatience, pour procéder à la cérémonie, que mon bateau fût revenu de Karéma où je l'avais envoyé chercher quelques menus objets qu'il est d'usage d'offrir au moment de la fraternisation.

Le bateau étant arrivé le 25 juin, je fis aussitôt prévenir Mpala et je me rendis à son village, accompagné de tout mon monde. Pour donner plus d'éclat à la fête, mon compagnon d'excursion, le voyageur allemand M. Reichardt, s'était joint à moi avec sa caravane, si bien que je me trouvais ainsi à la tête d'une troupe de plus de deux cents personnes.

Le bruit des tambours et des trompettes ne tarda pas à faire accourir tous les indigènes des environs.

Lusinga, chef d'un vaste district situé à deux journées de marche à l'ouest, et qui était venu à Mpala pour me saluer, était resté pour présider la cérémonie.

Tout d'abord, mon futur frère fut fort effrayé en me voyant approcher avec des forces considérables : il se figurait que je venais dans l'intention de m'emparer de sa personne et de sa résidence. A la vue de cette panique, Lusinga, plus intelligent et que faisaient rire les craintes de son voisin, me conseilla de procéder à la cérémonie en dehors de l'enceinte du village.

LE CONSEIL.

Une grande natte fut alors étendue dans la plaine pour notre réception. Lusinga nous y fit asseoir l'un en face de l'autre, au milieu de l'assemblée très nombreuse des indigènes et des hommes de nos caravanes, qui faisaient cercle autour de nous.

Puis la cérémonie commença.

Le président ordonna de tuer deux poules, dont on fit griller les foies devant nous. Pendant ce temps, un des nyamparas de Mpala me pratiquait une incision à la poitrine avec un fer de lance, tandis qu'un de mes hommes en faisait autant au sultan nègre.

Les foies grillés nous furent ensuite apportés imbibés du sang des futurs frères. Je mis dans la bouche de Mpala le foie humecté de mon sang, tandis

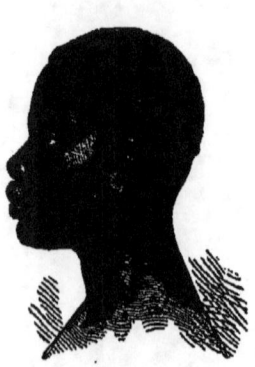

NATUREL DE L'OUHYÉHYA.

COIFFURE D'UN NATUREL DE L'OUHYÉHYA.

que lui me faisait manger le foie imprégné du sien. En somme, petit lunch assez peu régalant.

La première partie de la cérémonie était terminée.

On passa alors aux serments, qui sont prononcés par des tiers. Pendant tout le temps qu'ils durent, on entre-choque des fers de lance au-dessus de la tête de chacun des initiés.

« Mtémi, dit un orateur noir en s'adressant à Mpala, vous êtes maintenant le frère de l'homme blanc; si vous lui faites du mal à lui ou à l'un des siens, vous mourrez; si vous lui faites la guerre, vous mourrez, les membres de votre famille mourront et votre pouvoir disparaîtra. »

Lusinga prit ensuite la parole, et s'adressant à moi :

« Homme blanc, dit-il, le serment d'amitié par lequel vous vous liez aujourd'hui avec Mpala doit être sincère. Vous venez au milieu de nous, vous ne pouvez pas nous mépriser. Si vous faites du mal à Mpala ou à l'un des siens, vous mourrez; si vous lui faites la guerre, vous mourrez, tous les vôtres mourront et votre puissance finira. »

A peine avait-il achevé ce discours, qu'une explosion de deux cents coups de fusil, tirés par nos hommes, éclata, émerveillant l'assistance indigène qui n'avait jamais assisté à un spectacle aussi imposant. Toute la bande, en proie à une joie délirante, se mit à sauter, à gambader, à gesticuler, à crier au plus fort. On eût dit l'enfer ayant déchaîné une partie de ses pensionnaires.

Chose remarquable, le mtémi, que notre approche avait glacé d'effroi le matin, éprouvait et témoignait maintenant le plaisir le plus vif en présence de cette manifestation bruyante. Si nous avions débuté par la fusillade à notre arrivée, je crois que le pauvre homme en serait mort de peur.

CHAPITRE XXXIII

Une séance de féticheur à Mommpara. — Le panier aux sortilèges. — Excursion de Storms à la Loukouga. — Visite à la tombe de Popelin. — Le potager de Karéma. — Hommage d'un explorateur français. — Karéma et Stanley-Falls. — L'expédition Becker. — Son programme.

ENDANT son séjour à Mommpara le lieutenant Storms assista à une curieuse séance de fétichisme; il en nota très exactement les détails et décrivit cette jonglerie ainsi qu'il suit :

« Un jour, écrit il, je vis passer le *mfoumou* ou féticheur officiel de Mpala, porteur de tout son infernal bagage. Comme je lui demandais, lorsqu'il fut à ma portée, où il se rendait et ce qu'il se proposait de faire, il me répondit qu'il allait opérer dans une cabane dont le propriétaire était malade. Il s'agissait d'en chasser un mauvais esprit quelconque. L'opération piqua vivement ma curiosité et je suivis l'opérateur pour assister à ses manœuvres.

Le féticheur, tout bariolé de blanc et de rouge, était bizarrement attifé ; un grand nombre fétiches et d'amulettes attachés à des bouts de ficelle, lui pendaient autour du corps. Il était en outre porteur de sonnettes, de fragments de calebasses, de peaux de civettes et d'une statuette en bois.

Ce qui me frappa le plus, ce fut un grand panier à couvercle conique. Il renfermait ses *dawas*.

Suivant la supersition des indigènes, les dawas ne servent pas seulement à provoquer des faits surnaturels; leur vertu s'étend aussi à la médication. On a des dawas pour faire tomber la pluie ; on en a d'autres pour guérir les maladies, quelles qu'elles soient.

Rien ne saurait combattre dans l'esprit des indigènes la foi qu'ils ont en la puissance de ces dawas. Il ne faut pas croire, par exemple, que l'inefficacité d'un remède administré par un mfoumou va jeter le discrédit sur son pouvoir; s'il ne réussit pas, c'est qu'un individu malintentionné possède des dawas plus fortes que les siennes.

Arrivé à destination, le mfoumou que j'accompagnais demanda une case où il voulut être seul ; cette case lui fut indiquée, il en prit possession et je me plaçai devant la porte avec mes askaris groupés autour de moi.

Après quelques instants consacrés à disposer sa diabolique officine, il se mit à évoquer les esprits, en sifflant et en chantant. Ceux-ci, ils y mettaient de la complaisance probablement, ne se firent ni trop prier, ni trop attendre, et nous entendîmes bientôt des *hou! hou! hou!* répétés.

Jugeant le moment propice, je poussai la porte sans façon et je fis mon apparition dans la case. Le mfoumou tout désappointé voulut cesser sa manœuvre, mais lui ayant brusquement intimé l'ordre de continuer, il n'osa point persister dans son refus.

Il obtenait le bruit des hou! hou! hou! à l'aide de calebasses convenablement trouées et dont l'une avait été transformée en soufflet à l'aide d'une peau de civette. Son appareil ressemblait en un mot à ce jouet d'enfant avec soufflet imitant, lorsqu'il est pressé, les aboiements du chien qui le surmonte. Pour qu'on ne vît point la supercherie, le féticheur avait placé les calebasses sous la jupe de sa statuette de bois; le soufflet était mis en mouvement à l'aide du pied, qui communiquait à la peau de civette par l'intermédiaire d'une flèche.

Dès que j'eus surpris la manœuvre, j'appelai mes askaris et je leur expliquai la cause du bruit qu'ils avaient entendu et qui les faisait trembler.

Pour appuyer mes explications je mis moi-même le soufflet en mouve-

UNE SÉANCE DE FÉTICHEUR.

ment et les hou! hou! hou! que j'obtins firent rire mes gens aux éclats.

Je croyais avoir, par cette expérience manifeste, mis mes hommes en garde contre la puissance dérisoire du mfoumou, mais j'ai vu plus tard que je n'étais pas parvenu au but que je pensais avoir atteint.

La simple nomenclature d'une partie du contenu de ce mystérieux panier

FÉTICHES DE L'OUGOUHO.

sera plus éloquente que tout ce que je pourrais dire. Le féticheur en tira d'abord deux crânes de *warosi* accusés de sorcellerie et qui, pour ce fait, avaient été mis à mort. Un de ces crânes était dans son état naturel, l'autre avait été noirci avec un mélange de graisse et de suie.

Vinrent ensuite un paquet de racines dont les warosi s'étaient servis pour exécuter leurs opérations criminelles ; un second paquet de racines propres à se préserver des populations cannibales ; quelques fragments d'oiseaux qui rendent heureux à la chasse ; un morceau de bois et quelques poils de gibier assurant la fécondité aux femmes stériles ; quelques racines donnant aux guerriers un cœur de lion ; d'autres racines pour obtenir la pluie ; quelques débris d'un hibou pour reconnaître et tuer un mrosi ; des os du crâne d'un buffle pour réussir dans la chasse aux éléphants ; quelques crins d'une tête de lion pour rendre le féticheur furieux et faire mourir un malfaiteur ; bref il y avait plus de cent petits paquets de dawas ayant chacun une destination différente. Le panier ne fut pas complètement vidé par mon imposteur qui alléguait une grande fatigue.

Cet exhibition terminée, je lui dis que sa puissance n'était rien en comparaison de celle que je possédais et que, s'il prononçait jamais la mort d'un homme, il aurait le même sort. Il me répliqua qu'il n'avait aucune méchanceté et que jamais il ne ferait tuer quelqu'un ; qu'il n'ignorait pas du reste que j'étais plus fort que lui, et que si je faisais des dawas il perdrait tout son pouvoir.

Eh bien, croirait-on qu'après avoir été témoins de cette scène, après avoir entendu ces conversations, mes hommes, en voyant le féticheur s'éloigner, me supplièrent instamment de lui parler pour qu'il ne fît jamais de mauvais dawas contre eux !

Ce n'était pas la peine, assurément, de leur avoir fait toucher du doigt les manœuvres audacieusement mensongères d'un sorcier ! »

Hélas ! nous ne pouvons que nous associer aux regrets formulés par le lieutenant Storms. Ce n'est malheureusement pas en une séance, et en mettant à nu pendant quelques instants les grossières supercheries des féticheurs, que l'on peut détruire des croyances si profondément ancrées dans l'esprit des nègres et des ignorantes peuplades de l'Afrique centrale. Il faudra bien des années, de longs et nombreux contacts avec les nations civilisées avant de faire entrer la lumière dans ces cerveaux remplis de ténèbres.

Après la scène de fétichisme à laquelle il nous a fait assister, suivons Storms dans son voyage de reconnaissance de la Loukouga.

Ce fut le 16 juin 1883 qu'il partit pour cette excursion et c'est au carnet même de l'explorateur qu'ont été empruntés les détails consignés ici.

Près de l'embouchure de la Loukouga, Storms a constaté que les eaux du lac se sont retirées sur une largeur de mille à quinze cents mètres ; on remarque sans peine, dit-il, en inspectant la plage, que le mouvement de retrait des eaux ne s'est pas fait d'une façon continue ; on distingue très visiblement les landes sableuses qui ont successivement formé les rives du lac.

L'embouchure de la rivière, ou, pour mieux dire, son commencement, présente une largeur de quinze cents à deux mille mètres. Cette entrée est libre : le ressac qui s'y était formé autrefois a disparu. Dès l'abord, le courant est à peine perceptible. Puis le cours d'eau se rétrécit rapidement, à tel point qu'à peine à deux kilomètres du lac sa largeur n'est plus que de

L'EMBOUCHURE DE LA LOUKOUGA.

cinq cents mètres; au coude situé un peu plus loin, — à quatre kilomètres environ du lac, — cette largeur est à peine de quatre cents mètres. A partir de cet endroit, le courant vers le Congo devient très sensible.

Au coude dont il vient d'être parlé et près duquel est situé le village de Manda, le lieutenant Storms se vit contraint de quitter la rive, celle-ci devenant impraticable aux voyageurs. Il gagna le village et rejoignit la Loukouga plus en aval.

Gravissant la montagne voisine de ce village, l'explorateur se rendit assez exactement compte de la disposition de la vallée. La direction des affluents de la rivière fut ce qui le frappa tout d'abord · ceux venant déboucher dans la région de la zone lacustre ont une direction opposée à celle du courant principal actuel, ce qui prouve évidemment que ce courant a varié. On peut en conclure qu'il fut un temps où la partie de la Loukouga actuelle située près du lac avait une direction dans le sens de ses affluents et portait ses eaux vers le lac.

Le lieutenant Storms rejoignit ensuite le fleuve vers un point où il reprend sa direction primitive, après avoir décrit deux coudes presque à angle droit. Là il n'a plus qu'une largeur d'environ deux cents mètres. Son courant est assez rapide. Grâce à une nouvelle éminence au sommet de laquelle il grimpa, le voyageur put prendre une vue générale du cours d'eau. La partie la plus éloignée du fleuve qu'il lui fut permis de distinguer de son observatoire a une direction ouest-nord-ouest.

Aucune végétation aquatique n'est visible, mais le lit paraît encombré de quartiers de roche. D'après des renseignements recueillis sur les lieux, il existe plusieurs chutes d'eau, ce qui fait évanouir les espérances de communication et de navigation directe entre le Congo et le lac Tanganika par la Loukouga.

Le lieutenant Storms a été bien accueilli par les indigènes de Waholoholo, riverains de la Loukouga; la réception au village de Manda fut aussi des plus amicales. Le village a une rue centrale d'une dizaine de mètres de largeur et deux rues latérales un peu plus étroites. Les habitations sont grandes et bien faites, les cases ont six ou sept mètres de hauteur, cinq de superficie; elles sont surmontées d'un toit conique et très régulièrement alignées. Le village est entouré d'une faible clôture.

L'industrie des habitants de Waholoholo mérite d'être signalée. Les tissus en fibre de palme sont bien fabriqués, on remarque quelques ornements sur la poterie et tous les objets de ménage comportent de grossières sculptures. Les armes sont la hache, l'arc, la flèche et la lance. Le tatouage est usité, surtout chez les femmes; la coiffure y est des plus curieuses et comporte des formes variées à l'infini.

De Manda, M. Storms fit voile vers Mtowa, où il fut reçu avec empressement par les missionnaires de la *London Missionary Society*, MM. Griffith et Jones, qui y sont établis. Avant de quitter la rive occidentale pour Oudjidji et Karéma, il alla visiter la tombe du regretté capitaine Popelin, située, comme nous l'avons dit dans un chapitre précédent, près de Mtowa, au cap Kimomo.

Le lieutenant Storms donne ensuite d'intéressants détails sur les semailles et les cultures de la station de Karéma.

« Dès mon arrivée à Karéma, dit-il, je me suis occupé de la culture des

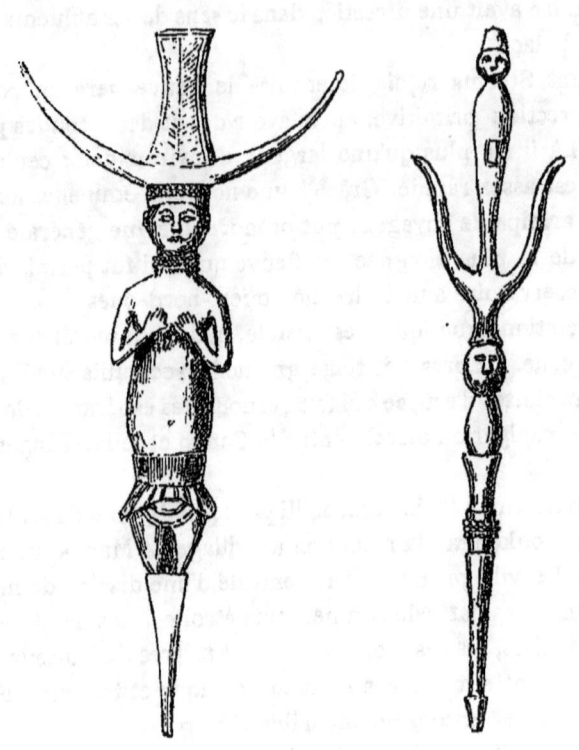

RATELIERS EN BOIS SCULPTÉ,
POUR ACROCHER LES ARCS (OUGOUHA.)

légumes européens dont j'avais emporté les semences avec moi; on était alors en saison sèche, et, au bout d'un certain temps, je comptais une quarantaine de plates-bandes, couvertes de toits de paille, élevés à un mètre au dessus du sol.

Cette disposition n'a pas eu grand succès, malgré des arrosages abondants et journaliers ; il est vrai que j'avais eu à la défendre contre les sauterelles qui pullulent à cette époque de l'année, et que presque tous les jeunes plants avaient été dévorés à mesure qu'ils sortaient de terre.

J'ai renouvelé cet essai, et voici les résultats que j'en ai obtenus.

La salade est ici le légume par excellence ; elle pousse à souhait en toute saison et donne de la semence. Ce résultat est d'autant plus précieux que je suis parvenu à fabriquer, à Karéma, de l'huile d'arachide et du vinaigre de banane.

J'ai récolté assez de choux-raves pour en nourrir cinquante personnes pendant plusieurs mois. Malheureusement, pas de semences ; il en a été de même pour les choux rouges, les choux verts et les choux blancs ; les betteraves, les navets et les carottes ont été aussi stériles sous le rapport de la graine.

Les fèves et les haricots de toute espèce croissent très bien. On donnera la préférence aux plantes qu'il ne faut point ramer. Les tiges des fèves de marais s'élèvent très peu au-dessus du sol ; résultat : belle floraison, fructification nulle.

Les pois poussent passablement ; j'ai constaté, à propos de cette plante légumineuse, un fait bizarre ; un semis de pois qui promettait plus que les autres par sa magnifique verdure, n'a pas donné une seule fleur ; j'en ignore la cause.

Ma première récolte de pommes de terre ne m'a rendu que la semence. J'attends avec impatience le résultat de mes nouvelles plantations. Dans le principe, j'attachais beaucoup de prix à reproduire la pomme de terre ; mais depuis que je connais et que j'apprécie les tubercules du nguoumbou et de l'helmias, je n'accorde qu'une importance secondaire à la culture de celle-ci.

Par contre, on devra donner une extension très grande à la reproduction de l'oignon : sous ce climat, on éprouve, en quelque sorte, le besoin d'en manger. Les semences que j'ai employées ne m'ont rien donné ; je m'en suis procuré d'autres à Taborah et j'ai obtenu une abondante récolte. La ciboule aussi croît à souhait.

Je n'ai réussi ni avec l'oseille ni avec les épinards ; il y a, du reste, dans le pays un produit sauvage qui s'en rapproche beaucoup par sa saveur. Le pourpier, à peine sorti de terre, a monté en graines ; il en existe aussi un produit sauvage, qui n'est pas mauvais.

Chose curieuse, les salsifis, au lieu de me donner de grosses racines, ne m'ont fourni que des filaments en quantité ; ils n'étaient bons à rien. Rien non plus des asperges, faute sans doute d'en pratiquer convenablement la culture. En revanche, j'ai des plants d'artichauts bien venus ; seulement, comme ce légume ne produit qu'à la fin de la seconde année, je ne puis encore affirmer le succès complet.

Les radis et les raiforts poussent admirablement, mais ne donnent pas de semences. J'en ai obtenu à Mommpara, en pleine saison sèche. Les con-

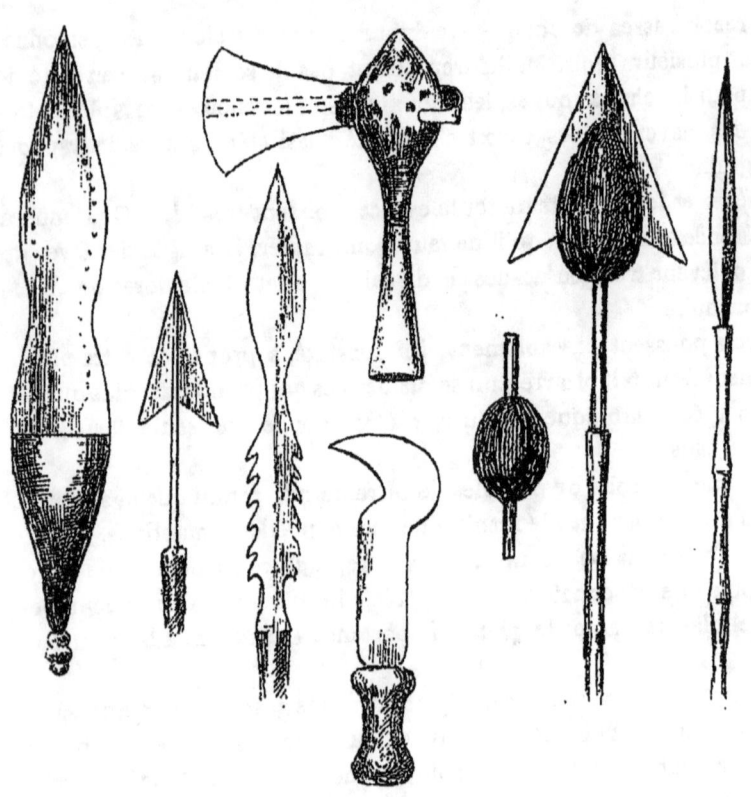

ARMES DE L'OUGOUHA.

combres et tous les produits à pépins réussissent généralement, mais surtout les gros fruits, tels que les melons et les courges. Les cornichons ont peu donné

Les tomates ont très bien réussi. Coupées en tranches et arrangées en salade mayonnaise, elle constituent un plat fort rafraîchissant et très apprécié de mes hommes.

Quant au froment que j'ai semé, il est bien venu, grâce à une surveillance et à des soins constants. Il faut arroser journellement et abondamment. C'est le procédé arabe. Cette année, je vais semer deux mois avant la masika, saison des pluies. Je pense, en prenant cette précaution, obtenir de meilleurs résultats. Dans le cas contraire, je reviendrais au système précédent : j'établirai une pompe Norton au point le plus élevé, et j'irriguerai.

Des expériences concernant d'autres cultures restent à faire. Ainsi, on pourrait essayer celle du bon tabac (Havane, Richmond, Virginie), qui ne manquerait pas de réussir; j'augure bien aussi de la reproduction du houblon et de l'orge.

Je voudrais également tenter d'acclimater la vigne, — qui a beaucoup de chances de réussite puisqu'il en existe ici une espèce sauvage, — le framboisier, le groseillier, en un mot, tous les petits fruits si estimés en Europe. J'ai déjà essayé la culture de la fraise, mais sans succès, ce que j'attribue à la mauvaise qualité de la graine. Enfin, un fruit excellent qui fait défaut sur les bords du lac, c'est l'ananas; il réussirait infailliblement à Karema si on l'y introduisait, puisqu'on le rencontre à l'état sauvage dans toute l'Afrique.

En somme, les premiers essais de culture sont satisfaisants. Si pour différents légumes, tels que la carotte, la betterave, le chou, le navet, je n'ai qu'à demi réussi, c'est que j'avais peut-être choisi un terrain impropre. Si j'ai échoué pour d'autres essais de culture potagère, je dois probablement cet échec à mon peu de connaissances en cette matière spéciale. Heureusement il y a remède dans l'un et dans l'autre cas. »

Le lieutenant Storms termine en déclarant qu'avec le temps et la persévérance le potager de Karéma n'aura rien à envier à ceux de l'Europe. Ce serait évidemment là un des plus fructueux résultats du labeur auquel se livrent sans relâche nos zélés compatriotes dans la station.

Avant de quitter Karéma pour retrouver à Zanzibar la nouvelle expédition belge commandée par le lieutenant Becker, constatons une fois de plus combien notre station du lac Tanganika répond en toutes circonstances aux devoirs sacrés de l'hospitalité.

Tout récemment Paris acclamait un explorateur français, M. Giraud, enseigne de vaisseau, qui a fait un voyage au lac Bangwélo, voyage traversé par les plus émouvantes péripéties et par de grandes vicissitudes. Il s'est empressé dès l'abord de louanger notre établissement de Karéma et d'exprimer toute sa reconnaissance envers le lieutenant Storms qui l'a puissamment secouru et envers Cambier qui, à Zanzibar, l'avait aidé de ses précieux conseils pour organiser sa caravane.

ARRIVÉE DU COURRIER DE STANLEY-FALLS.

Voici d'ailleurs un aperçu de ce voyage dont M. Giraud vient de donner un récit très-succinct.

Après de nombreuses tribulations, le jeune officier de marine atteignit le lac Bangwélo rendu célèbre par la mort de Livingstone qui eut lieu à Chitambo, au sud du lac, le 1ᵉʳ mars 1878. Il en fit le périple, ce qui était le but principal de la mission qui lui avait été confiée.

« A l'aide de mon bateau en acier, dit M. Giraud, je me lançai sur le Congo qui, en cet endroit, prend le nom de Louapoula...

« Cerné par les indigènes et arrêté sur la rivière par une série de cataractes qui s'étendent sur une longueur de plus de trois cents kilomètres, je me vis contraint d'abandonner mon bateau et de me constituer prisonnier entre les mains d'un chef cruel et voleur qui, deux mois durant, me laissa comme à plaisir mourir de faim.

« Parvenu, bien qu'à grand' peine, à m'évader et à rejoindre ma caravane qui m'attendait chez Cazembu, roi du Lunda, je me vis encore contraint de déclarer la guerre à ce dernier et de quitter son territoire à la force de mes armes.

« Dans ma route sur le Tanganika, où je comptais me ravitailler, je passai quelques jours sur le Mowéro, et, après un mois de famine et de difficultés de tout genre, je réussis enfin à gagner Karéma, station belge de l'Association internationale africaine, où je reçus la plus bienveillante hospitalité du lieutenant Storms, officier de l'armée belge, commandant ce dernier poste. C'est le seul Européen que je rencontrai dans ces parages.

« Après m'être ravitaillé et reposé à Karéma, je comptais reprendre mon voyage et pousser sur Stanley-Pool quand la désertion de toute ma caravane m'obligea à abandonner mes projets.

« Je revins alors à la côte par la route du Nyassa; une caravane indigène m'accosta au bord de ce lac que je traversai dans toute sa longueur. J'entrai alors dans le Shiré que je descendis jusqu'au Zambèze, ce qui m'amena ensuite à Quilimane, colonie portugaise sur la côte orientale, au sud de Mozambique. »

Tel est le rapide exposé que vient de donner M. Giraud de son périlleux voyage dans cette région de l'Afrique équatoriale; les éloges qu'il décerne à notre station et à son commandant, le lieutenant Storms, resteront pour la mission belge de Karéma un honneur mérité, et pour l'explorateur français un noble témoignage de sa gratitude.

Enfin, le 28 mai 1884, un événement de la plus haute importance pour l'avenir vint consacrer l'œuvre entreprise par l'Association internationale africaine.

En décembre 1883, Stanley, arrivant aux Stanley-Falls avec Roger, Bennie et Dress, avait fondé un poste dans l'île d'Ousana-Rousani, d'où il envoya, viâ Nyangwé, un courrier à Karéma pour informer de ce fait le commandant de notre station.

Dans un rapport adressé à Bruxelles, le lieutenant Storms annonce que cette lettre lui est parvenue le 28 mai 1884 ; l'enveloppe portait pour toute adresse : « Au commandant de Karéma », et plus bas : « Tout Européen est invité à faire parvenir la présente à son adresse ».

Le pli a été fidèlement porté à Nyangwé par les Arabes à qui il avait été confié ; dans l'Ougouha, il fut remis aux missionnaires anglais de Mtowa qui le firent parvenir au lieutenant Storms à Mpala, où il séjournait à cette époque.

La communication se trouvait donc désormais établie entre notre station belge de Karéma et l'entreprise du Congo.

Avant de terminer, il me reste à parler de la dernière expédition qui a pour but non seulement de relever le lieutenant Storms dont l'engagement de trois ans est sur le point d'expirer, mais encore de pousser jusqu'à Nyangwé et de rattacher à celle de Stanley-Falls la station qui y sera fondée.

Cette mission, qui semble devoir être le parachèvement de l'œuvre de l'Association internationale africaine, a été confiée au lieutenant Becker que nos lecteurs connaissent déjà, et qui, lors de l'expédition Ramaeckers, s'est révélé par son intelligence supérieure et sa rare intrépidité. Quatre officiers lui sont adjoints : MM. Durutte, lieutenant aux carabiniers ; Dubois, sous-lieutenant au 2ᵉ régiment de guides ; Dhanis, sous-lieutenant au 8ᵉ régiment de ligne ; Molleur, de l'infanterie de marine française.

Après avoir complété leur caravane, à l'organisation de laquelle le capitaine Cambier a apporté à Zanzibar le précieux concours de son expérience, les voyageurs doivent se diriger vers Karéma par la route ordinaire de Mpwapwa et Taborah. Aussitôt leur arrivée au lac Tanganïka, le lieutenant Storms, aujourd'hui capitaine, reprendra le chemin de l'Europe.

Après avoir laissé un ou deux de ses adjoints à Karéma, M. Becker passera sur la rive occidentale du lac, à la station de Mpala, dont il remettra la direction à un autre de ses compagnons. Puis il se portera vers le Congo, à travers le Manyéma, en suivant, dit-on, la route déjà parcourue par Livingstone, Cameron et Stanley.

Il ira vraisemblablement en droite ligne à Nyangwé par la route ordinaire. Parvenu à ce dernier point, Becker y établira une station dont l'importance sera considérable non seulement à cause de Nyangwé, grand centre commercial arabe, mais aussi et surtout parce que ce sera le chaînon

VILLAGE DU MANYÉMA.

qui rattachera définitivement l'œuvre de l'Association internationale africaine à l'océan Atlantique par la voie fluviale du Congo.

L'expédition dirigée par Becker emporte avec elle deux petites voitures d'un nouveau genre avec lesquelles on espère réaliser un important progrès dans la question si difficile et si compliquée des transports en Afrique. Ce sont des véhicules à la fois voiture et canot, étanches, flottables et *air-tight*, comme disent les Anglais en se servant d'un terme qui définit on ne peut mieux l'objet; ces voitures peuvent transporter une tonne chacune, soit 1040 kilogrammes, c'est-à-dire la charge de trente-quatre porteurs ordinaires, tandis que pour les traîner une dizaine d'hommes au plus sont nécessaires.

Au point de vue théorique, c'est excellent; mais on aurait tort de conclure à un succès définitif par la raison que ce système a réussi au Sénégal, lors de la construction du tronçon de chemin de fer de Bakel à Bafoulabé. Les conditions dans lesquelles nos explorateurs opéreront sont absolument différentes; et, pour ma part, je crains fort que ces véhicules ne puissent être d'aucune utilité sur la route qui mène de la côte à Karéma. Le lecteur, qui a suivi patiemment le récit de nos marches à travers les porrys, les marécages, les montagnes abruptes, se rendra parfaitement compte de l'impossibilité que l'on rencontrera à se servir de voitures là où il n'existe ni route, ni sentier, ni vaste surface déboisée. Peut-être pourrait-on y recourir dans l'Ougogo, mais là précisément elles n'offriront aucun avantage : ce n'est presque jamais dans cette contrée que les hommes désertent, et ce n'est pas non plus la région où se font les longues marches, au contraire : on y demeure un mois, alors qu'en huit jours on pourrait la traverser sans fatigue.

Peut-être ce mode de transport réussira-t-il comme mode de navigation, mais je doute qu'il remédie jamais au désarroi que produira toujours dans une expédition la défection des porteurs.

Pour les raisons indiquées précédemment, je ne crois pas non plus que, Becker ait à se féliciter des chevaux dont on lui a conseillé de tenter l'essai; j'ai dit que je ne partage nullement à cet égard l'opinion de Stanley; ces animaux, selon moi, ne pourront résister ni aux attaques de la tsétsé, ni à la qualité de l'eau et de l'alimentation pendant la marche : les contrées qu'il faut traverser pour atteindre Karéma s'opposeront longtemps encore à l'emploi de ces courageux et utiles auxiliaires.

S'il faut s'en rapporter aux plus récentes nouvelles de Zanzibar, cette expédition, qui coûtera deux cent cinquante mille francs, ne comptera pas moins de mille porteurs. Si ce chiffre n'est pas exagéré, une colonne aussi nombreuse ne pourra évidemment pas tenir un seul et même itinéraire sans s'exposer à rencontrer la famine en chemin ; mais il est à supposer que tous ces obstacles ont été prévus, et que les mesures auront été prises en conséquence.

C'est là, de toute façon, une entreprise gigantesque qui, si elle est menée à bonne fin, fera le plus grand honneur à son chef, le lieutenant Becker, dont le nom signifie intelligence, résolution, courage.

Je ne pouvais mieux clore que par ce nom le travail dont je m'étais chargé : exposer la part qui revient aux généreux enfants de la Belgique dans la grande œuvre humanitaire qui a eu pour champ d'action le versant oriental de l'Afrique inconnue.

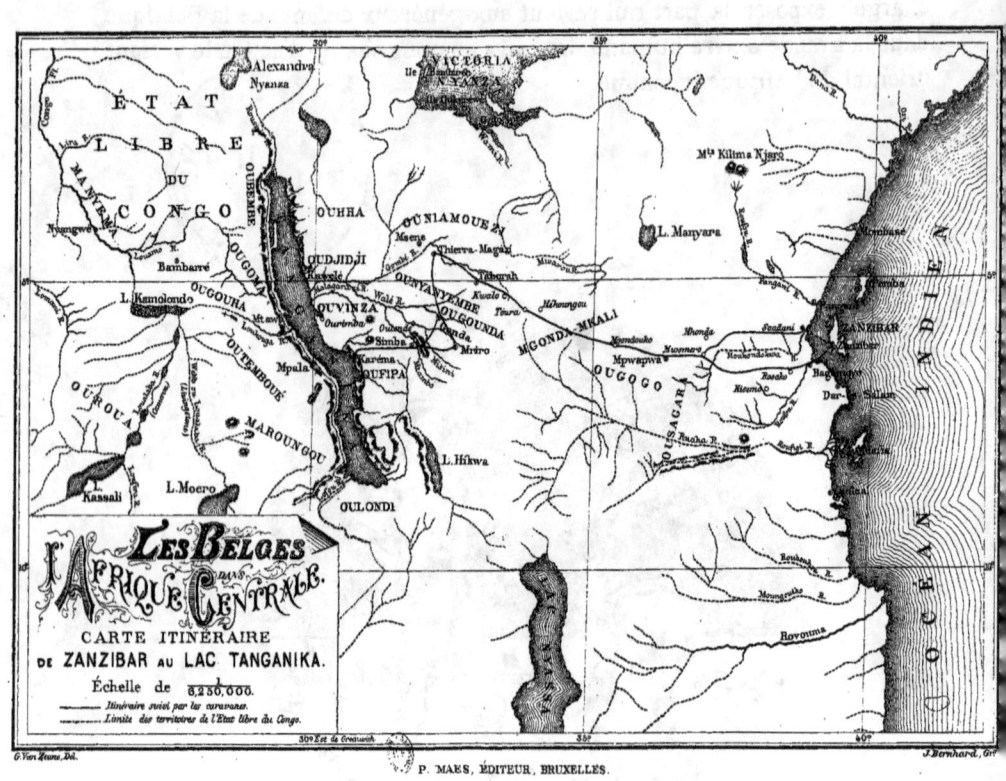

TABLE DES MATIÈRES

CHAPITRE I.

Le 12 septembre 1876. — Léopold II, roi des Belges. — Le Congrès de géographie. — Fondation de l'Association internationale africaine. — Aperçu des récents voyages de Cameron et de Stanley. — La première expédition belge. — Mort de Crespel et de Maes. — Cambier. — La journée de Mvoméro. — Ouyoui. — L'Ounyanyembé. 1

CHAPITRE II.

Mirambo. — La TERRE DE SANG. — Le Rouga-Rouga. — Le défi royal. — Prise de Zimbiso. — La diplomatie européenne chez Mirambo. — L'échange du sang. — Combats et victoires. — Un effort suprême. — Fatalité ! 21

CHAPITRE III.

Wautier et Dutrieux. — Chez les Vouatatouro. — Tristes étapes. — Mort de Wautier. — La tombe d'un héros. — Le docteur Dutrieux. — La lettre de deuil. — Cambier à Taborah. — Les Vounyamouési porteurs. — En marche vers Karéma. — La caravane est arrêtée. — Le renfort. — Arrivée chez Simba. — Simba et Matumula. — Tanganika ! — Vous aurez la tête tranchée ! — L'humble village 37

CHAPITRE IV.

La deuxième expédition belge. — La maladie. — Héroïques efforts. — L'éléphant aux Indes. — Les Dalilas. — Intelligents auxiliaires. — Un événement capital à la côte. — Les premières difficultés vaincues. — Épouvante et émerveillement des Vouagogo. — Pauvre Naderbux !. 61

CHAPITRE V.

L'entrée triomphale. — Jonction de Cambier et Popelin. — Le premiers travaux à Karéma. — Légende du lac Tanganika. — Moussamvouira, *l'esprit du Diable*. — Mort de « Sosankalli » — Une chasse émouvante. 79

CHAPITRE VI.

Expédition Burdo, Roger, Cadenhead. — Un terrible hiver. — Adieux à l'Europe. — En mer. — Coup d'œil à Alexandrie. — A travers l'Égypte. — Splendeurs passées. — Terre féconde et Désert. — Suez 99

CHAPITRE VII.

Spectacles en mer. — Aden. — Excursion à la ville indigène. — Les citernes. — A la belle étoile. — Le camp des Almées. — Une nuit agitée. — Anes et chameaux. — Noël !. 117

CHAPITRE VIII.

Les pèlerins de La Mecque. — La tempête de sable. — Le premier jour de l'an de grâce 1880. — Zanzibar. — Indiens et Indiennes. — Le sultan Saïd-Bargash. — Histoire d'un navire à vapeur. — Le grand amiral Mahomed-ben-Assim. 133

CHAPITRE IX.

Réception chez le sultan. — Saïd-Bargash et l'abolition de la traite. — L'armée zanzibarite. — Le sérail. — Les promenades. — Une fête chez Tarya-Topan . . 151

CHAPITRE X.

Organisation de la caravane. — Soldats, domestiques et porteurs. — La monnaie cou-

TABLE DES MATIÈRES

rante dans l'Afrique centrale. — Fatigues et fièvre. — Un grand désespoir. — Effort suprême. — Sur le daou. — Saadani. — Les têtes de lignes. — Adieu ! 165

CHAPITRE XI.

Premières étapes. — Les traversées de cours d'eau. — Désertions. — En chasse. — Exploit de Roger. — Les dédales rocheux. — Un orage dans les montagnes. — Mamboïa. — La Mission Last. — Une tombe 177

CHAPITRE XII.

Villages d'esclaves. — Une triste nouvelle — Alerte ! — La chaîne de l'Oussagara. — Les épines. — Le Mpwapwa. — En exploration. — Le lac Ougombo. — Chasse à l'hippopotame 197

CHAPITRE XIII.

A propos d'une esclave. — Départ de Mpwapwa. — Les eaux du Tchouniou. — Le Marenga-Mkali. — La zihoua. — L'éloquence du kirangozi. — Les autruches. — Nous sommes dans l'Ougogo 211

CHAPITRE XIV.

Le pays du hongo. — L'impôt sur la soif. — Tracasseries. — Le Mgogo pasteur et guerrier. — Le petit Chikombo. — Cri de guerre des Vouagogo. — Combats, pillage et orgie. — Perte de temps et perte d'étoffes. 225

CHAPITRE XV.

Ennuis continuels. — Un ouragan désastreux. — Les musiciens. — Curiosité agaçante. — Boucles d'oreilles des Vouagogo. — Femmes et bœufs. — Le léopard. — Khonko et son tribut. — Mdabourou. — La porte de sortie de l'Ougogo. 241

CHAPITRE XVI.

Le village de Mounié-Mtuana. — La veillée des armes. — Le Mgounda-Mkali. — Optimisme de Stanley. — Villages disparus. — La tsétsé. — Tirikésa. — La soif et la faim. — Une sanglante épopée 257

CHAPITRE XVII.

Au lac Tchaïa. — La sortie du désert. — Les femmes qui fument. — L'Ounyanyembé. — Le docteur Van den Heuvel. — Un glorieux tembé. — Le gouverneur arabe et son frère, le Bana Scheik. — Hospitalité et abondance. 273

CHAPITRE XVIII.

L'Arabe dans l'Afrique centrale. — Sa puissance d'assimilation. — Saïd-Bargash et l'Angleterre. — La religion de l'Islam. — Missionnaires catholiques et pasteurs anglicans. — L'esclavage chez les Arabes. — Un verset du Coran. — Les bras pour l'agriculture. — L'Arabe pasteur. — Ce qu'il a fait à Taborah 289

CHAPITRE XIX.

Les autorités de Taborah. — Organisation de notre nouvelle caravane. — Départ de l'Ounyanyembé. — Nos Vounyamouési. — En route vers le Lac. — Notre arrivée dans l'Ougounda. 303

CHAPITRE XX.

Saturnales de nègres. — Les forgerons. — Vounyamouési au repos. — Les séductions de la sultane de N'Disia. — Villages, plaines et porrys. — L'orage gronde. — Désertions. — Vains efforts. — Le kirangozi est mis aux fers. — Seul ! . . . 317

CHAPITRE XXI.

Le projet de Carter. — Préparatifs de guerre chez Mirambo. — L'homme à la lance de cuivre. — Popelin se met en route. — Mon logis à Kissindeh. — Jours d'angoisses. — Les ruses du vieux sultan. — La trompette de Karéma. — Combat contre les Rougas-Rougas 335

CHAPITRE XXII.

Les gens de Simba. — Marche en avant. — Kabambagouzia. — L'expédition est brisée. — Mœurs et industries des naturels. — Les clubs nègres. — Attaqués par les fourmis. — Les rhinocéros blancs. — Retour de Roger. — Les épaves d'un affreux massacre 351

TABLE DES MATIÈRES

CHAPITRE XXIII.

A Karéma. — L'œuvre de Cambier porte ses premiers fruits. — Départ de Carter et de Cadenhead. — Devant Pimboué. — Un sultan perfide. — L'armée de Mirambo et de Simba alliés. — L'attaque. — *Rafiki !* — Mort de Cadenhead. — Lutte héroïque et mort de Carter. — Frayeur et colère de Mirambo 367

CHAPITRE XXIV.

Retraite sur Taborah. — Le feu aux jungles. — Mirambo nous renvoie les papiers de Carter. — Le Rhamazan. — Un chef de l'Ouhha. — Causeries politiques chez le gouverneur arabe. — Les ânes vounyamouési. — Ma caravane de retour. — Mon départ de l'Ounyanyembé 385

CHAPITRE XXV.

Expédition Ramaeckers, De Leu, Becker, De Meuse. — La *Brabançonne* à Zanzibar. — Les nègres blancs. — Premières fièvres. — L'expédition allemande. — Alerte à Roubougwa. — Les ruines de Hittoura. — Attaque des Rougas-Rougas. — Les éléphants au lac Tchaïa. — Partout des têtes de morts 399

CHAPITRE XXVI.

Toujours la guerre ! — A Mdabourou. — Des anciennes connaissances. — Le rêve d'un sultan nègre. — Khonko. — Neuf Européens réunis. — Une superbe caravane. — Bamboula. — Attaque et destruction de Mdabourou. — Jonction des expéditions Popelin et Ramaeckers. 415

CHAPITRE XXVII.

Les roches d'Ousekhé. — La magie noire. — L'homme blanc a des soleils dans les yeux. — Le vieux sultan avare. — Un modèle de roi nègre. — Ruinés par les hongos. — Nuits glaciales. — Les marches au clair de lune. — Lassitude. — Au Mpwapwa. 431

CHAPITRE XXVIII.

Les Vouasagara. — Un paradis terrestre. — Famine et petite vérole. — La station française du capitaine Bloyet. — Débuts pénibles et légitimes succès. — Mes Vouangouana. — Pont sur le Vouami. — Nous revoyons la mer. — Le Kingani. — Bagamoyo. — La Mission des Pères du Saint-Esprit. — Retour en Europe 445

CHAPITRE XXIX.

La station de Karéma. — Honneur à Cambier ! — Mort de De Leu. — Les Missionnaires. — Guerriers vouatouta. — Les martyrs chrétiens. — Popelin et Roger sur le lac. — Les rives du Tanganika. — Naufragés. — La barque providentielle. 461

CHAPITRE XXX.

Tempête sur le Tanganika. — Arrivée de l'expédition à Oudjidji. — Le marché. — Le gouvernement. — Le peuple. — En route vers l'Ougouha. — Étranges coiffures. — Mort du capitaine Popelin. — Une tombe belge au cap Kimomo . . . 479

CHAPITRE XXXI.

Retour de Roger et de Van den Heuvel à Zanzibar. — Becker chez Mirambo. — Succès de l'ambassade Becker. — Les femmes de Mirambo. — La mort de Mirambo. 495

CHAPITRE XXXII.

Mort du capitaine Ramaeckers. — Les travaux de Becker à Karéma. — Expédition Storms. — Voyage à la côte occidentale du lac Tanganika. — Chez les Vouroungou. — Création d'une station à Mommpara. — Le sultan Mpala. — L'échange du sang. 507

CHAPITRE XXXIII.

Une séance de féticheur à Mommpara. — Le panier aux sortilèges. — Excursion à la Loukouga. — Visite à la tombe de Popelin. — Le potager de Karéma. — Hommage d'un explorateur français. — Karéma et Stanley-Falls. — L'expédition Becker. — Son programme. 523

TABLE DES GRAVURES

Vue de l'île de Zanzibar	1
Le congrès de géographie au palais de Bruxelles	5
Le capitaine Crespel	8
Le docteur Maes	9
Vue de Zanzibar	11
Le capitaine Cambier	14
Porteur mnyamouési	16
Négresses dansant devant la tente de Cambier	17
Désertion d'un porteur	20
Village mnyamouési	21
Rouga-Rouga	24
Caravane attaquée par les Rougas-Rougas	25
Prise d'assaut du village de Zimbisa par les Arabes	28
L'échange du sang	31
Armes	36
Camp	37
Le lieutenant Wautier	38
Le docteur Dutrieux	39
Enterrement de Wautier à Hékoungo	43
Mort! Wautier! et je n'étais pas là!	47
Vue de Taborah	50
Village de l'Ouzavira	54
« Simba vous fera trancher la tête sans pitié, partez! »	57
Karéma	60
Arrivée à Bagamoyo	61
Le capitaine Popelin	62
Le lieutenant Dutalis	63
Le docteur Van den Heuvel	65
Capture des éléphants	71
Débarquement des éléphants	73
Frédérick Carter	77
Mort de l'éléphant Naderbux	78

TABLE DES GRAVURES

Dans le Mgounda-Mkali	79
Entrée triomphale à Taborah	80
Vue du lac aux environs de Karéma	85
Poissons du Tanganika	91
Extrémité sud du Tanganika	93
Naturel de Karéma	94
Carter en face de trois lions	95
Éléphants	98
Les Pyramides	99
Adolphe Burdo	100
Oscar Roger	101
Tom Cadenhead	103
Le « Surat » jetant l'ancre devant Alexandrie	107
Femme égyptienne	110
Paysage égyptien	111
Baguettes de tambourin	116
La mer rouge	117
Vue du couvent du Sinaï	117
Les citernes d'Aden	123
Danse des Almées	127
Une fantasia à dos de chameau	131
Pagaie	132
Le désert	133
Caravane de pèlerins attaquée par les Wahabis	137
Palais du sultan, à Zanzibar	141
Vue d'une portion du quai de Zanzibar	143
Famille arabe de Zanzibar	147
Le bazar	150
Le consulat britanique	151
Réception chez le sultan	153
Milice de Zanzibar	157
Tarya-Topan	163
Daou arabe	164
Inventaire des bagages	165
Engagement des porteurs	167
Intérieur chez M. Greffuhle	173
Burdo sur les épaules de Mabrouki	177
Départ pour le continent	178
Caravane en marche	178
Pagazis de l'expédition	185
Exploit de Roger	189
Traversée d'une rivière	193
Sépulture de M. Tytherleigh	196
Camp à Mpwapwa	197
Naturels de Kitangi	201

TABLE DES GRAVURES

Les dédales rocheux	206
La curée	210
Paysage de l'Ougogo	211
Fuite d'une esclave	213
L'éloquence du kirangozi	221
Bande d'autruches	224
Un Mgogo	225
Le débat du hongo	227
Tembé de l'Ougogo	231
Pot de terre de l'Ougogo	233
« Hongo! Hongo! »	237
Paysage de l'Ougogo	240
Dans un champ de maïs	241
Un ouragan désastreux	245
Curiosité agaçante	251
Armes	256
Femmes broyant le maïs	257
Porte d'un village	259
En tirikésas	263
Mouche tsetsé de grandeur naturelle et grossie, avec détail des pièces buccales	265
La Caravane de Penrose massacrée par les Rougas-Rougas	269
Mort de M. Penrose	271
Une zihoua	272
Rencontre de Burdo, Roger et Van den Heuvel	273
Les vestiges du crime	275
Les femmes qui fument	281
Paysage de l'Ounyanyembé	285
Indigènes de Taborah	287
Arrivée à Kouihara	288
Femmes esclaves de Taborah	289
Le gouverneur Abdallah-ben-Nassib et son frère le Bana scheik	293
Armes et ustensiles	297
Armes et ustensiles	297
Battage et magasinage du grain	302
Visite des autorités de Taborah	303
Réception chez le Bana scheik	307
Vounyamouési préparant les fardeaux	309
Le repas des Vounyamouési	313

TABLE DES GRAVURES

Poteaux indicateurs	316
Forgerons	317
Hutte de l'Ounyamouési	318
Orchestre mnyamouési	319
Saturnales des nègres	320
La sultane de N'Disia	325
Le kirangozi mis aux fers	331
Seul	334
Les Rougas-Rougas en campagne	335
Passage des fuyards à Kissendeh	341
Arrivée du capitaine Popelin	347
Défaite d'une bande de Rougas-Rougas	350
Camp à Kabambagouzia	351
Jeu de Bao	356
Fête des chasseurs d'éléphants	357
Une forge à Kabambagouzia	359
Chasse au rhinocéros blanc	363
Poterie	366
Un passage périlleux	367
Départ de Carter et de Cadenhead	369
L'éléphant *Pulmalla* à Karéma	373
La nuit avant le combat	375
Rafiki! Rafiki!	479
Lutte héroïque et mort de Carter	381
Siège	384
Zèbres	385
Le feu aux jungles	389
Indigène de l'Ouhha	392
Les Arabes en visite	393
Espèce bovine de l'Oudjidji. — Espèce bovine de l'Ounyamouési. — Chien paria. — Mouton à large queue	397
Le retour à Taborah	398
Les cadeaux d'un sultan nègre	399
Le capitaine Ramaeckers	400
Le lieutenant A. De Leu	401
Le lieutenant J. Becker	402
Robert de Meuse	403
Ruines de Hittoura	409
Troupe d'éléphants au lac Tchaia	412

TABLE DES GRAVURES

Hutte	414
Une méprise	415
Les Vouagogo en campagne	417
Visite du sultan de Mdabourou	421
Une heureuse journée à Khonko	427
Hutte	430
Les rochers d'Ousekhé	431
Camp à Ousekhé	433
La magie noire	435
Les étapes de nuit dans l'Ougogo	441
Vaissaille	444
Camp dans l'Ousagara	445
La vallée de la Moukondouca	449
Huttes des Vouagouana	455
Pont sur le Vouami	457
Bagamoyo	460
Ile sur le Tanganika	461
Vue de la station de Karéma	463
Pot de terre	465
Vaissaille de l'Ouganda	466
Habitation des Européens et plan	467
Coiffure des Vouatouta	470
Coiffure d'un naturel de Roua	471
Vue du pic Konngoué	473
Embouchure du M'schazy près du cap Kabogo	475
Grand canot indigène	477
Poisson du Tanganika	478
Sur le lac	479
La tempête	481
Vue d'Oudjidji	483
Femme de l'Ougouha	487
Le marché d'Oudjidji	489
Coiffures des Vougouha	491
Derniers moments de Popelin	493
Vaissaille	494
Vue sur le Tanganika	495
Becker chez Mirambo	501
Siége et Poterie	506
Mtombwa	507
Le lieutenant Storms	509
Mont Mouroumbi (Tanganika)	511

Monts Katéyé et Kapemmboua	513
Coiffure de l'Oughéyéya	515
Arrivée de Storms à Mpala	517
Le conseil	519
Coiffure d'un naturel de l'Ouhyéhya	521
Jarre à l'huile de palme. — Rafraîchissoir pour le vin de palme	522
Vue aux environs du lac	523
Une séance de féticheur	525
Fétiches de l'Ougouha	527
La Loukouga	529
Rateliers pour accrocher les arcs	531
Armes	533
Arrivée du courrier de Stanley-Falls	535
Village du Manyéma	539
Fraternité	531

Carte du Tanganika	87
Carte des itinéraires suivis par Cambier et Burdo	181